刑事办案指导

有组织犯罪案件办案实务

PRACTICE IN HANDLING ORGANIZED CRIME CASES

过永进◎著

法律出版社 | LAW PRESS
北京

图书在版编目(CIP)数据

有组织犯罪案件办案实务 / 过永进著. -- 北京 : 法律出版社, 2024

ISBN 978 - 7 - 5197 - 8482 - 9

Ⅰ. ①有… Ⅱ. ①过… Ⅲ. ①犯罪集团 - 刑事犯罪 - 研究 - 中国 Ⅳ. ①D924.114

中国国家版本馆 CIP 数据核字(2023)第 206160 号

有组织犯罪案件办案实务
YOUZUZHI FANZUI ANJIAN BAN'AN SHIWU

过永进 著

责任编辑 慕雪丹 章 雯
装帧设计 汪奇峰

出版发行 法律出版社
编辑统筹 法商出版分社
责任校对 赵明霞
责任印制 胡晓雅
经　　销 新华书店

开本 710 毫米 × 1000 毫米 1/16
印张 26 **字数** 430 千
版本 2024 年 5 月第 1 版
印次 2024 年 5 月第 1 次印刷
印刷 固安华明印业有限公司

地址:北京市丰台区莲花池西里 7 号(100073)
网址:www. lawpress. com. cn
投稿邮箱:info@ lawpress. com. cn
举报盗版邮箱:jbwq@ lawpress. com. cn
销售电话:010 - 83938349
客服电话:010 - 83938350
咨询电话:010 - 63939796

书号:ISBN 978 - 7 - 5197 - 8482 - 9
定价:108.00 元

凡购买本社图书,如有印装错误,我社负责退换。电话:010 - 83938349

序

过永进警官的《有组织犯罪案件办案实务》一书即将付梓，请我为之作序。我深知过永进警官不仅是长期工作在司法实务一线的刑事办案专家，同时也是长期关注法学理论的研究型学者，过永进警官的新书必然是兼具实务经验和理论水平的优秀著作，因此我亦欣然接受。

为作序而读完本书后，感觉到本书最大的特色是有着浓厚的"以案释法"实证色彩，以典型案例和实操指南为引导，将有组织犯罪规制的法律阐释和办案实务技能技巧充分融合，精心打造了一部彰显法学实践品格的著作。

从本书的章节体例和内容结构设计可以发现，过永进警官对有组织刑事犯罪领域有着敏锐的职业观察，内容不仅具有高度的样本代表性，同时还普遍对应了有组织犯罪案件的理论和实务疑难问题。而从本书对丰富资料的严谨选取，就可以发现过永进警官为本书所投入的大量时间和精力。实证研究方法虽然备受学术界推崇，但由于需要大量资源投入进行资料收集和数据处理，许多学者都不愿尝试，像过永进警官选择这样一条并不轻松的研究方法，更是难能可贵，这不仅体现了严谨踏实的学术态度，更是个人的学术热忱和学术理想的推动。相信读者们也能从本书中感受到独特的资料价值和实务价值。

阅读本书，能够充分感受到本书的另一大特色，是对有组织犯罪案件办案实务的全面关注，除了基于司法机关的视角审视有组织犯罪办案实务外，本书还专门将有组织犯罪的刑事辩护实务作为独立的一编内容，从两个角度对有组织犯罪实务进行了全面阐释。当前亦有一些有组织犯罪司法办案实务书籍出版,但普遍是基于司法机关办案的视角,很少将辩护的视角同时纳入。但有组织犯罪作为一种综合性社会现象,其在司法实务中也是多方主体共同参与,仅从司法机关视角进行考量,难免会有遗漏或不足。刑事辩护是刑法实践的基础内容,是刑事司法的重要环节,但司法机关,特别是公安机关和检察机关同刑事辩护人之间往往存在一定的对抗性,因此,本书能从公安实务的角度对类罪的刑事辩护全面梳理,这种视角是难能可贵的。实际上,司法机关工作人员和律师都是法律共同体的成员,双方之间存在一个相互促进的天然联系。因此,使刑事辩护的感性经验上升到理性体系,加强刑事辩护的说理性,对完善司法机关有组织犯罪的办案效果,同样具有促进价值。

我虽然长期在高校任教,但亦担任过法院法官,并且一直兼任律师、法律顾问,上市公司独立董事等多种法律共同体角色。我深深感觉到,虽然法律共同体这一概念已然被普遍接受,但法律共同体成员之间的割裂依然十分明显。一方面,高校、研究机构学者容易陷入独坐书屋挥斥方遒的纯理论研究,轻视其他法律共同体成员的实务经验,甚至忽视司法实践状况,醉心于单纯的理论推演。另一方面,实务领域的法律共同体成员,又普遍由于缺乏学术训练和抽象化思维能力,无法将自身的实务经验,建构为系统的知识体系。而过永进警官由于兼具实务专家和法学学者双重身份,使本书兼具了实务导向和体系化思维,这也是我对本书颇为推崇的原因。

我相信本书不仅能够为有组织犯罪实务工作提供丰富的经验指引,对于相关理论工作也具有启发价值,并且能够为法律教学提供直观的教学优秀资料和案例支持。期待本书的出版,更期待过永进警官能够一直坚持自身的法治理想和学术热情,继续砥砺前行。

是为序。

中央民族大学法学院二级教授、博士生导师　韩　轶

2023 年 9 月 29 日于北京

目 录

第一篇 基础篇

第二篇　实务篇

第三篇 文书篇

第四篇 辩护篇

第五篇 案例篇

第六篇 规范篇

第一篇

基础篇

一、有组织犯罪

2000 年 11 月 15 日,《联合国打击跨国有组织犯罪公约》(巴勒莫公约)经第五十五届联合国大会通过。该公约指出,“有组织犯罪集团系指由三人或多人所组成的、在一定时期内存在的、为了实施一项或多项严重犯罪或根据本公约确立的犯罪以直接或间接获得金钱或其他物质利益而一致行动的有组织结构的集团”。由于集规模化、组织化、暴力化、职业化等特点于一身,且黑社会犯罪有着极大破坏力,已被联合国大会宣称为“世界三大犯罪灾难之一”。2003 年 8 月 27 日,全国人大常委会作出批准《联合国打击跨国有组织犯罪公约》的决定。为了预防和惩治有组织犯罪,加强和规范反有组织犯罪工作,2021 年我国制定了《反有组织犯罪法》。

有组织犯罪是指《刑法》第二百九十四条规定的组织、领导、参加黑社会性质组织犯罪,以及黑社会性质组织、恶势力组织实施的犯罪。具体包括:组织、领导、参加黑社会性质组织罪;黑社会性质组织具体实施的个罪;恶势力组织实施的犯罪;境外的黑社会组织到中华人民共和国境内发展组织成员、实施犯罪,以及在境外对中华人民共和国国家或者公民犯罪的。

二、组织、领导、参加黑社会性质组织罪

组织、领导参加黑社会性质组织罪具有以下四个特征:

1. 形成较稳定的犯罪组织,人数较多,有明确的组织者、领导者,骨干成员基本固定;

2. 有组织地通过违法犯罪活动或者其他手段获取经济利益,具有一定的经济实力,以支持该组织的活动;

3. 以暴力、威胁或者其他手段,有组织地多次进行违法犯罪活动,为非作恶,欺压、残害群众;

4. 通过实施违法犯罪活动,或者利用国家工作人员的包庇或者纵容,称霸一方,在一定区域或者行业内,形成非法控制或者重大影响,严重破坏经济、社会生活秩序。

在英语中，“黑社会”是“Under World Society”，基本含义是“地下社会”，其最初特指秘密从事卖淫、盗窃等非法活动的社会集团。国际上，黑社会组织被广泛地称为有组织犯罪集团。现代意义上的“黑社会”，有以下三种基本含义：相对于主流的公开社会的“地下的、秘密的、隐藏的社会”；某一社会群体具有从事违法犯罪活动的特点；对社会的非法控制，历来“黑白”都是孪生兄弟，他们是共生共存的。

1983 年 7 月 29 日至 8 月 3 日，中央政法委员会在北京召开全国政法工作会议，传达中央领导的重要指示，研究确定在全国范围内开展打击行动的实施方案和具体部署。同年 8 月 25 日，中共中央发出《关于严厉打击刑事犯罪活动的决定》，1983 年启动的“严打”，接连发动了三个战役，持续 3 年，后来并没有宣布结束。1990 年和 1996 年又发动了两次“严打”，前后延续了 20 余年。

早在改革开放之初，境外黑社会势力就开始对我国渗透。在我国历次的严打中，涉黑犯罪一直是重点打击对象。2000 年 12 月 11 日，全国打黑除恶专项斗争电视电话会议在北京召开，中央决定从 2000 年 12 月至 2001 年 10 月，组织全国公安机关开展一场打黑除恶专项斗争。这是我国首次开展打黑除恶专项活动。会议指出，由于种种原因，近年来一些地方黑恶势力犯罪仍呈发展蔓延之势，气焰十分嚣张，在黑恶势力猖獗的地方，老百姓有案不敢报、有冤无处申。各种黑恶势力犯罪已经严重侵害人民群众的生命财产安全，严重破坏社会主义市场经济秩序和社会管理秩序，严重危害社会稳定。同年，公安部成立了全国公安机关打黑除恶专项斗争领导小组，各省、自治区、直辖市公安厅、局也成立专项斗争领导小组。2001 年 4 月，中央在召开的社会治安工作会议上，将打黑除恶专项斗争的时间延长到 2003 年 4 月，并且将其并入为期两年的“严打”整治斗争。自 2004 年起，公安部门改变了对有组织犯罪的斗争进行“专项打击”的办法。这一年的全国社会治安综合治理工作会议决定，起始于 2000 年的全国性的“严打”斗争结束，而“将严打的方针贯穿于日常各项打击犯罪的工作中”。同时，中央明确了打黑除恶的总体目标和要求，即决不能让黑恶势力在我国发展坐大，决不能让国外、境外黑社会组织在我国境内立足扎根。这个总目标和要求是一项长期的硬任务，一刻也不能放松。2006 年 2 月，中央政法委部署全国开展打黑除恶专项斗争，在中央成立了打黑除恶专项斗争协调小组，并设立全国“打黑办”。之后，每年都召开一次全国会议，中央领导同志亲自动员部署，各地区、各部门深入推进。

2018年1月,中共中央、国务院发出《关于开展扫黑除恶专项斗争的通知》,在全国范围内开展为期3年的“扫黑除恶”专项斗争。3年的扫黑除恶专项斗争,取得了重大胜利。2021年,中共中央办公厅、国务院办公厅印发了《关于常态化开展扫黑除恶斗争巩固专项斗争成果的意见》,对常态化开展扫黑除恶斗争作出了安排部署。

1997年修订《刑法》时,首次规定了组织、领导、参加黑社会性质组织罪,入境发展黑社会组织罪,包庇、纵容黑社会性质组织罪,为惩治涉黑犯罪提供了法律武器。

三、恶势力组织

恶势力组织是指经常纠集在一起,以暴力、威胁或者其他手段,在一定区域或者行业领域内多次实施违法犯罪活动,为非作恶,欺压群众,扰乱社会秩序、经济秩序,造成较为恶劣的社会影响,但尚未形成黑社会性质组织的犯罪组织。

恶势力组织的具体特征:(1)组织特征,即经常纠集在一起,一般3人以上,具有一定的组织性。(2)行为特征,即以暴力、威胁或者其他手段,2年之内,在一定区域或者行业领域内多次实施违法犯罪活动(至少包括1次犯罪活动),为非作恶,欺压群众。(3)危害性特征,即扰乱社会秩序、经济秩序,造成较为恶劣的社会影响。总体特征是尚未形成黑社会性质组织。

恶势力组织分为恶势力(实务中也称恶势力一般团伙)和恶势力犯罪集团。恶势力(恶势力一般团伙)的成员分类,具体是纠集者、恶势力其他成员。恶势力犯罪集团,是指符合恶势力全部认定条件,同时又符合犯罪集团法定条件的犯罪组织。恶势力犯罪集团的组织成员分类,具体是首要分子、恶势力犯罪集团的重要成员、恶势力犯罪集团的一般成员。

恶势力概念源起于1992年公安部召开的部分省、市、县打击团伙犯罪研讨会上,第一次提出黑社会性质组织的特征时提到“在当地已形成一股恶势力,有一定势力范围”。此时,恶势力与黑社会性质组织没有明确界限,也没有独立地位。1994年中央政法委发出了《各地应当注意研究当前农村黑恶势力现象》的通告。1995年国务院《政府工作报告》中指出,“坚决铲除黑社会性质的犯罪团伙和流氓恶势力”,1996年、1997年国务院《政府工作报告》以及1995年、1996年《最高人民法院工作报告》均提及严厉打击流氓恶势力。此时,恶势力犯罪不具有规范属性、评价功能,由于内涵不清、外延模糊、构成要件不详细,恶势力接近于政治概念,不具有刑法意义上的评价功能。2008 年全国打黑办《全国打黑除恶专项斗争恶势力战果统计标准》中,规定了恶势力的概念及特征。2009 年 12 月 9 日最高人民法院、最高人民检察院、公安部(以下简称两高一部)出台了《办理黑社会性质组织犯罪案件座谈会纪要》,首次在司法文件中规定了恶势力的概念,初步将恶势力引入规范领域,同时该纪要还首次阐明了黑社会性质组织与恶势力的关系,认为恶势力是黑社会性质组织的雏形。但是,该纪要仍未赋予恶势力独立的法律后果,认定恶势力并不影响定罪、量刑,其直接影响公安机关如何确定"打黑除恶"战果。该纪要中规定的恶势力也是以全国打黑办制定的《全国打黑除恶专项斗争恶势力战果统计标准》为基础,根据实践情况总结、归纳而来的。事实认定和法律后果之间的连结是完整的法律规范首要的、最重要的内容,《办理黑社会性质组织犯罪案件座谈会纪要》中对于恶势力的规定不具有规范性,因此极少在刑事判决书、起诉书中予以认定。2018 年最高人民法院、最高人民检察院、公安部、司法部(以下简称两高两部)《关于办理黑恶势力犯罪案件若干问题的指导意见》(法发〔2018〕1 号)明确了恶势力的概念、恶势力犯罪集团的特征、法律文书中可以使用"恶势力"表述等。2019 年两高两部《关于办理恶势力刑事案件若干问题的意见》(法发〔2019〕10 号),围绕恶势力的性质、分类(恶势力、恶势力犯罪集团)、组织特征、行为特征、危害特征等作了细化规定。2021 年《反有组织犯罪法》中明确了恶势力组织的概念,恶势力组织首次上升为法律概念。

四、恶势力(恶势力一般团伙)成员的认定

恶势力一般为 3 人以上,纠集者相对固定。恶势力成员分为纠集者和其他成员。

恶势力纠集者,是指在恶势力实施的违法犯罪活动中起组织、策划、指挥作用的违法犯罪分子。其成员较为固定且符合恶势力其他认定条件,但多次实施违法犯罪活动是由不同的成员组织、策划、指挥,也可以认定为恶势力,有前述行为的成员均可以认定为纠集者。

恶势力的其他成员,是指知道或应当知道与他人经常纠集在一起是为了共同

实施违法犯罪，仍按照纠集者的组织、策划、指挥参与违法犯罪活动的违法犯罪分子，包括已有充分证据证明但尚未归案的人员，以及因法定情形不予追究法律责任，或者因参与实施恶势力违法犯罪活动已受到行政或刑事处罚的人员。

仅因临时雇佣或被雇佣、利用或被利用以及受蒙蔽参与少量恶势力违法犯罪活动的，一般不应认定为恶势力成员。

五、恶势力犯罪集团成员的认定

恶势力犯罪集团，是指符合恶势力全部认定条件，同时又符合犯罪集团法定条件的犯罪组织。包括恶势力犯罪集团的首要分子、重要成员和一般成员。

恶势力犯罪集团的首要分子，是指在恶势力犯罪集团中起组织、策划、指挥作用的犯罪分子。

恶势力犯罪集团的成员，是指知道或者应当知道是为共同实施犯罪而组成的较为固定的犯罪组织，仍接受首要分子领导、管理、指挥，并参与该组织犯罪活动的犯罪分子。在司法实务中，还要区分恶势力犯罪集团的重要成员和其他（一般）成员。

六、有组织犯罪案件的管辖

（一）刑事案件管辖

2012年两高两部《关于办理黑社会性质组织犯罪案件若干问题的规定》（公通字〔2012〕45号）、《刑事诉讼法》（2018年修正）、公安部《公安机关办理刑事案件程序规定》（2020年修正）等法律文件中，规定了有组织犯罪的侦查管辖范围，本书中重点介绍并案侦查管辖、指定管辖、提级管辖。

1. 并案侦查管辖

公安机关侦查黑社会性质组织犯罪案件时，对黑社会性质组织及其成员在多个地方实施的犯罪，以及其他与黑社会性质组织犯罪有关的犯罪，可以依照法律和有关规定一并立案侦查。

并案侦查的黑社会性质组织犯罪案件，由侦查该案的公安机关所在地同级人民检察院一并审查批准逮捕、受理移送审查起诉，由符合审判级别管辖要求的人民法院审判。

2. 指定管辖

对案件管辖有争议的，由共同的上级公安机关指定管辖。

公安机关、人民检察院、人民法院根据案件情况和需要，可以依法对黑社会性质组织犯罪案件指定管辖。

3. 提级管辖

公安机关、人民检察院、人民法院根据案件情况和需要，可以依法对黑社会性质组织犯罪案件提级管辖。

（二）行政案件管辖

《反有组织犯罪法》中有组织犯罪的七种违法行为，该七种违法行为的管辖应适用公安部《公安机关反有组织犯罪工作规定》(2022 年)、《公安机关办理行政案件程序规定》(2020 年修正)的规定。

1. 地域管辖(行为发生地、居住地管辖)

地域管辖，是指行政案件由违法行为地的公安机关管辖。由违法行为人居住地公安机关管辖更为适宜的，可以由违法行为人居住地公安机关管辖，但是涉及卖淫、嫖娼、赌博、毒品的案件除外。

违法行为地包括违法行为发生地和违法结果发生地。违法行为发生地，包括违法行为的实施地以及开始地、途经地、结束地等与违法行为有关的地点；违法行为有连续、持续或者继续状态的，违法行为连续、持续或者继续实施的地方都属于违法行为发生地。违法结果发生地，包括违法对象被侵害地、违法所得的实际取得地、藏匿地、转移地、使用地、销售地。

居住地包括户籍所在地、经常居住地。经常居住地是指公民离开户籍所在地最后连续居住 1 年以上的地方，但在医院住院就医的除外。

有下列情形之一，尚不构成犯罪的行为，适用地域管辖的规定：(1)参加境外的黑社会组织的；(2)积极参加恶势力组织的；(3)教唆、诱骗他人参加有组织犯罪组织，或者阻止他人退出有组织犯罪组织的；(4)为有组织犯罪活动提供资金、场所等支持、协助、便利的；(5)阻止他人检举揭发有组织犯罪、提供有组织犯罪证据，或者明知他人有有组织犯罪行为，在司法机关向其调查有关情况、收集有关证据时拒绝提供的。

2. 抓获地管辖

参加境外的黑社会组织的，尚不构成犯罪的，可以适用地域管辖也可以由抓获地公安机关管辖。

3. 办案地管辖

有下列情形之一，尚不构成犯罪的，相关违法行为是在侦查有组织犯罪过程中发现的，可以适用地域管辖，也可以由负责有组织犯罪的公安机关管辖：(1)参加境外的黑社会组织的；(2)积极参加恶势力组织的；(3)教唆、诱骗他人参加有组织犯罪组织，或者阻止他人退出有组织犯罪组织的；(4)为有组织犯罪活动提供资金、场所等支持、协助、便利的；(5)阻止他人检举揭发有组织犯罪、提供有组织犯罪证据，或者明知他人有有组织犯罪行为，在司法机关向其调查有关情况、收集有关证据时拒绝提供的；(6)金融机构等相关单位未依照反有组织犯罪法的规定协助公安机关采取紧急止付、临时冻结措施的，公安机关责令改正，其拒不改正，公安机关在侦查有组织犯罪过程中发现的。

4. 接受报告地管辖

对因组织、领导黑社会性质组织被判处刑罚的人员，设区的市级以上公安机关可以决定其自刑罚执行完毕之日起，按照国家有关规定向公安机关报告个人财产及日常活动。报告期限不超过5年。

违反上述规定，不按照公安机关的决定如实报告个人财产及日常活动的，由接受报告地公安机关管辖。

5. 协助单位所在地管辖

金融机构等相关单位未依照反有组织犯罪法的规定协助公安机关采取紧急止付、临时冻结措施的，公安机关责令改正，其拒不改正，公安机关在侦查有组织犯罪过程中发现的，可以由金融机构等相关单位所在地公安机关管辖，也要以由负责侦办有组织犯罪的公安机关管辖。

七、有组织犯罪线索核查

公安机关在办理有组织犯罪的案件中，有“三难”，即发现黑恶线索难、审讯突破难、取证难。而第一难就是发现黑恶线索难。随着全国扫黑办“12337”智能举报平台的深入人心，黑恶线索会不断浮出“水面”，黑恶组织成员难以蛰伏，经过核查和研判，发现犯罪事实、锁定犯罪嫌疑人。线索来源于人民群众，核查结论反馈给举报人，真正实现扫黑除恶全过程人民参与、成效人民评价、成果人民共享。

（一）分级分类线索处置

公安机关依法运用现代信息技术，建立有组织犯罪线索收集和研判机制，分级分类进行处置。

公安机关接到对有组织犯罪的报案、控告、举报后，及时开展统计、分析、研判工作，组织核查或者移送有关主管机关依法处理。

线索核查中，应注意区分涉黑涉恶违法犯罪与经济纠纷、民事纠纷、涉法涉诉信访等的界限，严格依照法律法规办理。

（二）"12337"智能化举报平台

全国扫黑办智能化举报平台是全国扫黑除恶专项斗争领导小组办公室于2019年5月28日向社会公开发布的智能化举报平台。

举报人通过扫描专用二维码、网上搜索"12337"或者点击中国长安网、中央政法委长安剑微信公众号等举报链接，就可随时随地、方便快捷地登录平台，填写举报人、被举报人、黑恶势力违法犯罪情况和"保护伞"等信息，提交成功后全国扫黑办即可实时受理。

全国扫黑办在线索核查反馈方面要求，除了由公安部和省级扫黑办对线索核查结果进行双重把关之外，每月通过系统自动随机选取一定数量的实名举报线索，通过短信方式对举报人进行回访，听取举报人意见。

2021年，中共中央办公厅、国务院办公厅印发的《关于常态化开展扫黑除恶斗争巩固专项斗争成果的意见》强调，要畅通线索举报渠道，实行全国扫黑办"12337"智能化举报平台常态化运行，对群众举报的涉黑涉恶线索统一分流转办，实行分级核查和上级复核办结制，建立省市县举报线索核查三级联动机制。

（三）核查主体、提级核查、指定核查

有组织犯罪线索由县级公安机关负责核查，上级公安机关认为必要时可以提级核查或者指定其他公安机关核查。

上级公安机关应加强对线索核查工作的监督指导，必要时可以组织抽查、复核。

(四)批准核查

对有组织犯罪线索,经县级以上公安机关负责人批准后,启动核查。

(五)调查措施

公安机关核查有组织犯罪线索,经县级以上公安机关负责人批准,可以查询嫌疑人员的存款、汇款、债券、股票、基金份额等财产信息。

核查有组织犯罪线索,可以依照有关法律和规定采取询问、查询、勘验、检查、鉴定和调取证据材料等不限制被调查对象人身、财产权利的调查措施。

采取上述规定的调查措施,依照《公安机关办理刑事案件程序规定》的有关规定进行审批,制作法律文书。

(六)线索核查中的紧急措施

公安机关核查黑社会性质组织犯罪线索,发现涉案财产有灭失、转移的紧急风险的,经设区的市级以上公安机关负责人批准,可以对有关涉案财产采取紧急止付或者临时冻结、临时扣押的紧急措施,期限不得超过 48 小时。期限届满或者适用紧急措施的情形消失的,应当立即解除紧急措施。

符合立案条件的,办案部门应当在紧急措施期限届满前依法立案侦查,并办理冻结、扣押手续。

(七)核查结论

有组织犯罪线索核查结论,应当经核查的公安机关负责人批准后作出。有明确举报人、报案人或者控告人的,除无法告知或者可能影响后续侦查工作的以外,应告知核查结论。

对有控告人的有组织犯罪线索,决定对所控告的事实不予立案的,公安机关应当在核查结论作出后制作不予立案通知书,在 3 日以内送达控告人。

八、立案

2012 年两高两部《关于办理黑社会性质组织犯罪案件若干问题的规定》(公

通字〔2012〕45号)、《刑事诉讼法》、《公安机关办理刑事案件程序规定》等法律文件中,规定了有组织犯罪案件的立案前审查及备案等。办理有组织犯罪案件,司法实务中的执法制度散见于相关文件中。

(一)立案前审查

公安机关对涉嫌黑社会性质组织犯罪的线索,应当及时进行审查。审查过程中,可以采取询问、查询、勘验、检查、鉴定、辨认、调取证据材料等必要的调查活动,但不得采取强制措施,不得查封、扣押、冻结财产。

立案前的审查阶段获取的证据材料经查证属实的,可以作为证据使用。

公安机关因侦查黑社会性质组织犯罪的需要,根据国家有关规定,经过严格的批准手续,对一些重大犯罪线索立案后可以采取技术侦查等秘密侦查措施。

(二)立案、备案

公安机关核查有组织犯罪线索,发现犯罪事实或者犯罪嫌疑人的,应依照《刑事诉讼法》的规定立案侦查。

公安机关经过审查,认为有黑社会性质组织犯罪事实需要追究刑事责任,且属于自己管辖的,经县级以上公安机关负责人批准,予以立案,同时报上级公安机关备案。

九、侦查措施

《反有组织犯罪法》、《刑事诉讼法》、公安部《公安机关反有组织犯罪工作规定》和《公安机关办理刑事案件程序规定》等法律文件中,规定了有组织犯罪案件的侦查措施,本书重点介绍限制出境、技术侦查措施、控制下交付、隐匿身份侦查。

(一)限制出境

公安机关办理有组织犯罪案件,可以依照《出境入境管理法》的规定,决定对犯罪嫌疑人采取限制出境措施,按规定通知移民管理机构执行;对于不需要继续采取限制出境措施的,应当及时解除。

（二）技术侦查措施、控制下交付、隐匿身份侦查

公安机关在立案后，根据侦查犯罪的需要，可以对下列严重危害社会的犯罪案件采取技术侦查措施：

1. 危害国家安全犯罪、恐怖活动犯罪、黑社会性质的组织犯罪、重大毒品犯罪案件；

2. 故意杀人、故意伤害致人重伤或者死亡、强奸、抢劫、绑架、放火、爆炸、投放危险物质等严重暴力犯罪案件；

3. 集团性、系列性、跨区域性重大犯罪案件；

4. 利用电信、计算机网络、寄递渠道等实施的重大犯罪案件，以及针对计算机网络实施的重大犯罪案件；

5. 其他严重危害社会的犯罪案件，依法可能判处 7 年以上有期徒刑的。

公安机关追捕被通缉或者批准、决定逮捕的在逃的犯罪嫌疑人、被告人，可以采取追捕所必需的技术侦查措施。

技术侦查措施是指由设区的市一级以上公安机关负责技术侦查的部门实施的记录监控、行踪监控、通信监控、场所监控等措施。

技术侦查措施的适用对象是犯罪嫌疑人、被告人以及与犯罪活动直接关联的人员。

需要采取技术侦查措施的，应当制作呈请采取技术侦查措施报告书，报设区的市一级以上公安机关负责人批准，制作采取技术侦查措施决定书。

人民检察院等部门决定采取技术侦查措施，交公安机关执行的，由设区的市一级以上公安机关按照规定办理相关手续后，交负责技术侦查的部门执行，并将执行情况通知人民检察院等部门。

批准采取技术侦查措施的决定自签发之日起 3 个月以内有效。

在有效期限内，对不需要继续采取技术侦查措施的，办案部门应当立即书面通知负责技术侦查的部门解除技术侦查措施；负责技术侦查的部门认为需要解除技术侦查措施的，报批准机关负责人批准，制作解除技术侦查措施决定书，并及时通知办案部门。

对复杂、疑难案件，采取技术侦查措施的有效期限届满仍需要继续采取技术侦查措施的，经负责技术侦查的部门审核后，报批准机关负责人批准，制作延长技

术侦查措施期限决定书。批准延长期限,每次不得超过3个月。

有效期限届满,负责技术侦查的部门应当立即解除技术侦查措施。

公安机关在立案后,根据侦查犯罪的需要,依照《刑事诉讼法》的规定,可以采取技术侦查措施、实施控制下交付或者由有关人员隐匿身份进行侦查。

公安机关实施控制下交付或者由有关人员隐匿身份进行侦查的,应当进行风险评估,制定预案,经县级以上公安机关负责人批准后实施。

采取技术侦查、控制下交付、隐匿身份侦查措施收集的与案件有关的材料,可以作为刑事诉讼证据使用。如果使用该证据可能危及有关人员的人身安全,或者可能产生其他严重后果,应当采取不暴露有关人员身份和使用的技术设备、侦查方法等保护措施。无法采取保护措施或者采取保护措施不足以防止产生严重后果的,可以建议由审判人员在庭外对证据进行核实。

十、强制措施

2012年两高两部《关于办理黑社会性质组织犯罪案件若干问题的规定》(公通字〔2012〕45号)、公安部《公安机关反有组织犯罪工作规定》、《刑事诉讼法》、公安部《公安机关办理刑事案件程序规定》、2016年最高人民检察院(以下简称最高检)《人民检察院办理羁押必要性审查案件规定(试行)》等法律文件中,规定了有组织犯罪的强制措施,本书中重点介绍适用非羁押性强制措施、变更强制措施和不得取保候审等规定。

(一)非羁押性强制措施、变更强制措施

公安机关对于罪行较轻、自愿认罪认罚、采用非羁押性强制措施足以防止发生《刑事诉讼法》第八十一条第一款规定的社会危险性的犯罪嫌疑人,依法可不适用羁押性强制措施;已经被羁押的,可以依法变更强制措施。

(二)不得取保候审

对于组织、领导、积极参加黑社会性质组织的犯罪嫌疑人、被告人,不得取保候审;但是患有严重疾病、生活不能自理,怀孕或者正在哺乳自己婴儿的妇女,采取取保候审不致发生社会危险性的除外。

十一、羁押

2012年两高两部《关于办理黑社会性质组织犯罪案件若干问题的规定》(公通字〔2012〕45号)、《反有组织犯罪法》、公安部《公安机关反有组织犯罪工作规定》等法律文件中有刑事羁押的规定。

因有组织犯罪案件的特殊性,对犯罪嫌疑人、被告人采取的羁押措施有别于其他案件的犯罪嫌疑人、被告人,可以采取异地羁押、分别羁押或者单独羁押,对异地羁押的还要告知家属和辩护人。

对于黑社会性质组织犯罪案件的犯罪嫌疑人、被告人,看守所应当严格管理,防止发生串供、通风报信等行为。

对于有组织犯罪案件的犯罪嫌疑人、被告人,根据办理案件和维护监管秩序的需要,可以采取异地羁押、分别羁押或者单独羁押等措施。

对于同一黑社会性质组织犯罪案件的犯罪嫌疑人、被告人,应当分别羁押,在看守所的室外活动应当分开进行。

对于组织、领导黑社会性质组织的犯罪嫌疑人、被告人,有条件的地方应当单独羁押。

采取异地羁押措施的,应当依法通知犯罪嫌疑人、被告人的家属和辩护人。

十二、移送审查起诉

2012年两高两部《关于办理黑社会性质组织犯罪案件若干问题的规定》(公通字〔2012〕45号)、《反有组织犯罪法》、公安部《公安机关反有组织犯罪工作规定》等法律文件中,有组织犯罪案件中移送审查阶段的专门规定,具体包括:分案处理、认罪认罚从宽告知、教育义务等。

(一)分案处理

犯罪嫌疑人检举、揭发重大犯罪的其他共同犯罪人或者提供侦破重大案件的重要线索或者证据,同案处理可能导致本人或者其近亲属有人身危险,经县级以上公安机关负责人批准,可以分案处理。

公安机关决定分案处理的,应当就案件管辖等问题书面征求人民法院、人民检察院意见并达成一致,防止分案处理出现证据灭失、证据链脱节或者影响有组织犯罪认定等情况。

(二)认罪认罚从宽告知、教育义务

犯罪嫌疑人、被告人积极配合有组织犯罪案件的侦查等工作,有下列情形之一的,经县级以上公安机关主要负责人批准,公安机关可以向人民检察院提出从宽处理的意见,并说明理由。

1. 为查明犯罪组织的组织结构及其组织者、领导者、首要分子的地位、作用提供重要线索或者证据的;

2. 为查明犯罪组织实施的重大犯罪提供重要线索或者证据的;

3. 为查处国家工作人员涉有组织犯罪提供重要线索或者证据的;

4. 协助追缴、没收尚未掌握的赃款赃物的;

5. 其他为查办有组织犯罪案件提供重要线索或者证据的情形。

公安机关侦查有组织犯罪案件,应当依法履行认罪认罚从宽告知、教育义务,敦促犯罪嫌疑人如实供述自己的罪行。

犯罪嫌疑人认罪认罚的,应当在起诉意见书中写明自愿认罪认罚的情况和从宽处理意见,并随案移送相关证据材料。

对有组织犯罪的组织者、领导者,应当严格适用从宽处理的意见。

十三、证人保护

广义的证人包括举报人、证人以及鉴定人。我国《宪法》《刑事诉讼法》规定了举报人、证人举报和作证的权利,《刑法》中规定了打击报复证人罪,《治安管理处罚法》中规定了对报案人、控告人、举报人、证人打击报复的违法行为进行治安处罚。2012 年《刑事诉讼法》第一次修正后,我国日益重视证人保护的有关工作,公安部《公安机关办理刑事案件程序规定》、最高检《人民检察院刑事诉讼规则》(2019 年)、最高人民法院(以下简称最高法)《关于适用〈中华人民共和国刑事诉讼法〉的解释》(2021 年)结合 2018 年第三次修正的《刑事诉讼法》,在相关法律条文中,基本涵盖了刑事诉讼的各个职能部门,规范证人保护工作。2017 年,公安部制定《公安机关办理刑事案件证人保护工作规定》(公通字〔2017〕2 号),《公安机关反有组织犯罪工作规定》细化了公安机关证人保护的保护措施等规定。

深圳宝安区检察院首创证人保护制度专门小组对受严重威胁证人 24 小时贴身保护，并对证人进行经济补偿。

有些国家的证人保护制度比较成熟，如美国、新加坡、德国等都有单独的证人保护法。除了单独的立法，这些国家的诉讼法，也规定了证人保护。有的国家还有证人保护计划，有专门的证人保护机构。不可否认，我国的证人保护制度还有一些不足，如证人保护没有专项的立法，义务主体权责划分不清晰，保护对象过于狭窄等，相信在日后的立法中会逐步解决和完善证人保护制度。

（一）评估

对危害国家安全犯罪、恐怖活动犯罪、黑社会性质的组织犯罪、毒品犯罪案件，公安机关在侦办过程中发现证人因在侦查过程中作证，本人或者其近亲属的人身安全面临危险，或者证人向公安机关请求予以保护的，办案部门应当结合案件性质、犯罪嫌疑人的社会危险性、证人证言的重要性和真实性、证人自我保护能力、犯罪嫌疑人被采取强制措施的情况等，对证人人身安全面临危险的现实性、程度进行评估。

（二）证人保护范围

证人保护范围，是指对危害国家安全犯罪、恐怖活动犯罪、黑社会性质的组织犯罪、毒品犯罪案件，证人、鉴定人、被害人因在侦查过程中作证，本人或者其近亲属的人身安全面临危险。

下列人员的人身安全面临危险，确有保护必要的，规定予以保护：

1. 案件中作证的证人的未婚夫（妻）、共同居住人等其他与证人有密切关系的人员；

2. 参加危害国家安全犯罪、恐怖活动犯罪、黑社会性质的组织犯罪、毒品犯罪组织的犯罪嫌疑人，在查明有关犯罪组织结构和组织者、领导者的地位、作用，追缴、没收赃款赃物等方面提供重要线索和证据的。

证人保护中的证人，包括共同犯罪中指认同案犯的其他犯罪事实的犯罪嫌疑人。

证人、鉴定人、被害人在其他案件中作证，本人或者其近亲属的人身安全面临危险，确有保护必要的，参照证人的规定执行。

（三）证人保护措施

因举报、控告和制止有组织犯罪活动，在有组织犯罪案件中作证，本人或者其近亲属的人身安全面临危险的，公安机关应当按照有关规定，采取下列一项或者多项保护措施：（1）不公开真实姓名、住址和工作单位等个人信息；（2）采取不暴露外貌、真实声音等出庭作证措施；（3）禁止特定的人接触被保护人员；（4）对人身和住宅采取专门性保护措施；（5）变更被保护人员的身份，重新安排住所和工作单位；（6）其他必要的保护措施。

采取变更被保护人员的身份，重新安排住所和工作单位的保护措施，由公安部批准和组织实施。

案件移送审查起诉时，应当将采取保护措施的相关情况一并移交人民检察院。

证人、鉴定人、被害人因出庭作证，本人或者其近亲属的人身安全面临危险的，人民法院应当采取不公开其真实姓名、住址和工作单位等个人信息，或者不暴露其外貌、真实声音等保护措施。辩护律师经法庭许可，查阅对证人、鉴定人、被害人使用化名情况的，应当签署保密承诺书。

审判期间，证人、鉴定人、被害人提出保护请求的，人民法院应当立即审查；认为确有保护必要的，应当及时决定采取相应保护措施。必要时，可以商请公安机关协助。

（四）证人保护程序

办案部门经评估认为确有必要采取保护措施的，应当制作呈请证人保护报告书，报县级以上公安机关负责人批准，实施证人保护措施。呈请证人保护报告书应当包括以下内容：（1）被保护人的姓名、性别、年龄、住址、工作单位、身份证件信息以及与案件、犯罪嫌疑人的关系；（2）案件基本情况以及作证事项有关情况；（3）保护的必要性；（4）保护的具体措施；（5）执行保护的部门；（6）其他有关内容。

证人或者其近亲属人身安全面临现实危险、情况紧急的，公安机关应当立即采取必要的措施予以保护，并同时办理呈请证人保护手续。

公安机关发现证人因作证，本人或者其近亲属的人身安全面临危险，或者证人向公安机关请求予以保护，公安机关经评估认为确有必要采取保护措施的，应当制作呈请证人保护报告书，报县级以上公安机关负责人批准实施。

人民法院、人民检察院决定对证人采取禁止特定的人接触被保护人员，对人身和住宅采取专门性保护措施的，由县级以上公安机关凭人民法院、人民检察院的决定文书执行，并将执行保护的情况及时通知决定机关。必要时，可以请人民法院、人民检察院协助执行。

（五）制定证人保护措施

经批准决定采取证人保护措施的，证人保护部门应当立即制订保护方案，明确具体保护措施、警力部署、处置预案、通信联络、装备器材等。

证人保护部门应当将采取的保护措施和需要被保护人配合的事项告知被保护人，并及时实施保护方案。

（六）笔录、文书、卷宗、视听资料中的保护措施

采取不公开个人信息保护措施的，公安机关在讯问犯罪嫌疑人时不得透露证人的姓名、住址、通信方式、工作单位等个人信息，在制作讯问、询问笔录等证据材料或者提请批准逮捕书、起诉意见书等法律文书时，应当使用化名等代替证人的个人信息，签名以捺指印代替。

对于证人真实身份信息和使用化名的情况应当另行书面说明，单独成卷，标明密级，妥善保管。证人保护密卷不得提供给人民法院、人民检察院和公安机关的承办人员以外的人员查阅，法律另有规定的除外。

对上述证人询问过程制作同步录音录像的，应当对视音频资料进行处理，避免暴露证人外貌、声音等。在公安机关以外的场所询问证人时，应当对询问场所进行清理、控制，无关人员不得在场，并避免与犯罪嫌疑人接触。

人民检察院依法决定不公开证人、鉴定人、被害人的真实姓名、住址和工作单位等个人信息的，可以在起诉书、询问笔录等法律文书、证据材料中使用化名。但是应当另行书面说明使用化名的情况并标明密级，单独成卷。

决定对出庭作证的证人、鉴定人、被害人采取不公开个人信息的保护措施的，审判人员应当在开庭前核实其身份，对证人、鉴定人如实作证的保证书不得公开，在判决书、裁定书等法律文书中可以使用化名等代替其个人信息。

(七)禁止令保护

采取禁止特定人员接触被保护人措施的,公安机关应当制作禁止令,书面告知特定人员,禁止其在一定期限内接触被保护人。

特定人员违反禁止令,接触被保护人,公安机关应当依法进行调查处理,对犯罪嫌疑人视情况采取或者变更强制措施,其他人员构成违反治安管理行为的,依法给予治安管理处罚;涉嫌犯罪的,依法追究刑事责任。

(八)重大人身安全危险的证人保护

被保护人面临重大人身安全危险的,经被保护人同意,公安机关可以在被保护人的人身或者住宅安装定位、报警、视频监控等装置。必要时,可以指派专门人员对被保护人的住宅进行巡逻、守护,或者在一定期限内开展贴身保护,防止侵害发生。

证人保护部门对人身和住宅采取专门性保护措施,需要由被保护人居住地辖区公安派出所或者公安机关其他部门协助落实的,应当及时将协助函送交有关派出所或者部门。有关派出所或部门应当及时安排人员协助证人保护部门落实证人保护工作。

有条件的地方,可以聘请社会安保力量承担具体保护工作。

(九)面临急迫人身安全危险的证人保护

被保护人面临急迫的人身安全危险的,经被保护人同意,公安机关可以在一定期限内将被保护人安置于能够保障其人身安全的适当环境,并采取必要的保护措施。

(十)面临特别重大人身安全危险的证人保护

被保护人面临特别重大人身安全危险的,经被保护人同意,公安机关可以协调有关部门将被保护人在一定期限内或者长期安排到其他地方居住生活。确需变更姓名,被保护人提出申请的,公安机关应当依法办理。

(十一)及时调整证人保护方案

证人保护部门应当根据案情进展情况和被保护人受到安全威胁程度的变化,

及时调整保护方案。被保护人也可以向证人保护部门申请变更保护措施。

证人保护部门系办案部门以外的部门的，调整保护方案前应当商办案部门同意。

（十二）跨区域开展证人保护

需要跨地区开展证人保护工作的，由办理案件的公安机关商被保护人居住地公安机关予以协助，被商请单位应当予以协助。必要时，由共同的上级公安机关统一协调部署。

（十三）终止证人保护

具有下列情形之一，不再需要采取证人保护措施的，经县级以上公安机关负责人批准，证人保护工作终止：（1）被保护人的人身安全危险消除的；（2）被保护人主动提出书面终止保护申请的；（3）证人有作虚假证明、诬告陷害或者其他不履行作证义务行为的；（4）证人不再具备证人身份的。

证人保护工作终止的，应当及时告知被保护人和协助执行证人保护工作的部门。

（十四）证人保护工作的移交

证人所涉案件管辖发生变更的，证人保护工作同时移交，并办理移交手续。

（十五）证人作证补助与保障

证人因履行作证义务而支出的交通、住宿、就餐等费用，应当给予补助。证人作证的补助列入司法机关业务经费，由同级政府财政予以保障。

有工作单位的证人作证，所在单位不得克扣或者变相克扣其工资、奖金及其他福利待遇。

证人出庭作证所支出的交通、住宿、就餐等费用，人民法院应当给予补助。

（十六）司法工作人员及近亲属的保护

证人反映其本人或者近亲属受到威胁、侮辱、殴打或者受到打击报复的，公安机关应当依法进行调查处理。构成违反治安管理行为的，依法给予治安管理处罚;涉嫌犯罪的,依法追究刑事责任。

实施有组织犯罪的人员配合侦查、起诉、审判等工作,有下列情形之一,对侦破案件或者查明案件事实起到重要作用的,或者有其他重大立功表现的,可以参照证人保护的规定执行:(1)为查明犯罪组织的组织结构及其组织者、领导者、首要分子的地位、作用提供重要线索或者证据的;(2)为查明犯罪组织实施的重大犯罪提供重要线索或者证据的;(3)为查处国家工作人员涉有组织犯罪提供重要线索或者证据的;(4)协助追缴、没收尚未掌握的赃款赃物的;(5)其他为查办有组织犯罪案件提供重要线索或者证据的情形。

对办理有组织犯罪案件的人民警察及其近亲属,可以采取人身保护、禁止特定的人接触等保护措施。

十四、律师辩护、代理

2012 年两高两部《关于办理黑社会性质组织犯罪案件若干问题的规定》(公通字〔2012〕45 号)、2018 年两高两部《关于办理黑恶势力犯罪案件若干问题的指导意见》(法发〔2018〕1 号)、2018 年中华全国律师协会《关于律师办理黑恶势力犯罪案件辩护代理工作若干意见》(律发通〔2018〕9 号)、《法律援助法》(2021 年)等法律文件中,都有律师办理有组织犯罪案件的相关规定,本书对辩护的相关规定不作太多赘述。

(一)保障律师执业

公安机关、人民检察院、人民法院应当依法保障律师在办理黑社会性质组织犯罪案件辩护代理工作中的执业权利,保证律师依法履行职责。

公安机关、人民检察院、人民法院应当加强与司法行政机关的沟通和协作,及时协调解决律师辩护代理工作中的问题;发现律师有违法违规行为的,应当及时通报司法行政机关,由司法行政机关依法处理。

律师认为办案机关及其工作人员明显违反法律规定,阻碍律师依法履行辩护、代理职责,侵犯律师执业权利的,可以向办案机关或者其上一级机关投诉,向同级或者上一级人民检察院申诉、控告,向注册地的市级司法行政机关、所属设区的市律师协会申请维护执业权利。

（二）律师依法履行职责

律师接受委托参加黑社会性质组织犯罪案件辩护代理工作的，应当严格依法履行职责，依法行使执业权利，恪守律师职业道德和执业纪律。

（三）律师报告备案制度

律师事务所受理黑恶势力犯罪案件后，应当于5日内同时报律师事务所所属律师协会和案件管辖地律师协会备案。

（四）司法行政机关指导、监督机制

司法行政机关应当建立对律师办理黑社会性质组织犯罪案件辩护代理工作的指导、监督机制，加强对敏感、重大的黑社会性质组织犯罪案件律师辩护代理工作的业务指导；指导律师事务所建立健全律师办理黑社会性质组织犯罪案件辩护代理工作的登记、报告、保密、集体讨论、档案管理等制度；及时查处律师从事黑社会性质组织犯罪案件辩护代理活动中的违法违规行为。

司法行政机关应当加强对律师办理黑社会性质组织犯罪案件辩护代理工作的指导监督，指导律师事务所建立健全律师办理黑社会性质组织犯罪案件的请示报告、集体研究和检查督导制度。办案机关应当依法为保障律师各项诉讼权利代理职责提供便利，防止因妨碍辩护律师依法履行职责，对案件办理带来影响。

（五）司法行政机关派员旁听庭审

对黑恶势力犯罪案件开庭审理时，人民法院应当通知对辩护律师所属事务所具有监督管理权限的司法行政机关派员旁听。

（六）提出司法建议的违规情形

对于律师违反会见规定的；以串联组团，联署签名、发表公开信，组织网上聚集、声援等方式或者借个案研讨之名，制造舆论压力，攻击、诋毁司法机关和司法制度，干扰诉讼活动正常进行的；煽动、教唆和组织当事人或者其他人员到司法机关或者其他国家机关静坐、举牌、打横幅、喊口号等，扰乱公共秩序、危害公共安全的；违反规定披露、散布不公开审理案件的信息、材料，或者本人、其他律师在办案

过程中获悉的有关案件重要信息、证据材料的；司法行政机关应当依照有关规定予以处罚，构成犯罪的，依法追究刑事责任。对于律师辩护、代理活动中的违法违规行为，相关办案机关要注意收集、固定证据，提出司法建议。

十五、利用网络实施的有组织犯罪

（一）概念

利用网络实施的有组织犯罪，是指利用网络实施的犯罪，符合《刑法》第二百九十四条规定的组织、领导、参加黑社会性质组织罪，以及黑社会性质组织、恶势力组织实施的犯罪，亦是有组织犯罪。

（二）利用网络实施有组织犯罪法律规范发展历程

2023年8月28日，中国互联网信息中心发布第52次《中国互联网发展状况统计报告》，截至2023年6月，我国网民规模为10.79亿，网民规模为全球第一位，移动互联网应用蓬勃发展，即时通信、网络视频、短视频的用户规模仍稳居前三。截至6月，即时通信、网络视频、短视频用户规模分别达10.47亿人、10.44亿人和10.26亿人，用户使用率分别为97.1%、96.8%和95.2%；网约车、在线旅行预订、网络文学的用户规模较2022年12月分别增长3492万人、3091万人、3592万人，增长率分别为8.0%、7.3%和7.3%，成为用户规模增长最快的三类应用。

2018年两高两部《关于办理黑恶势力犯罪案件若干问题的指导意见》（法发〔2018〕1号），将组织或雇佣网络“水军”在网上威胁、恐吓、侮辱、诽谤、滋扰的黑恶势力列为打击的重点。

为准确认定利用信息网络实施犯罪的黑恶势力，严防黑恶势力犯罪向网络空间渗透，2019年两高两部《关于办理利用信息网络实施黑恶势力犯罪刑事案件若干问题的意见》，作出了办理利用信息网络实施黑恶犯罪案件的具体规定。

《反有组织犯罪法》规定了利用网络实施的犯罪，符合规定的，亦是有组织犯罪。

（三）我国打击利用信息网络实施有组织犯罪情况

2019年11月，公安部部署全国公安机关开展为期1年的利用信息网络实施黑恶势力犯罪专项整治行动。2020 年 12 月 24 日,公安部在北京召开新闻发布会,通报全国公安机关打击整治利用信息网络实施黑恶势力犯罪专项行动有关情况,发布了利用信息网络实施黑恶势力犯罪十大典型案例。全国公安机关共打掉利用信息网络实施黑恶势力犯罪团伙 1759 个,抓获犯罪嫌疑人 1.7 万名,刑拘犯罪嫌疑人 1.64 万名,破获各类刑事案件 3.2 万起,查扣涉案资产 299.5 亿元。针对利用信息网络实施黑恶势力犯罪的特点,公安部及时开辟全新战场,明确打击方向,部署全国公安机关严打网络“套路贷”“裸聊”敲诈、恶意索赔、负面舆情敲诈、网络水军滋事、网络暴力传销、网络“软暴力”催收等七类利用信息网络实施黑恶势力犯罪。公安部紧紧围绕打击整治目标任务,建立多警种联合办案机制。此外,公安部搭建全国涉嫌“套路贷”违法犯罪监测预警平台、“裸聊”敲诈案件串并系统,深化大数据应用,实时监测犯罪趋势。利用信息网络实施黑恶势力犯罪十大典型案例,分别是甘肃兰州“2.12”网络“套路贷”犯罪案件、江苏张家港“有米有品”网络“套路贷”犯罪案件、广西贺州“6.29”跨境“裸聊”敲诈犯罪案件、福建厦门冯某文跨境“裸聊”敲诈犯罪案件、广东中山“6.16”恶意索赔犯罪案件、广东广州章某强恶意索赔犯罪案件、陕西榆林谈某平负面舆情敲诈犯罪案件、浙江杭州尚某庄负面舆情敲诈犯罪案件、辽宁丹东邢某鑫网络水军滋事犯罪案件、江苏泰州“6.17”网络“软暴力”催收犯罪案件。

根据全国扫黑除恶斗争领导小组部署要求和 2022 年常态化开展扫黑除恶斗争工作安排,2022 年 9 月 5 日,公安部会同中宣部、中央网信办、最高人民法院、最高人民检察院、工信部、司法部、人民银行、原银保监会联合印发通知,部署在全国开展为期 1 年半的打击惩治涉网黑恶犯罪专项行动,全力推动常态化扫黑除恶斗争在信息网络空间持续纵深开展。紧盯黑恶势力犯罪在信息网络空间的延伸发展态势,与打击治理电信网络新型违法犯罪等工作紧密结合,依法严厉打击惩治利用信息网络实施“裸聊”敲诈、“套路贷”、舆情敲诈、恶意索赔、软暴力催收、网络水军滋事等犯罪活动的黑恶势力组织,坚决斩断非法软件开发、“吸粉引流”“跑分洗钱”等上下游犯罪不法利益链条,强力整治网络水军、造谣炒作、恶意营销、网络暴力等网络空间问题乱象,建立完善网上网下一体化打防管控模式等长效治理机制,坚决铲除信息网络空间滋生黑恶势力的“土壤”,推动常态化扫黑除恶斗争进一步走深走实。

(四)利用信息网络实施有组织犯罪认定标准

由于利用信息网络实施的有组织犯罪是新型犯罪,现有的法律规定相对滞后，犯罪证据大多为电子证据，面临着调查取证难、调取环节多等取证难点。

1. 组织特征方面

认定利用信息网络实施违法犯罪的黑恶势力组织特征，要从违法犯罪的起因、目的，组织、策划、指挥、参与人员是否相对固定，组织形成后是否持续进行犯罪活动、是否有明确的职责分工、行为规范、利益分配机制等方面综合判断。利用信息网络实施违法犯罪的黑恶势力组织成员之间一般通过即时通信工具、通讯群组、电子邮件、网盘等信息网络方式联络，对部分组织成员通过信息网络方式联络实施黑恶势力违法犯罪活动，即使相互未见面、彼此不熟识，不影响对组织特征的认定。

2. 经济特征方面

利用信息网络有组织地实施违法犯罪活动或者其他手段获取一定数量的经济利益，用于违法犯罪活动或者支持该组织生存、发展的，应当认定为符合《刑法》第二百九十四条第五款第二项规定的黑社会性质组织经济特征。

3. 行为特征方面

通过线上线下相结合的方式，有组织地多次利用信息网络实施违法犯罪活动，侵犯不特定多人的人身权利、民主权利、财产权利，破坏经济秩序、社会秩序的，应当认定为符合《刑法》第二百九十四条第五款第三项规定的黑社会性质组织行为特征。单纯通过线上方式实施的违法犯罪活动，且不具有为非作恶、欺压残害群众特征的，一般不应作为黑社会性质组织行为特征的认定依据。

从司法实践来看，常见的利用信息网络实施的有组织犯罪类型有七类，具体是利用网络“套路贷”、网络抹黑敲诈勒索、网络强迫交易、网络涉黄涉毒敲诈勒索、网络购物敲诈勒索、网络暴力传销、网络“水军”等。

4. 危害性特征方面

对利用信息网络实施黑恶势力犯罪非法控制和影响的“一定区域或者行业”，应当结合危害行为发生地或者危害行业的相对集中程度，以及犯罪嫌疑人、被告人在网络空间和现实社会中的控制和影响程度进行综合判断。虽然危害行为发生地、危害的行业比较分散，但涉案犯罪组织利用信息网络多次实施强迫交易、寻衅滋事、敲诈勒索等违法犯罪活动，在网络空间和现实社会造成重大影响，严重破坏经济、社会生活秩序的，应当认定为“在一定区域或者行业内，形成非法控制或者重大影响”。

十六、“软暴力”

（一）概念

“软暴力”是指为谋取非法利益或者形成非法影响，有组织地进行滋扰、纠缠、哄闹、聚众造势等，对他人形成心理强制，足以限制人身自由、危及人身财产安全，影响正常社会秩序、经济秩序的，可以认定为有组织犯罪的犯罪手段。

（二）“软暴力”由来

自21世纪以来，有组织犯罪在我国南方一些省份，不再是打打杀杀，陆续出现了“软暴力”行为，危害日益加剧，司法实践中也将“软暴力”行为纳入有组织犯罪的手段之一，因此“软暴力”在司法实践中不断被提出。“软暴力”的提法最早于2007年左右。2008年，公安部曾组织开展了专题调研。2009年两高一部出台的《办理黑社会性质组织犯罪案件座谈会纪要》中，虽然没有采用“软暴力”的概念，用的是“非暴力手段”的说法，但已经对“软暴力”的表现形式和基本内涵作了初步阐述。2011年出台的《刑法修正案（八）》修改了寻衅滋事罪，将“恐吓”增加为寻衅滋事犯罪的入罪行为。但是并没有明确“软暴力”的概念，也仅针对可能涉及的个别罪名作了规定。

2013年4月23日，两高一部在《关于依法惩处侵害公民个人信息犯罪活动的通知》（公通字〔2013〕12号）中使用了滋扰型“软暴力”的提法，并指出这是一种“新型犯罪”。随着扫黑除恶专项斗争深入开展，2018年1月，两高两部在《关于办理黑恶势力犯罪案件若干问题的指导意见》中，明确将依法惩处利用“软暴力”实施的犯罪作为扫黑除恶专项斗争中重点打击的一个环节。随着扫黑除恶专项斗争进一步深入，2019年4月两高两部联合印发的《关于办理实施“软暴力”的刑事案件若干问题的意见》，首次对“软暴力”给出了明确的法律界定，并提出“软暴力”犯罪的具体认定标准，“软暴力”是黑社会性质组织特征的行为特征，是恶势力概念中的其他手段。《反有组织犯罪法》规定了利用“软暴力”实施黑恶犯罪，可以认定为有组织犯罪的犯罪手段。

（三）“软暴力”表现形式

“软暴力”主要集中于以下四种表现形式：

1. 侵犯人身权利、民主权利、财产权利的手段，包括但不限于跟踪贴靠，扬言传播疾病、揭发隐私、恶意举报、诬告陷害，破坏、霸占财物等；

2. 扰乱正常生活、工作、生产、经营秩序的手段，包括但不限于非法侵入他人住宅、破坏生活设施、设置生活障碍、贴报喷字、拉挂横幅、燃放鞭炮、播放哀乐、摆放花圈、泼洒污物、断水断电、堵门阻工，以及通过驱赶从业人员、派驻人员等踞守方式直接或间接地控制厂房、办公区、经营场所等；

3. 扰乱社会秩序的手段，包括但不限于摆场架势示威、聚众哄闹滋扰、拦路闹事等；

4. 其他“软暴力”手段，通过信息网络或者通信工具实施，符合规定的违法犯罪手段，应当认定为“软暴力”。

（四）“软暴力”程度标准

“软暴力”手段与暴力、威胁手段一样，具有程度轻重的区分。“软暴力”的认定，必须达到“两个足以”的程度标准，即足以使他人产生恐惧、恐慌进而形成心理强制或者足以影响、限制人身自由，危及人身财产安全或者影响正常生活、工作、生产、经营。

行为人实施“软暴力”，具有下列情形之一，可以认定为足以使他人产生恐惧、恐慌进而形成心理强制或者足以影响、限制人身自由，危及人身财产安全或者影响正常生活、工作、生产、经营：

1. 黑恶势力实施的；

2. 以黑恶势力名义实施的；

3. 曾因组织、领导、参加黑社会性质组织、恶势力犯罪集团、恶势力以及因强迫交易、非法拘禁、敲诈勒索、聚众斗殴、寻衅滋事等犯罪受过刑事处罚后又实施的；

4. 携带凶器实施的；

5. 有组织地实施的或者足以使他人认为暴力、威胁具有现实可能性的；

6. 其他足以使他人产生恐惧、恐慌进而形成心理强制或者足以影响、限制人身自由，危及人身财产安全或者影响正常生活、工作、生产、经营的情形。

由多人实施，编造或明示暴力违法犯罪经历进行恐吓的，或者以自报组织、头目名号、统一着装、显露文身、特殊标识以及其他明示、暗示方式，足以使他人感知相关行为是有组织性的,应当认定为“以黑恶势力名义实施”。

十七、“套路贷”

(一)概念

“套路贷”是以非法占有为目的,假借民间借贷之名,诱使或迫使被害人签订“借贷”或变相“借贷”“抵押”“担保”等相关协议,通过虚增借贷金额、恶意制造违约、肆意认定违约、毁匿还款证据等方式形成虚假债权债务,并借助诉讼、仲裁、公证或者采用暴力、威胁以及其他手段非法占有被害人财物的相关违法犯罪活动的概括性称谓。

(二)“套路贷”由来

“套路贷”是一种新的犯罪现象,最先高发于上海、浙江、江苏等地,后陆续在全国多地出现,集中爆发于 2017 年,案件多涉及民间借贷,从而引发大量的民事纠纷案件,且在一审判决后,上诉率较高。上海首先将“套路贷”认定为犯罪处理。“套路贷”犯罪这一概念首先出现在 2017 年 10 月 25 日印发的上海市高级人民法院、上海市人民检察院、上海市公安局《关于本市办理“套路贷”刑事案件的工作意见》(沪公通〔2017〕71 号)中。2017 年起,上海、浙江、安徽、重庆等地陆续出台针对“套路贷”案件的地方性司法文件。2018 年 1 月,在全国范围内开展的扫黑除恶专项斗争将民间借贷领域的黑恶犯罪作为打击重点之一。

2018 年两高两部发布《关于办理黑恶势力犯罪案件若干问题的指导意见》,规定了“套路贷”的本质特征,是以非法占有他人财物为目的,其套路表现为:虚增债务、签订虚假借款协议、制造资金走账、肆意认定违约、转单平账、虚假诉讼、强立债权、强行索债。虽然没有明确使用“套路贷”这一称谓,但已对“套路贷”犯罪的认定和处理作出了初步规定。多个地方也就办理“套路贷”刑事案件研究出台了地方性指导意见。2019 年两高两部《关于办理“套路贷”刑事案件若干问题的意见》(法发〔2019〕11 号),规定了“套路贷”的概念、常见犯罪手法、认定标准、管辖等方面。

(三)“套路贷”与民间借贷、非法讨债引发的案件区别

1. “套路贷”与民间借贷的区别。“套路贷”与平等主体之间基于意思自治而

形成的民事借贷关系存在本质区别，民间借贷的出借人是为了到期按照协议约定的内容收回本金并获取利息，不具有非法占有他人财物的目的，也不会在签订、履行借贷协议过程中实施虚增借贷金额、制造虚假给付痕迹、恶意制造违约、肆意认定违约、毁匿还款证据等行为。

2. 非法讨债引发的案件与“套路贷”的区别。司法实践中，应当注意非法讨债引发的案件与“套路贷”案件的区别，犯罪嫌疑人、被告人不具有非法占有目的，也未使用“套路”与借款人形成虚假债权债务，不应视为“套路贷”。因使用暴力、威胁以及其他手段强行索债构成犯罪的，应当根据具体案件事实定罪处罚。

（四）“套路贷”定罪

实施“套路贷”过程中，未采用明显的暴力或者威胁手段，其行为特征从整体上表现为以非法占有为目的，通过虚构事实、隐瞒真相骗取被害人财物的，一般以诈骗罪定罪处罚。

对于在实施“套路贷”过程中多种手段并用，构成诈骗、敲诈勒索、非法拘禁、虚假诉讼、寻衅滋事、强迫交易、抢劫、绑架等多种犯罪的，应当根据具体案件事实，区分不同情况，依照刑法及有关司法解释的规定数罪并罚或者择一重处。

（五）“套路贷”常见犯罪手法和步骤

实践中，“套路贷”的常见犯罪手法和步骤包括但不限于以下情形：

1. 制造民间借贷假象。犯罪嫌疑人、被告人往往以“小额贷款公司”“投资公司”“咨询公司”“担保公司”“网络借贷平台”等名义对外宣传，以低息、无抵押、无担保、快速放款等为诱饵吸引被害人借款，继而以“保证金”“行规”等虚假理由诱使被害人陷入错误认识签订金额虚高的“借贷”协议或相关协议。有的犯罪嫌疑人、被告人还会以被害人先前借贷违约等理由，迫使对方签订金额虚高的“借贷”协议或相关协议。

2. 制造资金走账流水等虚假给付事实。犯罪嫌疑人、被告人按照虚高的“借贷”协议金额将资金转入被害人账户，制造已将全部借款交付被害人的银行流水痕迹，随后便采取各种手段将其中全部或者部分资金收回，被害人实际上并未取得或者完全取得“借贷”协议、银行流水上显示的钱款。

3. 故意制造违约或者肆意认定违约。犯罪嫌疑人、被告人往往会以设置违约陷阱、制造还款障碍等方式，故意造成被害人违约，或者通过肆意认定违约，强行要求被害人偿还虚假债务。

4. 恶意垒高借款金额。当被害人无力偿还时，有的犯罪嫌疑人、被告人会安排其所属公司或者指定的关联公司、关联人员为被害人偿还“借款”，继而与被害人签订金额更大的虚高“借贷”协议或相关协议，通过这种“转单平账”“以贷还贷”的方式不断垒高“债务”。

5. 软硬兼施“索债”。在被害人未偿还虚高“借款”的情况下，犯罪嫌疑人、被告人借助诉讼、仲裁、公证或者采用暴力、威胁以及其他手段向被害人或者被害人的特定关系人索取“债务”。

（六）“套路贷”共同犯罪的认定

多人共同实施“套路贷”犯罪，犯罪嫌疑人、被告人在所参与的犯罪中起主要作用的，应当认定为主犯，对其参与或组织、指挥的全部犯罪承担刑事责任；起次要或辅助作用的，应当认定为从犯。

明知他人实施“套路贷”犯罪，具有以下情形之一的，以相关犯罪的共犯论处，但刑法和司法解释等另有规定的除外：

1. 组织发送“贷款”信息、广告，吸引、介绍被害人“借款”的；

2. 提供资金、场所、银行卡、账号、交通工具等帮助的；

3. 出售、提供、帮助获取公民个人信息的；

4. 协助制造走账记录等虚假给付事实的；

5. 协助办理公证的；

6. 协助以虚假事实提起诉讼或者仲裁的；

7. 协助套现、取现、办理动产或不动产过户等，转移犯罪所得及其产生的收益的；

8. 其他符合共同犯罪规定的情形。

上述“明知他人实施‘套路贷’犯罪”，应当结合行为人的认知能力，既往经历，行为次数和手段，与同案人、被害人的关系，获利情况，是否曾因“套路贷”受过处罚，是否故意规避查处等主客观因素进行综合分析认定。

（七）“套路贷”犯罪数额的认定

在认定“套路贷”犯罪数额时，应当与民间借贷相区别，从整体上予以否定性评价,"虚高债务"和以"利息""保证金""中介费""服务费""违约金"等名目被犯罪嫌疑人、被告人非法占有的财物,均应计入犯罪数额。

犯罪嫌疑人、被告人实际给付被害人的本金数额,不计入犯罪数额。

已经着手实施"套路贷",但因意志以外原因未得逞的,可以根据相关罪名所涉及的刑法及相关司法解释规定,按照已着手非法占有的财物数额认定犯罪未遂。既有既遂,又有未遂,犯罪既遂部分与未遂部分分别对应不同法定刑幅度的,应当先决定对未遂部分是否减轻处罚,确定未遂部分对应的法定刑幅度,再与既遂部分对应的法定刑幅度进行比较,选择处罚较重的法定刑幅度,并酌情从重处罚;二者在同一量刑幅度的,以犯罪既遂酌情从重处罚。

十八、涉案财产认定和处置

(一)概念

有组织犯罪案件涉案财产认定和处置,是指公安机关、人民检察院、人民法院在办理黑恶势力犯罪案件时,在查明黑恶势力组织违法犯罪事实并对黑恶势力成员依法定罪量刑的同时,要全面调查黑恶势力组织及其成员的财产状况,依法对涉案财产采取查询、查封、扣押、冻结等措施,并根据查明的情况,依法作出处理。处理既包括对涉案财产中犯罪分子违法所得、违禁品、供犯罪所用的本人财物以及其他等值财产等依法追缴、没收,也包括对被害人的合法财产等依法返还。

(二)涉案财产认定和处置法律法规

有组织犯罪案件涉案财产的认定和处置是办理有组织犯罪案件的工作重点之一,更是难点之一。

我国针对涉案财产认定和处置的法律规范主要有《刑法》(2020年修正)第六十四条,《刑事诉讼法》第一百四十一条至第一百四十五条、第二百四十五条,《反有组织犯罪法》(2021年)第四章规定了涉案财产认定和处置,最高法《关于适用〈中华人民共和国刑事诉讼法〉的解释》(2021年)第十八章规定了涉案财物处理,2012年最高人民法院、最高人民检察院、公安部、司法部等六部委发布了《关于实施刑事诉讼法若干问题的规定》第十部分规定了涉案财产的处理,即从解决部门互涉问题角度专门就涉案财物的处置明确了政法各机关的职责,公安部《公安机关办理刑事案件程序规定》规定了查封、扣押、查询、冻结及随案移送等，公安部《公安机关反有组织犯罪工作规定》第五章规定了涉案财产调查与处置。

政策性、指导性文件中也有涉案财产认定和处置的规定，如中共中央、国务院《关于完善产权保护制度依法保护产权的意见》（2016 年），中共中央办公厅、国务院办公厅《关于进一步规范刑事诉讼涉案财物处置工作的意见》（2015 年），最高检《人民检察院刑事诉讼涉案财物管理规定》（2015 年），最高法《关于刑事裁判涉财产部分执行的若干规定》（2014 年），最高法《关于适用刑法第六十四条有关问题的批复》（2013 年），两高两部《关于办理黑恶势力犯罪案件若干问题的指导意见》（2018 年）第七部分规定了依法处置涉案财产，两高两部《关于办理黑恶势力刑事案件中财产处置若干问题的意见》（2019 年），公安部《公安机关涉案财物管理若干规定》（2015 年修订）。

（三）全面调查

公安机关、人民检察院、人民法院根据办理有组织犯罪案件的需要，可以全面调查涉嫌有组织犯罪的组织及其成员的财产状况。

公安机关根据办理有组织犯罪案件的需要，可以全面调查涉嫌有组织犯罪的组织及其成员财产的来源、性质、用途、权属及价值，依法采取查询、查封、扣押、冻结等措施。

全面调查的范围包括：有组织犯罪组织的财产；组织成员个人所有的财产；组织成员实际控制的财产；组织成员出资购买的财产；组织成员转移至他人名下的财产；组织成员涉嫌洗钱及掩饰、隐瞒犯罪所得、犯罪所得孳息、收益等犯罪涉及的财产；其他与有组织犯罪组织及其成员有关的财产。

（四）代管、托管

对于不宜查封、扣押、冻结的经营性资产，可以申请当地政府指定有关部门或者委托有关机构代管或者托管。

对于不宜查封、扣押、冻结的经营性财产，公安机关、人民检察院、人民法院可以申请当地政府指定有关部门或者委托有关机构代管或者托管。

（五）查封、扣押、冻结、处置涉案财产

查封、扣押、冻结、处置涉案财产，应当严格依照法定条件和程序进行，依法保

护公民和组织的合法财产权益，严格区分违法所得与合法财产、本人财产与其家属财产，减少对企业正常经营活动的不利影响。

不得查封、扣押、冻结与案件无关的财产。

经查明确实与案件无关的财产，应当在3日以内解除查封、扣押、冻结，予以退还。

对被害人的合法财产，应当及时返还。

查封、扣押、冻结涉案财物，应当为犯罪嫌疑人、被告人及其扶养的家属保留必需的生活费用和物品。

（六）先行出售、变现或者变卖、拍卖

对下列财产，经县级以上公安机关、人民检察院或者人民法院主要负责人批准，可以依法先行出售、变现或者变卖、拍卖，所得价款由扣押、冻结机关保管，并及时告知犯罪嫌疑人、被告人或者其近亲属：（1）易损毁、灭失、变质等不宜长期保存的物品；（2）有效期即将届满的汇票、本票、支票等；（3）债券、股票、基金份额等财产，经权利人申请，出售不损害国家利益、被害人利益，不影响诉讼正常进行的。

完善涉案财产先行处置程序。对易损毁、灭失、变质等不宜长期保存的物品，易贬值的汽车、船艇等物品，或者市场价格波动大的债券、股票、基金份额等财产，有效期即将届满的汇票、本票、支票等，经权利人同意或者申请，并经县级以上公安机关、人民检察院或者人民法院主要负责人批准，可以依法出售、变现或者先行变卖、拍卖。所得款项统一存入各单位唯一合规账户。涉案财物先行处置应当做到公开、公平。

对于因自身材质原因易损毁、灭失、腐烂、变质而不宜长期保存的食品、药品及其原材料等物品，长期不使用容易导致机械性能下降、价值贬损的车辆、船舶等物品，市场价格波动大的债券、股票、基金份额等财产和有效期即将届满的汇票、本票、支票等，权利人明确的，经其本人书面同意或者申请，并经县级以上公安机关主要负责人批准，可以依法变卖、拍卖，所得款项存入本单位唯一合规账户；其中，对于冻结的债券、股票、基金份额等财产，有对应的银行账户的，应当将变现后的款项继续冻结在对应账户中。

对易损毁、灭失、变质等不宜长期保存的物品，易贬值的汽车、船艇等物品，或者市场价格波动大的债券、股票、基金等财产，有效期即将届满的汇票、本票、支票

等,经权利人同意或者申请,并经县级以上公安机关、人民检察院或者人民法院主要负责人批准,可以依法出售、变现或者先行变卖、拍卖,所得价款由扣押、冻结机关保管,并及时告知当事人或者其近亲属。

审判期间,对不宜长期保存、易贬值或者市场价格波动大的财产,或者有效期即将届满的票据等,经权利人申请或者同意,并经院长批准,可以依法先行处置,所得款项由人民法院保管。

在办理有组织犯罪案件过程中,先行出售、变现或者变卖、拍卖的涉案财产,需要符合以下程序:第一,涉案财产的三种类型,即易损毁、灭失、变质等不宜长期保存的物品,有效期即将届满的汇票、本票、支票等,债券、股票、基金份额等财产,经权利人申请,出售不损害国家利益、被害人利益,不影响诉讼正常进行的。第二,审批机关及审批人。审批机关是县级以上公安机关、人民检察院或者人民法院,审批人是主要负责人批准。第三,处置资金性质。处置涉案资产所得价款,由扣押、冻结机关保管。第四,告知。涉案资产处置后,及时告知犯罪嫌疑人、被告人或者其近亲属。第五,取消同意或者申请规定。取消了有组织犯罪案件涉案资产中,经权利人同意或者申请的程序规定。

(七)评估、估价

对黑社会性质组织及其成员聚敛的财产及其孳息、收益的数额,办案单位可以委托专门机构评估;确实无法准确计算的,可以根据有关法律规定及查明的事实、证据合理估算。

(八)审查甄别并提出处理意见

公安机关、人民检察院应当对涉案财产审查甄别,在移送审查起诉、提起公诉时,应当对涉案财产提出处理意见。

有组织犯罪组织及其成员依法应当被追缴、没收的涉案财产无法找到、灭失或者与其他合法财产混合且不可分割的,公安机关应当积极调查、收集有关证据,并在起诉意见书中说明。

公诉人在庭审中,讯问被告人,询问证人、被害人、鉴定人,出示物证,宣读书证、未出庭证人的证言笔录等,应当围绕与犯罪有关的财产来源、数量以及去向等事实。

在审理有组织犯罪案件过程中,应当对与涉案财产的性质、权属有关的事实、证据进行法庭调查、辩论。人民法院应当依法作出判决,对涉案财产作出处理。

(九)处置方式

1. 返还。应予返还的涉案财产包括与案件有关的合法财产及与黑恶势力及其违法犯罪活动无关的财产。合法财产的所有权人可能是被害人、利害关系人、案外人等,只要有证据证实财产的合法性质,均应及时予以返还。

所谓及时返还,就是对于已查封、扣押、冻结的财产中能够证实属于合法财产的,应当随时返还,不必等待案件审理终结。

对于需要返还的财产,裁判文书中应当写明返还主体、需返还的财产名称、数量、返还对象及返还期限等,判决前已经返还被害人的,不管在哪个环节予以返还,只要该财产被公诉机关作为涉案财物移送,裁判文书中均应明确判决返还,并注明已返还相关所有权人。

返还的前提是涉案财产仍然存在且已查封、扣押、冻结在案。应返还财物是特定物的,应当返还原物;应返还财物是种类物的,应当等值返还。财物部分损毁,剩余部分有返还价值的,可判决部分返还,不能返还部分应判决退赔。

应返还财产已经灭失、毁损或者部分毁损但剩余部分不具有退赔价值的,不属于返还范畴,应责令退赔。

2. 没收。应当没收的涉案财物包括三个部分:违禁品、供犯罪所用的本人财物、违法所得。

下列财产应予以没收:(1)黑恶势力组织及其成员通过违法犯罪活动或者其他不正当手段聚敛的财产及其孳息、收益;(2)黑恶势力组织成员通过个人实施违法犯罪活动聚敛的财产及其孳息、收益;(3)其他单位、组织、个人为支持该黑恶势力组织活动资助或者主动提供的财产;(4)黑恶势力组织及其成员通过合法的生产、经营活动获取的财产或者组织成员个人、家庭合法财产中,实际用于支持该组织活动的部分;(5)黑恶势力组织成员非法持有的违禁品以及供犯罪所用的本人财物;(6)其他单位、组织、个人利用黑恶势力组织及其成员违法犯罪活动获取的财产及其孳息、收益等。

对于违法所得,在退赔被害人损失、清偿民事债务等后仍有剩余的,应当没收上缴国库。

判决没收的,判决书中应当写明财物名称、数量。应没收部分与其他合法财产混同的,还应当明确应没收部分在混同财产中的所占比例。有证据证明应当追缴、没收的财产无法找到、被他人善意取得、价值灭失或者与其他合法财产混合且不可分割的,可以判决没收其他等值财产。

与返还相同,没收的前提是涉案财物已经在案,对于不在案的,应当判决继续追缴或退赔。

本书认为,对于已经在案的财物不能再判决追缴,个别案件判决书中对已经查封、扣押、冻结的涉案财物仍判决"予以追缴,上缴国库"的表述并不妥当。

3. 刑事附带民事赔偿。根据最高法《关于刑事附带民事诉讼范围问题的规定》(已失效),财物被犯罪分子毁坏而遭受物质损失,可以提起附带民事诉讼。

这里的"毁坏"应当理解为直接毁坏,如故意毁坏财物犯罪中的打砸行为导致被害人财产损失,可以提起刑事附带民事诉讼。

若被告人占有被害人合法财物后,因挥霍、变卖、毁损等无法追回导致无法返还的,应当判决退赔。

4. 责令退赔。退赔的对象是已被用掉、毁坏或挥霍的赃款赃物。无论是附带民事赔偿还是退赔,都不局限于违法所得,可能涉及被告人的合法财产。对于责令退赔的,应当明确退赔的主体、对象及具体数额。

由于退赔可发生在刑事诉讼的各个阶段,因此,对于在其他诉讼阶段已经退赔的,判决书中无须再判决退赔,只在表述具体犯罪时注明已退赔的事实即可。

5. 追缴、继续追缴。最高法 1999 年 10 月 27 日《全国法院维护农村稳定刑事审判工作座谈会纪要》第三部分第五项规定:"……如赃款赃物尚在的,应一律追缴;已被用掉、毁坏或挥霍的,应责令退赔……"可以这么理解,责令退赔是对已灭失犯罪所得的替代性追缴。既然追缴不是涉案财物的最终处理方式,那么作为其替代措施的责令退赔也不应理解为涉案财物的最终处理方式。

由于追缴只是一种追查财产的手段,而非最终的处理方式,在涉案财物被追回后,仍应通过判决或裁定的方式对被追回的财物作出处理。

对应予追缴但尚未追缴到案且仍有追缴条件的财物,裁判文书中应当明确予以"继续追缴"。

如果应予追缴的财物确实难以追缴或追缴成本较高,可以判决退赔,以提升判决的可执行性。

（十）涉案财产无法找到、灭失或者混合的处理

依法应当追缴、没收的涉案财产无法找到、灭失或者与其他合法财产混合且不可分割的，可以追缴、没收其他等值财产或者混合财产中的等值部分。

（十一）高度可能性认定涉案财产证明标准

被告人实施黑社会性质组织犯罪的定罪量刑事实已经查清，有证据证明其在犯罪期间获得的财产高度可能属于黑社会性质组织犯罪的违法所得及其孳息、收益，被告人不能说明财产合法来源的，应当依法予以追缴、没收。

有证据证明犯罪嫌疑人在犯罪期间获得的财产高度可能属于黑社会性质组织犯罪的违法所得及其孳息、收益，公安机关应当要求犯罪嫌疑人说明财产来源并予以查证，对犯罪嫌疑人不能说明合法来源的，应当随案移送审查起诉，并对高度可能性作出说明。

对于涉案财产处置的证明标准问题，原来实务界观点并不统一。审判机关一般参考定罪量刑的排除合理怀疑的证明标准，而检察机关囿于证明上的困难，往往降低证明标准，或者是优势证据标准，或者是其他证明标准。由于检察机关无法达到排除合理怀疑的证明标准，无法完成充分有效的举证，审判机关查清涉案财产的来源、性质和权属同样面临困难，在这种情况下，裁判文书不得不对涉案财产处置作出概括模糊的裁决。《反有组织犯罪法》出台后，统一了有组织犯罪案件涉案财产处置的认定标准，可以适用高度可能性的证明标准。

十九、非法放贷

（一）概念

非法放贷是指违反国家规定，未经监管部门批准，或者超越经营范围，以营利为目的，经常性地向社会不特定对象发放贷款，扰乱金融市场秩序，情节严重的，依照《刑法》第二百二十五条第四项的规定，以非法经营罪定罪处罚。

“经常性地向社会不特定对象发放贷款”，是指 2 年内向不特定多人（包括单位和个人）以借款或其他名义出借资金 10 次以上。贷款到期后延长还款期限的，发放贷款次数按照 1 次计算。

（二）民间借贷与非法放贷的区别

民间借贷，是一种广泛存在的民间资金融通活动，作为平等民事主体之间的经济互助行为，一定程度上满足了社会融资需求，对于促进经济发展起到有益补充作用。但由于其游离于正规金融体系之外，自身带有混乱、无序的弊端，故在逐利动机驱使下容易发生性质变异，并随之诱发一系列负面效应。现实生活中，对外出借资金行为背离民间借贷本质的问题越加严重，一些已经脱离民间借贷个体的、偶然的、互助式的存在模式，演化为出借人的经常性谋利手段，并向着资本运作方式规模化发展，客观上已经形成一种未经有权部门批准、未取得合法资质从事发放贷款业务的非法金融业务活动。非法放贷活动不仅扰乱金融市场秩序，而且易于滋生黑恶势力，引发各类伴生和次生违法犯罪活动，是反有组织犯罪工作的重点领域之一。

最高法先后出台《关于依法妥善审理民间借贷案件的通知》（法〔2018〕215号）、《关于新民间借贷司法解释适用范围问题的批复》（法释〔2020〕27号）、《关于审理民间借贷案件适用法律若干问题的规定》（2020年第二次修正）等司法解释性质文件，进一步规范审理民间借贷纠纷。国务院《非法金融机构和非法金融业务活动取缔办法》（2011年修订，已失效）规定了非法金融业务活动及罚则，《银行业监督管理法》（2006年修正）中规定，未经监管部门批准，或者超越经营范围，从事发放贷款业务是非法放贷行为，情节严重的，构成非法经营罪。

（三）职业放贷人认定

职业放贷人是指出借人未经批准，擅自从事经常性的贷款业务，通过向社会不特定对象提供资金以赚取高额利息，出借行为具有反复性、经常性，借款目的具有营业性等特点。

2019年11月8日，最高法发布《全国法院民商事审判工作会议纪要》（以下简称《九民纪要》）第五十三条专门对“职业放贷人”作出规定，即“同一出借人在一定期间内多次反复从事有偿民间借贷行为的，一般可以认定为是职业放贷人”。并明确“职业放贷人”从事的民间借贷行为，应当依法认定为无效。

2020年8月，最高法对《关于审理民间借贷案件适用法律若干问题的规定》进行修订，将“职业放贷”界定为“未依法取得放贷资格的出借人，以营利为目的的向社会不特定对象提供借款的”。并明确涉及“职业放贷”的民间借贷合同应当被认定为无效合同。

2019年两高两部出台《关于办理非法放贷刑事案件若干问题的意见》(法发〔2019〕24号),对“职业放贷人”情节严重的,构成非法经营罪等作出规定。职业放贷人既可以是法人、非法人组织,也可以是自然人,但都不具备放贷资格。

放贷行为具有违法性。非法经营罪属于行政犯,需要“违反国家规定”才能入罪。《银行业监督管理法》第十九条规定:“未经国务院银行业监督管理机构批准,任何单位或者个人不得设立银行业金融机构或者从事银行业金融机构的业务活动。”第四十四条规定:“擅自设立银行业金融机构或者非法从事银行业金融机构的业务活动的,由国务院银行业监督管理机构予以取缔;构成犯罪的,依法追究刑事责任……”因此,从事发放贷款业务需要经过有关金融监管部门批准。“未经监管部门批准,或者超越经营范围”,是认定非法放贷行为并视情节对其以非法经营罪论处的必要条件。

放贷活动具有职业性。有别于互助式的、偶然的民间资金融通行为,非法放贷作为一种经营行为,必然包含着出借目的营利性和出借行为反复性。为了准确区分非法放贷行为和正常的民间借贷,揭示非法放贷行为人以放贷为业的行为实质,非法放贷行为人需“以营利为目的,经常性地向社会不特定对象发放贷款”,并且明确“经常性地向社会不特定对象发放贷款,是指2年内向不特定多人(包括单位和个人)以借款或其他名义出借资金10次以上”。此外,还进一步明确了贷款到期后延长还款期限这一情况下,发放贷款次数的计算问题。应当注意的是,在延长还款期限后仅改变约定的利率或者利息,出借的本金金额未实际增加的,发放贷款次数仍按照1次计算;如果在延长还款期限后追加出借资金,或者将借款人已偿还贷款重新借出,放贷次数另行计算。借贷行为以营利为目的。通常出借人只要收取利息或资金占用费等即可认定为营利,并不以收取高利息作为营利认定的条件。

放贷对象具有不特定性。发放贷款行为的开放性,是非法放贷这一非法金融业务活动与民间借贷的又一重要区别。为此,强调非法放贷行为人发放贷款的对象是“社会不特定对象”,并且将“社会不特定对象”解读为“不特定多人(包括单位和个人)”,即非法放贷行为人需要2年内累计向多个不特定的单位或者个人,以借款或其他名义出借资金10次以上。

最高法在(2019)最高法民申4952号判决书中认为,作为出借人,仅3次出借行为尚不足以认定其从事经常性的贷款业务或者从事职业放贷行为,不属于“职业放贷人”。

部分省、市制定了“职业放贷人”相关司法文件,具体内容如下。

浙江省:2018年11月16日浙江省高级人民法院、人民检察院、公安厅、司法厅、税务局、地方金融监督管理局联合发布的《依法严厉打击与民间借贷相关的刑事犯罪强化民间借贷协同治理的会议纪要》中对“职业放贷人名录”作出规定,该纪要指出:纳入“职业放贷人名录”,一般应当符合以下条件。

1. 以连续3年收结案数为标准,同一或关联原告在同一基层人民法院民事诉讼中涉及20件以上民间借贷案件(含诉前调解,以下各项同),或者在同一中级人民法院及辖区各基层人民法院民事诉讼中涉及30件以上民间借贷案件的;

2. 在同1年度内,同一或关联原告在同一基层人民法院民事诉讼中涉及10件以上民间借贷案件,或者在同一中级人民法院及辖区各基层人民法院民事诉讼中涉及15件以上民间借贷案件的;

3. 在同1年度内,同一或关联原告在同一中级人民法院及辖区各基层人民法院涉及民间借贷案件5件以上且累计金额达100万元以上,或者涉及民间借贷案件3件以上且累计金额达1000万元以上的;

4. 符合下列条件两项以上,案件数达到第1、2项规定一半以上的,也可认定为职业放贷人:

(1)借条为统一格式的;

(2)被告抗辩原告并非实际出借人或者原告要求将本金、利息支付给第三人的;

(3)借款本金诉称以现金方式交付又无其他证据佐证的;

(4)交付本金时预扣借款利息或者被告实际支付的利息明显高于约定的利息的;

(5)原告本人无正当理由拒不到庭应诉或到庭应诉时对案件事实进行虚假陈述的。

自职业放贷人名录公布之日起连续三个年度内,该名录上人员涉及民间借贷纠纷的案件量少于前款第1、2、4项认定职业放贷人标准案件量1/2的,可以将其从职业放贷人名录上撤出。

江苏省:2019 年 5 月 17 日江苏省高级人民法院发布《关于建立疑似职业放贷人名录制度的意见(试行)》,建议各基层人民法院建立“疑似职业放贷人名录”,其虽然并非对于职业放贷人的认定,但也反映了一定的观点和倾向,其中指出:审理民间借贷案件首先要进行关联案件查询,同一出借人及其实际控制的关联关系人作为原告 1 年内在全省各级人民法院起诉民间借贷案件 5 件以上的,该出借人应当纳入疑似职业放贷人名录。通过案件审理或者其他途径可以初步确定为职业放贷人的,不受上述案件数量的限制。

天津市:2020 年 2 月 1 日天津市高级人民法院发布的《天津法院民间借贷案件审理指南(试行)》对“职业放贷行为的审查”中规定:同一原告或者关联原告在 2 年内向全市法院提起民间借贷案件 5 件以上,或者出借人在 2 年内向社会不特定人出借资金 3 次以上的,一般可以认定出借人的放贷行为具有营业性。

河南省:2019 年 7 月 2 日河南省高级人民法院发布的《关于加强对职业放贷人审查工作的指导意见(试行)》对“职业放贷人”的审查工作作出规定:未经有权机关依法批准,法人、非法人组织或者自然人在一定期间内多次从事与发放贷款业务相同或类似的民间借贷行为的,一般应认定为职业放贷人。

(四)“情节严重”“情节特别严重”的一般认定标准

以超过 36% 的实际年利率实施符合《关于办理非法放贷刑事案件若干问题的意见》第一条规定的非法放贷行为,具有下列情形之一的,属于《刑法》第二百二十五条规定的“情节严重”,但单次非法放贷行为实际年利率未超过 36% 的,定罪量刑时不得计入:

1. 个人非法放贷数额累计在 200 万元以上的,单位非法放贷数额累计在 1000 万元以上的;

2. 个人违法所得数额累计在 80 万元以上的,单位违法所得数额累计在 400 万元以上的;

3. 个人非法放贷对象累计在 50 人以上的,单位非法放贷对象累计在 150 人以上的;

4. 造成借款人或者其近亲属自杀、死亡或者精神失常等严重后果的。

具有下列情形之一的,属于《刑法》第二百二十五条规定的“情节特别严重”:

1. 个人非法放贷数额累计在 1000 万元以上的,单位非法放贷数额累计在

5000 万元以上的；

2. 个人违法所得数额累计在 400 万元以上的，单位违法所得数额累计在 2000 万元以上的；

3. 个人非法放贷对象累计在 250 人以上的，单位非法放贷对象累计在 750 人以上的；

4. 造成多名借款人或者其近亲属自杀、死亡或者精神失常等特别严重后果的。

（五）“情节严重”“情节特别严重”的特别认定标准

非法放贷数额、违法所得数额、非法放贷对象数量接近《关于办理非法放贷刑事案件若干问题的意见》第二条规定的“情节严重”“情节特别严重”的数额、数量起点标准，并具有下列情形之一的，可以分别认定为“情节严重”“情节特别严重”：

1. 2 年内因实施非法放贷行为受过行政处罚 2 次以上的；

2. 以超过 72% 的实际年利率实施非法放贷行为 10 次以上的。

上文中的“接近”，一般应当掌握在相应数额、数量标准的 80% 以上。

（六）民间借贷利率保护范围

民间借贷，是指自然人、法人和非法人组织之间进行资金融通的行为。

出借人请求借款人按照合同约定利率支付利息的，人民法院应予支持，但是双方约定的利率超过合同成立时一年期贷款市场报价利率四倍的除外。

“一年期贷款市场报价利率”，是指中国人民银行授权全国银行间同业拆借中心自 2019 年 8 月 20 日起每月发布的一年期贷款市场报价利率。

最高法关于民间借贷的司法解释不仅从形式上明晰了民间借贷的民间性特征，而且从借贷主体的角度，将民间借贷与金融借贷进行了划分。

2017 年，中共中央国务院印发《关于服务实体经济防控金融风险深化金融改革的若干意见》。根据部署，地方金融监督管理局的监管范围是“7 +4”，具体负责对小额贷款公司、融资担保公司、区域性股权市场、典当行、融资租赁公司、商业保理公司、地方资产管理公司等金融机构实施监管，强化对投资公司、农民专业合作社、社会众筹机构、地方各类交易所等的监管。据此，除传统意义上的金融机构外，我国出现了类金融机构的表现形式。2020年8月20日最高法第一次修正的《关于审理民间借贷案件适用法律若干问题的规定》施行以后，因大幅度调低了司法对民间借贷利率的保护上限，有关部门和一些法院反映，应对“经金融监管部门批准设立的从事贷款业务的金融机构”的认定标准予以明确。广东省高级人民法院专门就此问题向最高法作出请示，鉴于批准设立从事贷款业务的金融机构属于金融监管部门职权范围，最高法书面征求了中国人民银行、原中国银行保险监督管理委员会的意见，以《关于新民间借贷司法解释适用范围问题的批复》（法释〔2020〕27号），对广东省高级人民法院作出答复。该批复第一条明确规定：“关于适用范围问题。经征求金融监管部门意见，由地方金融监管部门监管的小额贷款公司、融资担保公司、区域性股权市场、典当行、融资租赁公司、商业保理公司、地方资产管理公司等七类地方金融组织，属于经金融监管部门批准设立的金融机构，其因从事相关金融业务引发的纠纷，不适用新民间借贷司法解释。”

1991年8月13日最高法《关于人民法院审理借贷案件的若干意见》[法（民）〔1991〕21号，已失效]第六条规定，“民间借贷的利率可以适当高于银行的利率，各地人民法院可根据本地区的实际情况具体掌握，但最高不得超过银行同类贷款利率的四倍（包含利率本数）。超出此限度的，超出部分的利息不予保护”。

2015年最高法《关于审理民间借贷案件适用法律若干问题的规定》（法释〔2015〕18号，2015年6月23日会议通过，8月6日发布，9月1日施行，已失效）第二十六条规定，“借贷双方约定的利率未超过年利率24%，出借人请求借款人按照约定的利率支付利息的，人民法院应予支持。借贷双方约定的利率超过年利率36%，超过部分的利息约定无效。借款人请求出借人返还已支付的超过年利率36%部分的利息的，人民法院应予支持”。该司法解释“以24%和36%为基准的两线三区”标准符合民间借贷的特性，均对民间借贷利率的司法保护上限作出规定。当然，作为借款合同的一种形式，尊重当事人的意思自治仍是处理民间借贷纠纷应当坚持的一项根本准则，只有恪守意思自治原则，才能充分发挥民间借贷在融通资金、激活市场方面的积极作用。《关于审理民间借贷案件适用法律若干问题的规定》中划定民间借贷利率的保护上限，并不妨碍当事人在实施借贷行为过程中的意思自治。只要不违反法律、行政法规的强制性规定，不违背公序良俗，借贷双方有权按照自己的意思，就借款合同中的借款期限、利息计算、逾期利息、合同解除等内容作出自愿协商，并承受相应的法律后果。

鉴于2019年8月16日中国人民银行已经发布“2019第15号公告”，决定改革完善贷款市场报价利率（LPR）形成机制，参考近期LPR数据的运行情况，将民间借贷利率的保护标准与国家货币政策调控机制进行衔接，既能适应我国利率市场化改革的客观需要，又能有效降低民间融资的成本，为民间借贷市场发展预留空间。同时，考虑到我国司法实践中长期以来对民间借贷利率不超过银行同类贷款利率的4倍的上限规定的接受程度，2020年8月19日最高法修正的《关于审理民间借贷案件适用法律若干问题的规定》（自2020年8月20日起施行）第二十六条规定，“出借人请求借款人按照合同约定利率支付利息的，人民法院应予支持，但是双方约定的利率超过合同成立时一年期贷款市场报价利率四倍的除外。前款所称‘一年期贷款市场报价利率’，是指中国人民银行授权全国银行间同业拆借中心自2019年8月20日起每月发布的一年期贷款市场报价利率”。

2020年12月29日，最高法发布第二次修正的《关于审理民间借贷案件适用法律若干问题的规定》，自2021年1月1日起施行。

根据最高法的司法解释，可以看出民间借贷纠纷民事案件的借期内利息计算标准如下：

1. 1991年8月13日至2015年8月31日的民间借贷纠纷，民间借贷的利率可以适当高于银行的利率，最高不得超过银行同类贷款利率的四倍（包含利率本数），超过部分不予保护。

2. 2015年9月1日至2020年8月19日的民间借贷纠纷，依据民间借贷利率“两线三区”的基本规则，即利率最高约定36%，超过36%段的利息部分，绝对无效。24%～36%部分，属于自然债务，未偿还的该段利率法院不予支持，已经偿还的部分也无须返还。约定的利率少于等于24%的，全部有效。

3. 2020年8月20日（最高法第一次修正2015年《关于审理民间借贷案件适用法律若干问题的规定》施行之日）之后受理的一审民间借贷案件，借贷合同成立于2015年9月1日至2020年8月20日，当事人请求适用2015年的司法解释计算自合同成立到2020年8月19日的利息部分的，人民法院应予支持，即适用民间借贷利率“两线三区”的基本规则：利率最高约定36%，超过36%段的利息部分，绝对无效。24%～36%部分，属于自然债务，未偿还的该段利率法院不予支持，已经偿还的部分也无须返还。约定的利率少于等于24%的，全部有效。

4. 对于自2020年8月20日到借款返还之日的利息部分，适用双方约定的利率不得超过合同成立时一年期贷款市场报价利率(LPR)4倍,超过部分不予保护。

5. 2021年1月1日(最高法第二次修正2015年《关于审理民间借贷案件适用法律若干问题的规定》施行之日)以后,人民法院受理的一审民间借贷纠纷案件,适用双方约定的利率不得超过合同成立时一年期贷款市场报价利率(LPR)4倍,超过部分不予保护。

(七)非法放贷数额、实际年利率、违法所得数额认定和计算标准

1. 非法放贷数额认定,以实际出借给借款人的本金金额认定。

2. 实际年利率计算,非法放贷行为人以介绍费、咨询费、管理费、逾期利息、违约金等名义和以从本金中预先扣除等方式收取利息的,相关数额在计算实际年利率时均应计入。非法放贷人为规避利率上限,经常假借名目,或者采用从本金中预先扣除等方式收取利息,司法实务中要累计出实际支付的利率,换算出年利率是否符合规定。

3. 违法所得数额认定,是非法放贷行为人实际收取的除本金之外的全部财物,均应计入违法所得。

4. 非法放贷行为未经处理的,非法放贷次数和数额、违法所得数额、非法放贷对象数量等应当累计计算。

(八)非法放贷过程中伴生、次生犯罪罪数处断

为从事非法放贷活动,实施擅自设立金融机构、套取金融机构资金高利转贷、骗取贷款、非法吸收公众存款等行为,构成犯罪的,应当择一重罪处罚。

为强行索要因非法放贷而产生的债务,实施故意杀人、故意伤害、非法拘禁、故意毁坏财物、寻衅滋事等行为,构成犯罪的,应当数罪并罚。

纠集、指使、雇佣他人采用滋扰、纠缠、哄闹、聚众造势等手段强行索要债务,尚不单独构成犯罪,但实施非法放贷行为已构成非法经营罪的,应当按照非法经营罪的规定酌情从重处罚。

上述情形,刑法及有关司法解释另有规定的除外。

(九)非法放贷行业有组织犯罪认定

有组织地非法放贷,同时又有其他违法犯罪活动,符合黑社会性质组织或者

恶势力、恶势力犯罪集团认定标准的,应当分别按照黑社会性质组织或者恶势力、恶势力犯罪集团侦查、起诉、审判。

黑恶势力非法放贷的,据以认定“情节严重”“情节特别严重”的非法放贷数额、违法所得数额、非法放贷对象数量起点标准,可以分别按照《关于办理非法放贷刑事案件若干问题的意见》第二条规定中相应数额、数量标准的50%确定;同时具有该意见第三条第一款规定情形的,可以分别按照相应数额、数量标准的40%确定。

(十)时间效力

1. 非法放贷的行为认定,从2019年10月21日起施行。

2. 对于《关于办理非法放贷刑事案件若干问题的意见》施行前发生的非法放贷行为,依照最高法《关于准确理解和适用刑法中“国家规定”的有关问题的通知》(法发〔2011〕155号,2011年4月8日发布、施行)的规定办理。

根据《刑法》第九十六的规定,刑法中的“国家规定”,是指全国人民代表大会及其常务委员会制定的法律和决定,国务院制定的行政法规、规定的行政措施、发布的决定和命令。其中,“国务院规定的行政措施”应当由国务院决定,通常以行政法规或者国务院制发文件的形式加以规定。以国务院办公厅名义制发的文件,符合以下条件的,亦应视为刑法中的“国家规定”:(1)有明确的法律依据或者同相关行政法规不相抵触;(2)经国务院常务会议讨论通过或者经国务院批准;(3)在国务院公报上公开发布。

在刑事审判工作中,对有关案件所涉及的“违反国家规定”的认定,要依照相关法律、行政法规及司法解释的规定准确把握。对于规定不明确的,要按照《关于准确理解和适用刑法中“国家规定”的有关问题的通知》的要求审慎认定。对于违反地方性法规、部门规章的行为,不得认定为“违反国家规定”。对被告人的行为是否“违反国家规定”存在争议的,应当作为法律适用问题,逐级向最高法请示。

审理非法经营犯罪案件,要依法严格把握《刑法》第二百二十五条第四项的适用范围。对被告人的行为是否属于《刑法》第二百二十五条第四项规定的“其他严重扰乱市场秩序的非法经营行为”,有关司法解释未作明确规定的,应当作为法律适用问题,逐级向最高法请示。

二十、国家工作人员涉有组织犯罪的处理

(一)公职人员与国家工作人员的概念

《监察法》和《刑法》调整对象不同,公职人员与国家工作人员并不是同一个概念,两者内涵不完全相同。《监察法》基于对公权力监督全覆盖的目的,将行使公共职权、履行公共职责的公职人员作为监察机关监督、调查的对象。《刑法》基于对国家工作人员从严管理的刑事政策,将国家工作人员聚焦于从事公务的人员,作为确定职务犯罪具体罪名的依据。

国家工作人员属于公职人员范畴。《监察法》加强对所有行使公权力的公职人员的监督,实现国家监察全面覆盖,第十五条规定了六类监察对象,而这六类人实际又分为两大类:一是行使公权力的公职人员,如国家机关的公务人员。此类人员的公职人员身份与行使公权力紧密联系在一起。二是行使公权力的其他人员。这些人员成为监察对象并不是因为公职人员的身份,而是基于参与某种特定公共事务活动。如人民陪审员在参加合议庭开庭审理案件或开庭调解、参加案件评议时,属于行使公权力,在履行职务期间有腐败行为的,就属于国家工作人员腐败犯罪。

根据《刑法》第九十三条的规定,国家工作人员是指在国家机关中从事公务的人员。2003 年《全国法院审理经济犯罪案件工作座谈会纪要》(法发〔2003〕167 号)进一步解释,"从事公务,是指代表国家机关、国有公司、企业、事业单位、人民团体等履行组织、领导、监督、管理等职责"。因此,认定从事公务活动的国家工作人员,前提是其具有管理国家事务或者代表国家参与管理社会事务的职权。从这一意义上说,公职人员完全包含国家工作人员。

公职人员未必都是国家工作人员。根据《监察法》的规定,公职人员必须是依法履行公职的人员。公职人员履行公职的范围要比公务的范围广,因为公务活动的本质是与国家公共事务有关,而公职人员履行公职的范围则没有国家公共事务的限制。一些非国家性的社会性公共事务,如基层群众性自治组织内集体事务的管理,虽然不能称为从事公务,但依法属于监察法中履行公职的范围。

由于《刑法》中的"国家工作人员"均为"履行公职的人员",而"履行公职的人员"未必全部是"国家工作人员",监察对象一旦涉罪,就应该进一步甄别其在《刑法》中的具体身份,进而确定其涉嫌犯罪的具体罪名。例如,公职人员利用职务上的便利收受贿赂,就需要确定该公职人员是否属于从事公务的国家工作人员,进

而确定其收受贿赂的行为是受贿罪还是非国家工作人员受贿罪。

公办的教育、科研、文化、医疗卫生、体育等单位中从事管理的人员在《刑法》上的主体身份。根据监察法释义和《国家监察委员会管辖规定(试行)》,前述单位中从事管理的人员主要有以下几类:(1)本单位及其分支机构的领导班子成员,以及该单位及其分支机构中的国家工作人员,如公立医院院长、副院长等;(2)本单位及其分支机构中层管理人员,如管理岗六级以上职员;(3)本单位及其分支机构在管理、监督国有财产等重要岗位上工作的人员,如出纳、会计人员;(4)临时从事与职权相联系的管理事务的人员。《刑法》第九十三条第二款规定,在事业单位和人民团体中从事公务的人员,以国家工作人员论。此处的"从事公务"主要表现为与职权相联系的公共事务以及监督、管理国有财产的职务活动。由此可见,上述公办的教育、科研、文化、医疗卫生、体育等单位中从事管理的四类人员与《刑法》中关于国家工作人员的认定基本一致。如公立学校普通教师在参与学校招生工作过程中收受他人贿赂的,因招生工作属于管理活动,该普通教师在招生过程中的腐败行为就属于国家工作人员腐败犯罪。

"保护伞"不是法律用语,相关法律中没有作为正式法律用语,从司法角度解释依据不足,是纪律用语。中共中央《中国共产党纪律处分条例》(2018 年 8 月 18 日发布,同年 10 月 1 日实施)第一百一十五条规定,"利用宗族或者黑恶势力等欺压群众,或者纵容涉黑涉恶活动、为黑恶势力充当'保护伞'的,给予撤销党内职务或者留党察看处分;情节严重的,给予开除党籍处分"。

(二)包庇、纵容黑社会性质组织罪的含义

包庇黑社会性质组织,是指国家机关工作人员为使黑社会性质组织及其成员逃避查禁,而通风报信,隐匿、毁灭、伪造证据,阻止他人作证、检举揭发,指使他人作伪证,帮助逃匿,或者阻挠其他国家机关工作人员依法查禁等行为。

纵容黑社会性质组织,是指国家机关工作人员不依法履行职责,放纵黑社会性质组织进行违法犯罪活动的行为。

二十一、利用未成年人实施有组织犯罪

《反有组织犯罪法》和两高两部《关于依法严惩利用未成年人实施黑恶势力犯

罪的意见》(高检发〔2020〕4 号,2020 年 3 月 23 日发布、施行)对利用未成年人实施有组织犯罪的,明确从重处理的规定,既是与《未成年人保护法》(2020 年修订)、《预防未成年人犯罪法》(2020 年修订)一脉相承,也是与国际通行做法相互衔接。

(一)打击重点

打击重点是黑社会性质组织、恶势力犯罪集团、恶势力,利用未成年人实施黑恶势力犯罪的行为,实施下列行为之一的,应当认定为“利用未成年人实施黑恶势力犯罪”:

1. 胁迫、教唆未成年人参加黑社会性质组织、恶势力犯罪集团、恶势力,或者实施黑恶势力违法犯罪活动的;

2. 拉拢、引诱、欺骗未成年人参加黑社会性质组织、恶势力犯罪集团、恶势力,或者实施黑恶势力违法犯罪活动的;

3. 招募、吸收、介绍未成年人参加黑社会性质组织、恶势力犯罪集团、恶势力,或者实施黑恶势力违法犯罪活动的;

4. 雇佣未成年人实施黑恶势力违法犯罪活动的;

5. 其他利用未成年人实施黑恶势力犯罪的情形。

(二)从重处罚

利用未成年人实施黑恶势力犯罪,具有下列情形之一的,应当从重处罚:

1. 组织、指挥未成年人实施故意杀人、故意伤害致人重伤或者死亡、强奸、绑架、抢劫等严重暴力犯罪的;

2. 向未成年人传授实施黑恶势力犯罪的方法、技能、经验的;

3. 利用未达到刑事责任年龄的未成年人实施黑恶势力犯罪的;

4. 为逃避法律追究,让未成年人自首、做虚假供述顶罪的;

5. 利用留守儿童、在校学生实施犯罪的;

6. 利用多人或者多次利用未成年人实施犯罪的;

7. 针对未成年人实施违法犯罪的;

8. 对未成年人负有监护、教育、照料等特殊职责的人员利用未成年人实施黑恶势力违法犯罪活动的;

9. 其他利用未成年人违法犯罪应当从重处罚的情形。

（三）“五类人员”（黑恶势力首要分子、骨干成员、纠集者、主犯和直接利用者）利用未成年人实施黑恶势力犯罪的人员从重处罚

发展未成年人参加黑社会性质组织、境外的黑社会组织，教唆、诱骗未成年人实施有组织犯罪，或者实施有组织犯罪侵害未成年人合法权益的，依法从重追究刑事责任。

黑社会性质组织、恶势力犯罪集团利用未成年人实施犯罪的，对犯罪集团首要分子，按照集团所犯的全部罪行，从重处罚。

对犯罪集团的骨干成员，按照其组织、指挥的犯罪，从重处罚。

恶势力利用未成年人实施犯罪的，对起组织、策划、指挥作用的纠集者，恶势力共同犯罪中罪责严重的主犯，从重处罚。

黑社会性质组织、恶势力犯罪集团、恶势力成员直接利用未成年人实施黑恶势力犯罪的，从重处罚。

有胁迫、教唆、引诱等利用未成年人参加黑社会性质组织、恶势力犯罪集团、恶势力，或者实施黑恶势力犯罪的行为，虽然未成年人并没有加入黑社会性质组织、恶势力犯罪集团、恶势力，或者没有实际参与实施黑恶势力违法犯罪活动，但对黑社会性质组织、恶势力犯罪集团、恶势力的首要分子、骨干成员、纠集者、主犯和直接利用的成员，即便有自首、立功、坦白等从轻或减轻情节的，一般也不予从轻或者减轻处罚。

（四）依法严惩与认罪认罚从宽有机结合

被黑社会性质组织、恶势力犯罪集团、恶势力利用，偶尔参与黑恶势力犯罪活动的未成年人，按其所实施的具体犯罪行为定性，一般不认定为黑恶势力犯罪组织成员。

利用未成年人实施黑恶势力犯罪的，人民检察院要考虑其利用未成年人的情节，向人民法院提出从严处罚的量刑建议。

对于虽然认罪，但利用未成年人实施黑恶势力犯罪，犯罪性质恶劣、犯罪手段残忍、严重损害未成年人身心健康，不足以从宽处罚的，在提出量刑建议时要依法从严从重。

对被黑恶势力利用实施犯罪的未成年人，自愿如实认罪、真诚悔罪，愿意接受处罚的，应当依法提出从宽处理的量刑建议。

二十二、起诉

（一）审查起诉

人民检察院应当根据已经查明的事实、证据和有关法律规定，在充分考虑全案情况和公安机关建议的基础上依法作出起诉或者不起诉决定，或者起诉后向人民法院提出依法从轻、减轻或者免除刑事处罚的建议。

（二）发现构成恶势力组织的认定和补充侦查

对于公安机关未在起诉意见书中明确认定，人民检察院在审查起诉期间发现构成恶势力或者恶势力犯罪集团，且相关违法犯罪事实已经查清，证据确实、充分，依法应追究刑事责任的，应当作出起诉决定，根据查明的事实向人民法院提起公诉，并在起诉书中明确认定为恶势力或者恶势力犯罪集团。

人民检察院认为恶势力相关违法犯罪事实不清、证据不足，或者存在遗漏恶势力违法犯罪事实、遗漏同案犯罪嫌疑人等情形需要补充侦查的，应当提出具体的书面意见，连同案卷材料一并退回公安机关补充侦查；人民检察院也可以自行侦查，必要时可以要求公安机关提供协助。

二十三、审判

（一）从严、从重处理

审理黑社会性质组织犯罪案件应当认真贯彻落实宽严相济刑事政策。要依照法律规定，根据具体的犯罪事实、情节以及人身危险性、主观恶性、认罪悔罪态度等因素充分体现刑罚的个别化。同时要防止片面强调从宽或者从严，切实做到区别对待，宽严有据，罚当其罪。对于黑社会性质组织的组织者、领导者、骨干成员及其“保护伞”，要依法从严惩处。根据所犯具体罪行的严重程度，依法应当判处重刑的要坚决判处重刑。确属罪行极其严重，依法应当判处死刑的，也必须坚决判处。

组织者、领导者检举揭发与该黑社会性质组织及其违法犯罪活动有关联的其他犯罪线索,如果在是否认定立功的问题上存在事实、证据或法律适用方面的争议,应当严格把握。依法应认定为立功或者重大立功的,在决定是否从宽处罚、如何从宽处罚时,应当根据罪责刑相一致原则从严掌握。可能导致全案量刑明显失衡的,不予从宽处罚。

国家机关工作人员组织、领导、参加黑社会性质组织的,从重处罚。

(二)从宽处理情形

犯罪嫌疑人、被告人积极配合有组织犯罪案件的侦查、起诉、审判等工作,有下列情形之一的,可以依法从宽处罚,但对有组织犯罪的组织者、领导者应当严格适用:

1. 为查明犯罪组织的组织结构及其组织者、领导者、首要分子的地位、作用提供重要线索或者证据的;

2. 为查明犯罪组织实施的重大犯罪提供重要线索或者证据的;

3. 为查处国家工作人员涉有组织犯罪提供重要线索或者证据的;

4. 协助追缴、没收尚未掌握的赃款赃物的;

5. 其他为查办有组织犯罪案件提供重要线索或者证据的情形。

对于不属于骨干成员的积极参加者以及一般参加者,确有自首、立功等法定情节的,要依法从轻、减轻或免除处罚;具有初犯、偶犯等酌定情节的,要依法酌情从宽处理。对于一般参加者,虽然参与实施了少量的违法犯罪活动,但系未成年人或是只起次要、辅助作用的,应当依法从宽处理。符合缓刑条件的,可以适用缓刑。

黑社会性质组织的成员虽不具有自首情节,但到案后能够如实供述自己罪行,并具有以下情形之一的,一般应当适用《刑法》第六十七条第三款的规定予以从轻处罚:(1)如实交代大部分尚未被掌握的同种犯罪事实;(2)如实交代尚未被掌握的较重的同种犯罪事实;(3)如实交代犯罪事实,并对收集定案证据、查明案件事实有重要作用的。

积极参加者、一般参加者配合司法机关查办案件,有提供线索、帮助收集证据或者其他协助行为,并在侦破黑社会性质组织犯罪案件、认定黑社会性质组织及其主要成员、追缴黑社会性质组织违法所得、查处"保护伞"等方面起到较大作用的，即使依法不能认定立功，一般也应酌情对其从轻处罚。

对于不属于骨干成员的积极参加者以及一般参加者，确有自首、立功等法定情节的，要依法从轻、减轻或免除处罚；具有初犯、偶犯等酌定情节的，要依法酌情从宽处理。对于一般参加者，虽然参与实施了少量的违法犯罪活动，但系未成年人或是只起次要、辅助作用的，应当依法从宽处理。符合缓刑条件的，可以适用缓刑。

（三）主刑

对于黑社会性质组织的组织者、领导者、骨干成员及其“保护伞”，要依法从严惩处。根据所犯具体罪行的严重程度，依法应当判处重刑的要坚决判处重刑。确属罪行极其严重，依法应当判处死刑的，也必须坚决判处。

对于一般参加者，虽然参与实施了少量的违法犯罪活动，但系未成年人或是只起次要、辅助作用的，应当依法从宽处理。符合缓刑条件的，可以适用缓刑。

（四）附加刑

对黑社会性质组织的组织者、领导者，应当依法并处没收财产。对其他组织成员，根据其在犯罪组织中的地位、作用以及所参与违法犯罪活动的次数、性质、违法所得数额、造成的损失等，可以依法并处罚金或者没收财产。

对于黑社会性质组织的组织者、领导者，可以适用《刑法》第五十六条第一款的规定附加剥夺政治权利。对于因犯参加黑社会性质组织罪被判处5年以上有期徒刑的积极参加者，也可以适用该规定附加剥夺政治权利。

对于黑社会性质组织的组织者、领导者，依法应当并处没收财产。黑社会性质组织敛财数额特别巨大，但因犯罪分子转移、隐匿、毁灭证据或者拒不交代涉案财产来源、性质，导致违法所得以及其他应当追缴的财产难以准确查清和追缴的，对于组织者、领导者以及为该组织转移、隐匿资产的积极参加者可以并处没收个人全部财产。

对于确属骨干成员的积极参加者一般应当并处罚金或者没收财产。对于其他积极参加者和一般参加者，应当根据所参与实施违法犯罪活动的次数、性质、地位、作用、违法所得数额以及造成损失的数额等情节，依法决定财产刑的适用。

（五）其他处理方式

对参加有组织犯罪组织的犯罪嫌疑人、被告人不起诉或者免予刑事处罚的，可以根据案件的不同情况，依法予以训诫、责令具结悔过、赔礼道歉、赔偿损失，或者由主管部门予以行政处罚或者处分。

对有组织犯罪的罪犯，人民法院可以依照《刑法》有关从业禁止的规定，禁止其从事相关职业，并通报相关行业主管部门。

对于符合《刑法》第三十七条之一规定的组织成员，应当依法禁止其从事相关职业。

《刑法》第三十七条之一规定，因利用职业便利实施犯罪，或者实施违背职业要求的特定义务的犯罪被判处刑罚的，人民法院可以根据犯罪情况和预防再犯罪的需要，禁止其自刑罚执行完毕之日或者假释之日起从事相关职业，期限为 3 年至 5 年。

被禁止从事相关职业的人违反人民法院依照前款规定作出的决定的，由公安机关依法给予处罚；情节严重的，依照本法第三百一十三条的规定定罪处罚。

其他法律、行政法规对其从事相关职业另有禁止或者限制性规定的，从其规定。

人民法院要对利用未成年人实施黑恶势力犯罪案件及时审判，从严处罚。严格掌握缓刑、减刑、假释的适用，严格掌握暂予监外执行的适用条件。依法运用财产刑、资格刑，最大限度地铲除黑恶势力的“经济基础”。对于符合《刑法》第三十七条之一规定的，应当依法禁止其从事相关职业。

（六）建议补充或者变更起诉

对于人民检察院未在起诉书中明确认定，人民法院在审判期间发现构成恶势力或恶势力犯罪集团的，可以建议人民检察院补充或者变更起诉；人民检察院不同意或者在 7 日内未回复意见的，人民法院不应主动认定，可仅就起诉指控的犯罪事实依照相关规定作出判决、裁定。

（七）二审程序中严格纠正，不得升格认定、增加认定

审理被告人或者被告人的法定代理人、辩护人、近亲属上诉的案件时，一审判

决认定黑社会性质组织有误的，二审法院应当纠正，符合恶势力、恶势力犯罪集团认定标准，应当作出相应认定：

一审判决认定恶势力或恶势力犯罪集团有误的，应当纠正，但不得升格认定；

一审判决未认定恶势力或恶势力犯罪集团的，不得增加认定。

二十四、刑罚执行

有组织犯罪罪犯的刑罚执行规定，主要规定在以下法律法规中：《监狱法》（2012 年修正），《刑法》，《刑事诉讼法》，《反有组织犯罪法》，2018 年两高两部《关于办理黑恶势力犯罪案件若干问题的指导意见》，2012 年两高两部《关于办理黑社会性质组织犯罪案件若干问题的规定》（公通字〔2012〕45 号，2012 年 9 月 11 日印发、施行），2014 年最高法《关于减刑、假释案件审理程序的规定》（法释〔2014〕5 号，2014 年 4 月 23 日发布，同年 6 月 1 日施行），2019 年两高两部《关于跨省异地执行刑罚的黑恶势力罪犯坦白检举构成自首立功若干问题的意见》（司发〔2019〕5 号，2019 年 10 月 21 日发布、施行），2021 年两高两部《关于加强减刑、假释案件实质化审理的意见》（法发〔2021〕31 号，2021 年 12 月 1 日发布、施行），2021 年最高法《关于适用〈中华人民共和国刑事诉讼法〉的解释》（法释〔2021〕1 号，2020 年 12 月 7 日通过，2021 年 1 月 26 日公布，同年 3 月 1 日施行）。

（一）执行从严管理、跨省异地执行刑罚

对有组织犯罪的罪犯，执行机关应当依法从严管理。

对于恶势力的纠集者、恶势力犯罪集团的首要分子、重要成员以及恶势力、恶势力犯罪集团共同犯罪中罪责严重的主犯，要正确运用法律规定加大惩处力度……严格掌握缓刑、减刑、假释，严格掌握保外就医适用条件，充分利用资格刑、财产刑等法律手段全方位从严惩处。

黑社会性质组织的组织者、领导者或者恶势力组织的首要分子被判处 10 年以上有期徒刑、无期徒刑、死刑缓期 2 年执行的，应当跨省、自治区、直辖市异地执行刑罚。

（二）有组织犯罪案件组织者、领导者、首要分子的减刑、假释程序

对被判处 10 年以上有期徒刑、无期徒刑、死刑缓期 2 年执行的黑社会性质组

织的组织者、领导者或者恶势力组织的首要分子减刑的，执行机关应当依法提出减刑建议，报经省、自治区、直辖市监狱管理机关复核后，提请人民法院裁定。

对黑社会性质组织的组织者、领导者或者恶势力组织的首要分子假释的，适用上述程序。

人民法院审理黑社会性质组织犯罪罪犯的减刑、假释案件，应当通知人民检察院、执行机关参加审理，并通知被报请减刑、假释的罪犯参加，听取其意见。

执行机关提出减刑、假释建议以及人民法院审理减刑、假释案件，应当充分考虑罪犯履行生效裁判中财产性判项、配合处置涉案财产等情况。

（三）限制减刑、假释

对于因有组织的暴力性犯罪被判处死刑缓期执行的黑社会性质组织犯罪分子，可以根据《刑法》第五十条第二款①的规定同时决定对其限制减刑。

对于因有组织的暴力性犯罪被判处10年以上有期徒刑、无期徒刑的黑社会性质组织犯罪分子，应当根据《刑法》第八十一条第二款②的规定，不得假释。《反有组织犯罪法》修改为限制假释。

（四）开庭审理有组织犯罪案件减刑、假释

人民法院审理减刑、假释案件，可以采取开庭审理或者书面审理的方式。但下列减刑、假释案件，应当开庭审理：

被报请减刑、假释罪犯系职务犯罪罪犯，组织（领导、参加、包庇、纵容）黑社会性质组织犯罪罪犯，破坏金融管理秩序和金融诈骗犯罪罪犯及其他在社会上有重大影响或社会关注度高的案件。

（五）跨省解回有组织犯罪案件罪犯

公安机关、人民检察院、人民法院认为需要将异地执行刑罚的黑恶势力罪犯

---

① 《刑法》第五十条第二款规定，对被判处死刑缓期执行的累犯以及因故意杀人、强奸、抢劫、绑架、放火、爆炸、投放危险物质或者有组织的暴力性犯罪被判处死刑缓期执行的犯罪分子，人民法院根据犯罪情节等情况可以同时决定对其限制减刑。

② 《刑法》第八十一条第二款规定，对累犯以及因故意杀人、强奸、抢劫、绑架、放火、爆炸、投放危险物质或者有组织的暴力性犯罪被判处10年以上有期徒刑、无期徒刑的犯罪分子，不得假释。

跨省解回侦查、起诉、审判的，办案地省级公安机关、人民检察院、人民法院应当先将解回公函及相关材料送监狱所在地省级公安机关、人民检察院、人民法院审核。

经审核确认无误的，监狱所在地省级公安机关、人民检察院、人民法院应当出具确认公函，与解回公函及材料一并转送监狱所在地省级监狱管理机关审批。

监狱所在地省级监狱管理机关应当在收到上述材料后 3 日内作出是否批准的书面决定。

批准将罪犯解回侦查、起诉、审判的，办案地公安机关、人民检察院、人民法院应当派员到监狱办理罪犯离监手续。

案件办理结束后，除将罪犯依法执行死刑外，应当将罪犯押解回原服刑监狱继续服刑。

第二篇

实务篇

第八届全国人大常委会原副委员长王汉斌在《关于〈中华人民共和国刑法(修订草案)〉的说明》中指出:“在我国,明显的、典型的黑社会犯罪还没有出现,但带有黑社会性质的犯罪集团已经出现,横行乡里、称霸一方,为非作歹,欺压、残害群众的有组织犯罪时有出现。另外也发现有境外黑社会组织成员入境进行违法活动的,可能会对社会造成严重危害。对于黑社会性质的犯罪,必须坚决打击,一定要消灭在萌芽状态,防止蔓延。只要组织、参加黑社会性质的犯罪组织,不管是否有其他具体犯罪行为都要判刑。”这一观点对于实践中正确认识黑社会性质组织的特征具有指导意义。

《反有组织犯罪法》中的有组织犯罪,是指《刑法》第二百九十四条规定的组织、领导、参加黑社会性质组织犯罪,以及黑社会性质组织、恶势力组织实施的犯罪。

本篇从组织、领导、参加黑社会性质组织罪的组织特征、经济特征、行为特征、危害性特征和恶势力组织的典型案例逐一解读。

一、组织特征

【案例来源】《刑事审判参考》总第 123 集

【案号】(2018)湘 07 刑初 35 号

【简要案情】

被告人文某宏,曾用名文某红,绰号“文三爷”,男,1969 年 12 月 10 日出生,汉族,初中文化,住湖南省长沙市天心区新世纪花苑小区。

湖南省常德市人民检察院以被告人文某宏犯组织、领导黑社会性质组织罪,故意伤害罪,非法拘禁罪,敲诈勒索罪,强迫交易罪,寻衅滋事罪,妨害作证罪,聚众斗殴罪,诈骗罪,开设赌场罪,赌博罪,行贿罪,破坏生产经营罪,脱逃罪,非法占用农用地罪,向常德市中级人民法院提起公诉。

经常德市中院审理查明:

被告人文某宏自 20 世纪八九十年代起,通过贩卖水产、承包工程、赌博、诈骗,动辄施暴行凶解决纠纷,在当地形成恶名。1997 年,文某宏与同乡姚某(时任湖南省公安厅干部,另案处理)相识并刻意结交,自2002年开始,先后结识了乐某成、张某波、胡某伟、彭某、卢某、胡某奇、石某中等一批省内知名企业主,后通过在长沙市内各大宾馆开设赌场、组织这些企业主参赌,提供赌资结算服务,从中抽头渔利,并向这些企业主发放高利贷,收取高额利息,经济实力迅速扩张。随着文某宏对外发放高利贷的规模逐渐扩大,人数和金额不断增多,收账的难度也越来越大,文某宏开始招募“马仔”收账。自2005年至2009年,文某宏先后将其姐夫易某跃、外甥郭某、同乡佘某以及龚某、张某平等人招致麾下,为己所用。同时通过佘某及龚某招募社会闲杂人员刘某平、万某、刘某雄、王某、文某文、汤某、齐某波(另案处理)等人为“马仔”,扩充势力。2009年9月,因胡某奇未按时偿还文某宏1000万元高利贷利息80万元,文某宏指使佘某、龚某以及张某平等人采用非法拘禁的方式向胡某奇强索高利贷利息。2010年2月,文某宏成立了湖南宏大典当有限公司,实施高利放贷、开设赌场、暴力讨债等违法犯罪,形成了以文某宏为组织、领导者的黑社会性质组织。该组织先后对高利贷债务人石某中、莫某民、胡某伟、张某波、李某球采用非法拘禁方式讨债。被告人舒某系文某宏同乡,曾因犯非法拘禁罪被判刑,刑满释放后于2011年主动向文某宏黑社会性质组织靠拢。同年11月,文某宏在桥驿镇修建通往别墅的公路时,与同村村民欧阳某兵产生纠纷,文某宏指使舒某打伤欧阳某兵夫妇。从此,舒某被文某宏吸纳为“马仔”。2014年7月,文某宏与张某波就长沙骑龙大街项目签订“债权债务总清结协议”以后,因文某宏逼张某波重新认下已经还清的2亿多元债务,张某波已经无力还债,文某宏认为龚某对张某波讨账不力,改由舒某向张某波讨账,舒某招募陈某富及胡某生、张某伟、黄某孟、周玉明、陈某林、舒某1、舒某2(均另案处理)等人,集中住宿,随喊随到,每天发500元工资,准备砍刀等,对张某波采取限制自由或跟随的方式进行讨债。

该犯罪组织成员稳定,人数较多,结构严密,层级分明,分工明确。文某宏系组织、领导者,负责决策、指挥整个犯罪组织的运转;舒某、佘某、龚某直接听从文某宏的指挥,各自带领手下“马仔”具体组织实施违法犯罪活动,系该犯罪组织的骨干成员;姚某利用其影响力,为组织出谋划策,帮助组织成员逃避法律追究,直接听从文某宏指挥,在该犯罪组织中起主要作用,系积极参加者;文某系文某宏的女儿,直接听从文某宏指挥,负责管理组织的资金账户,转移、划拨组织资金,系该犯罪组织的积极参加者;易某跃系文某宏的姐夫,直接听从文某宏指挥,负责为文某宏代持股份、管理组织资产,系该犯罪组织的积极参加者;刘某平、王某,多次参加实施有组织地犯罪,并起主要作用,系该犯罪组织的积极参加者;万某、刘某雄、陈某富、周某明、胡某生、张某伟、黄某孟、舒某1、舒某2、陈某林、周某天、文某文、汤某、齐某波、郭某、罗某新受指使参加实施有组织地犯罪,起次要作用,为其他参加者。该组织在长期的违法犯罪活动中,逐渐形成了一些不成文的规约和纪律,如对文某宏要尊重,成员之间称呼有别,除佘某可以称呼文某宏为“三哥”外,其他组织成员均要称呼“老板”;等级有序,“马仔”不得越级联络报告,如龚某的“马仔”王某因越过龚某联系文某宏,被文某宏开除,龚某因此遭到文某宏责骂;“马仔”要服从命令,听从指挥,维护老大权威,如舒某组建微信群,安排手下“马仔”集中住宿,进行统一管理,发号施令;对组织要忠心,背叛组织将受严惩,如张某平背叛组织被文某宏派人打伤;办事要尽心尽力,论功行赏,出了事老大负责解决,如佘某指使佘某仁(已判刑)砍伤张某波被公安机关抓获后,未供出文某宏,文某宏奖励其600余万元,舒某向张某波收取高利贷有功,获得文某宏奖励100万元,且文某宏帮助佘某、舒某逃避刑事追究开脱罪责;保守秘密,骨干成员单独受领任务,重要事项当面授意,相互之间不得私自联系及打听情况。该犯罪组织通过奖励办事得力的成员,惩罚背叛组织的成员,不断强化组织纪律和规约,树立组织者、领导者权威。

该犯罪组织敛财的基本手段是放高利贷、开设赌场抽头渔利、诈赌。放高利贷特点:一是利息高,文某宏借贷的利息一般为月息5% -6% ,如逾期未还,月息涨至8% -10% ;二是时间短,一般为一个月或几个月,最长1 -2年;三是收“砍头息”,即先把头月的利息扣除;四是如逾期未还,则高利转本,俗称“利滚利”;五是还不起债则以其他财产抵押,如房产作抵;六是逾期未还,则派人限制债务人人身自由,即非法拘禁。如债务人反抗,则以伤害家人相威胁或通过“保护伞”予以打击甚至派人砍杀。开设赌场特点:一是在宾馆开房提供场所和茶水饮食;二是提供资金,参赌者无须自带现金,由文某宏提供,文某宏因此号称长沙的“现金王”,可提供几千万元甚至上亿元的赌资;三是赢者当场带钱走、输者记账,在规定期限内免息,逾期计高息;四是参加者一般为民营企业主;五是文某宏从中抽头5% ;六是输赢大,一场下来,输赢可达百万元或千万元。诈赌特点:一是地点在文某宏的家里;二是在楼上装监控设备,安排人通过监控设备偷窥他人牌面,另一人坐在文某宏边上告诉如何出牌;三是输赢大,输赢也达百万元或千万元。文某宏通过以上方式大肆敛财。其中,如2012年6月,文某宏因长沙骑龙大街项目向张某波发放高利贷3.655亿元,截至2014年4月,共收取利息高达几亿元。2011年1月,文某宏在长沙天都国际商务酒店开设赌场,抽头渔利1000余万元。2011年至2016年,文某宏在长沙喜来登酒店、豪廷酒店等地与蒋某平、乐某成、范某风等人赌博,获利2000余万元。案发后,公安机关依法查封、扣押、冻结该组织及其他相关人员涉案资产,时值高达12亿余元。该犯罪组织将获取的部分财产用于给组织成员发放工资、奖金,安排组织成员承揽工程,提供资金给组织成员个人放高利贷,为组织成员提供住房、旅游等福利;为实施违法犯罪活动,提供、购买砍刀、匕首、汽车、"苹果"手机、对讲机等作案工具,提供作案和逃跑经费,指使组织成员串供并发放"封口费",为因作案被羁押的成员提供生活费,帮助组织成员逃避法律追究,出资为组织成员协调平息事端,以此笼络组织成员积极效力,以支持该犯罪组织的生存、发展和壮大。

该犯罪组织为树立非法权威,扩大非法影响,多次采用暴力、威胁或者滋扰、纠缠、哄闹等"软暴力"手段实施违法犯罪活动,为非作恶,欺压、残害群众,严重侵害被害人的人身权利和财产权利。如为找卢某索取高利贷和赌债,文某宏带领龚某对卢某及其妻子万某娜、女儿进行纠缠、滋扰。2012年9月,在卢某病故后,文某宏又安排龚某带领手下"马仔"王某持棒球棒对万某娜进行殴打,以逼迫万某娜认可卢某生前所欠文某宏的不法债务。2014年11月,因张某波向公安机关举报文某宏涉嫌逃税和非法经营犯罪,文某宏指示佘某安排人员报复张某波,欲砍断张某波的手或脚。2015年2月,在佘某两次安排"马仔"万某等人作案未达到效果的情况下,文某宏再次指令佘某实施作案。佘某安排佘某仁持砍刀对张某波进行砍杀,致其左颈部下颌、左胸锁关节、头面部及左手掌等多处锐器伤,构成轻伤。2015年10月至2016年5月,为向张某波索取高利贷,文某宏安排舒某带领手下"马仔"陈某林、周某明、胡某生、黄某孟、张某伟、舒某1等人非法拘禁张某波长达数月。2012年8月,文某宏指使龚某带领王某、汤某、齐某波等人及20多名其他社会闲杂人员手持砍刀等在长沙华天大酒店与彭某一方人员"摆场子"聚众斗殴,轰动长沙,极度扩大了该犯罪组织的非法影响,树立了非法权威。该犯罪组织通过向湖南正湘置业有限公司发放高利贷,控制该公司股权、公司印章、网签U盾和对该公司法定代表人张某波实施非法拘禁、强迫交易、敲诈勒索等犯罪手段索债,严重干扰、破坏该公司的正常生产、经营活动,导致该公司资金链断裂,项目停工烂尾,引发民工、业主、项目经理数百人上街封堵长沙市枫林三路和长沙市政府机关大门等多起大规模群体性事件。同时造成交通银行科大支行数亿元项目贷款无法收回,银行放贷负责人员段某因此自杀,在长沙市造成了极坏的社会影响。此后,该犯罪组织又采取非法拘禁、强迫交易等犯罪手段,将不法债务引向张某波为主要股东的湖南某商贸城实业有限公司,通过虚假诉讼,查封该公司房产1768套,造成该公司无房可卖,正常经营活动陷入停顿,项目停工,引发多次大规模群体性事件,在常德市造成重大不良社会影响,严重破坏了当地的经济秩序和社会生活秩序。

因张某波举报文某宏涉嫌非法经营犯罪,长沙市公安局立案侦查,并且查封、冻结了文某宏巨额资产;因文某宏企图通过举报张某波涉嫌私刻公司印章罪使张某波受到刑事处罚;因文某宏向长沙地区法院起诉高利贷债权和对佘某、佘某仁涉嫌伤害犯罪从轻处理,文某宏向湖南省公安厅原常务副厅长周某波、长沙市公安局原常务副局长单某勇、长沙市委政法委原副书记谭某军、长沙市中级人民法院原政治部主任陈某超(均另案处理)等多名国家工作人员巨额行贿,行贿数额高达2500余万元,让其充当“保护伞”,导致2014年长沙市公安机关先后两次对文某宏涉嫌犯罪立案侦查,在明显不符合撤案条件的情况下,通过周某波、单某勇的包庇,文某宏两次均被撤案处理,成功逃避查处:2016年12月,为打击报复张某波,文某宏请托单某勇将张某波予以羁押,长沙市公安局以张某波涉嫌伪造公司印章罪对其刑事拘留。当月,在检察机关作出张某波涉嫌犯罪事实不清,证据不足,不批准逮捕决定的情况下,单某勇仍然指示将张某波非法指定居所监视居住;2013年至2016年,文某宏通过陈某超的关照,将多起非法高利贷债权利用法院民事诉讼判决确认为合法债权,并使故意伤害张某波的佘某、佘某仁得到从轻的刑事处罚,严重损害社会公平正义和司法机关的公信力。

常德市中院认为,被告人文某宏犯组织、领导黑社会性质组织罪,判处有期徒刑15年,剥夺政治权利5年,并处没收个人全部财产;犯诈骗罪,判处无期徒刑,剥夺政治权利终身,并处没收个人全部财产;犯行贿罪,判处有期徒刑15年,并处没收个人财产人民币200万元;犯敲诈勒索罪,判处有期徒刑15年,并处罚金人民币100万元;犯寻衅滋事罪,判处有期徒刑6年,并处罚金人民币1万元;犯强迫交易罪,判处有期徒刑5年,并处罚金人民币30万元;犯开设赌场罪,判处有期徒刑5年,并处罚金人民币100万元;犯聚众斗殴罪,判处有期徒刑3年;犯非法拘禁罪,判处有期徒刑3年;犯赌博罪,判处有期徒刑3年,并处罚金人民币200万元;犯脱逃罪,判处有期徒刑3年;犯故意伤害罪,判处有期徒刑3年;犯破坏生产经营罪,判处有期徒刑2年6个月;犯非法占用农用地罪,判处有期徒刑1年6个月,并处罚金人民币10万元;犯妨害作证罪,判处有期徒刑2年;决定执行无期徒刑,剥夺政治权利终身,并处没收个人全部财产。

一审宣判后,被告人文某宏等人提出上诉。

湖南省高院二审认为,原审判决认定犯罪事实清楚,证据确实、充分,定罪准确,量刑适当,对4被告人被查封、扣押、冻结的财产予以判决追缴或者没收适用法律正确,全案审判程序合法。驳回上诉人文某宏等人的上诉,全案维持原判。

【实务提示】

黑社会性质组织犯罪的基础特征是组织特征。组织特征,《刑法》第二百九十四条第五款第一项规定,"形成较稳定的犯罪组织,人数较多,有明确的组织者、领导者,骨干成员基本固定"。2000年最高法《关于审理黑社会性质组织犯罪的案件具体应用法律若干问题的解释》第一条第一项规定,"组织结构比较紧密,人数较多,有比较明确的组织者、领导者,骨干成员基本固定,有较为严格的组织纪律"。2002年全国人大常委会《关于〈中华人民共和国刑法〉第二百九十四条第一款的解释》中规定,"形成较稳定的犯罪组织,人数较多,有明确的组织者、领导者,骨干成员基本固定"。组织特征,表现为稳定性、严密性和规模性,但认定该特征并不需要必须具有明确的组织名称、纲领、章程、文字规约等,这在司法实务中已形成共识。

(一)稳定性

黑社会性质组织的稳定性,是指在较长时间内存在一定区域或行业内的犯罪组织,不是一个松散的临时纠合体。表现在:一是从存续的时间上看,该犯罪组织存在时间长;二是从组织成员来看,该犯罪组织的骨干成员基本固定。

1. 形成时间

2015年最高法《全国部分法院审理黑社会性质组织犯罪案件工作座谈会纪要》(法〔2015〕291号)第二部分第一项规定:"黑社会性质组织存续时间的起点,可以根据涉案犯罪组织举行成立仪式或者进行类似活动的时间来认定。没有前述活动的,可以根据足以反映其初步形成核心利益或强势地位的重大事件发生时间进行审查判断。没有明显标志性事件的,也可以根据涉案犯罪组织为维护、扩大组织势力、实力、影响、经济基础或按照组织惯例、纪律、活动规约而首次实施有组织的犯罪活动的时间进行审查判断。存在、发展时间明显过短、犯罪活动尚不突出的,一般不应认定为黑社会性质组织……"

2018 年两高两部《关于办理黑恶势力犯罪案件若干问题的指导意见》(法发〔2018〕1 号)第六条第三款规定,"黑社会性质组织未举行成立仪式或者进行类似活动的,成立时间可以按照足以反映其初步形成非法影响的标志性事件的发生时间认定。没有明显标志性事件的,可以按照本意见中关于黑社会性质组织违法犯罪活动认定范围的规定,将组织者、领导者与其他组织成员首次共同实施该组织犯罪活动的时间认定为该组织的形成时间。该组织者、领导者因未到案或者因死亡等法定情形未被起诉的,不影响认定"。

一般根据犯罪组织举行成立仪式或者进行类似活动的时间来认定。黑社会性质组织未举行成立仪式或者进行类似活动的,成立时间可以按照足以反映其初步形成非法影响的标志性事件的发生时间认定,通俗的说法,就是把黑社会性质组织"一战成名"的案件,作为组织的形成时间。

没有明显标志性事件的,可以将组织者、领导者与其他组织成员首次共同实施该组织犯罪活动的时间认定为该组织的形成时间;也可以根据涉案犯罪组织为维护、扩大组织势力、实力、影响,经济基础或按照组织惯例、纪律、活动规约而首次实施有组织的犯罪活动的时间进行认定。

在司法实务中,犯罪组织举行成立仪式或者进行类似活动的很少,往往以犯罪组织形成过程中的重大事件或首次实施有组织的犯罪活动的时间来确定组织形成时间。

2. 存续时间

2009 年两高一部《办理黑社会性质组织犯罪案件座谈会纪要》(法〔2009〕382 号)第二部分第一项的第一点中规定,"黑社会性质组织一般在短时间内难以形成,而且成员人数较多,但鉴于普通犯罪集团、'恶势力'团伙向黑社会性质组织发展是一个渐进的过程,没有明显的性质转变的节点,故对黑社会性质组织存在时间、成员人数问题不宜作出'一刀切'的规定"。

2015 年最高法《全国部分法院审理黑社会性质组织犯罪案件工作座谈会纪要》第二部分第一项中规定,"存在、发展时间明显过短、犯罪活动尚不突出的,一般不应认定为黑社会性质组织”。

2018 年两高两部《关于办理黑恶势力犯罪案件若干问题的指导意见》第六条第二款规定,“黑社会性质组织一般在短时间内难以形成,而且成员人数较多,但鉴于‘恶势力’团伙和犯罪集团向黑社会性质组织发展是一个渐进的过程,没有明显的性质转变的节点,故对黑社会性质组织存在时间、成员人数问题不宜作出‘一刀切’的规定”。

法律及相关司法解释等没有作出明确的时间界定,有的省份规定不得少于 3 个月,有的省份规定不得少于 6 个月,本书认为,组织存续时间在 1 年以下的,认定黑社会性质组织应特别慎重。

3. 主要成员较为固定

2009 年两高一部《办理黑社会性质组织犯罪案件座谈会纪要》第二部分第一项的第一点中规定,“黑社会性质组织不仅有明确的组织者、领导者,骨干成员基本固定,而且组织结构较为稳定,并有比较明确的层级和职责分工。当前,一些黑社会性质组织为了增强隐蔽性,往往采取各种手段制造‘人员频繁更替、组织结构松散’的假象。因此,在办案时,要特别注意审查组织者、领导者,以及对组织运行、活动起着突出作用的积极参加者等骨干成员是否基本固定、联系是否紧密,不要被其组织形式的表象所左右”。

2015 年《全国部分法院审理黑社会性质组织犯罪案件工作座谈会纪要》第二部分第一项中规定,“黑社会性质组织应有明确的组织者、领导者,骨干成员基本固定,并有比较明确的层级和职责分工,一般有三种类型的组织成员,即:组织者、领导者与积极参加者、一般参加者(也即‘其他参加者’)”。

主要成员较为固定,是指组织者、领导者和骨干成员、积极参加者在犯罪组织存续期间没有频繁变动。

4. 组织活动地点

组织活动地点是黑社会性质组织经常聚集的地点,类似于《水浒传》中的“聚义厅”等。

本书认为,首先,活动地点虽然不是黑社会性质组织的必要要件,但对于黑社会性质组织而言,拥有自己的活动地点,更能体现出该犯罪组织的稳定性和规模性等特点,不同于松散的恶势力组织。其次,个案的犯罪事实都要查清“七何”要素(何时、何地、何人、何事、何情、何故、何物),公司类经济犯罪都要查清注册地址，毋庸置疑，黑社会性质组织犯罪案件应查清活动地点。

(二)严密性

严密性表现在该组织有明确的组织者、领导者，骨干成员基本固定，形成了一定的或较稳定的组织体系。组织者、领导者，包括通过一定形式产生明确职务的组织者、领导者，在黑社会性质组织中公认的组织者、领导者以及组织、策划、指挥有组织犯罪的组织者、领导者。组织者、领导者可以是一人，也可以是多人。骨干成员基本固定，是指在组织者、领导者策划、指挥的多次违法犯罪或主要违法犯罪中起主要作用的成员基本是固定的。一般情况下，是这些骨干成员带领其他非骨干成员实施违法犯罪活动。

1. 组织者、领导者的认定

2009 年两高一部《办理黑社会性质组织犯罪案件座谈会纪要》第二部分第一项的第一点中规定，“关于组织者、领导者、积极参加者和其他参加者的认定。组织者、领导者，是指黑社会性质组织的发起者、创建者，或者在组织中实际处于领导地位，对整个组织及其运行、活动起着决策、指挥、协调、管理作用的犯罪分子，既包括通过一定形式产生的有明确职务、称谓的组织者、领导者，也包括在黑社会性质组织中被公认的事实上的组织者、领导者”。

2015 年最高法《全国部分法院审理黑社会性质组织犯罪案件工作座谈会纪要》第二部分第一项中规定，“黑社会性质组织应有明确的组织者、领导者，骨干成员基本固定，并有比较明确的层级和职责分工，一般有三种类型的组织成员，即：组织者、领导者与积极参加者、一般参加者（也即‘其他参加者’）”。

2018 年两高两部《关于办理黑恶势力犯罪案件若干问题的指导意见》第四条规定，“发起、创建黑社会性质组织，或者对黑社会性质组织进行合并、分立、重组的行为，应当认定为‘组织黑社会性质组织’；实际对整个组织的发展、运行、活动进行决策、指挥、协调、管理的行为，应当认定为‘领导黑社会性质组织’。黑社会性质组织的组织者、领导者，既包括通过一定形式产生的有明确职务、称谓的组织者、领导者，也包括在黑社会性质组织中被公认的事实上的组织者、领导者”。

组织者、领导者，是指黑社会性质组织的发起者、创建者，或者在组织中实际处于领导地位，对整个组织及其运行、活动起着决策、指挥、协调、管理作用的犯罪分子，既包括通过一定形式产生的有明确职务、称谓的组织者、领导者，也包括在黑社会性质组织中被公认的事实上的组织者、领导者，如“带头大哥”“老大”等。

2. 骨干成员、积极参加者的认定

2009 年两高一部《办理黑社会性质组织犯罪案件座谈会纪要》第二部分第一项的第一点中规定，“积极参加者，是指接受黑社会性质组织的领导和管理，多次积极参与黑社会性质组织的违法犯罪活动，或者积极参与较严重的黑社会性质组织的犯罪活动且作用突出，以及其他在组织中起重要作用的犯罪分子，如具体主管黑社会性质组织的财务、人员管理等事项的犯罪分子”。

2015 年最高法《全国部分法院审理黑社会性质组织犯罪案件工作座谈会纪要》第二部分第一项中规定，“骨干成员，是指直接听命于组织者、领导者，并多次指挥或积极参与实施有组织的违法犯罪活动或者其他长时间在犯罪组织中起重要作用的犯罪分子，属于积极参加者的一部分”。

2018 年两高两部《关于办理黑恶势力犯罪案件若干问题的指导意见》第五条规定，“知道或者应当知道是以实施违法犯罪为基本活动内容的组织，仍加入并接受其领导和管理的行为，应当认定为‘参加黑社会性质组织’……参加黑社会性质组织并具有以下情形之一的，一般应当认定为‘积极参加黑社会性质组织’：多次积极参与黑社会性质组织的违法犯罪活动，或者积极参与较严重的黑社会性质组织的犯罪活动且作用突出，以及其他在组织中起重要作用的情形，如具体主管黑社会性质组织的财务、人员管理等事项”。

骨干成员，是指直接听命于组织者、领导者，并多次指挥或积极参与实施有组织的违法犯罪活动或者其他长时间在犯罪组织中起重要作用的犯罪分子。通俗地讲，骨干成员就是从组织者、领导者那里领受任务又指挥和积极参与实施具体的犯罪活动的人。

积极参加者，是指参加黑社会性质组织并具有以下情形之一的，一般应当认定为“积极参加黑社会性质组织”：多次积极参与黑社会性质组织的违法犯罪活动，或者积极参与较严重的黑社会性质组织的犯罪活动且作用突出，以及其他在组织中起重要作用的情形，如具体主管黑社会性质组织的财务、人员管理等事项。

骨干成员不等于就是积极参加者，骨干成员是积极参加者的一部分，满足积极参加者的认定条件。二者之间是包含与被包含的关系，不能混为一谈。在法律文书中应当准确界定，有利于准确量刑。

3. 一般参加者的认定

2009 年两高一部《办理黑社会性质组织犯罪案件座谈会纪要》第二部分第一项第一点中规定，“其他参加者，是指除上述组织成员之外，其他接受黑社会性质组织的领导和管理的犯罪分子”。

2018 年两高两部《关于办理黑恶势力犯罪案件若干问题的指导意见》第五条第一款规定：“知道或者应当知道是以实施违法犯罪为基本活动内容的组织，仍加入并接受其领导和管理的行为，应当认定为‘参加黑社会性质组织’……”

一般参加者，是指除上述组织成员之外，其他接受黑社会性质组织的领导和管理的犯罪分子。司法实务中，一般参加者的认定以接受黑社会性质组织领导和管理为构罪标准，结合在该组织的时间长短、参与有组织行为或违法犯罪活动的多少等因素综合考虑，不要求必须实施其他违法犯罪活动。

4. 明确的层级和职责分工

2015 年最高法《全国部分法院审理黑社会性质组织犯罪案件工作座谈会纪要》第二部分第一项中规定，“有比较明确的层级和职责分工，一般有三种类型的组织成员，即：组织者、领导者与积极参加者、一般参加者（也即‘其他参加者’）”。

黑社会性质组织在组织结构上一般有三级以上的层级划分，有明确的组织者、领导者，骨干成员基本固定，有比较明确的等级关系，形成了三个层次的金字塔结构，一、二、三层之间是上下级之间的关系，同一个层级之间是平行的关系。

职责分工，是黑社会性质组织内部对组织成员的职责划分，如“军师”“保安队长”等，有的管理人、财、物等。

5. 组织纪律、活动规约

纪律，是指为维护集体利益并保证工作进行而要求成员必须遵守的规章、条文。

2000 年最高法《关于审理黑社会性质组织犯罪的案件具体应用法律若干问题的解释》中规定“有较为严格的组织纪律”。

2009 年两高一部《办理黑社会性质组织犯罪案件座谈会纪要》第二部分第一项的第一点中规定，“在通常情况下，黑社会性质组织为了维护自身的安全和稳定，一般会有一些约定俗成的纪律、规约，有些甚至还有明确的规定。因此，具有一定的组织纪律、活动规约，也是认定黑社会性质组织特征时的重要参考依据”。

2015 年最高法《全国部分法院审理黑社会性质组织犯罪案件工作座谈会纪

要》第二部分第一项中规定,“对于黑社会性质组织的组织纪律、活动规约,应当结合制定、形成相关纪律、规约的目的与意图来进行审查判断。凡是为了增强实施违法犯罪活动的组织性、隐蔽性而制定或者自发形成,并用以明确组织内部人员管理、职责分工、行为规范、利益分配、行动准则等事项的成文或不成文的规定、约定,均可认定为黑社会性质组织的组织纪律、活动规约”。

在黑社会性质组织内部形成一定组织纪律、活动规约,这不仅是因为黑社会性质组织是一个紧密联系的犯罪组织,自身需要有一定纪律约束成员,而且也是因为黑社会性质组织存在利益依存关系,老大豢养手下并利用手下为其谋取非法利益,手下成员依靠有实力的老大混社会,这种利益的依存关系必然需要一定组织纪律约束。存在组织纪律、活动规约也是黑社会性质组织区别于普通犯罪集团或恶势力组织的特征。

大多数黑社会性质组织具有成文或不成文的组织纪律、活动规约,有组织纪律、活动规约的,其严密性更加明显。尤其是组织内部不为人知的制裁,惩戒违反规定的组织成员,严密控制组织成员,凸显该组织的组织性、严密性。组织纪律、活动规约常见的有三种类型:一是帮规家法;二是纪律(有明确的奖惩手段);三是约定俗成的行为规矩,即潜规则。组织纪律、活动规约不要求规定太多,为了组织利益,能约束住组织成员,表现突出的组织成员,给予奖励,违反组织纪律、活动规约,能执行惩戒,即认为存在组织纪律、活动规约。

在司法实务中,需要注意以下情形:一是把公司日常管理的规章制度作为组织纪律、活动规约,如不得迟到、早退等。二是把日常行为等作为组织纪律、活动规约,如吃饭让“老大”坐在首席、主宾位置。三是把遵纪守法作为组织纪律、活动规约,如“不准吸毒”等。本书认为,以上的这些情形,不能作为组织纪律、活动规约,但是可以体现该组织的日常管理、日常行为等具有一定的组织性。

(三)规模性

2015 年最高法《全国部分法院审理黑社会性质组织犯罪案件工作座谈会纪要》第二部分第一项中规定,“黑社会性质组织应当具有一定规模,人数较多,组织成员一般在 10 人以上。其中,既包括已有充分证据证明但尚未归案的组织成员,也包括虽有参加黑社会性质组织的行为但因尚未达到刑事责任年龄或因其他法定情形而未被起诉,或者根据具体情节不作为犯罪处理的组织成员”。该纪要出台后，司法实务中沿用的是“10 人”标准。

2018 年两高两部《关于办理黑恶势力犯罪案件若干问题的指导意见》第六条第二款中规定，“对黑社会性质组织存在时间、成员人数问题不宜作出‘一刀切’的规定”。在司法实务中，“10 人”标准条件下，多数观点认为不能低于 1 - 3 人，即至少不得少于 7 人。《联合国打击跨国有组织犯罪公约》中规定，“有组织犯罪集团系指由三人或多人所组成的在一定时期内存在的为了实施一项或多项严重犯罪或根据本公约确立的犯罪以直接或间接获得金钱或其他物质利益而一致行动的有组织结构的集团”。个别观点认为，3 人以上就符合组织成员人数的要求。但是对于人数较少的，如 7 人以下的，认定黑社会性质组织应当特别慎重。

（四）主观明知

2009 年两高一部《办理黑社会性质组织犯罪案件座谈会纪要》第二部分第一项的第一点中规定，“在认定黑社会性质组织的成员时，并不要求其主观上认为自己参加的是黑社会性质组织，只要其知道或者应当知道该组织具有一定规模，且是以实施违法犯罪为主要活动的，即可认定”。

2015 年最高法《全国部分法院审理黑社会性质组织犯罪案件工作座谈会纪要》第二部分第一项中规定，“对于参加黑社会性质组织，没有实施其他违法犯罪活动，或者受蒙蔽、威胁参加黑社会性质组织，情节轻微的，可以不作为犯罪处理。对于参加黑社会性质组织后仅参与少量情节轻微的违法活动的，也可以不作为犯罪处理。以下人员不属于黑社会性质组织的成员：1. 主观上没有加入社会性质组织的意愿，受雇到黑社会性质组织开办的公司、企业、社团工作，未参与或者仅参与少量黑社会性质组织的违法犯罪活动的人员；2. 因临时被纠集、雇佣或受蒙蔽为黑社会性质组织实施违法犯罪活动或者提供帮助、支持、服务的人员；3. 为维护或扩大自身利益而临时雇佣、收买、利用黑社会性质组织实施违法犯罪活动的人员。上述人员构成其他犯罪的，按照具体犯罪处理”。

2018 年两高两部《关于办理黑恶势力犯罪案件若干问题的指导意见》第五条第一款规定，“知道或者应当知道是以实施违法犯罪为基本活动内容的组织，仍加入并接受其领导和管理的行为，应当认定为‘参加黑社会性质组织’。没有加入黑社会性质组织的意愿，受雇到黑社会性质组织开办的公司、企业、社团工作，未参与黑社会性质组织违法犯罪活动的，不应认定为‘参加黑社会性质组织’”。

对黑社会性质犯罪的明知，司法实务中的共识，是概括性明知，即明知行为的法益具有侵害性，符合故意犯罪中认识因素的认定标准。若组织成员知道或者应当知道该组织有一定的规模，且是以违法犯罪活动为主要活动，就可以认定其主观明知。

（五）其他方面

1. 未成年人参与的黑社会性质组织

2015 年最高法《全国部分法院审理黑社会性质组织犯罪案件工作座谈会纪要》第二部分第一项中规定，"对于被起诉的组织成员主要为未成年人的案件，定性时应当结合'四个特征'审慎把握"。

2020 两高两部《关于依法严惩利用未成年人实施黑恶势力犯罪的意见》（高检发〔2020〕4 号）第一部分第五项中规定，"被黑社会性质组织、恶势力犯罪集团、恶势力利用，偶尔参与黑恶势力犯罪活动的未成年人，按其所实施的具体犯罪行为定性，一般不认定为黑恶势力犯罪组织成员"。

安徽省宿州市灵璧县李某恶势力犯罪集团案，李某等伙同 17 名被告人多次实施持械聚众斗殴、寻衅滋事、开设赌场、强奸、强迫卖淫、收取未成年学生的"保护费"等，造成较为恶劣的社会影响。该案其他特征，基本符合黑社会性质组织罪，但案发时除一人已满 18 周岁之外，其他均是未成年人。经一审、二审法院审理，最终认定李某等人为恶势力犯罪集团。

2. 较长时间暂停实施违法犯罪的黑社会性质组织

第一，黑社会性质组织成员也会新老变换，一些骨干成员受到打击或者死亡、潜逃、被开除等离开组织后，新成员填补空缺，不会影响该黑社会性质组织的正常运转，足以说明组织的稳定性。例如，《刑事审判参考》总第 107 集，指导案例第 1155 号——汪某等人组织、领导、参加黑社会性质组织案。

第二，组织者、领导者虽经屡次打击处理，但在组织者、领导者服刑期间，黑社会性质组织仍然正常运转，该组织的非法影响仍然存在，足以说明该黑社会性质组织仍然持续存在。

综观文某宏等人组织、领导、参加黑社会性质组织案，经查多名被害人及组织成员均证明该犯罪组织通过笼络乡邻、招募"马仔"、雇请员工等，逐渐坐大成势，形成了以文某宏为首，较稳定的犯罪组织。文某宏系该犯罪组织公认的组织者、领导者，骨干成员舒某、佘某、龚某基本固定，人数较多，组织结构清晰，层级分明，分工明确，形成了一定的组织纪律和活动规约，如该组织资产、资金分别由文某宏的亲属文某、易某跃管理；舒某、佘某、龚某各自均有“马仔”，且具体实施违法犯罪活动；组织成员对文某宏要忠诚，服从文某宏指挥，不得越级联系，相互之间不能打听消息，背叛组织要严惩，对组织有功给予奖励等。文某宏等人已形成较稳定的犯罪组织，人数较多，有明确的组织者、领导者，骨干成员基本固定，符合黑社会性质组织的组织特征。

二、经济特征

【案例来源】《刑事审判参考》总第 107 集，指导案例第 1152 号——陈某东等人组织、领导、参加黑社会性质组织案

【案号】(2012)深中法刑一初字第 227 号

【简要案情】

被告人：陈某东（曾用名陈某东，绰号“龙仔”“龙哥”），男，1971 年 7 月 16 日出生，汉族，小学文化，住址：深圳市宝安区沙井街道××路××号。其因该案于 2011 年 12 月 30 日被刑事拘留，2012 年 1 月 29 日被逮捕。

广东省深圳市人民检察院以被告人陈某东犯组织、领导黑社会性质组织罪，故意伤害罪，绑架罪，非法拘禁罪，抢劫罪，赌博罪，聚众斗殴罪，强迫交易罪，容留他人吸毒罪，行贿罪，非法倒卖土地使用权罪，虚报注册资本罪，敲诈勒索罪，寻衅滋事罪；被告人文某权等 39 人分别犯组织、领导黑社会性质组织罪等，向深圳市中级人民法院提起公诉。

经深圳市中院公开审理查明：

被告人陈某东自 20 世纪 80 年代末开始，纠集“沙皮狗”等社会闲杂人员，在宝安县沙井镇（现深圳市宝安区沙井街道，以下简称沙井街道）一带逞勇斗狠，为非作恶，成为当地颇具声名的恶势力。

自 1994 年以来，被告人陈某东通过笼络乡邻、招纳小弟、聘用员工等途径，逐步建立起以其本人为组织、领导者，以被告人伍某东、陈某田、赖某棠、王某明、陈某强、曾某发、曾某辉、易某胡、潘某钊、宁某作等人为积极参加者，包括被告人陈某明、林某、岳某、曾某新、曾某苓、刘某清、谢某山、陈某芳、潘某勇、陈某祺、陈某

峰、陈某斌、陈某洪、文某新、曾某球、周某、李某阳、曾某华、江某华、黎某成、江某平、陈某军、陈某右以及另案处理的数十人组成的骨干成员，层级结构明确、人数众多、势力庞大，在沙井街道形成具有重大影响的黑社会性质组织。该组织按照江湖规矩管理组织成员，维系组织架构。

以被告人陈某东为首的黑社会性质组织，盘踞沙井街道一带，长期通过非法手段经营废品收购、码头运输、房地产等行业，实施了故意伤害、绑架、非法拘禁、抢劫、敲诈勒索、开设赌场、赌博、聚众斗殴、寻衅滋事、强迫交易、容留他人吸毒、贿赂国家工作人员、非法倒卖土地使用权等大量违法犯罪活动，攫取了巨额非法财富，严重破坏了当地的经济、社会生活秩序。

深圳市中院一审判决，决定对陈某东执行无期徒刑，剥夺政治权利终身，并处没收个人全部财产，罚金人民币 1270 万元。宣判后，被告人陈某东等人提出上诉。

广东省高院二审认为，原审判决认定上诉人陈某东的犯罪事实清楚，证据确实、充分，定罪准确，量刑适当，驳回上诉人陈某东的上诉，维持原判。

【实务提示】

《刑法》第二百九十四条第五款第二项规定，经济特征是“有组织地通过违法犯罪活动或者其他手段获取经济利益，具有一定的经济实力，以支持该组织的活动”。

2000 年最高法《关于审理黑社会性质组织犯罪的案件具体应用法律若干问题的解释》第一条第二项规定，“通过违法犯罪活动或者其他手段获取经济利益，具有一定的经济实力”。

2002 年全国人大常委会《关于〈中华人民共和国刑法〉第二百九十四条第一款的解释》中规定，“有组织地通过违法犯罪活动或者其他手段获取经济利益，具有一定的经济实力，以支持该组织的活动”。

黑社会性质组织存在的目的之一是倚仗其称霸一方的强势地位，谋取其最大的经济利益，可以从黑财来源、黑财去向和经济实力三个方面理解。

（一）黑财来源

2009 年两高一部《办理黑社会性质组织犯罪案件座谈会纪要》第二部分第一项的第二点中规定，“黑社会性质组织的敛财方式也具有多样性。实践中，黑社会性质组织不仅会通过实施赌博、敲诈、贩毒等违法犯罪活动攫取经济利益，而且还往往会通过开办公司、企业等方式‘以商养黑’、‘以黑护商’。因此，无论其财产是通过非法手段聚敛，还是通过合法的方式获取，只要将其中部分或全部用于违法犯罪活动或者维系犯罪组织的生存、发展即可”。

2018 年两高两部《关于办理黑恶势力犯罪案件若干问题的指导意见》第七条规定，“在组织的形成、发展过程中通过以下方式获取经济利益的，应当认定为‘有组织地通过违法犯罪活动或者其他手段获取经济利益’：(1)有组织地通过违法犯罪活动或其他不正当手段聚敛；(2)有组织地以投资、控股、参股、合伙等方式通过合法的生产、经营活动获取；(3)由组织成员提供或通过其他单位、组织、个人资助取得”。

黑社会性质组织的经济利益来源主要有三个方面：第一，有组织地通过违法犯罪活动或其他不正当手段敛财。第二，有组织地以投资、控股、参股、合伙等方式，采取合法的生产、经营活动等手段获取。第三，由组织者、领导者或者其他组织成员提供，或者通过其他单位、组织、个人资助取得。无论其财产是通过非法手段聚敛，还是通过合法的方式获取，只要将其中部分或者全部用于违法犯罪活动，支持犯罪组织的生存、发展，就属于黑社会性质组织的经济利益来源。

（二）黑财用途

2009 年两高一部《办理黑社会性质组织犯罪案件座谈会纪要》第二部分第一项的第二点中规定，“‘用于违法犯罪活动或者维系犯罪组织的生存、发展’，一般是指购买作案工具、提供作案经费，为受伤、死亡的组织成员提供医疗费、丧葬费，为组织成员及其家属提供工资、奖励、福利、生活费用，为组织寻求非法保护以及其他与实施有组织的违法犯罪活动有关的费用支出等”。

2015 年最高法《全国部分法院审理黑社会性质组织犯罪案件工作座谈会纪要》第二部分第二项中规定，“是否将所获经济利益全部或部分用于违法犯罪活动或者维系犯罪组织的生存、发展，是认定经济特征的重要依据。无论获利后的分配与使用形式如何变化，只要在客观上能够起到豢养组织成员、维护组织稳定、壮大组织势力的作用即可认定”。

黑社会性质组织所获取的经济利益，主要用于豢养组织成员，维护组织稳定、壮大组织势力。

通常表现在以下三个方面：

一是豢养、雇佣、笼络下层的组织成员，维持黑社会性质组织内部关系。在豢养型关系中，组织者、领导者或者骨干成员出钱供养下层组织成员，为下层组织成员提供生活等基本费用，下层组织成员服从上层命令，下层组织成员实施违法犯罪行为。在雇佣型关系中，组织者、领导者或者骨干成员以发工资等形式雇请组织成员。在笼络型关系中，黑社会性质组织的组织者、领导者或者骨干成员以其他方式给予下层组织一定的经济利益。

二是用于各种违法犯罪活动，获取非法经济利益。包括购买作案工具、提供作案经费，为受伤、死亡的组织成员提供医疗费和善后费用，为逃跑的成员提供经费，以及对在违法犯罪活动中表现突出的骨干分子、一般参加人员进行物质奖励等。

三是用于腐蚀“保护伞”，寻求非法庇护。黑社会性质组织通过违法犯罪手段获取的非法经济利益，通过贿赂等方式拉拢腐蚀“保护伞”，“保护伞”则通过为黑社会性质组织提供方便、干预对黑社会性质组织的查处等方式为黑社会性质组织提供保护，形成“以商养黑”“以黑护商” 的黑色经济利益生态链。

（三）经济实力

2009 年两高一部《办理黑社会性质组织犯罪案件座谈会纪要》第二部分第一项的第二点中规定，“一定的经济实力是黑社会性质组织坐大成势，称霸一方的基础。由于不同地区的经济发展水平、不同行业的利润空间均存在很大差异，加之黑社会性质组织存在、发展的时间也各有不同，因此，在办案时不能一般性地要求黑社会性质组织所具有的经济实力必须达到特定规模或特定数额”。

2015 年最高法《全国部分法院审理黑社会性质组织犯罪案件工作座谈会纪要》第二部分第二项中规定，“‘一定的经济实力’，是指黑社会性质组织在形成、发展过程中获取的，足以支持该组织运行、发展以及实施违法犯罪活动的经济利益。包括：1. 有组织地通过违法犯罪活动或其他不正当手段聚敛的资产；2. 有组织地通过合法的生产、经营活动获取的资产；3. 组织成员以及其他单位、个人资助黑社会性质组织的资产。通过上述方式获取的经济利益，即使是由部分组织成员个人掌控，也应计入黑社会性质组织的‘经济实力’。各高级人民法院可以根据本地区的实际情况，对黑社会性质组织所应具有的‘经济实力’在 20 – 50 万元幅度内,自行划定一般掌握的最低数额标准”。

2018 年两高两部《关于办理黑恶势力犯罪案件若干问题的指导意见》第八条规定,“通过上述方式获得一定数量的经济利益,应当认定为‘具有一定的经济实力’,同时也包括调动一定规模的经济资源用以支持该组织活动的能力。通过上述方式获取的经济利益,即使是由部分组织成员个人掌控,也应计入黑社会性质组织的‘经济实力’。组织成员主动将个人或者家庭资产中的一部分用于支持该组织活动,其个人或者家庭资产可全部计入‘一定的经济实力’,但数额明显较小或者仅提供动产、不动产使用权的除外。由于不同地区的经济发展水平、不同行业的利润空间均存在很大差异,加之黑社会性质组织存在、发展的时间也各有不同,在办案时不能一般性地要求黑社会性质组织所具有的经济实力必须达到特定规模或特定数额”。

从犯罪规律来看,黑社会性质组织犯罪活动表现出明显的趋利性,以往的江湖义气演变为黑恶势力捞钱的手段,通过被摧毁的黑社会性质组织来看,获取经济利益成为黑恶势力犯罪活动的根本目的。经济实力的壮大为黑社会性质组织的稳定与发展奠定了坚实的经济基础,为黑社会性质组织收买国家工作人员、进一步加强非法控制、谋取更大的“黑色利益”以及投资合法行业、捐赠公益事业等树立正面社会形象的“漂白”行为提供了雄厚的资金支持。

一定的经济实力是黑社会性质组织坐大成势,称霸一方的基础。为保证组织内部的运作,增强犯罪实力,必须具备一定的经济实力;同时,经济实力也是黑社会性质组织向主流社会渗透、发展壮大的资本。因此,经济基础是黑社会性质组织的内在构成要素之一。

第一,取消了经济实力最低数额标准。2015 年最高法《全国部分法院审理黑社会性质组织犯罪案件工作座谈会纪要》规定,黑社会性质组织所应具有的“经济实力”在 20 - 50 万元幅度内,自行划定一般掌握的最低数额标准。2018 年最高法《关于办理黑恶势力犯罪案件若干问题的指导意见》规定,在办案时不能一般性地要求黑社会性质组织所具有的经济实力必须达到特定规模或特定数额。此后,取消了最低数额标准。

第二,一定经济实力的含义。黑社会性质组织有组织地通过违法犯罪活动或者其他手段获得一定数量的经济利益,应当认定为“具有一定的经济实力”,同时包括调动一定规模的经济资源用于支持该组织活动的能力。通过上述方式获取的经济利益，即使是由部分组织成员个人掌控，也应计入黑社会性质组织的“经济实力”。

组织成员主动将个人或者家庭资产中的一部分用于支持该组织活动，其个人或者家庭资产可全部计入“一定的经济实力”，但数额明显较小或者仅提供动产、不动产使用权的除外。

综观陈某东黑社会性质组织案的经济特征，一是该犯罪组织通过违法犯罪活动或者其他手段获取经济利益，具有较强的经济实力。陈某东为了该组织能控制、垄断当地的暴利行业，对组织成员的势力控制范围作了划分，并且以老大的身份调解组织成员内部因经济竞争而产生的矛盾，明确规定不能捞过界；对于组织成员与外部竞争而产生的矛盾，则动用组织力量，通过寻衅滋事、摆场等方式，打击外部势力，大肆攫取经济利益。虽然该犯罪组织及其成员开办的公司、企业财产中确有部分属于合法经营所得，但难以掩盖其“以商养黑”“以黑护商”的本质，符合黑社会性质组织的经济特征的表现形式。二是该犯罪组织以经济实力支持该组织的活动。首先，该组织所获得的经济利益有部分用于支持该组织的活动以及用于组织主要成员奢侈享乐。多名组织成员的供述以及证人证言证实，部分组织成员的工资就是组织成员经营的经济体发放，如易某胡等人的工资就由新发废品收购站发放；亦有证言证实组织成员之间过生日或有其他喜事，组织出面摆酒庆贺；很多组织成员所获得的经济利益离不开陈某东的安排，如在沙井设立废品收购站大多数是要经陈某东同意，且其同意的一般是下级组织成员，相当于其在给组织成员分配利益；多名被告人供述、所建的景田会所以及在该会所查获的赌博、吸毒工具等证实该组织所获得的经济利益部分用于该组织成员聚集、享乐以及腐蚀国家工作人员的场所。其次，陈某东及该组织的骨干成员为犯罪的组织成员及其家属提供生活费用，如在故意伤害罗某希致死后，曾某安服刑和陈某明潜逃期间，陈某东多次为他们提供金钱资助和精神支持。最后，该组织者、领导者陈某东为寻求非法保护，拉拢腐蚀国家工作人员，向沙井街道党工委原书记、办事处原主任刘某雄及沙井街道办事处经济发展办公室原主任、城市建设办公室原主任、城市建设科原科长陈某炜行贿。以陈某东为首的犯罪组织利用违法犯罪获取经济利益后，又通过经济实力为犯罪组织提供保障，完全符合黑社会性质组织犯罪的经济特征。

三、行为特征

【案例来源】《刑事审判参考》总第107集,最高法指导案例第1158号——刘某等组织、领导、参加黑社会性质组织案

【案号】(2014)鄂咸宁中刑初字第9号

【简要案情】

被告人刘某,男,汉族,1965年10月25日出生于四川省广汉市,大学文化,四川汉龙(集团)有限公司董事局主席,曾任中国人民政治协商会议四川省第九届委员会委员,第十届、第十一届委员会常务委员会委员,四川省工商业联合会副会长,住四川省成都市武侯区棕南正街6号×幢×单元×楼×号。2013年8月8日被逮捕。

湖北省咸宁市人民检察院指控被告人刘某犯组织、领导黑社会性质组织罪,故意杀人罪,故意伤害罪,非法拘禁罪,非法买卖枪支罪,非法持有枪支、弹药罪,串通投标罪,非法经营罪,敲诈勒索罪,故意毁坏财物罪,妨害公务罪,寻衅滋事罪,开设赌场罪,窝藏罪,骗取贷款、票据承兑、金融票证罪。

2014年5月22日,咸宁市中院以(2014)鄂咸宁中刑初字第9号刑事判决,认定被告人刘某犯组织、领导黑社会性质组织罪,判处有期徒刑15年,并处没收个人全部财产;犯故意杀人罪,判处死刑,剥夺政治权利终身;犯故意伤害罪,判处有期徒刑13年;犯非法拘禁罪,判处有期徒刑10年;犯非法买卖枪支罪,判处有期徒刑3年;犯非法持有枪支、弹药罪,判处有期徒刑5年;犯非法经营罪,判处有期徒刑7年,并处没收个人财产人民币3000万元;犯敲诈勒索罪,判处有期徒刑5年;犯故意毁坏财物罪,判处有期徒刑3年;犯妨害公务罪,判处有期徒刑2年;犯开设赌场罪,判处有期徒刑5年,并处罚金人民币200万元;犯寻衅滋事罪,判处有期徒刑2年;犯窝藏罪,判处有期徒刑2年;犯骗取贷款、票据承兑、金融票证罪,判处有期徒刑6年,并处罚金人民币5000万元;决定执行死刑,剥夺政治权利终身,并处没收个人全部财产。宣判后,刘某等人提出上诉。

湖北省高院经依法开庭审理,于2014年8月6日作出(2014)鄂刑一终字第00076号刑事判决,撤销原审判决中对被告人刘某犯非法经营罪的定罪量刑和犯骗取贷款、票据承兑、金融票证罪的量刑部分,认定被告人刘某犯骗取贷款、票据承兑、金融票证罪,判处有期徒刑4年,并处罚金人民币1000万元,与原审判决认

定其犯组织、领导黑社会性质组织罪，判处有期徒刑 15 年，并处没收个人全部财产；犯故意杀人罪，判处死刑，剥夺政治权利终身；犯故意伤害罪，判处有期徒刑 13 年；犯非法拘禁罪，判处有期徒刑 10 年；犯非法买卖枪支罪，判处有期徒刑 3 年；犯非法持有枪支、弹药罪，判处有期徒刑 5 年；犯敲诈勒索罪，判处有期徒刑 5 年；犯故意毁坏财物罪，判处有期徒刑 3 年；犯妨害公务罪，判处有期徒刑 2 年；犯开设赌场罪，判处有期徒刑 5 年，并处罚金人民币 200 万元；犯寻衅滋事罪，判处有期徒刑 2 年；犯窝藏罪，判处有期徒刑 2 年；数罪并罚，决定执行死刑，剥夺政治权利终身，并处没收个人全部财产。

最高法依法组成合议庭，对该案进行了复核，依法讯问了被告人，听取了辩护律师意见。经复核确认：

1993 年，被告人刘某在四川省广汉市开办圣罗兰游戏厅，从事赌博活动，由其哥刘某 1（另案处理）管理。同年，刘某组织人员非法转移被法院查封的货物，并涉嫌诈骗犯罪。湖南省和四川省的公安机关联合派员对刘某实施刑事拘留时，刘某的弟弟刘某丙（已另案判处死刑）持枪阻碍执行，被公安人员当场抓获。刘某得以逃脱。此事发生后，刘某兄弟因暴力抗法在广汉市有了恶名。

此后，被告人刘某与孙某东（另案处理）在四川省绵阳市成立绵阳市平原建材公司，通过合伙经营建筑材料、从事期货交易等业务，逐渐积累经济实力，并于 1997 年 3 月在绵阳市成立四川汉龙（集团）有限公司（以下简称汉龙集团），后又安排刘某的姐姐刘某平（同案被告人，已判刑）管理公司财务。同年 4 月，汉龙集团成立绵阳小岛建设开发有限公司（以下简称小岛公司），在绵阳市游仙区小岛开发房地产，招募被告人唐某兵和仇某峰（同案被告人，已判刑）等组建保安队。保安队多次对当地村民使用暴力，强行推进工程建设，唐某兵等人将村民熊某杀死。其间，孙某东的哥哥孙某君（同案被告人，已判刑）经营典当行，网罗缪某、李某、车某勇、刘某 2（均系同案被告人，已判刑）等人在广汉市、绵阳市发展黑恶势力。孙某君为刘某、孙某东发展经济实力提供武力保护，将缪某、车某勇、刘某 2 派到刘某、孙某东开办的经济实体工作，在刘某、孙某东的指使下唐某兵等人枪杀了对汉龙集团产生威胁的王某成。

与此同时，以刘某丙为首的黑恶势力在被告人刘某的资助下不断发展、壮大。1994 年 9 月，刘某丙被取保候审，回到广汉市。刘某将圣罗兰游戏机厅交给刘某丙经营，出资为刘某丙开办餐饮、娱乐场所。刘某丙积累了一定经济实力后，逐步发展手下成员，将广汉市有名的“操哥”（混社会的人）陈某伟的小弟曾某军（已另案判刑）、张某收归名下，还将陈某铭、旷某燕、文某灼、旷某坪（均已另案判刑）等人发展为小弟。曾某军、陈某铭、旷某燕、文某灼、旷某坪等人亦各自发展手下成员。刘某丙安排曾某军等人在赌博游戏机厅“看场子”、收取“保护费”，枪杀了与其争夺势力范围的“操哥”周某，逐步垄断了广汉市赌博游戏机行业。刘某丙还成立广汉市乙源实业发展有限公司（以下简称乙源实业公司）等经济实体大肆敛财，结交四川省什邡市人民检察院原副检察长刘某伟、四川省德阳市公安局刑侦支队原政委刘某军、德阳市公安局装备财务处原处长吕某（均已另案判刑）等人充当其“保护伞”，将广汉市音豪娱乐会所作为组织集会场所。刘某丙还为刘某、孙某东聚敛钱财、排除异己提供暴力支持，多次派手下携带枪支保护刘某，为刘某、孙某东等人杀害王某成、策划杀害史某泉提供枪支，并策划枪杀了对刘家产生威胁的陈某伟。

随着经济实力的增强，被告人刘某与孙某东于2000年将汉龙集团总部迁至四川省成都市。刘某、孙某东通过“政商结合”，不仅成为四川省知名的民营企业家，还分别获得四川省政协常委、绵阳市人大代表等身份，并利用政治地位和结交的关系多次对刘某丙、孙某君等人的违法犯罪活动提供庇护。

被告人刘某与刘某丙、孙某东、孙某君以兄弟亲情、合作经营为纽带，以汉龙集团等经济实体为依托，相互支持，相互融合，逐步形成了以刘某、刘某丙、孙某东为组织者、领导者，被告人唐先兵和孙某君、缪某、曾某军、文某灼、旷某坪、陈某铭、旷某燕、詹某（已另案判刑）等人为骨干成员，刘某、李某、车某勇、仇某峰、刘某平、肖某红（同案被告人，已判刑）和张某华、田某伟（均已另案判处死刑）以及张某、袁某林、曾某、桓某柱、孙某兵、闵某、李某国、钟某华、黄某、王某、王某洪、刘某辉（均已另案判刑）等人为其他参加者的较稳定的犯罪组织。刘某负责决策和指挥整个组织的运转；孙某东负责执行刘某指示及汉龙集团日常经营管理；刘某丙负责为组织打击、铲除对手，谋取非法利益，树立非法权威。

该犯罪组织崇尚暴力，从武术学校、退伍军人中招募多名保安、保镖，吸纳在逃犯罪嫌疑人、刑满释放人员和社会闲散人员，购置刀具、警械，非法买卖、持有大量枪支、弹药，为其实施暴力犯罪提供保障。该犯罪组织宣扬“为公司利益要敢打敢冲，出了事公司会负责”“要是公司遇到事了，打架要打赢，要勇敢一点”“表现好的就重用，不好的被开除”等不成文的规约和纪律，纵容成员为组织利益实施违法犯罪活动,将被告人刘某在广东省深圳市佳宁娜广场小区的房屋作为窝藏违法犯罪组织成员的场所,并通过奖励、提拔为组织利益“敢打敢冲”的成员和开除少数违反组织纪律的成员,不断强化组织纪律和规约,树立组织者、领导者权威。

该犯罪组织不仅通过有组织地实施开设赌场、敲诈勒索等违法犯罪活动敛财、壮大经济实力,还分别依托汉龙集团、乙源实业公司等经济实体的经营活动攫取巨额经济利益,具有强大的经济实力。为了扩充经济实力、维护组织利益,被告人刘某和刘某丙、孙某东等人以暴力为后盾,利用黑恶势力排挤、打击竞争对手,铲除障碍,“以黑护商”。该组织还“以商养黑”,将所获收益部分用于支持组织成员实施违法犯罪活动,购买枪支、弹药、刀具和车辆等作案工具,提升组织犯罪能力,增强组织威慑力;组织手下成员聚会、娱乐、吸毒等,为组织成员发放工资、奖金,购买房屋、车辆,偿还赌债,提供逃跑、赔偿费用;收买国家工作人员,为组织实施违法犯罪活动提供庇护。

该犯罪组织为树立其非法权威,维护其非法利益,为非作恶,欺压、残害群众,有组织地实施了故意杀人,故意伤害,非法拘禁,非法买卖枪支,非法持有枪支、弹药,敲诈勒索,故意毁坏财物,妨害公务,寻衅滋事,开设赌场,窝藏等数 10 起犯罪活动以及随意殴打他人、聚众赌博、串通拍卖等 11 起违法行为,共造成 8 人死亡、多人受伤等极其严重的危害后果。该组织通过实施违法犯罪活动及利用国家工作人员的包庇和纵容,称霸一方,在广汉市、绵阳市、什邡市等地形成重大影响,并对广汉市的赌博游戏机行业形成非法控制,严重破坏了上述地区的经济秩序和社会生活秩序。

2015 年 1 月 27 日,最高法(2014)刑五复 41836051 号裁定,核准湖北省高级人民法院(2014)鄂刑一终字第 00076 号刑事判决中对被告人刘某和被告人唐某兵的定罪量刑部分,即被告人刘某犯骗取贷款、票据承兑、金融票证罪,判处有期徒刑 4 年,并处罚金人民币 1000 万元,犯组织、领导黑社会性质组织罪判处有期徒刑 15 年,并处没收个人全部财产,犯故意杀人罪判处死刑,剥夺政治权利终身,犯故意伤害罪判处有期徒刑 13 年,犯非法拘禁罪判处有期徒刑 10 年,犯非法买卖枪支罪判处有期徒刑 3 年,犯非法持有枪支、弹药罪判处有期徒刑 5 年,犯敲诈勒索罪判处有期徒刑 5 年,犯故意毁坏财物罪判处有期徒刑 3 年,犯妨害公务罪判处有期徒刑 2 年,犯开设赌场罪判处有期徒刑 5 年,并处罚金人民币 200 万元,犯寻衅滋事罪判处有期徒刑 2 年,犯窝藏罪判处有期徒刑 2 年的刑罚并罚;决定执行死刑,剥夺政治权利终身,并处没收个人全部财产。

【实务提示】

行为特征,《刑法》第二百九十四条第五款第三项规定,“以暴力、威胁或者其他手段,有组织地多次进行违法犯罪活动,为非作恶,欺压、残害群众”。黑社会性质组织的行为特征方面,首先,其行为既包括犯罪行为也包括违法行为和其他有组织行为。其次,“软暴力”也是有组织犯罪的犯罪手段。最后,行为特征具有组织性、暴力性和多样性等特点,本书重点介绍组织性、暴力性和多样性。

(一)组织性

组织性是黑社会性质组织的主要特征之一,也是区别黑社会性质组织犯罪和组织成员个人犯罪的根本区别。主要根据以下标准认定:第一,是否组织者、领导者直接组织、策划、指挥、参与实施;第二,是否基于组织意志实施;第三,是否为了组织利益实施。要注意审查、判断在实施违法犯罪活动之前有没有请示、事后有没有“汇报”、是否得到许可或者默许等。

2009 年两高一部《办理黑社会性质组织犯罪案件座谈会纪要》第二部分第一项的第三点中规定,“‘黑社会性质组织实施的违法犯罪活动’主要包括以下情形:由组织者、领导者直接组织、策划、指挥、参与实施的违法犯罪活动;由组织成员以组织名义实施,并得到组织者、领导者认可或者默许的违法犯罪活动;多名组织成员为逞强争霸、插手纠纷、报复他人、替人行凶、非法敛财而共同实施,并得到组织者、领导者认可或者默许的违法犯罪活动;组织成员为组织争夺势力范围、排除竞争对手、确立强势地位、谋取经济利益、维护非法权威或者按照组织的纪律、惯例、共同遵守的约定而实施的违法犯罪活动;由黑社会性质组织实施的其他违法犯罪活动”。

2015 年最高法《全国部分法院审理黑社会性质组织犯罪案件工作座谈会纪要》第二部分第三项中规定,“属于 2009 年《座谈会纪要》规定的五种情形之一的,一般应当认定为黑社会性质组织实施的违法犯罪活动,但确与维护和扩大组织势力、实力、影响、经济基础无任何关联,亦不是按照组织惯例、纪律、活动规约而实施,则应作为组织成员个人的违法犯罪活动处理。组织者、领导者明知组织成员曾多次实施起因、性质类似的违法犯罪活动,但并未明确予以禁止的,如果该类行为对扩大组织影响起到一定作用,可以视为是按照组织惯例实施的违法犯罪活动”。

2018 年两高两部《关于办理黑恶势力犯罪案件若干问题的指导意见》第十条规定,“为确立、维护、扩大组织的势力、影响、利益或者按照纪律规约、组织惯例多次实施违法犯罪活动,侵犯不特定多人的人身权利、民主权利、财产权利,破坏经济秩序、社会秩序,应当认定为‘有组织地多次进行违法犯罪活动,为非作恶,欺压、残害群众’。符合以下情形之一的,应当认定为是黑社会性质组织实施的违法犯罪活动:(1)为该组织争夺势力范围、打击竞争对手、形成强势地位、谋取经济利益、树立非法权威、扩大非法影响、寻求非法保护、增强犯罪能力等实施的;(2)按照该组织的纪律规约、组织惯例实施的;(3)组织者、领导者直接组织、策划、指挥、参与实施的;(4)由组织成员以组织名义实施,并得到组织者、领导者认可或者默许的;(5)多名组织成员为逞强争霸、插手纠纷、报复他人、替人行凶、非法敛财而共同实施,并得到组织者、领导者认可或者默许的;(6)其他应当认定为黑社会性质组织实施的”。

(二)暴力性

黑社会性质组织的暴力性包括两个方面:一是针对他人生命、身体健康的暴力殴打等表现形成的“硬暴力”;二是以带有伤害等内容的暴力威胁等表现形式的“软暴力”。暴力、胁迫、其他手段,都是行为特征的手段。黑社会性质组织犯罪中,暴力或以暴力相威胁始终是黑社会性质组织实施违法犯罪活动的基本手段,该组织随时可能付诸实施暴力或以暴力相威胁,从而达到对他人形成心理强制或威慑的效果。少数观点认为,黑社会性质组织犯罪案件中,没有重伤以上的案件,不构成黑社会性质组织犯罪。司法实务中,没有采纳这种观点。

2009 年两高一部《办理黑社会性质组织犯罪案件座谈会纪要》第二部分第一项的第三点中规定,“暴力性、胁迫性和有组织性是黑社会性质组织行为方式的主要特征,但有时也会采取一些‘其他手段’。根据司法实践经验,《立法解释》中规定的‘其他手段’主要包括:以暴力、威胁为基础,在利用组织势力和影响已对他人形成心理强制或威慑的情况下,进行所谓的‘谈判’、‘协商’、‘调解’;滋扰、哄闹、聚众等其他干扰、破坏正常经济、社会生活秩序的非暴力手段”。

2015 年最高法《全国部分法院审理黑社会性质组织犯罪案件工作座谈会纪要》第二部分第三项中规定,“黑社会性质组织实施的违法犯罪活动包括非暴力性的违法犯罪活动,但暴力或以暴力相威胁始终是黑社会性质组织实施违法犯罪活动的基本手段,并随时可能付诸实施。因此,在黑社会性质组织所实施的违法犯罪活动中,一般应有一部分能够较明显地体现出暴力或以暴力相威胁的基本特征。否则,定性时应当特别慎重”。

2018 年两高两部《关于办理黑恶势力犯罪案件若干问题的指导意见》第九条规定,“黑社会性质组织实施的违法犯罪活动包括非暴力性的违法犯罪活动,但暴力或以暴力相威胁始终是黑社会性质组织实施违法犯罪活动的基本手段,并随时可能付诸实施。暴力、威胁色彩虽不明显,但实际是以组织的势力、影响和犯罪能力为依托,以暴力、威胁的现实可能性为基础,足以使他人产生恐惧、恐慌进而形成心理强制或者足以影响、限制人身自由、危及人身财产安全或者影响正常生产、工作、生活的手段,属于《刑法》第二百九十四条第五款第(三)项中的‘其他手段’,包括但不限于所谓的‘谈判’‘协商’‘调解’以及滋扰、纠缠、哄闹、聚众造势等手段”。

2019 年两高两部《关于办理实施“软暴力”的刑事案件若干问题的意见》(公通字〔2019〕15 号)第一条规定,“‘软暴力’是指行为人为谋取不法利益或形成非法影响,对他人或者在有关场所进行滋扰、纠缠、哄闹、聚众造势等,足以使他人产生恐惧、恐慌进而形成心理强制,或者足以影响、限制人身自由、危及人身财产安全,影响正常生活、工作、生产、经营的违法犯罪手段”。第二条规定:“‘软暴力’违法犯罪手段通常的表现形式有:(一)侵犯人身权利、民主权利、财产权利的手段,包括但不限于跟踪贴靠、扬言传播疾病、揭发隐私、恶意举报、诬告陷害、破坏、霸占财物等;(二)扰乱正常生活、工作、生产、经营秩序的手段,包括但不限于非法侵入他人住宅、破坏生活设施、设置生活障碍、贴报喷字、拉挂横幅、燃放鞭炮、播放哀乐、摆放花圈、泼洒污物、断水断电、堵门阻工,以及通过驱赶从业人员、派驻人员据守等方式直接或间接地控制厂房、办公区、经营场所等;(三)扰乱社会秩序的手段,包括但不限于摆场架势示威、聚众哄闹滋扰、拦路闹事等;(四)其他符合本意见第一条规定的‘软暴力’手段。通过信息网络或者通讯工具实施,符合本意见第一条规定的违法犯罪手段,应当认定为‘软暴力’。”

2021 年《反有组织犯罪法》第二十三条第二款规定,“为谋取非法利益或者形成非法影响,有组织地进行滋扰、纠缠、哄闹、聚众造势等,对他人形成心理强制,足以限制人身自由、危及人身财产安全,影响正常社会秩序、经济秩序的,可以认定为有组织犯罪的犯罪手段”。

（三）多样性

黑社会性质组织的多样性，是指该犯罪组织实施多种不同性质的违法犯罪行为。《刑法》和其司法解释并未明确规定，从司法实务中看，黑社会性质组织在发展、壮大过程中，一般要实施多种违法犯罪，为非作恶，欺压、残害群众，触犯多个罪名，具有多样性的特征。黑社会性质组织不仅是单纯实施犯罪，而且还有非法控制目的和侵害对象的不特定。黑社会性质组织违法犯罪的性质、次数、严重程度等，都是为了实现非法控制的目的。

2015 年最高法《全国部分法院审理黑社会性质组织犯罪案件工作座谈会纪要》第二部分第三项中作出了提示性规定，“涉案犯罪组织仅触犯少量具体罪名的，是否应认定为黑社会性质组织要结合组织特征、经济特征和非法控制特征（危害性特征）综合判断，严格把握”。

2018 年两高两部《关于办理黑恶势力犯罪案件若干问题的指导意见》第十条第一款规定，“为确立、维护、扩大组织的势力、影响、利益或者按照纪律规约、组织惯例多次实施违法犯罪活动，侵犯不特定多人的人身权利、民主权利、财产权利，破坏经济秩序、社会秩序，应当认定为‘有组织地多次进行违法犯罪活动，为非作恶，欺压、残害群众’”。

（四）其他方面

1. 没有一起犯罪事实的组织

2019 年两高两部《关于办理恶势力刑事案件若干问题的意见》第九条中规定，“办理恶势力刑事案件，‘多次实施违法犯罪活动’至少应包括 1 次犯罪活动”。由此可见，构成恶势力必须至少有 1 起犯罪活动。唐律规定，入罪举轻以明重，出罪举重以明轻。黑社会性质组织实施犯罪活动过程中，往往伴随大量的违法活动，对此应作为黑社会性质组织的违法犯罪事实予以认定。但如果仅实施了违法活动，而没有实施犯罪活动，则不能认定为黑社会性质组织。

2009 年两高一部《办理黑社会性质组织犯罪案件座谈会纪要》第二部分第一项的第三点中规定，“黑社会性质组织实施犯罪活动过程中，往往伴随着大量的违法活动，对此均应作为黑社会性质组织的违法犯罪事实予以认定。但如果仅实施了违法活动，而没有实施犯罪活动的，则不能认定为黑社会性质组织”。

2. 多次实施违法犯罪活动的认定

“多次进行违法犯罪活动”只是认定黑社会性质组织的必要条件之一，最终能否认定为黑社会性质组织，还要结合危害性特征来加以判断。

2009 年两高一部《办理黑社会性质组织犯罪案件座谈会纪要》第二部分第一项的第三点中规定，“‘多次进行违法犯罪活动’只是认定黑社会性质组织的必要条件之一，最终能否认定为黑社会性质组织，还要结合危害性特征来加以判断。即使有些案件中的违法犯罪活动已符合“多次”的标准，但根据其性质和严重程度，尚不足以形成非法控制或者重大影响的，也不能认定为黑社会性质组织”。

2018 年两高两部《关于办理黑恶势力犯罪案件若干问题的指导意见》第十条第一款规定，“为确立、维护、扩大组织的势力、影响、利益或者按照纪律规约、组织惯例多次实施违法犯罪活动，侵犯不特定多人的人身权利、民主权利、财产权利，破坏经济秩序、社会秩序，应当认定为‘有组织地多次进行违法犯罪活动，为非作恶，欺压、残害群众’”。

3. 侵害对象的不特定性

行为特征中要求“为非作恶，欺压、残害群众”，即行为要针对不特定对象，且属于无事生非。“为非作恶”，核心含义是道德评价，具有刑法意义的是违法犯罪行为，群众，即指不特定对象。如果行为侵害的对象都事出有因，那么就不符合无事生非的特点。

4. 利用网络实施黑社会性质组织犯罪

信息网络具有两种基本属性，即“工具属性”和“公共属性”。人们把信息网络作为获取信息、买卖商品、收发邮件的有效途径，说明信息网络具有“工具属性”。同时，信息网络也是人们沟通交流的平台，是现实生活的延伸，是社会公共秩序的重要组成部分，又具有很强的“公共属性”。

2013 年最高法、最高检发布《关于办理利用信息网络实施诽谤等刑事案件适用法律若干问题的解释》（法释〔2013〕21 号），通过明确利用信息网络实施的诽谤、寻衅滋事、敲诈勒索、非法经营等犯罪的定罪量刑标准，为依法打击此类犯罪行为提供了更加明确的司法解释依据。

2019 年两高两部《关于办理利用信息网络实施黑恶势力犯罪刑事案件若干问题的意见》（公通字〔2019〕28 号）第九条规定，“利用信息网络实施违法犯罪活动，符合刑法、《指导意见》以及最高人民法院、最高人民检察院、公安部、司法部《关于办理恶势力刑事案件若干问题的意见》等规定的恶势力、恶势力犯罪集团、黑社会性质组织特征和认定标准的，应当依法认定为恶势力、恶势力犯罪集团、黑社会性质组织。认定利用信息网络实施违法犯罪活动的黑社会性质组织时，应当依照刑法第二百九十四条第五款规定的‘四个特征’进行综合审查判断，分析‘四个特征’相互间的内在联系，根据在网络空间和现实社会中实施违法犯罪活动对公民人身、财产、民主权利和经济、社会生活秩序所造成的危害，准确评价，依法予以认定”。

2021年《反有组织犯罪法》中规定，利用网络实施组织、领导、参加黑社会性质犯罪或者恶势力组织犯罪的，应当认定为有组织犯罪。

综观刘某等人组织、领导、参加黑社会性质组织案，该犯罪组织为树立非法权威，维护其非法利益，为非作恶，欺压、残害群众。刘某丙杀害周某是为了垄断广汉市赌博厅的市场，维护组织的非法权威，体现组织利益，刘某受到史某泉持枪威胁后，安排人杀害史某泉，汉龙集团、小岛公司受到王某成威胁后，刘某指使、授意孙某某“做掉”王某成。该组织通过暴力等手段强行占股参股、收取“保护费”，逐步垄断广汉市、什邡市等地的地下赌博业，刘某丙、曾某军采用砸场子、丢炸弹等暴力、威胁手段，强行安排组织成员在他人经营的游戏厅“看场子”，收取“保护费”，有组织地实施了故意杀人，故意伤害，非法拘禁，非法买卖枪支，非法持有枪支、弹药，敲诈勒索，故意毁坏财物，妨害公务，寻衅滋事，开设赌场，窝藏等数10起犯罪活动以及随意殴打他人、聚众赌博、串通拍卖等11起违法行为，共造成8人死亡、多人受伤等极其严重的危害后果。上述事实，符合了行为特征的组织性、暴力性、多样性。

四、危害性特征

【案例来源】《刑事审判参考》总第74集，北京市房某成等人组织、领导、参加黑社会性质组织案

【案号】(2007)一中刑初字第1185号

【简要案情】

被告人房某成(绰号“三哥”)，男，44岁(1963年5月3日出生于北京市)，汉

族，大专文化，北京市通州区梨园镇人民政府原副镇长，住北京市通州区梨园镇李公庄村×号楼×××号。因犯流氓罪于1983年1月被判处有期徒刑2年，1984年9月被刑满释放。因涉嫌犯故意伤害罪于2005年11月6日被羁押，因涉嫌犯聚众斗殴罪、故意伤害罪、强迫交易罪于同年12月10日被逮捕。

北京市人民检察院第一分院指控被告人房某成犯组织、领导黑社会性质组织罪，故意伤害罪，寻衅滋事罪，敲诈勒索罪，包庇罪，非法经营罪，非法持有枪支罪，对公司人员行贿罪向北京市第一中级人民法院提起公诉。

经北京市第一中级人民法院审理查明，被告人房某成于1996年至2005年，分别纠集被告人孙某、王某喜、赵某强、李某武、王某、李某等多人，多次实施违法犯罪活动。其间，刑满释放的被告人吴某波、张某有、王某民及被告人邓某贵、丁某平、黄某江、王某波、柴某龙等人先后参与以房某成为组织者、领导者，孙某、王某喜、赵某强、李某武、王某、李某为骨干成员的犯罪组织中。在房某成的组织、领导下，该组织成员长期在北京市通州部分地区有组织地以暴力、威胁等手段，并利用房某成担任国家机关工作人员的身份，通过其他国家机关工作人员的包庇、纵容，欺辱、伤害他人，逞强称霸，强行索要钱款，多次实施故意伤害、寻衅滋事、敲诈勒索、非法经营、非法转让土地使用权、包庇、非法持有枪支、对公司人员行贿等犯罪活动及聚众摆势、收取保护费等违法行为，严重破坏了通州部分地区的社会生活秩序，造成了极其恶劣的社会影响。房某成及其组织成员为攫取巨额经济利益，采用提供虚假证明材料骗取土地使用权等非法手段聚敛钱财，具有一定的经济实力。房某成通过向组织成员提供工程、提供低价房屋、安排工作、垫付金钱，并为犯罪的人疏通关系，帮助逃避法律制裁等方式，支持该组织的违法犯罪活动，房某成及上述被告人逐步形成了具有黑社会性质的犯罪组织，严重影响了当地的社会治安和经济发展，社会危害性大。

2007年9月19日，北京市第一中级人民法院判决如下：被告人房某成犯组织、领导黑社会性质组织罪，判处有期徒刑9年，剥夺政治权利2年；犯非法经营罪，判处有期徒刑7年，并处罚金人民币1330万元；犯非法转让土地使用权罪，判处有期徒刑7年，并处罚金人民币256万元；犯故意伤害罪，判处有期徒刑5年；犯寻衅滋事罪，判处有期徒刑5年；犯对公司人员行贿罪，判处有期徒刑5年，并处罚金人民币10万元；犯包庇罪，判处有期徒刑4年；犯非法持有枪支罪，判处有期徒刑1年，决定执行有期徒刑20年，剥夺政治权利2年，并处罚金人民币1586万元。一审宣判后,被告人房某成等人提出上诉。

2007年11月5日,北京市高级人民法院裁定,驳回上诉,维持原判。

【实务提示】

危害性特征,《刑法》第二百九十四条第五款第四项规定,“通过实施违法犯罪活动,或者利用国家工作人员的包庇或者纵容,称霸一方,在一定区域或者行业内,形成非法控制或者重大影响,严重破坏经济、社会生活秩序”。危害性特征是黑社会性质组织的本质特征,也是区别于一般犯罪集团的关键所在。如《刑事审判参考》总第18辑指导案例116号——张某犯罪集团,该犯罪集团成员之间也形成了一定的层级,严格管理犯罪集团成员,在行为上也是多次实施严重暴力犯罪,在经济上非法获取了巨额财物,但是未能达到对一定区域或者一定行业的非法控制或者重大影响。

可以从称霸一方、一定区域、一定行业、包庇或者纵容、非法控制或者重大影响等方面来理解危害性特征,也可以围绕以下几个方面来把握危害性特征:一是黑社会性质的犯罪组织是否通过违法犯罪活动或者国家工作人员的包庇、纵容,在一定区域或者行业内形成称霸一方的强势地位;二是黑社会性质的犯罪组织是否在一定区域或者行业内达到非法控制或者重大影响的程度;三是黑社会性质的犯罪组织是否对当地生活秩序、经济秩序造成严重破坏。

(一)称霸一方

《刑法》第二百九十四条中使用“称霸一方”,不是一个严格的法律用语,在司法实务中,要用证据予以证明。称霸一方,一般有以下几种情形:争夺势力范围的逞强争霸;在一定区域内具有一定的恶名;多次公然使用枪支、刀具等作案;对群众形成心理强制,造成群众心理恐慌、安全感下降,致使合法利益受损的群众不敢举报、控告;非法插手民间纠纷;干扰政府部门对行业或者市场的正常管理,非法干扰社会管理;侵蚀基层政权,介入基层选举等。

(二)一定区域

一定区域是指一定的地区范围。不同区域的经济发展、社会环境、资源及人口分布等存在客观差距,不能机械地以特定的空间范围作为确定危害区域的绝对标准。

2009 年两高一部《办理黑社会性质组织犯罪案件座谈会纪要》第二部分第一项的第四点中规定,“对于‘一定区域’的理解和把握。区域的大小具有相对性,且黑社会性质组织非法控制和影响的对象并不是区域本身,而是在一定区域中生活的人,以及该区域内的经济、社会生活秩序。因此,不能简单地要求‘一定区域’必须达到某一特定的空间范围,而应当根据具体案情,并结合黑社会性质组织对经济、社会生活秩序的危害程度加以综合分析判断”。

2015 年最高法《全国部分法院审理黑社会性质组织犯罪案件工作座谈会纪要》第二部分第四项中规定,“黑社会性质组织所控制和影响的‘一定区域’,应当具备一定空间范围,并承载一定的社会功能。既包括一定数量的自然人共同居住、生活的区域,如乡镇、街道、较大的村庄等,也包括承载一定生产、经营或社会公共服务功能的区域,如矿山、工地、市场、车站、码头等。对此,应当结合一定地域范围内的人口数量、流量、经济规模等因素综合评判。如果涉案犯罪组织的控制和影响仅存在于一座酒店、一处娱乐会所等空间范围有限的场所或者人口数量、流量、经济规模较小的其他区域,则一般不能视为是对‘一定区域’的控制和影响”。

2018 年两高两部《关于办理黑恶势力犯罪案件若干问题的指导意见》第十一条第一款规定,“鉴于黑社会性质组织非法控制和影响的‘一定区域’的大小具有相对性,不能简单地要求‘一定区域’必须达到某一特定的空间范围,而应当根据具体案情,并结合黑社会性质组织对经济、社会生活秩序的危害程度加以综合分析判断”。

(三)一定行业

一定行业,既包括合法行业,也包括非法行业。

2009 年两高一部《办理黑社会性质组织犯罪案件座谈会纪要》第二部分第一项的第四点中规定,“对于‘一定行业’的理解和把握。黑社会性质组织所控制和影响的行业,既包括合法行业,也包括黄、赌、毒等非法行业。这些行业一般涉及生产、流通、交换、消费等一个或多个市场环节”。

2015 年最高法《全国部分法院审理黑社会性质组织犯罪案件工作座谈会纪要》第二部分第四项中规定,“黑社会性质组织所控制和影响的‘一定行业’,是指在一定区域内存在的同类生产、经营活动。黑社会性质组织通过多次有组织地实施违法犯罪活动，对黄、赌、毒等非法行业形成非法控制或重大影响的，同样符合非法控制特征（危害性特征）的要求”。

（四）包庇、纵容

黑社会性质组织可以通过“实施违法犯罪”“寻求非法保护”这两种途径，来实现其对经济、社会生活的非法控制。“实施违法犯罪”是必要性条件，即通过实施违法犯罪活动确立称霸一方的地位。“寻求非法保护”是选择性条件，即利用国家工作人员的包庇或者纵容确立称霸一方的地位（保护伞）。仅有非法保护没有违法犯罪，显然不能以黑社会性质组织定罪。

2000 年最高法《关于审理黑社会性质组织犯罪的案件具体应用法律若干问题的解释》第五条规定，“刑法第二百九十四条第四款规定的‘包庇’，是指国家机关工作人员为使黑社会性质组织及其成员逃避查禁，而通风报信，隐匿、毁灭、伪造证据，阻止他人作证、检举揭发，指使他人作伪证，帮助逃匿，或者阻挠其他国家机关工作人员依法查禁等行为。刑法第二百九十四条第四款规定的‘纵容’，是指国家机关工作人员不依法履行职责，放纵黑社会性质组织进行违法犯罪活动的行为”。

2018 年两高两部《关于办理黑恶势力犯罪案件若干问题的指导意见》第二十二规定，“《刑法》第二百九十四条第三款中规定的‘包庇’行为，不要求相关国家机关工作人员利用职务便利。利用职务便利包庇黑社会性质组织的，酌情从重处罚。包庇、纵容黑社会性质组织，事先有通谋的，以具体犯罪的共犯论处”。

2019 年国家监委、两高两部《关于在扫黑除恶专项斗争中分工负责、互相配合、互相制约严惩公职人员涉黑涉恶违法犯罪问题的通知》（国监发〔2019〕3 号）第六条第二款、第三款规定，“国家机关工作人员既组织、领导、参加黑社会性质组织，又对该组织进行包庇、纵容的，应当以组织、领导、参加黑社会性质组织罪从重处罚。国家机关工作人员包庇、纵容黑社会性质组织，该包庇、纵容行为同时还构成包庇罪、伪证罪、妨害作证罪、徇私枉法罪、滥用职权罪、帮助犯罪分子逃避处罚罪、徇私舞弊不移交刑事案件罪，以及徇私舞弊减刑、假释、暂予监外执行罪等其他犯罪的，应当择一重罪处罚”。

司法实务中，有组织犯罪在一个地方发展壮大，往往离不开“保护伞”“关系网”的庇护。有的有组织犯罪已经成熟壮大，有的还在发展时期，我国坚持打早打小、预防和惩治相结合，开展打击有组织犯罪工作，2002 年全国人大常委会《关于〈中华人民共和国刑法〉第二百九十四条第一款的解释》的立法解释，取消了将“保护伞”作为黑社会性质组织的必要条件。

（五）非法控制或者重大影响

非法控制或者重大影响在社会危害性程度上具有相当性。司法实务中，不能仅根据一个或者数个事实来认定，而是要通过一系列的违法犯罪事实来综合评判。要重点审查该黑社会性质组织是否基于争夺势力范围、树立非法权威、攫取不法利益等非法控制目的而实施违法犯罪行为；是否在较长时间内连续、多次通过实施违法犯罪行为对他人侵害；是否侵害不特定多数人的合法权益；被侵害对象的数量和后果是否已达到非法控制或者重大影响的严重程度。

2009 年两高一部《办理黑社会性质组织犯罪案件座谈会纪要》第二部分第一项的第四点中规定，“通过实施违法犯罪活动，或者利用国家工作人员的包庇、纵容，称霸一方，并具有以下情形之一的，可认定为‘在一定区域或行业内，形成非法控制或重大影响，严重破坏经济、社会生活秩序’：对在一定区域内生活或者在一定行业内从事生产、经营的群众形成心理强制、威慑，致使合法利益受损的群众不敢举报、控告的；对一定行业的生产、经营形成垄断，或者对涉及一定行业的准入、经营、竞争等经济活动形成重要影响的；插手民间纠纷、经济纠纷，在相关区域或者行业内造成严重影响的；干扰、破坏他人正常生产、经营、生活，并在相关区域或者行业内造成严重影响的；干扰、破坏公司、企业、事业单位及社会团体的正常生产、经营、工作秩序，在相关区域、行业内造成严重影响，或者致使其不能正常生产、经营、工作的；多次干扰、破坏国家机关、行业管理部门以及村委会、居委会等基层群众自治组织的工作秩序，或者致使上述单位、组织的职能不能正常行使的；利用组织的势力、影响，使组织成员获取政治地位，或者在党政机关、基层群众自治组织中担任一定职务的；其他形成非法控制或者重大影响，严重破坏经济、社会生活秩序的情形”。

2015 年最高法《全国部分法院审理黑社会性质组织犯罪案件工作座谈会纪要》第二部分第四项中规定，“2009 年《座谈会纪要》明确了可以认定为‘在一定区域或者行业内，形成非法控制或者重大影响，严重破坏经济、社会生活秩序’的八种情形，适用时应当注意以下问题：第 1 种情形中的‘致使合法利益受损的群众不敢举报、控告的'，是指致使多名合法利益遭受犯罪或者严重违法活动侵害的群众不敢通过正当途径维护权益；第 2 种情形中的'形成垄断'，是指可以操控、左右、决定与一定行业相关的准入、退出、经营、竞争等经济活动。'形成重要影响'，是指对与一定行业相关的准入、退出、经营、竞争等经济活动具有较大的干预和影响能力，或者具有在该行业内占有较大市场份额、通过违法犯罪活动或以其他不正当手段在该行业内敛财数额巨大（最低数额标准由各高院根据本地情况在 20－50 万元的幅度内自行划定）、给该行业内从事生产、经营活动的其他单位、组织、个人造成直接经济损失 100 万元以上等情节之一；第 3、4、5 种情形中的'造成严重影响'，是指具有致人重伤或致多人轻伤、通过违法犯罪活动或以其他不正当手段敛财数额巨大（数额标准同上）、造成直接经济损失 100 万元以上、多次引发群体性事件或引发大规模群体性事件等情节之一；第 6 种情形中的'多次干扰、破坏国家机关、行业管理部门以及村委会、居委会等基层群众自治组织的工作秩序'，包括以拉拢、收买、威胁等手段多次得到国家机关工作人员包庇或纵容，或者多次对前述单位、组织中正常履行职务的工作人员进行打击、报复的情形；第 7 种情形中的'获取政治地位'，是指当选各级人大代表、政协委员。'担任一定职务'，是指在各级党政机关及其职能部门、基层群众自治组织中担任具有组织、领导、监督、管理职权的职务"。

2018 年两高两部《关于办理黑恶势力犯罪案件若干问题的指导意见》第十一条中规定，"通过实施违法犯罪活动，或者利用国家工作人员的包庇或者不依法履行职责，放纵黑社会性质组织进行违法犯罪活动的行为，称霸一方，并具有以下情形之一的，可认定为'在一定区域或者行业内，形成非法控制或者重大影响，严重破坏经济、社会生活秩序'：(1)致使在一定区域内生活或者在一定行业内从事生产、经营的多名群众，合法利益遭受犯罪或严重违法活动侵害后，不敢通过正当途径举报、控告的；(2)对一定行业的生产、经营形成垄断，或者对涉及一定行业的准入、经营、竞争等经济活动形成重要影响的；(3)插手民间纠纷、经济纠纷，在相关区域或者行业内造成严重影响的；(4)干扰、破坏他人正常生产、经营、生活，并在相关区域或者行业内造成严重影响的；(5)干扰、破坏公司、企业、事业单位及社会团体的正常生产、经营、工作秩序，在相关区域、行业内造成严重影响，或者致使其不能正常生产、经营、工作的；(6)多次干扰、破坏党和国家机关、行业管理部门以及村委会、居委会等基层群众自治组织的工作秩序，或者致使上述单位、组织的职能不能正常行使的；(7)利用组织的势力、影响，帮助组织成员或他人获取政治地位，或者在党政机关、基层群众自治组织中担任一定职务的；(8)其他形成非法控制或者重大影响，严重破坏经济、社会生活秩序的情形”。取消了造成经济损失数额的标准。

综观房某成等人组织、领导、参加黑社会性质组织案，可以看出：

1. 房某成为首的犯罪组织在当地确立了称霸一方的强势地位。黑社会性质组织只有在社会上确立称霸一方的强势地位，才有能量对一定区域或行业形成非法控制或者重大影响。

(1)以房某成为首的犯罪组织具备确立称霸一方的条件。

首先，以房某成为首的犯罪组织通过实施违法犯罪活动确立称霸一方的地位。房某成、孙某、王某臣、赵某强等人的供述及大量证人证言均证实，在刘某民等的庇护或纵容下，房某成带领王某、王某臣、孙某等数 10 人在通州地区经常打架斗殴，特别是打掉杨某山团伙后，在通州地区形成势力，没有人敢惹他们。此后，房某成混入当地政府直至取得副镇长职位，在官位、权力的庇护下，该犯罪组织的违法犯罪活动更加嚣张。在 1997 年前犯罪行为有 6 起，在 1997 年后犯罪行为达 14 起。

其次，以房某成为首的犯罪组织利用“保护伞”确立称霸一方的地位。一方面，以房某成为首的犯罪组织从走上社会打打杀杀开始就受到刘某民等的庇护和纵容。长期有意识地拉拢腐蚀公、检、法等机关的国家工作人员，建立其关系网，为其犯罪组织的违法犯罪提供非法庇护。在公安、检察、法院个别民警的包庇或纵容下，房某成及其组织成员实施的犯罪行为，大部分参与的组织成员未被刑事追究，个别顶罪的组织成员获得畸轻判处。如房某成指使周某水、赵某强等人故意伤害武警战士巩某民、李某涛案，房某成找到派出所原所长宋某海说情，使赵某强当时未被追究，并使房某成、孙某、周某水、房某军等人长期未被追究。又如，房某成、周某水等人殴打郭某义等人的寻衅滋事案，房某成通过派出所原所长胡某某将此案件作调解处理，使参与犯罪的组织成员长期未被追究。

另一方面，在房某成当上梨园镇副镇长后，其利用手中的职权和势力，为组织成员的违法犯罪行为提供庇护。如梁某利等人在某养殖场寻衅滋事案，在房某成出面干涉下，养殖场经营者被迫调解，致使参与犯罪的组织成员长期未被追究。高某钢等人在某音乐学院寻衅滋事案，也是在房某成以副镇长身份干涉下，使组织成员未被追究。

(2)以房某成为首的犯罪组织具有称霸一方的事实。

首先,以房某成为首的犯罪组织称霸通州南部,形成重大影响。房某成、赵某强、王某喜、李某等人供述和刘某民、冯某山、高某龙、刘某满、贾某臣等大量证人证言,证实房某成靠着黑白两道的权力和势力,称霸通州南部,有"南广成"之称。在通州以房某成为首的犯罪组织可以横行霸道,欺压残害群众,却长期未受到打击。房某成被抓是公安机关为民除害,深入民心。这也从另一侧面反映出以房某成为首的犯罪组织对通州地区的社会产生重大影响。

其次,以房某成为首的犯罪组织对通州的村干部、村民形成心理强制。该案大量的证据充分地证明了以房某成为首的犯罪组织对通州的村干部、村民形成巨大的心理强制。这些证据证实,许多干部群众知道房某成既有权力,又是黑社会的老大,手下有一帮打手,在通州势力很大,都感到惧怕,对房某成及其手下逆来顺受,不敢招惹。能够证明对群众形成心理强制的证据不仅有被告人的供述和被害人陈述,还有村干部、村民、商户等证言,证据量大,有代表性。该案认定的多起具体犯罪案件非常典型地反映了以房某成为首的犯罪组织对当地村民、村干部形成的心理强制。

2. 房某成利用其副镇长的权力和黑社会老大的身份,在通州区梨园镇形成非法控制或重大影响。

以房某成为首的犯罪组织对梨园镇的人、财、物形成一定程度的非法控制或重大影响,首先是侵蚀基层政权,其次是利用手中职权和黑社会老大的身份,对梨园镇的土地开发、房地产建设进行非法控制,对娱乐场所或赚钱的场所进行非法控制。

(1)以黑从政、以政护黑,侵蚀基层政权。

以房某成为首的犯罪组织侵蚀基层政权,具体表现在以下几个方面。

首先,房某成确立其在通州的社会老大地位后,有意识地以黑从政、以政护黑,先后在梨园镇政府获取武装部长、副镇长兼大马庄村书记等职位。其担任政府部门官职后,仍然以黑社会老大的身份领导其犯罪组织实施违法犯罪活动。

其次,房某成不仅掌握了基层政权,而且利用其手中职权将其组织成员安插到政府部门及村委会中。如房某成将李某武安排在梨园镇政府工作,让王某喜当上三间房村书记。

最后,房某成表面上是以副镇长等合法身份,而行事仍然是以其犯罪组织的“黑社会”方式,镇压村民反抗,侵害梨园镇各村的利益。当地的许多村干部和村民因知道房某成的黑社会老大背景和在当地势力,对房某成以副镇长身份实施的非法行为都不敢违抗。

(2)对通州南部地区部分村镇的土地开发、房地产建设进行非法控制。

房某成为赚取巨额利润,以其控制的兴龙成房地产公司为工具,利用其手中职权和其犯罪组织的势力,非法控制了通州南部地区部分村镇的土地开发和房地产建设。

(3)对通州南部的娱乐场所及其他赚钱的场所,以看场收保护费或强迫交易等手段进行控制。

在通州有能赚钱的生意或经营场所,房某成都会千方百计地加以控制。房某成安排看场的就有:清风阁娱乐城、红苹果歌厅、金海旭洗浴中心、银帝大厦歌厅、迪恳兴娱乐城、次渠宾源娱乐城,还有隆兴达饭庄等。对于为何要让房某成的人看场,刘某中(经营的屠宰场也由孙某、黄某江看场)证实在通州的地面上,找房某成的人比找政府管用,我是做生意的,不敢得罪人,就是为了寻找房某成势力的保护。

3. 以房某成为首的犯罪组织对当地的生活秩序、经济秩序造成严重破坏。

以房某成为首的犯罪组织对通州南部,特别是梨园镇当地的生活秩序和经济秩序造成严重破坏,具体表现在以下几个方面。

(1)以房某成为首的犯罪组织对当地生活秩序和经济秩序的危害时间长,侵害的人数多,影响恶劣。

房某成为首的犯罪组织从发展坐大到形成称霸一方的势力,该犯罪组织在当地的危害长达10年之久,在这10年中制造了大量的违法和犯罪案件,由于受到国家工作人员的包庇和纵容,许多案件未被追究法律责任,公安机关在查证该案时,发现了大量的犯罪线索、事实,而仅该案查实的案件就达30起,其中刑事案件20起。在这10年中受到以房某成为首的犯罪组织侵害的有村民、武警战士、记者、商人、鸭场职工、学校保安、公司员工等,人数众多。其中多数的被害人是受到暴力殴打或威胁。就以房某成为首的犯罪组织所实施的违法犯罪案件的目的或动机而言,具有典型逞强称霸的流氓动机或目的。房某成及其手下认为在通州只有他们欺负别人,谁不服就打谁。对于殴打砍伤他人不需要理由,甚至没有原因。

因而房某成作为黑社会老大,手下养着一帮凶残的打手,通州当地群众不仅在心理上受到强制,而且在行为上对房某成犯罪组织逆来顺受,不敢违抗,严重破坏了当地的生活秩序。

(2)以房某成为首的犯罪组织利用其黑白两道的势力,以非法手段获取大量的集体土地使用权,造成集体利益巨大损失。

房某成以其控制的胜利通工贸公司与梨园村签订土地使用协议,租用该村集体土地12,045平方米,价值人民币1125.74万元,而后房某成以虚假证明材料,骗取通州区国土资料管理局的批准,取得了该片土地的国有土地使用权,再以1020万元的价格将该土地使用权非法出售。房某成借原设在大马庄村的公共汽车站搬迁之机,利用其手中职权将价值195.51万元的该用地以60万元非法低价出售给其控制的胜利通工贸公司。此外,在1999年至2003年,房某成先后租用曹园村,杨富店村,果园村,东、西田阳村,次渠村,大马庄村等多个村的8万余平方米土地(价值近5000万元),再伪造相关证明文件将土地变性为国有土地,让其从中获利。该案查证10起以房某成为首的犯罪组织侵犯集体土地使用权的违法犯罪案件,足以证实该犯罪组织严重损害了集体经济利益。

综上,以房某成为首的犯罪组织具备黑社会性质组织的危害性(非法控制)特征。

五、涉案财产处置

(一)提出处理意见

《反有组织犯罪法》第四十四条第一款规定,"公安机关、人民检察院应当对涉案财产审查甄别。在移送审查起诉、提起公诉时,应当对涉案财产提出处理意见"。

2019年两高两部《关于办理黑恶势力刑事案件中财产处置若干问题的意见》第十一条规定,"公安机关、人民检察院应当加强对在案财产审查甄别。在移送审查起诉、提起公诉时,一般应当对采取措施的涉案财产提出处理意见建议,并将采取措施的涉案财产及其清单随案移送。

人民检察院经审查,除对随案移送的涉案财产提出处理意见外,还需要对继续追缴的尚未被足额查封、扣押的其他违法所得提出处理意见建议。

涉案财产不宜随案移送的，应当按照相关法律、司法解释的规定，提供相应的清单、照片、录像、封存手续、存放地点说明、鉴定、评估意见、变价处理凭证等材料”。

司法实务中，少数司法机关重点关注黑社会性质组织犯罪事实的查处、认定，忽视对黑财的认定、提出处置意见，有的还遗忘涉案财产的清单，不随案移送。公安机关、检察机关在侦查、审查起诉过程中，要及时提出查清、追缴、没收涉案财产处置意见，便于审判机关在判决时参考。审判机关依法作出判决时，应对涉案财产作出处理。

（二）处置无法说明合法来源的涉黑财产

《反有组织犯罪法》第四十五条第三款规定，“被告人实施黑社会性质组织犯罪的定罪量刑事实已经查清，有证据证明其在犯罪期间获得的财产高度可能属于黑社会性质组织犯罪的违法所得及其孳息、收益，被告人不能说明财产合法来源的，应当依法予以追缴、没收”。

对无法说明合法来源的黑财，根据全国人大常委会2003年批准的《联合国打击跨国有组织犯罪公约》和有关司法解释的规定，应予以追缴、没收。前提条件是：第一，黑社会性质组织犯罪定罪量刑已经查清；第二，获取的财产高度可能属于黑社会性质组织犯罪的违法所得及其孳息、收益；第三，被告人也不能说明财产合法来源的。

（三）权属有异议的涉案资产处置

处置有组织犯罪案件，以“剥夺再犯能力、抑制犯罪动机、没收违法所得”为目标，既强调彻底摧毁黑恶势力的经济基础，防止其死灰复燃，也要严格区分财产来源、性质、权属，对有证据证明是被告人或其家庭成员的合法财产的，应当发还被告人或其家属。

2022年12月7日，最高法第33批指导性案例（指导案例188号）史某振等组织、领导、参加黑社会性质组织案，裁判要点明确，在涉黑社会性质组织犯罪案件审理中，人民法院对查封、扣押、冻结财物及其孳息的权属进行了调查。此类案件中，涉案财产往往情况复杂，权属关系不清，案外人对查封、扣押、冻结财物及其孳息提出权属异议的，人民法院应当听取其意见，确有必要的，可以通知其出庭，以查明相关财物权属。

六、国家工作人员涉有组织犯罪的处理

（一）包庇、纵容黑社会性质组织罪的认定

2000年最高法《关于审理黑社会性质组织犯罪的案件具体应用法律若干问题的解释》第五条规定，“刑法第二百九十四条第四款规定的‘包庇’，是指国家机关工作人员为使黑社会性质组织及其成员逃避查禁，而通风报信，隐匿、毁灭、伪造证据，阻止他人作证、检举揭发，指使他人作伪证，帮助逃匿，或者阻挠其他国家机关工作人员依法查禁等行为。刑法第二百九十四条第四款规定的‘纵容’，是指国家机关工作人员不依法履行职责，放纵黑社会性质组织进行违法犯罪活动的行为”。

2009年两高一部《办理黑社会性质组织犯罪案件座谈会纪要》第二部分第二项的第一点中规定，“关于包庇、纵容黑社会性质组织罪主观要件的认定。本罪主观方面要求必须是出于故意，过失不能构成本罪。会议认为，只要行为人知道或者应当知道是从事违法犯罪活动的组织，仍对该组织及其成员予以包庇，或者纵容其实施违法犯罪活动，即可认定本罪。至于行为人是否明知该组织系黑社会性质组织，不影响本罪的成立”。

在司法实务中，认定行为人主观明知时，要综合考虑行为人对包庇、纵容对象的形态、规模、行为方式的了解程度，以及本人与组织成员交往的密切程度等。如果行为人确实不知道，则不能认定为包庇、纵容黑社会性质组织罪。该罪是行为犯，原则上只要行为人在客观上实施了包庇、纵容黑社会性质组织的行为，即构成犯罪且属于既遂，不要求其包庇、纵容的行为致使黑社会性质组织的成员逃脱追究。

（二）线索移送制度

2018年两高两部《关于办理黑恶势力犯罪案件若干问题的指导意见》第二十三条规定，“公安机关、人民检察院、人民法院对办理黑恶势力犯罪案件中发现的涉嫌包庇、纵容黑社会性质组织犯罪、收受贿赂、渎职侵权等违法违纪线索，应当及时移送有关主管部门和其他相关部门，坚决依法严惩充当黑恶势力‘保护伞’的

职务犯罪”。

2019 年国家监委、两高两部《关于在扫黑除恶专项斗争中分工负责、互相配合、互相制约严惩公职人员涉黑涉恶违法犯罪问题的通知》第十一条规定，“监察机关、公安机关、人民检察院、人民法院、司法行政机关要建立公职人员涉黑涉恶违法犯罪线索移送制度，对工作中收到、发现的不属于本单位管辖的公职人员涉黑涉恶违法犯罪线索，应当及时移送有管辖权的单位处置。

移送公职人员涉黑涉恶违法犯罪线索，按照以下规定执行：

(1)公安机关、人民检察院、人民法院、司法行政机关在工作中发现公职人员涉黑涉恶违法犯罪中的涉嫌贪污贿赂、失职渎职等职务违法和职务犯罪等应由监察机关管辖的问题线索，应当移送监察机关。

(2)监察机关在信访举报、监督检查、审查调查等工作中发现公职人员涉黑涉恶违法犯罪线索的，应当将其中涉嫌包庇、纵容黑社会性质组织犯罪等由公安机关管辖的案件线索移送公安机关处理。

(3)监察机关、公安机关、人民检察院、人民法院、司法行政机关在工作中发现司法工作人员涉嫌利用职权实施的侵犯公民权利、损害司法公正案件线索的，根据有关规定，经沟通后协商确定管辖机关”。

(三)研判分析、案件通报等工作机制

2019 年国家监委、两高两部《关于在扫黑除恶专项斗争中分工负责、互相配合、互相制约严惩公职人员涉黑涉恶违法犯罪问题的通知》第十条规定，“监察机关、公安机关、人民检察院、人民法院要建立完善查处公职人员涉黑涉恶违法犯罪重大疑难案件研判分析、案件通报等工作机制，进一步加强监察机关、政法机关之间的配合，共同研究和解决案件查处、办理过程中遇到的疑难问题，相互及时通报案件进展情况，进一步增强工作整体性、协同性”。

(四)同步立案机制

2019 年国家监委、两高两部《关于在扫黑除恶专项斗争中分工负责、互相配合、互相制约严惩公职人员涉黑涉恶违法犯罪问题的通知》第十二条第二款规定，“对于重大疑难复杂的公职人员涉黑涉恶违法犯罪案件，监察机关、公安机关、人民检察院可以同步立案、同步查处，根据案件办理需要，相互移送相关证据，加强

沟通配合，做到协同推进”。

（五）双重职能管辖解决机制

2019年国家监委、两高两部《关于在扫黑除恶专项斗争中分工负责、互相配合、互相制约严惩公职人员涉黑涉恶违法犯罪问题的通知》第十三条规定，“公职人员涉黑涉恶违法犯罪案件中，既涉嫌贪污贿赂、失职渎职等严重职务违法或职务犯罪，又涉嫌公安机关、人民检察院管辖的违法犯罪的，一般应当以监察机关为主调查，公安机关、人民检察院予以协助。监察机关和公安机关、人民检察院分别立案调查（侦查）的，由监察机关协调调查和侦查工作。犯罪行为仅涉及公安机关、人民检察院管辖的，由有关机关依法按照管辖职能进行侦查”。

（六）法律适用

2018年两高两部《关于办理黑恶势力犯罪案件若干问题的指导意见》第二十二条中规定，“包庇、纵容黑社会性质组织，事先有通谋的，以具体犯罪的共犯论处”。

2019年国家监委、两高两部《关于在扫黑除恶专项斗争中分工负责、互相配合、互相制约严惩公职人员涉黑涉恶违法犯罪问题的通知》第六条第二款、第三款规定，“国家机关工作人员既组织、领导、参加黑社会性质组织，又对该组织进行包庇、纵容的，应当以组织、领导、参加黑社会性质组织罪从重处罚。

国家机关工作人员包庇、纵容黑社会性质组织，该包庇、纵容行为同时还构成包庇罪、伪证罪、妨害作证罪、徇私枉法罪、滥用职权罪、帮助犯罪分子逃避处罚罪、徇私舞弊不移交刑事案件罪，以及徇私舞弊减刑、假释、暂予监外执行罪等其他犯罪的，应当择一重罪处罚”。

第七条规定：“非国家机关工作人员与国家机关工作人员共同包庇、纵容黑社会性质组织，且不属于该组织成员的，以包庇、纵容黑社会性质组织罪的共犯论处。非国家机关工作人员的行为同时还构成其他犯罪，应当择一重罪处罚。”

第八条规定：“公职人员利用职权或职务便利实施包庇、纵容黑恶势力、伪证、妨害作证，帮助毁灭、伪造证据，以及窝藏、包庇等犯罪行为的，应酌情从重处罚。事先有通谋而实施支持帮助、包庇纵容等保护行为的，以具体犯罪的共犯论处。”

2000年最高法《关于审理黑社会性质组织犯罪的案件具体应用法律若干问题

的解释》第六条规定，“国家机关工作人员包庇、纵容黑社会性质的组织，有下列情形之一的，属于刑法第二百九十四条第四款规定的‘情节严重’：

（一）包庇、纵容黑社会性质组织跨境实施违法犯罪活动的；

（二）包庇、纵容境外黑社会组织在境内实施违法犯罪活动的；

（三）多次实施包庇、纵容行为的；

（四）致使某一区域或者行业的经济、社会生活秩序遭受黑社会性质组织特别严重破坏的；

（五）致使黑社会性质组织的组织者、领导者逃匿，或者致使对黑社会性质组织的查禁工作严重受阻的；

（六）具有其他严重情节的”。

七、刑罚执行

（一）减刑、假释

2012年两高两部《关于办理黑社会性质组织犯罪案件若干问题的规定》第二十七条规定，“对组织、领导和积极参加黑社会性质组织的罪犯减刑的，执行机关应当依法提出减刑建议，报经省、自治区、直辖市监狱管理机关审核后，提请人民法院裁定。监狱管理机关审核时应当向同级人民检察院、公安机关通报情况。

对被判处不满十年有期徒刑的组织、领导和积极参加黑社会性质组织的罪犯假释的，依照前款规定处理。

对因犯组织、领导黑社会性质组织罪被判处十年以上有期徒刑、无期徒刑的罪犯，不得假释”。

2021年《反有组织犯罪法》第三十六条规定，“对被判处十年以上有期徒刑、无期徒刑、死刑缓期二年执行的黑社会性质组织的组织者、领导者或者恶势力组织的首要分子减刑的，执行机关应当依法提出减刑建议，报经省、自治区、直辖市监狱管理机关复核后，提请人民法院裁定。

对黑社会性质组织的组织者、领导者或者恶势力组织的首要分子假释的，适用前款规定的程序”。

第三十七条规定：“人民法院审理黑社会性质组织犯罪罪犯的减刑、假释案件，应当通知人民检察院、执行机关参加审理，并通知被报请减刑、假释的罪犯参加，听取其意见。”

第三十八条规定：“执行机关提出减刑、假释建议以及人民法院审理减刑、假释案件，应当充分考虑罪犯履行生效裁判中财产性判项、配合处置涉案财产等情况。”

（二）监外执行

2012年两高两部《关于办理黑社会性质组织犯罪案件若干问题的规定》第二十七条第三款规定，“对因犯组织、领导黑社会性质组织罪被判处十年以上有期徒刑、无期徒刑的罪犯，不得假释”。

第二十八条规定：“对于组织、领导和积极参加黑社会性质组织的罪犯，有下列情形之一，确实需要暂予监外执行的，应当依照法律规定的条件和程序严格审批：

（一）确有严重疾病而监狱不具备医治条件，必须保外就医，且适用保外就医不致危害社会的；

（二）怀孕或者正在哺乳自己婴儿的妇女；

（三）因年老、残疾完全丧失生活自理能力，适用暂予监外执行不致危害社会的。

暂予监外执行的审批机关在作出审批决定前，应当向同级人民检察院、公安机关通报情况。”

2021年《反有组织犯罪法》第三十六条规定：“对被判处十年以上有期徒刑、无期徒刑、死刑缓期二年执行的黑社会性质组织的组织者、领导者或者恶势力组织的首要分子减刑的，执行机关应当依法提出减刑建议，报经省、自治区、直辖市监狱管理机关复核后，提请人民法院裁定。

对黑社会性质组织的组织者、领导者或者恶势力组织的首要分子假释的，适用前款规定的程序。”

第三十七条规定：“人民法院审理黑社会性质组织犯罪罪犯的减刑、假释案件，应当通知人民检察院、执行机关参加审理，并通知被报请减刑、假释的罪犯参加，听取其意见。”

八、有组织犯罪的预防

(一)“三书一函”的制发

“三书一函”,即监察机关的监察建议书、人民检察院的检察建议书、人民法院的司法建议书、公安机关的公安提示函。

2012年最高法《关于加强司法建议工作的意见》第七条规定,“对审判执行工作中发现的下列问题,人民法院可以向相关党政机关、企事业单位、社会团体及其他社会组织提出司法建议,必要时可以抄送该单位的上级机关或者主管部门:

(1)涉及经济社会发展重大问题需要相关方面积极加以应对的;

(2)相关行业或者部门工作中存在的普遍性问题,需要有关单位采取措施的;

(3)相关单位的规章制度、工作管理中存在严重漏洞或者重大风险的;

(4)国家利益、社会公共利益受到损害或者威胁,需要有关单位采取措施的;

(5)涉及劳动者权益、消费者权益保护等民生问题,需要有关单位采取措施的;

(6)法律规定的有义务协助调查、执行的单位拒绝或者妨碍人民法院调查、执行,需要有关单位对其依法进行处理的;

(7)拒不履行人民法院生效的判决、裁定,需要有关单位对其依法进行处理的;

(8)发现违法犯罪行为,需要有关单位对其依法进行处理的;

(9)诉讼程序结束后,当事人之间的纠纷尚未彻底解决,或者有其他问题需要有关部门继续关注的;

(10)其他确有必要提出司法建议的情形”。

2019年最高检《人民检察院检察建议工作规定》第九条规定,“人民检察院在履行对诉讼活动的法律监督职责中发现有关执法、司法机关具有下列情形之一的,可以向有关执法、司法机关提出纠正违法检察建议:

(一)人民法院审判人员在民事、行政审判活动中存在违法行为的;

(二)人民法院在执行生效民事、行政判决、裁定、决定或者调解书、支付令、仲裁裁决书、公证债权文书等法律文书过程中存在违法执行、不执行、怠于执行等行为,或者有其他重大隐患的;

(三)人民检察院办理行政诉讼监督案件或者执行监督案件,发现行政机关有违反法律规定、可能影响人民法院公正审理和执行的行为的；

（四）公安机关、人民法院、监狱、社区矫正机构、强制医疗执行机构等在刑事诉讼活动中或者执行人民法院生效刑事判决、裁定、决定等法律文书过程中存在普遍性、倾向性违法问题，或者有其他重大隐患，需要引起重视予以解决的；

（五）诉讼活动中其他需要以检察建议形式纠正违法的情形”。

第十一条规定：“人民检察院在办理案件中发现社会治理工作存在下列情形之一的，可以向有关单位和部门提出改进工作、完善治理的检察建议：

（一）涉案单位在预防违法犯罪方面制度不健全、不落实，管理不完善，存在违法犯罪隐患，需要及时消除的；

（二）一定时期某类违法犯罪案件多发、频发，或者已发生的案件暴露出明显的管理监督漏洞，需要督促行业主管部门加强和改进管理监督工作的；

（三）涉及一定群体的民间纠纷问题突出，可能导致发生群体性事件或者恶性案件，需要督促相关部门完善风险预警防范措施，加强调解疏导工作的；

（四）相关单位或者部门不依法及时履行职责，致使个人或者组织合法权益受到损害或者存在损害危险，需要及时整改消除的；

（五）需要给予有关涉案人员、责任人员或者组织行政处罚、政务处分、行业惩戒，或者需要追究有关责任人员的司法责任的；

（六）其他需要提出检察建议的情形。”

2021年《反有组织犯罪法》第十四条规定，“监察机关、人民法院、人民检察院、公安机关在办理案件中发现行业主管部门有组织犯罪预防和治理工作存在问题的，可以书面向相关行业主管部门提出意见建议。相关行业主管部门应当及时处理并书面反馈”。

（二）个人财产和日常活动报告

2021年《反有组织犯罪法》第十九条规定，“对因组织、领导黑社会性质组织被判处刑罚的人员，设区的市级以上公安机关可以决定其自刑罚执行完毕之日起，按照国家有关规定向公安机关报告个人财产及日常活动。报告期限不超过五年”。

第七十条规定：“违反本法第十九条规定，不按照公安机关的决定如实报告个人财产及日常活动的，由公安机关给予警告，并责令改正；拒不改正的，处五日以上十日以下拘留,并处三万元以下罚款。”

(三)开办企业或者担任高级管理人员的审查、监督

2021 年《反有组织犯罪法》第二十条规定,“曾被判处刑罚的黑社会性质组织的组织者、领导者或者恶势力组织的首要分子开办企业或者在企业中担任高级管理人员的,相关行业主管部门应当依法审查,对其经营活动加强监督管理”。

2021 年国务院《市场主体登记管理条例》第十二条规定,“有下列情形之一的,不得担任公司、非公司企业法人的法定代表人:

(一)无民事行为能力或者限制民事行为能力;

(二)因贪污、贿赂、侵占财产、挪用财产或者破坏社会主义市场经济秩序被判处刑罚,执行期满未逾 5 年,或者因犯罪被剥夺政治权利,执行期满未逾 5 年;

(三)担任破产清算的公司、非公司企业法人的法定代表人、董事或者厂长、经理,对破产负有个人责任的,自破产清算完结之日起未逾 3 年;

(四)担任因违法被吊销营业执照、责令关闭的公司、非公司企业法人的法定代表人,并负有个人责任的,自被吊销营业执照之日起未逾 3 年;

(五)个人所负数额较大的债务到期未清偿;

(六)法律、行政法规规定的其他情形”。

九、证人、被害人保护

(一)补助、经济补偿

证人因履行作证义务,其补助、经济补偿应包含以下几个方面:第一,所在单位保障其工资、奖金及其他福利待遇;第二,司法机关补助其交通、住宿、就餐等费用;第三,人身和财产受到侵害时,司法机关可以给予经济补偿;第四,仅限于证人。

证人因履行作证义务而支出的交通、住宿、就餐等费用,应当给予补助。证人作证的补助列入司法机关业务经费,由同级政府财政予以保障。

有工作单位的证人作证,所在单位不得克扣或者变相克扣其工资、奖金及其他福利待遇。

2012 年两高两部《关于办理黑社会性质组织犯罪案件若干问题的规定》第九

条规定，“公安机关、人民检察院和人民法院应当采取必要措施，保障证人及其近亲属的安全。证人的人身和财产受到侵害时，可以视情给予一定的经济补偿”。

（二）保护措施

对有组织犯罪的证人、鉴定人、被害人的保护措施，包括以下内容：身份保密、人身和住宅专门性保护、变更身份、重新安排住所和工作单位、变声、变像出庭等。

《刑事诉讼法》规定，对于危害国家安全犯罪、恐怖活动犯罪、黑社会性质的组织犯罪、毒品犯罪等案件，证人、鉴定人、被害人因在诉讼中作证，本人或者其近亲属的人身安全面临危险的，人民法院、人民检察院和公安机关应当采取以下一项或者多项保护措施：

（一）不公开真实姓名、住址和工作单位等个人信息；

（二）采取不暴露外貌、真实声音等出庭作证措施；

（三）禁止特定的人员接触证人、鉴定人、被害人及其近亲属；

（四）对人身和住宅采取专门性保护措施；

（五）其他必要的保护措施。

证人、鉴定人、被害人认为因在诉讼中作证，本人或者其近亲属的人身安全面临危险的，可以向人民法院、人民检察院、公安机关请求予以保护。

人民法院、人民检察院、公安机关依法采取保护措施，有关单位和个人应当配合。

《反有组织犯罪法》规定，因举报、控告和制止有组织犯罪活动，在有组织犯罪案件中作证，本人或者其近亲属的人身安全面临危险的，公安机关、人民检察院、人民法院应当按照有关规定，采取下列一项或者多项保护措施：

（一）不公开真实姓名、住址和工作单位等个人信息；

（二）采取不暴露外貌、真实声音等出庭作证措施；

（三）禁止特定的人接触被保护人员；

（四）对人身和住宅采取专门性保护措施；

（五）变更被保护人员的身份，重新安排住所和工作单位；

（六）其他必要的保护措施。

2012 年两高两部《关于办理黑社会性质组织犯罪案件若干问题的规定》规定，在侦查、起诉、审判过程中，对于因作证行为可能导致本人或者近亲属的人身、财产安全受到严重危害的证人，分别经地市级以上公安机关主要负责人、人民检察院检察长、人民法院院长批准，应当对其身份采取保密措施。

对于秘密证人，侦查人员、检察人员和审判人员在制作笔录或者文书时，应当以代号代替其真实姓名，不得记录证人住址、单位、身份证号及其他足以识别其身份的信息。证人签名以按指纹代替。

侦查人员、检察人员和审判人员记载秘密证人真实姓名和身份信息的笔录或者文书，以及证人代号与真实姓名对照表，应当单独立卷，交办案单位档案部门封存。

法庭审理时不得公开秘密证人的真实姓名和身份信息。用于公开质证的秘密证人的声音、影像，应当进行变声、变像等技术处理。

秘密证人出庭作证，人民法院可以采取限制询问、遮蔽容貌、改变声音或者使用音频、视频传送装置等保护性措施。

经辩护律师申请，法庭可以要求公安机关、人民检察院对使用秘密证人的理由、审批程序出具说明。

对报案人、控告人、举报人、鉴定人、被害人的保护，参照有关规定执行。

2015 年最高法《全国部分法院审理黑社会性质组织犯罪案件工作座谈会纪要》规定，人民法院受理黑社会性质组织犯罪案件后，应当及时了解在侦查、审查起诉阶段有无对证人、鉴定人、被害人采取保护措施的情况，确保相关保护措施在审判阶段能够紧密衔接。开庭审理时，证人、鉴定人、被害人因出庭作证，本人或其近亲属的人身安全面临危险的，应当采取不暴露外貌、真实声音等出庭作证措施。必要时，可以进行物理隔离，以音频、视频传送的方式作证，并对声音、图像进行技术处理。有必要禁止特定人员接触证人、鉴定人、被害人及其近亲属的，以及需要对证人、鉴定人、被害人及其近亲属的人身和住宅采取专门性保护措施的，应当及时与检察机关、公安机关协调，确保保护措施及时执行到位。依法决定不公开证人、鉴定人、被害人真实姓名、住址和工作单位等个人信息的，应当在开庭前核实其身份。证人、鉴定人签署的如实作证保证书应当列入审判副卷，不得对外公开。

（三）执法、司法人员及其近亲属的保护

《反有组织犯罪法》规定，实施有组织犯罪的人员配合侦查、起诉、审判等工

作,对侦破案件或者查明案件事实起到重要作用的,可以参照证人保护的规定执行。

对办理有组织犯罪案件的执法、司法工作人员及其近亲属,可以采取人身保护、禁止特定的人接触等保护措施。

十、未成年人保护

(一)防范侵害校园工作机制

教育行政部门、学校应当会同有关部门建立防范有组织犯罪侵害校园工作机制,加强反有组织犯罪宣传教育,增强学生防范有组织犯罪的意识,教育引导学生自觉抵制有组织犯罪,防范有组织犯罪的侵害。

学校发现有组织犯罪侵害学生人身、财产安全,妨害校园及周边秩序的,有组织犯罪组织在学生中发展成员的,或者学生参加有组织犯罪活动的,应当及时制止,采取防范措施,并向公安机关和教育行政部门报告。

(二)利用未成年人实施黑恶势力犯罪的认定

发展未成年人参加黑社会性质组织、境外的黑社会组织,教唆、诱骗未成年人实施有组织犯罪,或者实施有组织犯罪侵害未成年人合法权益的,依法从重追究刑事责任。

2020年两高两部《关于依法严惩利用未成年人实施黑恶势力犯罪的意见》第一部分第一项中规定:"黑社会性质组织、恶势力犯罪集团、恶势力,实施下列行为之一的,应当认定为'利用未成年人实施黑恶势力犯罪':

1. 胁迫、教唆未成年人参加黑社会性质组织、恶势力犯罪集团、恶势力,或者实施黑恶势力违法犯罪活动的;

2. 拉拢、引诱、欺骗未成年人参加黑社会性质组织、恶势力犯罪集团、恶势力,或者实施黑恶势力违法犯罪活动的;

3. 招募、吸收、介绍未成年人参加黑社会性质组织、恶势力犯罪集团、恶势力,或者实施黑恶势力违法犯罪活动的;

4. 雇用未成年人实施黑恶势力违法犯罪活动的;

5. 其他利用未成年人实施黑恶势力犯罪的情形。"

第一部分第二项中规定:“利用未成年人实施黑恶势力犯罪,具有下列情形之一的,应当从重处罚:

1. 组织、指挥未成年人实施故意杀人、故意伤害致人重伤或者死亡、强奸、绑架、抢劫等严重暴力犯罪的;

2. 向未成年人传授实施黑恶势力犯罪的方法、技能、经验的;

3. 利用未达到刑事责任年龄的未成年人实施黑恶势力犯罪的;

4. 为逃避法律追究,让未成年人自首、做虚假供述顶罪的;

5. 利用留守儿童、在校学生实施犯罪的;

6. 利用多人或者多次利用未成年人实施犯罪的;

7. 针对未成年人实施违法犯罪的;

8. 对未成年人负有监护、教育、照料等特殊职责的人员利用未成年人实施黑恶势力违法犯罪活动的;

9. 其他利用未成年人违法犯罪应当从重处罚的情形。”

第一部分第五项中规定:“被黑社会性质组织、恶势力犯罪集团、恶势力利用,偶尔参与黑恶势力犯罪活动的未成年人,按其所实施的具体犯罪行为定性,一般不认定为黑恶势力犯罪组织成员。”

十一、恶势力组织

【案例来源】马鞍山市中级人民法院

【案号】(2019)皖05刑终200号

【简要案情】

被告人薛某文,男,1989年10月27日出生于安徽省某县,小学文化,务工,住某县某镇某村某自然村23号。曾因犯盗窃罪,于2006年10月11日被某县人民法院判处罚金人民币3000元;因犯聚众斗殴罪,于2010年1月11日被某县人民法院判处有期徒刑1年6个月;因犯寻衅滋事罪,于2014年5月16日被马鞍山市雨山区人民法院判处有期徒刑1年4个月,2015年1月10日刑满释放;因犯寻衅滋事罪,于2016年8月15日被马鞍山市雨山区人民法院判处有期徒刑10个月。因涉嫌开设赌场罪、聚众斗殴罪、寻衅滋事罪,于2018年11月29日被逮捕。

马鞍山市某县人民检察院指控,2013年至2016年,被告人薛某文为谋取非法利益，先后纠集被告人陈某强、朱某东、朱某源、方某安、晋某华、陶某、张某强、祖某玲等人开设赌场，纠集被告人孙某、彭某等人持械护赌，从中抽头渔利；为看场护赌，薛某文组织被告人孙某、彭某、薛某凯等人聚众斗殴；为逞强斗狠，暴力索债，薛某文伙同被告人孙某、陈某强、曹某文等人寻衅滋事，伙同被告人曹某文、郜某康非法拘禁，并邀集被告人曹某文、郜某康积极参加被告人沙某明等人的聚众斗殴。从而形成以薛某文为首要分子，以陈某强、孙某、曹某文、郜某康、彭某、朱某东为重要成员，薛某凯、朱某源、方某安、晋某华、陶某、张某强、祖某玲等人共同参加的恶势力犯罪集团。该犯罪集团成员基本固定，分工明确，互相配合，实施开设赌场、聚众斗殴、寻衅滋事、非法拘禁的犯罪行为，为非作恶，欺压百姓，扰乱经济、社会生活秩序，造成较为恶劣的社会影响。

1. 开设赌场的事实

（1）2013 年 6—8 月，被告人朱某东、朱某源先后在某县某镇某村张某兵、陈某子家中开设赌场，纠集他人以推牌九的方式赌博，并按庄家赢钱数 5% 抽头，朱某东、朱某源分赃获利 1 万余元。其间，被告人薛某文闻讯找到朱某东，要求以其名义负责赌场保护，收取保护费。朱某东付给了薛某文部分保护费。

（2）2015 年 4 月，被告人薛某文、陈某强在某县某镇某村童某凤家中开设赌场 30 余场，纠集他人以推牌九的方式赌博。薛某文等人按庄家赢钱数 5% 抽头，非法获利 1 万余元。

（3）2015 年 5 月前后，被告人薛某文、陈某强、朱某东在童某凤家、张某兵家、年陡镇查湾大埂等处开设赌场，纠集他人以推牌九的方式赌博。薛某文负责赌场外围保护，陈某强、朱某东负责赌场管理，卜某林负责抽头，被告人朱某源、张某强等人负责带客，被告人祖某玲负责换零钱，并按 10% 收取手续费。薛某文等人按庄家赢钱数 5% 抽头，共非法获利 16 万元，薛某文、陈某强、朱某东各分得 2 万余元。

（4）2015 年 7—8 月，被告人薛某文、陈某强、朱某东、方某安、晋某华、陶某在张某兵家、查湾大埂等处开设赌场 10 余场，纠集他人以推牌九的方式赌博。薛某文和被告人孙某、彭某负责赌场外围保护，被告人朱某源、张某强和卜某林负责抽头，被告人祖某玲负责换零钱并按 10% 收取手续费。薛某文等人按庄家赢钱数 5% 抽头，共非法获利 10 万余元。其中，薛某文、陈某强、朱某东、方某安各分得 1 万余元，陶某分得 6000 元，晋某华分得 7000 元。其间，孙某非法获利 2 万元，朱某源非法获利3000元，张某强非法获利2000元，彭某非法获利6000元，祖某玲非法获利5000元。

2. 聚众斗殴的犯罪事实

（1）2015年7月，被告人薛某文等人因开设赌场与夏某（已另案处理）发生矛盾，后慑于夏某的威势，赌场每天向夏某等人交纳1500元保护费。同年8月初，夏某得知薛某文等人每日向鲁某交纳3000元保护费，遂向薛某文提出追加保护费，遭薛某文拒绝。薛某文为防备夏某来砸赌场，安排被告人孙某将自制火药枪、矛放置于开设在年陡镇查湾大埂的赌场，同时，安排被告人彭某、薛某凯等人做好斗殴准备。同年8月7日14时许，夏某的侄子夏某政伙同许某、毕某、褚某携带匕首、矛等来到查湾大埂赌场。夏某政搬起大石块砸向赌桌，将参赌人员吓散。孙某见状，取来枪、矛，并将矛分给彭某、薛某凯等人。打斗过程中，孙某拿枪指着夏某政的头部，被薛某文将枪拿下，夏某政左手抓住彭某的矛，右手用匕首向彭某腹部连刺两刀，致彭某腹部、右手受伤，毕某臀部被人刺伤。随后，薛某文朝空地开了一枪，打斗结束。经某县公安司法鉴定中心对彭某伤情进行鉴定，结论为轻伤二级。

（2）2016年2月10日中午，被告人沙某明因工程款纠纷，携带匕首与被告人崔某飞找王某财谈判。双方发生争吵。王某财等人追打沙某明、崔某飞二人。之后，王某财邀集夏某等人至崔某飞家，殴打了崔某飞。沙某明闻讯后邀约王某财、夏某等人当晚在年陡镇常村新埂斗韦村新埂斗殴，夏某、王某财等人同意。沙某明邀集崔某飞和被告人薛某文、丁某、陶某、后某锋、陈某龙、吴某，薛某文又邀集被告人曹某文、郜某康和胡某贺。当晚8时许，沙某明、薛某文等人开车至约定地点，薛某文将头套、防制服、矛分发给曹某文、郜某康、胡某贺。沙某明将矛分发给其余人员。20分钟后，王某财、夏某、夏某政以及杭某等十余人开车至该地点。双方发生互殴，沙某明与王某财持矛对打，崔某飞在打斗中被杭某用矛劈伤头部，杭某被人刺伤腿部，夏某双手各持一把自制火药枪指向对方，并扯下郜某康头套，用枪柄击打郜某康。薛某文、沙某明等人先后逃离现场。

3. 寻衅滋事的犯罪事实

（1）2012年年初的某天晚上，被告人薛某文到芜湖市开发区安乐村，替祖某玲向刘某兵索要赌债。薛某文持仿真手枪恐吓刘某兵还钱，用枪托打了刘某兵头部两三下。

(2)2013年年初的某天晚上，被告人薛某文找朱某源索债，持枪状物冲进年陡镇查湾街道林峰酒店包间，高喊“不许动”，致使在场的张某华、杨某生等人惊恐万分，后因未找到朱某源，随即离开。

(3)2013年6月的某天傍晚，被告人薛某文等人开车途经年陡镇王村至芜湖市的“村村通”公路时，与驾驶农用自卸车的黄某汉因会车发生矛盾。薛某文手持枪状物，辱骂黄某汉，并捡起砖块砸中黄某汉，致黄某汉头部受伤。

(4)2015年年初的某天晚上，被告人薛某文以其为朱某源开设赌场案件被判刑为由，向朱某源索要补偿费3万元，邀集被告人曹某文至朱某东家，向朱某源逼要，遭朱某源拒绝。曹某文拿起桌上茶杯砸向朱某源，上前打了朱某源两个耳光。薛某文亦对朱某源拳打脚踢。

(5)2015年年初的某天，被告人薛某文以索要补偿费的目的，再次邀集被告人曹某文等人持矛至朱某源家。薛某文等人将矛放于朱某源家门口，进入朱某源家客厅，向朱某源逼要补偿费。直到朱某源满足了薛某文等人的要求才罢休。

(6)2015年上半年的某天，被告人薛某文因怀疑陈豪举报其开设赌场，邀集被告人孙某等人持矛至年徒镇公元村腊梅棋牌室。薛某文用矛指向陈豪，逼问陈豪为何举报，遭陈豪否认。此后，薛某文被在场人劝离。

(7)2015年7月的某天，被告人薛某文因开设赌场与夏某发生矛盾，夏某带人打砸薛某文开设在张某兵家的赌场。次日，薛某文、陈某强持矛打砸夏某等人开设在年陡镇公元村夏某民家的赌场，随后又持矛打砸夏某等人开设在年陡镇某村严长松家的赌场。

(8)2016年年初的某天，被告人薛某文至某镇某村陶某荣家索债，左手持刀，右手指向陶某荣，称“再不还钱，对你不客气”，并踢翻院内塑料桶。

(9)2016年6月28日，被告人薛某文持刀至郜某康家索债，薛某文见郜某康不在家，遂当郜母管某荣面连砍郜家饭桌数刀，逼管某荣让郜某康还钱。管某荣电话告知郜某康，郜某康当日归还薛某文5000元。

4.非法拘禁的犯罪事实

2016年6月27日23时许，被告人薛某文、曹某文、郜某康至芜湖市无为县赌场内向水某索债，薛某文持自制火药枪，曹某文、郜某康持刀，强行将水某从赌场带出。上车前，郜某康踢了水某一脚。水某提出将其本田雅阁车抵押贷款还款，薛某文等人同意，后薛某文等人将水某带至马鞍山市一洗浴中心，三人看管水某。

次日中午 12 时许，水某将其本田雅阁轿车抵押给某县某寄卖行，归还了薛某文等人 36,000 元。随后，薛某文等人将水某送至芜湖。

2019 年 6 月 25 日，某县人民法院认为，被告人薛某文组织、领导恶势力犯罪集团，以营利为目的开设赌场，暴力护赌，持械聚众斗殴，逞强斗狠，纠集他人多次持械殴打、恐吓他人，损毁财物，严重破坏社会秩序，非法拘禁他人，其行为已分别构成开设赌场罪、聚众斗殴罪、寻衅滋事罪、非法拘禁罪。一审判决被告人薛某文犯开设赌场罪，判处有期徒刑 2 年 6 个月，并处罚金人民币 12 万元；犯聚众斗殴罪，判处有期徒刑 5 年 6 个月；犯寻衅滋事罪，判处有期徒刑 6 年，并处罚金人民币 3 万元；犯非法拘禁罪，判处有期徒刑 1 年 6 个月，决定执行有期徒刑 14 年，罚金人民币 15 万元。

一审判决后，被告人薛某文提出上诉。针对部分量刑不当问题，检察机关提出了抗诉。

2019 年 9 月 30 日，马鞍山市中院作出二审判决，维持了对上诉人薛某文的判决。

【实务提示】

（一）恶势力组织的认定标准

2008 年全国打黑办相关规定给出了恶势力的认定标准：经常纠集在一起，以暴力、威胁或者其他手段，在一定区域或行业内多次实施违法犯罪活动，为非作恶，扰乱经济、社会生活秩序，造成较为恶劣的社会影响，尚未形成黑社会性质组织的犯罪团伙。

2018 年两高两部《关于办理黑恶势力犯罪案件若干问题的指导意见》第十四条第一款规定了恶势力的认定标准。恶势力，是指经常纠集在一起，以暴力、威胁或者其他手段，在一定区域或者行业内多次实施违法犯罪活动，为非作恶，欺压百姓，扰乱经济、社会生活秩序，造成较为恶劣的社会影响，但尚未形成黑社会性质组织的违法犯罪组织。第十五条规定了恶势力犯罪集团的认定标准。恶势力犯罪集团是符合犯罪集团法定条件的恶势力犯罪组织，其特征表现为：有 3 名以上的组织成员，有明显的首要分子，重要成员较为固定，组织成员经常纠集在一起，共同故意实施 3 次以上恶势力惯常实施的犯罪活动或者其他犯罪活动。

犯罪集团的认定标准。《刑法》第二十六条第二款规定："三人以上为共同实施犯罪而组成的较为固定的犯罪组织,是犯罪集团。”

2021年《反有组织犯罪法》第二条第二款中首次规定了恶势力组织的法律概念。恶势力组织,是指经常纠集在一起,以暴力、威胁或者其他手段,在一定区域或者行业领域内多次实施违法犯罪活动,为非作恶,欺压群众,扰乱社会秩序、经济秩序,造成较为恶劣的社会影响,但尚未形成黑社会性质组织的犯罪组织。

恶势力组织的主要特征应从以下四个方面来把握:

1. 犯罪主体应为3人以上,这是犯罪集团区别于普通共同犯罪、结伙犯罪的一个重要特征。以薛某文恶势力组织为例,该恶势力组织的人数达14人。

2. 具有共同实施犯罪的故意。通常情况下,犯罪集团是为了反复实施某一种或数种犯罪而组织起来的,因此,成员之间应当有事先的共同犯罪故意,而不能只是临时的犯意联络。但是,这种事先共同故意并不要求是明确、具体的,也可以是基于某种不法意图而形成的概括性故意。如薛某文恶势力组织,为谋取非法利益,先后纠集被告人陈某强等人开设赌场,持械护赌,从中抽头渔利;为看场护赌,薛某文组织被告人孙某等人聚众斗殴;为逞强斗狠,暴力索债,薛某文伙同被告人孙某等人寻衅滋事。

3. 具有一定的组织结构。与普通共同犯罪、结伙犯罪相比,犯罪集团应当要有明显的首要分子和层级划分,内部存在领导和被领导的关系。首要分子不仅在具体犯罪中起组织、策划、指挥作用,而且在犯罪集团中居于主导地位,对其他成员起着领导和管理作用。如薛某文恶势力组织,薛某文是首要分子,重要成员是陈某强等6人,其他成员是薛某凯等7人,具有一定的组织结构。

4. 具有较强的稳定性。主要表现为犯罪集团在一定时期内持续存在,重要成员较为固定,且在一般情况下,还要多次共同故意实施一种或数种犯罪。该恶势力组织的首要分子薛某文在长达4年的时间里,纠集孙某等人,以暴力、威胁或者其他手段,在一定区域内多次实施开设赌场、聚众斗殴、寻衅滋事、非法拘禁等违法犯罪活动,为非作恶,欺压百姓,扰乱经济、社会生活秩序,造成较为恶劣的社会影响,从而形成以薛某文为首要分子,以孙某、曹某文、彭某、陈某强,郈某康、朱某东为主要成员的恶势力犯罪集团。

(二)黑社会性质组织犯罪与恶势力组织的区别

2019年4月9日,全国扫黑办首次举行新闻发布会,向社会公开发布两高两部联合印发的四个关于办理扫黑除恶案件的意见，并回答记者提问。全国扫黑办副主任、最高法原副院长姜伟明确指出，黑恶势力犯罪严重危害人民群众生命财产安全，严重侵蚀人民群众的获得感、幸福感、安全感，历来是司法机关的惩治重点。恶势力集团属于共同犯罪，与黑社会性质组织有一定相似性，实践中容易对两者产生混淆。

它们的相同点有：一是都具有暴力性，都是通过暴力或者以暴力相威胁等手段进行违法犯罪活动；二是都具有逐利性，都是通过作恶斗狠为主要目的达到攫取经济利益的目的；三是都具有组织性，都具备一定的组织形态；四是具有相类似的危害性，即为非作恶、欺压百姓。通俗地讲，恶势力犯罪集团是黑社会性质组织的低端形态，都是打击重点。

实践中，一般从以下几个方面来把握恶势力犯罪集团与黑社会性质组织的区别。一是组织程度不同。黑社会性质组织的组织更稳定、结构更严密、人数更多、规则也更具体。黑社会性质组织一般具有明确的组织者、领导者、基本固定的骨干成员、相对稳定的积极参加者，这三个层级比较明显，职责分工较为明确。二是经济特征不同。不少黑社会性质组织有明显的公司化运作的特征，相比恶势力犯罪集团具有更大的经济实力，其可以对某一经济领域产生重大影响，甚至在一定地方实现垄断。三是危害程度不同。是否在一定区域、行业内形成反社会秩序，实现非法控制，是认定黑社会性质组织是否成立的决定性标志，也是黑社会性质组织与恶势力犯罪集团的关键区别点。

（三）需要注意的两个问题

恶势力组织与黑社会性质组织均属于有组织犯罪，在犯罪手段、社会危害和犯罪意图方面具有相似性。司法实践中应当注意把握以下两个问题：对于那些缺少暴力色彩的犯罪集团（如盗窃、诈骗犯罪集团），或者单纯为了谋取不法利益的犯罪集团（如抢劫、绑架犯罪集团）应当排除在恶势力范围之外。

例如，《刑事审判参考》总第123集第1360号指导案例——吴某等人敲诈勒索、抢劫、贩卖毒品、故意伤害案，被告人吴某等人为共同实施敲诈勒索等侵犯财产犯罪，在短时间内形成以吴某为首要分子，重要成员较为固定的犯罪组织，多次有预谋地实施敲诈勒索、抢劫等犯罪活动，造成严重社会危害，依法应当认定为犯罪集团。关于吴某等人是否同时符合恶势力的认定标准，进而认定为恶势力犯罪集团,从该案查明事实来看,吴某等人虽然在犯罪人数、构成犯罪的类型(敲诈勒索系恶势力主要实施的违法犯罪活动、抢劫系恶势力伴随实施的违法犯罪活动)、犯罪次数等形式特征上与恶势力犯罪集团相符,但其实施犯罪活动明显仅是为了谋取不法经济利益,缺乏“形成非法影响、谋求强势地位”的意图,也不具有“为非作恶,欺压百姓”的特征。在敲诈勒索犯罪中,吴某等人的主要犯罪手段是约熟人吃饭,设局“劝酒”造成被害人酒后驾车,再“碰瓷”制造交通事故,利用被害人害怕报警处理的心理,通过所谓的“协商”“私了”实现对他人财物的非法占有。从物色被害人到达成犯罪目的,吴某等人在预备、实施犯罪的整个过程都是在较为隐蔽的情况下进行,极力避免被他人察觉而“穿帮”的情形。在唯一一起抢劫犯罪中,吴某等人同样抱有刻意隐匿踪迹的心理。比如,吴某等人起意抢劫赌场的重要原因是参赌人员害怕被处理一般不敢报警 ,持气手枪、砍刀等作案工具第一次进入现场,后又随即离开,究其原因是被被害人陈某发现。综上,吴某等人在单纯“谋财”意图的支配下实施敲诈勒索、抢劫犯罪,“为非作恶,欺压百姓”的特征尚不明显,犯罪手段、行为方式与典型的恶势力犯罪集团存在明显差异,实际侵犯的法益基本也集中在公民财产权利方面。故吴某等人实施违法犯罪活动的特征与恶势力犯罪集团的认定要求不符,应作为普通犯罪集团依法处理。

恶势力、恶势力犯罪集团“形成非法影响、谋求强势地位”的意图在一定程度上可以看作黑社会性质组织“争霸一方”总体意图的“前奏”。在客观方面,相对于黑社会性质组织行为特征中的“为非作恶,欺压、残害群众”和危害性特征中的“形成非法控制或者重大影响”,恶势力、恶势力犯罪集团实施违法犯罪活动必然带有“为非作恶,欺压百姓”的特征,并且“造成较为恶劣的社会影响”。而普通犯罪团伙、普通犯罪集团则尚不具有前述“恶”与“黑”的演进关系,因此不具备恶势力、恶势力犯罪集团实施违法犯罪活动的全部客观特征,在打击方式上也不需要通过“定恶”来增强否定性评价,提升惩治力度。

第三篇

文书篇

一、有组织犯罪案件证据册

有组织犯罪案件具有人多（犯罪嫌疑人多、被害人多、证人证言多）、事多（违法犯罪事实多）、涉案财产多、作案时间跨度大等特点，为了完整呈现有组织犯罪的违法犯罪事实，准确认定有组织犯罪案件，尤其是组织、领导、参加黑社会性质组织犯罪案件，在实务中一般制作证据册。

证　据　册

____________涉嫌黑社会性质组织犯罪案件

________市、县（区）公安局（分局）

________专案组

年　　月　　日

目　　录

一、案情简介

此部分可分三段述写： 第一段，简要述写案件来源、专案组概况、案件侦破概况。 第二段，围绕四个特征简要述写黑社会性质组织犯罪案情。 第三段，结论（是否符合《刑法》第二百九十四条的构成要件），现案件进展情况，处于何诉讼阶段。

二、黑社会性质组织架构

组织领导者

（ 人）

骨干成员或

积极参加者

（ 人）

一般成员

（ 人）

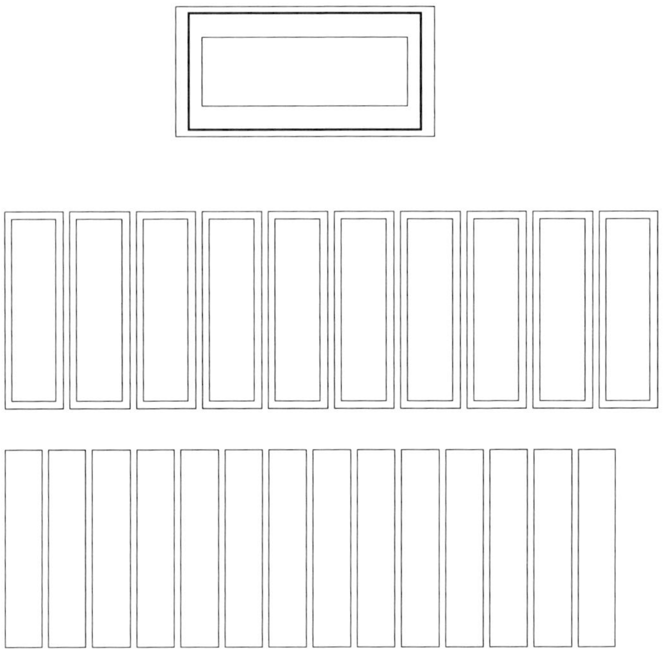

注：1. 此表中人员是指涉黑犯罪组织的实际成员，包括在逃、死亡或者正在服刑等人员，可用 * 号注明；

2. 组织层次是指实际存在的层级关系，实践中应注意层级关系的多样性，如有的层级关系中包括未涉嫌犯罪的一般违法人员。

三、黑社会性质组织成员情况

编号	层次划分	姓名	绰号（别名）	性别	出生年月	政治面貌	户籍地	前科情况	强制措施	扣押财产	涉嫌个案罪名
1	组织领导者（　人）										
1	骨干成员或积极参加者（　人）										
2											
3											
4											
5											
6											
7											
1	一般成员（　人）										
2											
3											
4											
5											
6											
7											
8											

四、组织特征证据

法律特征	具体表现	已收集证据			存在的主要问题	备注
		犯罪嫌疑人供述	证人证言	物证书证等其他证据		
形成较稳定的犯罪组织，人数较多，有明确的组织者、领导者，骨干成员基本固定。 （注：对此部分的供述应注意制作综合笔录。）	（一）具有相对稳定的组织关系。 1. 发展坐大的过程； 2. 注意查证组织成员加入的时间、原因以及骨干成员是否基本固定； 3. 通过多次违法犯罪或其他行为坐大成势。重视标志性的违法犯罪行为的查证。					
	（二）组织成员人数较多，形成等级的层次关系。 1. 组织的人数较多应包括在逃、死亡或者正在服刑等人员； 2. 组织者、领导者可以是一人，也可以多人，根据具体案件而定； 3. 骨干成员的认定可以根据组织的分工或在违法犯罪中的作用等； 4. 应当重视能体现组织等级关系的细节事实的取证。					

续表

法律特征	具体表现	已收集证据			存在的主要问题	备注
		犯罪嫌疑人供述	证人证言	物证书证等其他证据		
	（三）有被组织或者成员认可的帮规、纪律或约定俗成的行为规矩。 1. 不要求以成文的组织章程、组织纪律作为必要条件； 2. 注意查证纪律或行为规矩，如奖惩措施、口头约定等； 3. 注意体现纪律或行为规矩的细节事实的取证。 （此部分在立法解释中没有明确规定，属于选择性内容。）					

注：对组织特征的取证应当注意：（1）重视查证涉黑犯罪组织的发展坐大过程；（2）重视查证涉黑犯罪组织的组织结构；（3）重视查证能体现组织纪律（行为规矩）的细节事实；（4）重视对组织特征制作综合笔录。

五、经济特征证据

法律特征	具体表现	已收集证据			存在的主要问题	备注
		犯罪嫌疑人供述	证人证言	物证书证等其他证据		
有组织地通过违法犯罪活动或者其他手段获取经济利益，具有一定的经济实力。 （注：在实践中可以表现为两部分内容。此两部分内容为选择性关系。）	（一）依仗组织的威慑力和强势地位获取经济利益。 1. 来源：常见的如敲诈勒索、抢劫、强迫交易、诈骗等； 2. 规模：虽不要求具体的经济规模或实体，但要尽量查实经济规模，以利于有效地摧毁其经济基础； 3. 管理、支配、使用：可由首要分子管理、支配、使用，也可以由组织指定的骨干成员管理、支配、使用。					
	（二）通过其他手段获取的经济实力。 1. 可以是组织者、领导者或者成员自身积攒的钱财等； 2. 可以是以合法生产、经营等获取财产或者组织成员个人、家庭合法资产中，实际用于支持该犯罪组织活动的部分。 （上述两部分与涉黑的关联性在于是否有用于组织活动。）					

续表

法律特征	具体表现	已收集证据			存在的主要问题	备注
		犯罪嫌疑人供述	证人证言	物证书证等其他证据		
以其经济实力支持该组织的活动。 （注：在实践中可以表现为三部分内容。此三部分内容为选择性关系。）	（一）以经济实力维系组织内部关系。 1. 笼络：以经济利益拉拢组织成员； 2. 豢养：以经济实力为组织成员提供部分生活开支； 3. 雇用：以发工资等形式为参与组织经营活动的成员提供报酬。常见的如看场费、经济实体中任职的工资等。 （以上各项为选择性内容。）					
	（二）以经济实力违法犯罪活动。 1. 购买作案工具； 2. 提供作案经费； 3. 为受伤、死亡的组织成员提供医疗费、丧葬费等； 4. 为被捕的组织成员提供生活费等； 5. 为作案后外逃的组织成员提供费用； 6. 其他与实施有组织的违法犯罪有关的支出。 （以上各项为选择性内容。）					

续表

法律特征	具体表现	已收集证据			存在的主要问题	备注
		犯罪嫌疑人供述	证人证言	物证书证等其他证据		
	(三)以经济实力为组织提供非法保护。 1. 为国家工作人员提供娱乐、消费等活动支付费用; 2. 向国家工作人员行贿; 3. 以其他方式拉拢腐蚀国家工作人员。 (以上各项为选择性内容。)					

注:1. 根据两高两部《关于办理黑恶势力犯罪案件若干问题的指导意见》(法发〔2018〕1 号)第二十六条至第三十条规定:对黑社会性质组织和组织、领导、参加黑社会性质组织的犯罪分子聚敛的财物及其收益,以及用于犯罪的工具等,应当依法追缴、没收。

2. 重视依法彻底摧毁涉黑组织的经济基础。

六、行为特征证据

法律特征	具体表现		已收集证据			存在的主要问题	备注
			犯罪嫌疑人供述	受害人陈述	物证书证等其他证据		
以暴力、威胁或者其他手段，有组织地多次进行违法犯罪活动，为非作恶，欺压、残害群众。 [注：(1)结合具体事实，重点查证违法犯罪行为的组织性、暴力性。 (2)注意具体违法犯罪事实与涉黑的关联性。不要孤立地查证个案事实。 (3)注意收集暴力（含“软暴力”）等行为与组织的关联性证据。	(一)有组织的犯罪行为	1. 具体罪名	重点摘录与组织性、暴力性(含“软暴力”)等行为与组织利益有关的供述。				
		2.					
		3.					
		4.					
	(二)有组织的违法行为	1. 具体违法事实	重点摘录与组织性、暴力性(含“软暴力”)等行为与组织利益有关的供述。				
		2.					
		3.					
		4.					
	(三)欺压、残害群众。	1. 具体细节事实	重点摘录与组织性、暴力性(含“软暴力”)等行为与组织利益有关的供述。				
		2.					

续表

法律特征	具体表现		已收集证据			存在的主要问题	备注
			犯罪嫌疑人供述	受害人陈述	物证书证等其他证据		
(4)要结合案情的“七要素”(时间、地点、手段、参与人、原因、经过、结果)固定有关证据。]	此部分系从后果上反映的事实。实践中如受到心理强制、不敢报案、引起上访或受压制不敢上访、被迫外出躲避、被伤害得不到赔偿等。(重视对此方面的细节事实的取证。)	3.					
		4.					
		5.					

注:1. 以下行为可以认定为组织行为:(1)组织者、领导者直接组织、策划、指挥、教唆、授意、怂恿、指使实施的行为;(2)组织成员为组织的利益有预谋地共同实施的行为;(3)组织成员为组织的利益按照该组织一贯行为所实施的行为。

2. 依法惩处利用“软暴力”实施的违法犯罪:(1)黑恶势力为谋取不法利益或形成非法影响,有组织地采用滋扰、纠缠、哄闹、聚众造势等手段侵犯人身权利、财产权利,破坏经济秩序、社会秩序,构成犯罪的,应当分别依照《刑法》相关规定处理。(2)利用“软暴力”实施违法犯罪应视为行为暴力性特征的一种,不能以“软暴力”比“硬暴力”弱为由否定行为特征的成立,从而否定对黑社会性质组织的认定。

七、危害性特征证据

<table>
<tr><th rowspan="2">法律特征</th><th rowspan="2">具体表现</th><th colspan="3">已收集证据</th><th rowspan="2">存在的
主要问题</th><th rowspan="2">备注</th></tr>
<tr><th>犯罪嫌疑人供述</th><th>受害人陈述</th><th>物证书证等其他证据</th></tr>
<tr><td rowspan="2">通过实施违法犯罪活动，或者利用国家工作人员的包庇或者纵容，称霸一方，在一定区域或者行业内，形成非法控制或者重大影响，严重破坏经济、社会生活秩序。
（注：在实践中可以表现为四部分内容。此四部分内容为选择性关系。）</td><td>（一）“保护伞”
1. 利用国家工作人员包庇或者纵容形成“保护伞”；
2. 首要分子利用其向政权渗透获取的人大代表、政协委员等政治身份或者国家工作人员的职权为其组织提供非法保护。
（此部分为选择性内容。）</td><td></td><td></td><td></td><td></td><td></td></tr>
<tr><td>（二）形成称霸一方的强势地位
1. 对群众形成心理强制；
2. 与其他黑恶团伙逞强争霸；
3. 以强势地位侵蚀基层政权，如介入基层选举、村民选举等；
4. 利用“保护伞”形成强势地位；
5. 其他情形。
（以上各项为选择性内容。）</td><td></td><td></td><td></td><td></td><td></td></tr>
</table>

续表

法律特征	具体表现	已收集证据			存在的主要问题	备注
		犯罪嫌疑人供述	受害人陈述	物证书证等其他证据		
	（三）形成非法控制或者重大影响，严重破坏社会生活秩序 1. 利用强势地位或采用暴力威胁手段，多次介入当地各层面纠纷或重大利益分配。如强收保护费、聚众摆势、逼讨债务、强行“罚款”等； 2. 严重侵犯群众权益，造成严重后果，如引起群众上访、流离失所、多人受伤或死亡、多人受非法拘禁等； 3. 多次公然使用枪支、刀具等作案，造成群众心理恐慌，安全感下降； 4. 其他情形。 （以上各项为选择性内容。）					

续表

法律特征	具体表现	已收集证据			存在的主要问题	备注
		犯罪嫌疑人供述	受害人陈述	物证书证等其他证据		
	(四)形成非法控制或者重大影响,严重破坏社会经济秩序 1. 造成集体或国家的资产重大损失,严重破坏集体利益或国家利益; 2. 长期操控色情、赌博、高利贷、毒品、盗窃等非法行业,获取非法经济利益; 3. 对抗国家职能部门对行业或市场的管理; 4. 对市场或生产、生活资料形成非法垄断或非法经营秩序; 5. 其他情形。 (以上各项为选择性内容。)					

注:1. 危害性特征是黑社会性质组织的本质属性。

2. 根据《刑事诉讼法》和最高法《关于适用〈中华人民共和国刑事诉讼法〉的解释》相关规定:《刑法》第二百九十四条第四款规定的包庇、纵容黑社会性质组织罪的管辖权属公安机关,各地在侦办涉黑案件中应重视加大对此类犯罪侦查取证工作力度。

整理人:　　　　审核人:　　　　日期:　　年　月　日

八、涉案财产处置

（一）不动产

序号	权利人	坐落	权利性质	面积	交易情况	处置建议	备注

（二）车辆

序号	所有人	号牌号码	车辆类型	品牌类型	车辆识别代号	交易情况	处置建议

（三）银行账户、财付通、支付宝、存款、现金

序号	户名	账号	开户行	余额	处置建议	备注

（四）证券、期货账户

序号	开户人	资金账户号码	开户券商	总资产	委托交易手机号码	处置建议

（五）股权（份）

序号	持有人	隶属公司	持股比例	交易情况	处置建议	备注

（六）债权债务

序号	债权（务）人	数额	事由	交易情况	处置建议	备注

整理人：　　　　审核人：　　　　日期：　　年　月　日

二、个案证据册

常见的个案证据册可以采用表格和段落文本两种形式。有组织犯罪案件的个案犯罪事实较多,可以采用文档形式,便于编辑。如果个案违法犯罪事实比较简单,可以采用表格形式。个案证据册内容包括案情简介、涉案人员、证据种类、证据来源、证明事项、证据形式等。

(一)个案证据册示例

高某勇、高某军、杨某、王某文等人寻衅滋事案

案情简介

2016年4月的一天晚上,犯罪嫌疑人高某勇怀疑韩某唐举报其赌场,遂指使高某军、杨某、王某文等人将韩某唐轿车砸坏,并从其车上将凶器甩棍递给高某军。安排妥当后,犯罪嫌疑人高某勇遂离开现场。当晚23时左右,韩某唐驾车经过某县某某镇某某村委会某某村,被高某军等人发现,高某军随即带着杨某、王某文等人手持砍刀、甩棍对韩某唐轿车进行打砸,高某军用拳头对韩某唐进行殴打。经鉴定,被害人韩某唐的轿车损失达1093元。

后高某勇找韩某兵(韩某唐父亲)"调解"此事,双方私下达成协议:高某勇赔付3000元人民币,韩某唐此后不再举报高某勇赌场。

涉案人员:高某勇、高某军、杨某、王某文

一、犯罪嫌疑人供述和辩解

1. 犯罪嫌疑人高某勇第七次讯问(2017.12.27)。

时间是2016年……我当时在高某家搞牌九场子……韩某唐经常开着车子在我搞的牌九场子附近转,只要他转过没一会儿,派出所的车子就来抓赌了,所以我们当时都怀疑是韩某唐举报的……当时是晚上大概19时许,我和杨某、王某文、高某军,还有杨某带的一个小青年就在某某村子附近的马路旁边商议,当时也不知道是谁提议的,讲韩某唐整天在这里举报,搞得我们场子上也没得人了,搞得我们不得安,这下他要再过来,我们就把他车子砸了,吓唬他一下。之后我到南京去了。当天晚上大概23时许,我大哥高某军和王某文都打电话给我,讲他们几个把韩某唐的车子玻璃给砸了……我和韩某唐的父亲谈了一下,我当时就讲我大哥被打了的事算了,而且我帮韩某唐把车子修好,这个事就结束了,当时韩某唐的父亲

也同意了。过了几天之后,韩某唐的父亲打电话问我要修车子的钱,我就让杨某送了3000元钱给韩某唐的父亲。

我后来听我大哥讲,杨某还带了两个小青年参与,这两个小青年白天的时候我在牌九场子上也见过,是杨某的师兄弟。

2. 犯罪嫌疑人高某勇第九次讯问(2018.01.02)。

接着我就讲我晚上要去接人,不得在,你们几个就在这等着,如果韩某唐来了,他车子如果开得快,就算了,如果他开得慢,像是在找我们的场子,你们就把他的车拦下来,把他车子砸了。之后我就从我车上拿了两根甩棍给我大哥高某军,高某军把甩棍放在他电瓶车上。后来我就先走了。

3. 犯罪嫌疑人高某军第七次讯问(2017.12.27)。

4. 犯罪嫌疑人杨某第一次讯问(2017.12.08)。

5. 犯罪嫌疑人王某文第一次讯问(2017.12.12)。

二、被害人的陈述

被害人韩某唐第三次询问(2017.12.15)。

三、证人证言

1. 证人高某飞第四次询问(2018.01.09)。

2. 证人陈某琴第一次询问(2018.01.09)。

四、鉴定意见

2018年1月16日,经某县价格认证中心鉴定,韩某唐车子被损坏部分的市场价格为1093元。

五、书证

陈某虎提供的汽修账单,证明韩某唐车子维修时间为2018年4月11日。

整理人:某某　　　　复核人:某某

整理单位:某县“20×7·12·20”专案组

整理时间:2018年3月15日

(二)实务提示

制作个案证据册的目的,是让办案人员更方便地掌握有组织犯罪案件中个案犯罪事实。通过个案证据册的梳理,能够发现每个有组织犯罪案件的个案事实是否查清,证据是否充分,是否有未归案的嫌疑人,取证工作是否已经结束。

三、个人证据册

(一)个人证据册示例

犯罪嫌疑人高某勇个人证据册

一、高某勇个人情况

1. 高某勇,绰号:小鼻子,男,汉族,19××年××月××日出生(××岁),居民身份证:×××,初中文化程度,无业,户籍地:某某省某某县某某镇某某社区某街道某号,现住址:某某省某某县某某镇某某社区某街道某号,联系电话:×××。

2. 家庭情况:

母亲×××,66岁,无业;

妻子×××,43岁,无业;

儿子×××,15岁,×××学校学生。

3. 个人简历:自幼读书至初中一年级,后辍学到××学习做包子,后到××做裁缝,2014年回某县老家,后一直在家。

4. 违法犯罪经历:201×年×月26日因涉嫌开设赌场罪被×县公安局刑事拘留,201×年××月24日被取保候审,并交纳取保金5000元。201×年××月××日被解除取保候审。

5. 强制措施:201×年××月××日高某勇因涉嫌开设赌场罪被某县公安局刑事拘留,同年××月××日因开设赌场被逮捕。201×年××月××日重新计算侦查羁押期限,现羁押在某县看守所。

二、有组织犯罪事实、证据和理由

(一)有组织犯罪事实

高某勇是该黑社会性质组织的领导、参加者。具体事实如下:

高某勇自2011年以来长期在某某县某某镇境内开设赌场,逐步纠集了社会闲散人员杨某飞、王某文、周某明和具有练武经历的杨某、刘某等人,组织、领导、指使团伙成员实施了多起违法犯罪等行为:(1)高某勇开设赌场案;(2)高某勇、高某军等人开设赌场案;(3)高某勇、高某飞等人开设赌场案;(4)高某勇非法占用公地案;(5)高某勇等人聚众斗殴案;(6)杨某飞威胁徐某华案;(7)高某勇殴打陶某英案;(8)高某勇非法持有枪支案;(9)杨某飞寻衅滋事案;(10)杨某殴打李某伟案;(11)高某勇、王某文、张某亮殴打许某华案;(12)高某勇、高某军、杨某、王某文等人寻衅滋事案;(13)周某明、范某泉、姚某等人寻衅滋事案;(14)杨某故意损毁张某文家财物案;(15)杨某、刘某、徐某翔故意伤害案;(16)杨某殴打段某平案;(17)杨某威胁他人案;(18)杨某殴打杨某好案;(19)高某军威胁他人案;(20)高某勇、高某飞等人扰乱单位秩序案。

(二)有组织犯罪证据

1. 组织特征的证据

(1)犯罪嫌疑人高某勇的供述和辩解。

高某勇(201×年××月19日第十三次讯问):

到了201×年四五月的时候……(杨某好)叫我到他们村子搞赌场,我同意了……之后干了一段时间,因为我对赌场不熟悉,这个赌场就停掉了。后来高某飞把经常搞赌场的杨某好喊来了,这个赌场才继续干的。

高某勇(201×年××月21日第十四次讯问):

……估计是在201×年之前,我最早开始搞赌场,就是某某街道的万大理发店(地点在××)……当时老照相馆的房子是空着的,而且门也没有锁……从这开始,我的赌场就开始搞起来了……当时在赌场上干事的就我和我老婆。

到了201×年2月之后,派出所经常抓赌,我就把牌九场搬到某某街道周边的某某村和某某村……跟在我后面干事的有我大哥高某军、王某文、高某飞、陈某琴、杨某,有时杨某还带他的师兄弟也到赌场上来……在赌场上干事的有高某军、王某文、杨某、高某飞、陈某琴、周某明和范某……

我在201×年9月底的时候被关起来了,我被关了28天被取保候审出来的,我出来后跟人说我是出去玩了。

(2)证人证言:高某军第十三次讯问,杨某第八次讯问、第十一次讯问,王某文第十次讯问,夏某红第三次讯问、第四次讯问,高某飞第三次讯问、第六次讯问、陈某琴第八次讯问、第十次讯问,王某凤第一次询问。

2. 经济特征的证据

(1)犯罪嫌疑人高某勇的供述和辩解。

高某勇(201×年9月26日第一次讯问):

今年春节的时候,我在某某街道老幼儿园斜对面的陈某平家搞了一段时间的牌九场子,大概是农历正月初四开始搞的,一直搞到正月十六,一共搞了12天的场子……一般一场下来能收到100来块钱的“头子钱”……春节以后，大概今年4月……场地是高某飞找的，就在他们村子里面，我就知道一个是高某飞家，另外两个都在这个村子里面……通常一场下来能收到200元的“头子钱”，场子在油坊村搞了11天，累计收“头子钱”有2500元。

(2)证人证言：高某军第十三次讯问、杨某第一次讯问、第十次讯问，高某飞第七次讯问，夏某红第四次讯问，陈某琴第十一次讯问，刘某进第七次讯问……

3. 行为特征的证据

(1)犯罪嫌疑人高某勇的供述和辩解。

高某勇(201×年12月27日第七次讯问)：

时间是201×年……我当时在高某家搞牌九场子……(韩某唐)经常开着车子在我搞的牌九场子附近转，只要他转过没一会儿，派出所的车子就来抓赌了，所以我们当时都怀疑是韩某唐举报的……当时是晚上大概19时许，我和杨某、王某文、高某军，还有杨某带的一个小青年就在某某村子附近的马路旁边商议，当时也不知道是谁提议的，讲韩某唐整天在这里举报，搞得我们场子上也没得人了，搞的我们不得安，这下他要再过来，我们就把他车子砸了，吓唬他一下。之后我到南京去了。当天晚上大概23时许，我大哥高某军和王某文都打电话给我，讲他们几个把韩某唐的车子玻璃给砸了……(你是否认识“小木匠”?)我知道这个人……我们大概在一起住了20天。

(以下省略)

(2)被害人陈述：韩某唐第二次询问。

(3)证人证言：杨某第一次讯问、王某文第二次讯问、范某泉第八次讯问、姚某第五次讯问、李某华第二次询问……

4. 危害性特征

(1)犯罪嫌疑人高某勇的供述和辩解。

高某勇(201×年3月19日第十三次讯问)：

到了2017年四五月的时候，因为没人干了，牌九场就搞不起来了……(杨某好)叫我到他们村子搞赌场，我同意了，然后我们就在一起搞赌场……当时赌场在孤舟杨村、后盛村、张方、夏祖村、筛子毛村、老油坊村、上邱村等一些地方轮换干的……

高某勇(201×年3月27日第十七次讯问)：

……我们在一起搞赌给人家留下我们是一伙人的印象，高某飞还患有尿毒症，一般人知道他有病，不敢惹他，特别是杨某后面还带几个师兄弟，他们都是练武的，杨某还打了杨某好、段某平、彭某飞，给参赌的人和其他群众，造成的印象就是不能沾惹我们。

(2)证人证言：王某凤第一次询问，张某五第一次询问。

(三)有组织犯罪的理由

1. 主观明知：高某勇为达到非法敛财的目的，并使组织发展壮大，多次有组织地实施开设赌场、聚众斗殴、寻衅滋事、故意伤害等违法犯罪活动，以赌养黑、以黑护赌，称霸一方。

2. 时间跨度：自201×年至201×年11月。

3. 在客观方面组织、领导多起违法犯罪活动。

三、涉嫌的个案违法犯罪事实

1. 开设赌场案：201×年至201×年三四月，犯罪嫌疑人高某勇在某县某某镇某某街道老照相馆、大红门、某某理发店、某某社区某某村、某某村委会某某村等处流动开设赌场。邀集高某树、陶某英等数10人以推牌九的方式进行赌博，并安排夏某红(高某勇的妻子)收“头子钱”、高某贵等人站岗放哨、高某飞、陈某琴夫妇负责联络赌博地点。高某勇在此期间，按庄家盈利的5%比例抽头渔利，共计获取80余万元。

2. 寻衅滋事案：201×年4月的一天晚上，犯罪嫌疑人高某勇怀疑韩某唐举报其赌场，遂纠集高某军、杨某、王某文等人准备将韩某唐轿车砸坏，并提供器械。安排妥当后，犯罪嫌疑人高某勇离开现场。当晚23时左右，在某某村西边小树林等待的高某军、杨某、王某文等人发现韩某唐驾车经过，高某军立即带着杨某、王某文等人手持砍刀、甩棍对韩某唐轿车进行打砸，并对韩某唐实施殴打，致使韩某唐嘴部受伤流血，车辆多处受损。经鉴定，被害人韩某唐的轿车损失达1093元。

(以下省略)

四、结论

1. 犯罪嫌疑人高某勇涉嫌组织、领导、参加黑社会性质组织罪，属于组织、领导者；

2. 犯罪嫌疑人高某勇还涉嫌开设赌场罪、寻衅滋事罪、非法持有枪支罪、聚众斗殴罪、故意伤害罪属共同犯罪；

3. 根据《刑法》第二百九十四条第四款之规定，高某勇涉嫌组织、领导、参加黑社会性质组织罪，开设赌场罪，寻衅滋事罪，非法持有枪支罪，故意伤害罪，聚众斗殴罪应数罪并罚。

整理人：某某　　　　复核人：某某

单位：某市某县"201×·12·20"专案组

时间：201×年××月××日

（二）实务提示

在打击有组织犯罪过程中，为避免遗漏违法犯罪事实和减少证据之间的冲突，在实践中，笔者提出了整理个人证据册。在多起有组织犯罪案件中，通过对组织成员个人证据册的梳理，起到了拾遗补缺的作用，补强了证据，也赢得了有关同行的认可。

四、有组织犯罪案件起诉意见书

有组织犯罪案件的起诉意见书，是公安机关对黑恶犯罪案件侦查情况的全面总结，是对犯罪嫌疑人实施的所有违法犯罪事实的最终认定和指控，集中反映了公安机关的办案质量，也是人民检察院提起公诉和人民法院审理案件的重要基础。因此，制作有组织犯罪案件的起诉意见书，对于规范公安机关侦办涉黑恶案件，确保严格依法办案，提高办案质量，保障诉讼活动的顺利进行有着十分重要的意义。

（一）案件办理情况

1. 案由。一般表述为"犯罪嫌疑人×××（可填写多名犯罪嫌疑人姓名）涉嫌×××（可填写涉嫌的多种案由）一案"。

2. 案件来源，即公安机关获取有组织犯罪案件线索或者受理案件的来源，具体为公民扭送、报案、控告、举报或犯罪嫌疑人自首、上级交办、有关部门移送以及公安机关在工作中发现等。

3. 案件侦查过程。简要写明有组织犯罪案件侦查过程中各个法律程序开始的时间，如接受案件时间、立案时间。

4. 犯罪嫌疑人归案情况。

5. 结束语。写明："犯罪嫌疑人×××涉嫌组织、领导、黑社会性质组织案，×××（填写涉嫌的多种罪名）一案；犯罪嫌疑人×××涉嫌参加黑社会性质组织案，×××（填写涉嫌的多种罪名）案；犯罪嫌疑人×××涉嫌×××（填写涉嫌的多种罪名）案，……，现已侦查终结。"

（二）案件事实

经依法侦查查明的犯罪事实，可以从以下三个方面进行叙述。

1. 组织、领导、参加黑社会性质组织罪。

首先，概述黑社会性质犯罪组织产生、发展、形成、壮大的过程。一是围绕"组织特征"进行叙述。简述黑社会性质犯罪组织何时、何地开始产生、发展、形成，何时达到较为稳定，人数分别有多少。明确的组织者、领导者是谁，基本固定的骨干成员有哪些，积极参加者、其他参加者有哪些，组织成员相互之间的称谓是什么，分工情况如何，组织者、领导者如何发展、管理组织成员。黑社会性质犯罪组织在实施违法犯罪过程中制定了哪些口头或书面的纪律、帮规、行规，如加入组织的仪式，统一文身、集中食宿、统一保管刀具等。进行了哪些奖励（包括物质奖励、精神奖励）和惩罚（包括组织者、领导者对成员进行的说服、训诫、责骂、威胁、逼迫、处罚等言论和行为），奖励、惩罚的决策者、执行者是谁，具体事例有哪些。二是围绕"经济特征"进行叙述。简述组织者、领导者如何通过有组织地唆使、指使、暗示、默许组织成员以组织名义进行了哪些违法犯罪活动或者其他手段，获取了多少经济利益，具有多大的经济实力，用以支持该组织活动的具体事例有哪些，如给组织成员发工资、奖金，给组织伤亡人员发医疗费、丧葬费、抚慰金、抚恤费，购买作案工具、交通工具、通信工具，购买、租住组织活动的场所及组织成员住所，向有关国家工作人员行贿等。三是围绕"行为特征"进行叙述。简述黑社会性质犯罪组织以暴力、威胁或者其他手段，有组织地多次进行了哪些违法犯罪活动。在叙述中要着重体现违法犯罪行为是有组织地实施，以暴力或者暴力相威胁，或者以武力为后盾的特征。如使用了哪些暴力犯罪工具，实施了哪些暴力违法犯罪活动。四是围绕"危害性特征"进行叙述。简述黑社会性质犯罪组织通过实施违法犯罪活动，或者利用国家工作人员的包庇或者纵容，称霸一方，在一定区域或者行业内，形成非法控制或者重大影响，严重破坏经济、社会生活秩序的后果和事实。着重从黑社会性质犯罪组织违法犯罪活动的地域性（区域）、行业性（行业）和危害后果的广泛性（受害人有多少）、严重性（破坏了社会生活秩序和经济秩序）、残害性（多少人死、伤、残）等方面进行叙述。如非法控制了哪些地域或行业，其势力范围有哪些，对国家、集体的公共财产和公民个人的人身财产造成了哪些损失，哪些人离家出走、背井离乡，对当地的社会生活秩序的经济秩序造成了哪些破坏等。

其次，按时间先后顺序或违法行为性质轻重逐一叙述黑社会性质组织有组织地实施的多种违法事实。一般采取分类的办法，将多次实施的同一类型违法行为集中进行叙述。如将收取保护费、过路费、替他人催讨债务、调解民事纠纷、放高利贷、殴打他人、强买强卖、从事色情活动、寻衅滋事、聚众斗殴、敲诈勒索、非法拘禁、强迫交易、吸食毒品等违法活动分别进行叙述，每种违法行为、每次违法活动都要具体写明进行违法活动的时间、地点、原因、动机、经过、目的、手段和结果等与认定黑社会性质组织犯罪有关的事实要素。

最后，黑社会性质组织犯罪虽然较为抽象，但也要按照“七何”要素（何时、何地、何人、何事、何因、何物、何情）叙说犯罪事实，在具体事实要素中还要记述主观明知等事实。

2. 黑社会性质犯罪组织有组织实施的犯罪。

按犯罪行为性质由重到轻，逐一叙述黑社会性质犯罪组织有组织实施的多次犯罪事实。同样要采取分类的办法，将多次实施的同一类型犯罪活动集中进行叙述，把罪行重的放在前面，罪行轻的放在后面。叙述时要详细写清每种犯罪、每次犯罪行为的时间、地点、原因、动机、经过、目的、手段和结果等与认定黑社会性质组织犯罪有关的事实要素，重点要写明每次实施犯罪活动前进行的策划、预谋及分工；实施犯罪活动中哪些人负责组织、指挥，哪些人负责实施犯罪行为，哪些人负责掩护撤退；实施犯罪行为后进行了哪些奖励、惩罚，获取的经济利益是如何分配的等。

3. 组织意志以外单独实施的犯罪。

按照犯罪嫌疑人的主次顺序，逐一叙述各个犯罪嫌疑人不以犯罪组织意图实施的单独犯罪事实。这部分只要写明每次犯罪的时间、地点、原因、动机、经过、目的、手段和结果等要素即可。

（三）证据

在叙述清楚每一起违法犯罪事实后，另起一段以“认定上述事实的证据如下”

引出列举的证据。例如,(1)被害人陈述。有×××、×××陈述;(2)犯罪嫌疑人供述和辩解。有×××、×××的供述和辩解……

另起一段写明"上述犯罪事实清楚,证据确实、充分,足以认定"。

(四)案件有关情节

1. 写明每名犯罪嫌疑人在犯罪中实施了多少次违法犯罪活动,造成的后果有多大,分得多少赃款赃物等。

2. 写明每名犯罪嫌疑人在犯罪中的地位、作用、具体罪责和认罪态度等。

3. 写明每名犯罪嫌疑人是否有累犯、立功、自首等影响量刑的从重、从轻、减轻等犯罪情节,认罪认罚情况。

4. 写明查封、扣押、冻结的涉案财产处置意见,并将涉案财产清单随案移送。

(五)犯罪性质认定及移送起诉的依据

针对每名犯罪嫌疑人,简述其行为特征及其触犯的刑法条文和涉嫌罪名,并写明有关犯罪预备、未遂、中止及其他关系。罗列罪名时从重罪到轻罪依次与条文对应排列。最后写明移送起诉的依据是《刑事诉讼法》第一百六十二条。

恶势力组织案件的起诉意见书,可以参照上述制作。

第四篇

辩护篇

2022 年 3 月 8 日在第十三届全国人民代表大会第五次会议上，最高法原院长周强在工作报告中指出：2021 年各级法院审结一审刑事案件 125.6 万件，判处罪犯 171.5 万人。依法宣告 511 名公诉案件被告人和 383 名自诉案件被告人无罪。据统计，2014—2021 年无罪率比例，分别是 6.6‰、8.4‰、8.8‰、8.0‰、5.7‰、8.4‰、6.8‰、5.2‰。比较发现：在这 9 年中，2021 年无罪率最低。《刑法》（2020 年修正）规定了 483 个罪名，但是组织、领导、参加黑社会性质组织罪备受社会各界关注。本篇从有组织犯罪案件实务、相关案例中，归纳、整理了 36 个辩点。

一、无罪辩护

辩点一　涉黑组织存续时间短，不符合黑社会性质组织的组织特征的构成要件。

2018 年两高两部《关于办理黑恶势力犯罪案件若干问题的指导意见》第六条第三款中规定，"黑社会性质组织未举行成立仪式或者进行类似活动的，成立时间可以按照足以反映其初步形成非法影响的标志性事件的发生时间认定。没有明显标志性事件的，可以按照本意见中关于黑社会性质组织违法犯罪活动认定范围的规定，将组织者、领导者与其他组织成员首次共同实施该组织犯罪活动的时间认定为该组织的形成时间"。

《刑事审判参考》总第 74 集第 628 号指导案例——乔某生等组织、领导、参加黑社会性质组织案指明，黑社会性质组织并非一夜之间形成，通常有一个由犯罪团伙发展到犯罪集团进而转变为黑社会性质组织的演化进程。因此，对于黑社会性质组织的存续时间，需要结合黑社会性质组织的组织者、领导者的确立以及黑社会性质组织涉及的违法犯罪行为加以认定。

可以从以下三个时间点认定"组织的存续时间"：（1）犯罪组织举行成立仪式或者进行类似活动的时间；（2）足以反映其初步形成核心利益或强势地位的重大或标志性事件发生时间；（3）犯罪组织为维护、扩大组织势力、实力、影响、经济基础或按照组织惯例、纪律、活动规约而首次实施有组织的犯罪活动的时间。如果不存在这些仪式、活动、事件，则不可能构成组织特征；如果存在、发展时间明显过短、犯罪活动尚不突出，则也不应认定为具备组织特征。

2006年安徽省高级人民法院、省人民检察院、省公安厅《关于办理黑社会性质组织犯罪案件若干问题的意见》（皖公办〔2006〕78号）第一条第四项规定，“有组织地进行违法犯罪活动时间较长，一般在6个月以上”。2007年山西省高级人民法院、省人民检察院、省公安厅《关于黑社会性质组织犯罪适用法律若干问题的意见》（晋公通字〔2007〕115号）第二条第一项规定，“稳定性。表现在是一个较长时期在一定区域有组织地从违法犯罪活动的稳定的组织，犯罪组织形成、维系时间一般在三个月以上”。2018年两高两部的《关于办理黑恶势力犯罪案件若干问题的指导意见》第六条第二款规定，“黑社会性质组织一般在短时间内难以形成，而且成员人数较多，但鉴于‘恶势力’团伙和犯罪集团向黑社会性质组织发展是一个渐进的过程，没有明显的性质转变的节点，故对黑社会性质组织存在时间、成员人数问题不宜作出‘一刀切’的规定”。《刑事审判参考》总123集第1354号指导案例——吴某占等人组织、领导、参加黑社会性质组织案指出，在存续时间上，一般应在一年以上，一年以下的，认定黑社会性质组织应特别慎重。

辩点二 | 犯罪组织的规模相对较小，组织成员未达7人以上，不能认定构成人数较多，不符合黑社会性质组织的组织特征的构成要件。

组织成员的计算应以参与组织活动的人为统计标准，而且要从组织成员参加活动的目的、动机以及活动的性质进行综合判断。

2000年《联合国打击跨国有组织犯罪公约》中规定，3人或者多人就符合有组织犯罪集团的人数。2015最高法《全国部分法院审理黑社会性质组织犯罪案件工作座谈会纪要》第二部分第一条规定组织成员一般在10人以上。其中，既包括已有充分证据证明但尚未归案的组织成员，也包括虽有参加黑社会性质组织的行为但因尚未达到刑事责任年龄或因其他法定情形而未被起诉，或者根据具体情节不作为犯罪处理的组织成员。2018年两高两部《关于办理黑恶势力犯罪案件若干问题的指导意见》第六条中规定：“黑社会性质组织一般在短时间内难以形成，而且成员人数较多，但鉴于‘恶势力’团伙和犯罪集团向黑社会性质组织发展是一个渐进的过程，没有明显的性质转变的节点，故对黑社会性质组织存在时间、成员人数问题不宜作出‘一刀切’的规定。”“黑社会性质组织成员既包括已有充分证据证明但尚未归案的组织成员，也包括虽有参加黑社会性质组织的行为但因尚未达到刑事责任年龄或因其他法定情形而未被起诉,或者根据具体情节不作为犯罪处理的组织成员。”司法实践中,一般认定组织成员在7人以上,就符合人数较多。

辩点三 骨干成员不固定,与组织者、领导者联系不紧密,不符合黑社会性质组织的组织特征的构成要件。

从组织资金的管理、骨干成员的活动、违法犯罪行为的安排等方面来看,组织的结构不明显,所有活动或行为具有临时性,参与的核心主体并不固定,更没有依据任何命令或规定行事。每一次行动都没有固定模式和行动规律,都只是某一两个成员纠集部分人员临时搭配形成合作,在合作过程中并不紧密,参与者中不乏基于面子、义气、起哄的心理而临时参与进来的人。

组织成员之间(尤其是组织者、领导者与骨干成员之间)存在矛盾的情形,互相揭发、举报、打击、报复的情形,都可以说明组织成员之间的联系并不紧密。生活中的亲属、亲戚等关系,基于地域、工作等而自然形成的社会关系不等同于涉黑组织成员关系,认定组织特征必须回归到证据能否反映人员之间的紧密性、稳定性。评价涉案人员是否形成紧密联系,不仅要考虑涉案人员的日常关系,更要考虑在实施违法犯罪过程中涉案人员的关系是否紧密。涉案人员的日常关系也需要证据用以证明,否则,就是缺乏证据支撑。

2009年两高一部《办理黑社会性质组织犯罪案件座谈会纪要》(法〔2009〕382号)第二部分第一项的第一点中规定,“当前,一些黑社会性质组织为了增强隐蔽性,往往采取各种手段制造‘人员频繁更替、组织结构松散’的假象。因此,在办案时,要特别注意审查组织者、领导者,以及对组织运行、活动起着突出作用的积极参加者等骨干成员是否基本固定、联系是否紧密,不要被其组织形式的表象所左右”。

辩点四 组织结构不稳定,没有比较明确的层级和职责分工的,不符合黑社会性质组织的组织特征的构成要件。

《刑法》第二百九十四条以及2015年最高法《全国部分法院审理黑社会性质组织犯罪案件工作座谈会纪要》均规定,黑社会性质组织应有明确的组织者、领导者,骨干成员基本固定,并有比较明确的层级和职责分工,一般要求有三种类型人员,即组织者、领导者与积极参加者、一般参加者(其他参加者),同时,对组织者、领导者、骨干成员、一般参加者以及不属于黑社会性质组织的成员作了规定。言外之意,三层组织架构是法律要求的黑社会性质组织的法定要求,如果没有形成三层组织架构,犯罪组织的整体性、严密性就相对较弱,该组织就不是黑社会性质组织,而是恶势力或一般的犯罪组织,甚至是一般的共同犯罪。

2009 年两高一部《办理黑社会性质组织犯罪案件座谈会纪要》第二部分第一项的第一点的规定,黑社会性质组织有比较明确的职责分工。2018 年两高两部《关于办理黑恶势力犯罪案件若干问题的指导意见》第四条规定,发起、创建黑社会性质组织,或者对黑社会性质组织进行合并、分立、重组的行为,应当认定为“组织黑社会性质组织”;实际对整个组织的发展、运行、活动进行决策、指挥、协调、管理的行为,应当认定为“领导黑社会性质组织”。黑社会性质组织的组织者、领导者,既包括通过一定形式产生的有明确职务、称谓的组织者、领导者,也包括在黑社会性质组织中被公认的事实上的组织者、领导。该指导意见第五条第二款规定了积极参加黑社会性质组织的含义,参加黑社会性质组织并具有以下情形之一的,一般应当认定为“积极参加黑社会性质组织”:多次积极参与黑社会性质组织的违法犯罪活动,或者积极参与较严重的黑社会性质组织的犯罪活动且作用突出,以及其他在组织中起重要作用的情形,如具体主管黑社会性质组织的财务、人员管理等事项。该指导意见第五条第一款规定,知道或者应当知道是以实施违法犯罪为基本活动内容的组织,仍加入并接受其领导和管理的行为,应当认定为“参加黑社会性质组织”。

2015 年最高法《全国部分法院审理黑社会性质组织犯罪案件工作座谈会纪要》第二部分第一项第三款规定了骨干成员的含义,“骨干成员,是指直接听命于组织者、领导者,并多次指挥或积极参与实施有组织的违法犯罪活动或者其他长时间在犯罪组织中起重要作用的犯罪分子,属于积极参加者的一部分”。

辩点五 涉案组织没有成文或不成文的纪律、规约,不符合黑社会性质组织的组织特征的构成要件。

2000 年最高法《关于审理黑社会性质组织犯罪的案件具体应用法律若干问题的解释》在表述“组织特征”时将“有较为严格的组织纪律”列为认定要件,但在 2002 年的全国人民代表大会常务委员会《关于〈中华人民共和国刑法〉第二百九十四条第一款的解释》以及之后的 2011 年《刑法修正案(八)》并没有再作类似规定。2009 年两高一部《办理黑社会性质组织犯罪案件座谈会纪要》、2015 年最高法《全国部分法院审理黑社会性质组织犯罪案件工作座谈会纪要》规定了组织纪律是认定组织特征的重要参考依据,而2018年两高两部《关于办理黑恶势力犯罪案件若干问题的指导意见》没有单独条文规定纪律规约,仅在第十条有纪律条约,但依贯例表述,这可能产生错误认识,纪律、规约不再是认定要件的原因。但是,《刑法修正案(八)》出台以后,2011年最高法研究室、最高法“刑法、刑事诉讼法”修改工作小组办公室在其编著的《〈刑法修正案(八)〉条文及配套司法解释理解与适用》中阐明:“对于这一点,2000年12月颁布的《司法解释》曾明确规定黑社会性质组织应有较为严格的组织纪律。虽然在《立法解释》和修正后的刑法中未再作类似规定,但实际上立法机关对此并非有着不同的认识,只是‘不需要必须具有明确的组织名称、纲领、章程、活动规约等’。实践证明,如果没有通过一定的组织纪律、活动规约来加强内部管理,黑社会性质组织将难以保持其自身的稳定,也难以发挥组织体系应有的能效。因此,《纪要》将‘具有一定的组织纪律、活动规约’作为认定黑社会性质组织时的重要参考依据。当然,纪律、规约的表现形式多种多样,如宣誓、训诫、警告、处罚以及组织成员公知公认的惯例、准则等,但如果确实不存在一定的纪律、规约,则案件定性时应慎重。”因此,尽管《刑法修正案(八)》并没有将“组织纪律”列在条文当中,但最高法还是认为其系重要的参考依据,不存在组织纪律时,定案尤需谨慎。最高法刑三庭《〈办理黑社会性质组织犯罪案件座谈会纪要〉的理解与适用》指出:“实践证明,如果没有通过一定的组织纪律、活动规约来加强内部管理,黑社会性质组织将难以保持其自身的稳定性、严密性,从而也难以发挥组织应有的能效……但如果确实不存在一定的纪律、规约,则案件定性时应慎重。”2017年1月20日,最高法在孙某国再审案[(2016)最高法刑再2号]中也将纪律、规约列为判断涉案组织是否符合黑社会性质组织的组织特征的重要要件。故纪律、规约仍然是认定黑社会性质组织的组织特征的构成要件。

在司法实务中,成文的纪律、规约并不多见,应从供述、证言等方面发现是否有关于宣誓、训诫、警告、处罚及成员公知公认的惯例、准则等的内容。公司为日常经营、员工管理等目的所制作的规约,以及日常生活、娱乐过程中的正常礼仪、游戏方式,都应该区别于黑社会性质组织的组织纪律。

纪律、规约是关于组织内部人员管理、职责分工、行为规范、利益分配、行动准则等事项的规定、要求。如果不存在这些规定、要求,则可能不存在纪律、规约,即不符合黑社会性质组织的组织特征。

辩点六 没有维护涉黑组织的整体利益，只是为了个人的目标和利益，不符合黑社会性质组织的组织特征的构成要件。

《全国部分法院审理黑社会性质组织犯罪案件工作座谈会纪要的理解与适用》中指出，黑社会性质组织一般是由犯罪集团、“恶势力”团伙逐步演化而来，会经历一个渐进的、从量变到质变的过程。黑社会性质组织是犯罪集团的高级形态，应当满足犯罪集团的全部条件，根据《刑法》第二十六条的规定，犯罪集团应当是“为共同实施犯罪”而组成，涉黑组织成员应当是为共同实施犯罪而组成。

《刑事审判参考》总第74集第619号指导案例——邓某波等组织、领导、参加黑社会性质组织案指出，黑社会性质组织犯罪案件应当审查犯罪组织的目的性。普通共同犯罪、犯罪集团中的各被告人也有可能多次纠集在一起实施违法犯罪活动，其中不乏成员众多、纠集时间长、犯罪次数多的犯罪组织，但在犯罪目的上与黑社会性质组织相比存在一定区别。前者违法犯罪的目的是实现组织成员个人的目标和利益，故犯罪目的比较直接、明显。而后者违法犯罪的目的在于维护其组织成员的利益、组织的安全稳定和发展，最终实现其对一定区域或者行业的非法控制。该案中，邓某波等人从2004年下半年开始，大规模地制造枪支弹药并进行贩卖，在所经营的娱乐场所等“遇事”时能够迅速纠集20余人聚众斗殴，由此反映出，其组织对成员的管理和控制是有效的。各犯罪人员已经不再是松散的“乌合之众”，而是组织严密、纪律严格的黑社会性质组织成员。

辩点七 没有有组织地通过违法犯罪活动或其他手段获取经济利益（经济实力的来源），不符合黑社会性质组织的经济特征的构成要件。

2018年两高两部《关于办理黑恶势力犯罪案件若干问题的指导意见》对“有组织地通过违法犯罪活动或者其他手段获取经济利益”作出详细规定，即（1）有组织地通过违法犯罪活动或其他不正当手段聚敛；（2）有组织地以投资、控股、参股、合伙等方式通过合法的生产、经营活动获取；（3）由组织成员提供或通过其他单位、组织、个人资助取得。

经济特征主要包括以下三个特点：第一，手段特点，即涉黑组织获取经济利益的手段既可以是违法犯罪活动，也可以是其他手段；第二，目的特点，涉黑组织获取经济利益的目的是支持该组织的活动；第三，组织特点，涉黑组织获取经济利益的活动需要涉黑成员人为组织实施（强调有组织实施，而不是松散的行为）。

《刑事审判参考》总第74集第625号指导案例——王某等组织、领导、参加黑社会性质组织案，该案是认定黑社会性质组织罪的经济特征的典型案例。该涉黑组织突出的特点是非法手段与其他手段并存，且实施敛财的过程中采用伪造单证、虚构债务、非法集资等非暴力胁迫的方式，经济特征中的暴力、胁迫等色彩并不十分典型。该案中，被告人王某领导的黑社会性质组织具有很强的隐蔽性。王某、牟某勇利用担任向阳村村委会主任、书记的职务便利，将村委会这一具有公共事务管理职能的基层群众自治组织作为敛财工具，对普通村民滥施罚款、伪造政府文件，用集体财产为其本人发放巨额奖金；利用职务之便，侵占财政拨款等。随后，王某使用虚假的银行存单，骗取设立了嘉丰药业公司，并通过侵占基本农田、制造假借款等方式将村集体资产转移到嘉丰药业公司名下，侵占集体财产100余万元。另外，王某等人还以嘉丰药业公司的名义擅自向村民和社会公众公开发行股票，募集资金1000余万元，使该黑社会性质组织的经济实力迅速得以倍增。王某等人担任村委干部期间，实施的一些违法犯罪活动虽然是以村委会的名义实施的，但实质是该犯罪组织有组织地攫取不法经济利益的具体表现。后期，王某等人通过虚报注册资本的手段设立经济实体，其根本目的是更快地扩充经济实力，并借以加强该组织对当地经济生活的非法控制。尽管这种方式具有相当的隐蔽性，但实质上仍是以有计划、有组织地实施经济犯罪、职务犯罪作为敛财的主要手段，符合黑社会性质组织的经济特征的规定。

辩点八　没有具备一定的经济实力（经济实力的规模），不符合黑社会性质组织的经济特征的构成要件。

2015年最高法《全国部分法院审理黑社会性质组织犯罪案件工作座谈会纪要》修改了2009年两高一部《办理黑社会性质组织犯罪案件座谈会纪要》关于"不能一般性地要求黑社会性质组织所具有的经济实力必须达到特定规模或特定数额"的认定标准，认为"高级人民法院可以根据本地区的实际情况，对黑社会性质组织所应具有的'经济实力'在20－50万元幅度内，自行划定一般掌握的最低数额标准"。但是，对于黑社会性质犯罪来说，这样的数额，入罪门槛较低。

2018年两高两部《关于办理黑恶势力犯罪案件若干问题的指导意见》第八条规定，"通过上述方式获得一定数量的经济利益，应当认定为'具有一定的经济实力’，同时也包括调动一定规模的经济资源用以支持该组织活动的能力。通过上述方式获取的经济利益，即使是由部分组织成员个人掌控，也应计入黑社会性质组织的‘经济实力’。组织成员主动将个人或者家庭资产中的一部分用于支持该组织活动，其个人或者家庭资产可全部计入‘一定的经济实力’，但数额明显较小或者仅提供动产、不动产使用权的除外。由于不同地区的经济发展水平、不同行业的利润空间均存在很大差异，加之黑社会性质组织存在、发展的时间也各有不同，在办案时不能一般性地要求黑社会性质组织所具有的经济实力必须达到特定规模或特定数额”。该规定取消了经济特征的数额标准。

《刑事审判参考》总第 107 集第 1160 号指导案例——牛某贤等人绑架、敲诈勒索、开设赌场、重婚案，该案经过河南省高级人民法院二审认定构成组织、领导、参加黑社会性质组织罪，最高法在死刑复核程序中不予认定为黑社会性质组织犯罪。最高法认为，牛某贤获取经济利益的主要途径是开设赌场，但赌场收入一般由各合伙人按出资比例分配，并非由牛某贤全权支配或者独享。赌场的部分收入用于支付雇员工资，也并非由牛某贤决定，不能认定其以此方式豢养组织成员。牛某贤在 3 年多时间内从赌场获利几十万元，经济实力相对薄弱，且所获赃款基本上用于其个人及家庭支出，尚无证据证实牛某贤将所获取的上述不义之财用于保持组织稳定、实施其他违法犯罪、支持组织活动或者维系组织的生存与发展。也就是说，牛某贤既没有为有组织地实施违法犯罪活动提供经费，出资购买刀具、枪支等作案工具，也没有为组织成员发放福利、奖励或者为帮助组织成员逃避法律追究而支付必要的费用等。因此，现有证据不能认定牛某贤犯罪团伙具备黑社会性质组织的经济特征。

辩点九 没有将所获经济利益全部或部分用于违法犯罪活动或者维系犯罪组织的生存、发展（经济实力的用途），不符合黑社会性质组织的经济特征的构成要件。

2002 年全国人民代表大会常务委员会《关于〈中华人民共和国刑法〉第二百九十四条第一款的解释》首次规定了涉黑组织的经济实力，“以支持该组织的活动”。2009 年两高一部《办理黑社会性质组织犯罪案件座谈会纪要》第二部分第一项第二点第二款规定，“‘用于违法犯罪活动或者维系犯罪组织的生存、发展’，一般是指购买作案工具、提供作案经费，为受伤、死亡的组织成员提供医疗费、丧葬费，为组织成员及其家属提供工资、奖励、福利、生活费用，为组织寻求非法保护以及其他与实施有组织的违法犯罪活动有关的费用支出等”。2015 年最高法《全国部分法院审理黑社会性质组织犯罪案件工作座谈会纪要》第二部分第二项第三款规定，“是否将所获经济利益全部或部分用于违法犯罪活动或者维系犯罪组织的生存、发展，是认定经济特征的重要依据。无论获利后的分配与使用形式如何变化，只要在客观上能够起到豢养组织成员、维护组织稳定、壮大组织势力的作用即可认定”。

《刑事审判参考》总第 74 集第 625 号指导案例——王某等组织、领导、参加黑社会性质组织案指出，获利之后是否用于支持犯罪组织的生存、发展或者实施违法犯罪活动，历来是认定黑社会性质组织“经济特征”的重要参考指标。同时，由于在发展水平、组织化程度等方面存在差异，不同的黑社会性质组织在分配、使用非法所得时也会有所区别，故根据《办理黑社会性质组织犯罪案件座谈会纪要》的精神，只要将所获经济利益部分用于组织或者组织犯罪即可，并不要求黑社会性质组织将获利的全部或绝大部分用于“犯罪再生产”。该案中，王某领导的黑社会性质组织在攫取钱财后，将其中一部分直接或间接用于奖励组织成员，如将集体资产低价转给黄某龙；将饭店承包给李某全；为张某英购买住房等。而将另一部分，也是最为主要的一部分，用于筹建嘉丰药业公司。尽管该公司的发展尚未步入正轨，尚不具备相对稳定的收入来源，但该公司却是王某所领导的黑社会性质组织进一步扩张和壮大的重要依托。将所获主要经济利益用于嘉丰药业公司正是该组织谋求长久稳固发展的具体表现。

辩点十 没有采用暴力或以暴力相威胁的手段，不符合黑社会性质组织的行为特征的构成要件。

《〈全国部分法院审理黑社会性质组织犯罪案件工作座谈会纪要〉的理解与适用》指出，当黑社会性质组织发展到一定阶段后暴力色彩会有所减弱，往往会更多地采用滋扰恫吓、造势摆场等非暴力、“软暴力”手段来达到不法目的。正因如此，司法实践中也逐渐产生了一种模糊认识，认为黑社会性质组织不需要实施暴力性的违法犯罪活动也可以形成非法控制。无论行为方式最终如何变化，暴力（“硬暴力”）或者以暴力相威胁的手段是黑社会性质组织能够对社会公众形成心理强制的重要原因。即便在发展到较为成熟的阶段之后，暴力性也依然是黑社会性质组织行为方式的基本特点,一旦需要使用便随时可能付诸实施。因此,如果涉案犯罪组织在整个发展过程中没有较为明显地以暴力或者以暴力相威胁的手段实施违法犯罪活动,那么,在对该组织定性时就应当特别慎重。2018 年两高两部《关于办理黑恶势力犯罪案件若干问题的指导意见》第九条规定:“黑社会性质组织实施的违法犯罪活动包括非暴力性的违法犯罪活动,但暴力或以暴力相威胁始终是黑社会性质组织实施违法犯罪活动的基本手段,并随时可能付诸实施。暴力、威胁色彩虽不明显,但实际是以组织的势力、影响和犯界能力为依托,以暴力、威胁的现实可能性为基础,足以使他人产生恐惧、恐慌进而形成心理强制或者足以影响、限制人身自由、危及人身财产安全或者影响正常生产、工作、生活的手段,属于《刑法》第二百九十四条第五款第(三)项中的‘其他手段’,包括但不限于所谓的‘谈判’‘协商’‘调解’以及滋扰、纠缠、哄闹、聚众造势等手段。”

《刑事审判参考》总第 107 集第 1157 号指导案例——符某友等人敲诈勒索等案,安徽省旌德县人民法院一审认为构成黑社会性质组织犯罪。由于涉案组织的暴力性不明显,宣城市中级人民法院二审撤销一审的判决,没有认定为黑社会性质组织犯罪。

《反有组织犯罪法》将“软暴力”手段实施的黑恶犯罪,认定为有组织犯罪的手段。《中华人民共和国反有组织犯罪法解读》(中国法制出版社,主编是全国人大常委会法制工作委员会刑法室副主任黄永)指出,“软暴力”的行为方式呈现出多样化的态势,涵括了滋扰、纠缠、哄闹、聚众造势等常见手段,并且多种行为方式经常同时使用。“滋扰、纠缠”一般表现为跟踪骚扰,长期干扰对方的工作生活,扰乱他人的生活设施和环境,使对方处于不安之中。“哄闹、聚众造势”一般表现为通过集体的行为影响他人的正常工作生活,如穿着统一的服装、佩戴黑恶势力的标识、露出文身、摆出固定的“造型”,摆场造势,在现场哄闹,暗示自己具有一定的黑恶势力背景,以形成非法影响,使对方不敢反抗。“软暴力”行为不具有直观上的暴力伤害,但一般会以硬暴力、暴力威胁为依托,硬暴力随时可能付诸实施,使他人因畏惧而不敢、不能反抗、举报或者控告,对他人形成心理强制。

涉案组织的行为特征的暴力性方面,可以从以下三个方面进行分析辩护:(1)目的方面。没有以干扰、破坏正常经济、社会生活秩序为目的。(2)危害手段方面,没有任何使用凶器、武器的情形。(3)危害后果方面,未造成轻伤及轻伤以上的人身损害,或者虽然造成了轻伤,但组织成员实施犯罪行为的暴力程度不深,损害是意外或受害人自身所造成的。涉案组织没有采取暴力手段或者“软暴力”进行威胁，且可能随时以暴力手段实施违法犯罪的，不符合黑社会性质组织的行为特征的构成要件。

辩点十一　没有有组织地进行违法犯罪活动的，不符合黑社会性质组织的行为特征的构成要件。

2018 年两高两部《关于办理黑恶势力犯罪案件若干问题的指导意见》第十条规定，为确立、维护、扩大组织的势力、影响、利益或者按照纪律规约、组织惯例多次实施违法犯罪活动，侵犯不特定多人的人身权利、民主权利、财产权利，破坏经济秩序、社会秩序，应当认定为“有组织地多次进行违法犯罪活动，为非作恶，欺压、残害群众”。符合以下情形之一的，应当认定为是黑社会性质组织实施的违法犯罪活动：(1)为该组织争夺势力范围、打击竞争对手、形成强势地位、谋取经济利益、树立非法权威、扩大非法影响、寻求非法保护、增强犯罪能力等实施的；(2)按照该组织的纪律规约、组织惯例实施的；(3)组织者、领导者直接组织、策划、指挥、参与实施的；(4)由组织成员以组织名义实施，并得到组织者、领导者认可或者默许的；(5)多名组织成员为逞强争霸、插手纠纷、报复他人、替人行凶、非法敛财而共同实施，并得到组织者、领导者认可或者默许的；(6)其他应当认定为黑社会性质组织实施的。

《刑事审判参考》总第 74 集第 624 号指导案例——区某狮等组织、领导、参加黑社会性质组织案判决书认定的第四部分事实，即组织成员在其黑社会性质组织意志以外单独实施的犯罪行为。该犯罪活动是在该组织的意志之外实施的，不能认定为该组织的犯罪活动，该组织的组织者、领导者不应对此犯罪活动承担刑事责任。

涉黑组织的违法犯罪行为，既不是由组织者、领导者直接组织、策划、指挥或参与实施的，也不是由组织成员以组织名义实施，且得不到核心成员的认可或默许，而是个别组织成员因临时矛盾激化的或自己预谋实施，并未与涉案组织其他成员事先商量沟通的，不能认定为该组织的行为。

辩点十二　实施的违法犯罪活动没有多样性的，不符合黑社会性质组织的行为特征的构成要件。

2015 年最高法《全国部分法院审理黑社会性质组织犯罪案件工作座谈会纪要》第二部分第三项第一点规定，“涉案犯罪组织仅触犯少量具体罪名的，是否应认定为黑社会性质组织要结合组织特征、经济特征和非法控制特征(危害性特征)综合判断,严格把握”。《全国部分法院审理黑社会性质组织犯罪案件工作座谈会纪要的理解与适用》指出,关于黑社会性质组织犯罪的多样性。《刑法》第二百九十四条以及司法解释均未规定黑社会性质组织必须实施性质不同的多种犯罪,故2009年《办理黑社会性质组织犯罪案件座谈会纪要》对此问题并未涉及。但从实践情况来看,黑社会性质组织若要实现对经济、社会生活的非法控制,一般需要实施多种犯罪。为了引起对此问题的重视,在审判工作中更加准确地区分黑社会性质组织与专门从事某种犯罪活动的犯罪集团,《全国部分法院审理黑社会性质组织犯罪案件工作座谈会纪要》作了相应的提示性规定。

《刑事审判参考》总第107集第1156号指导案例——焦某涛等人寻衅滋事案。河南省西平县人民检察院以组织、领导、参加黑社会性质组织罪指控焦某涛等人。西平县人民法院对该指控不予支持。一审判决后,被告人没有上诉,检察机关也没有抗诉。该案中,公诉机关指控以焦某涛为首的犯罪组织构成组织、领导、参加黑社会性质组织罪,但指控的具体犯罪事实中仅涉及寻衅滋事罪一个罪名。指控的20起犯罪事实中,有12起是该组织实施的有组织犯罪,包括11起暴力拆迁引发的寻衅滋事和1起因焦某涛为承揽工程而实施的寻衅滋事。指控的犯罪行为虽然在次数、手段上符合“以暴力、威胁或者其他手段,有组织地多次进行违法犯罪活动”,但应当看到,焦某涛等人是因为中央花园项目才聚集在一起,他们并不是依靠非法手段获得该项目征地拆迁业务,而是受项目部雇佣从事暴力拆迁活动。除了中央花园项目,焦某涛等人并未染指其他拆迁工程,这些因素决定了他们的犯罪对象和犯罪手段具有特定性,只需要采用暴力、威胁、滋扰手段迫使项目征地范围内的住户尽快签订拆迁协议即可,不需要实施其他更多性质不同的犯罪来制定西平县拆迁行业的从业规则或者影响当地与征地拆迁无关的居民的生产、生活秩序。这一点,也可以反过来证明焦某涛等人只是依附于中央花园项目,通过配合征地拆迁牟利。截至被公安机关查处之时,焦某涛等人既没有对当地经济、社会生活进行非法控制的意图,也没有以非法控制为目的实施相应的违法犯罪活动,实际上并不具有真正意义上的黑社会性质组织的行为特征、危害性特征。对于黑社会性质组织的四个特征应当进行整体考察,并不是仅凭未触犯多个罪名这一点就可以认定某一犯罪组织是否涉黑,这也是2015年《全国部分法院审理黑社会性质组织犯罪案件工作座谈会纪要》中对犯罪“多样性”问题只作提示性规定的初衷，审判时应当充分认识到这一点。

司法实践中，黑社会性质组织的违法犯罪行为几乎都是具有多样性的，同时，刑法及相关司法解释等也没有规定黑社会性质犯罪组织应当触犯多项不同罪名。本书认为，黑社会性质组织实施违法犯罪活动的多样性，是涉黑组织的一个重要特征，也是区别于其他犯罪集团和恶势力组织的一个显著特征。

辩点十三　较长时期内没有实施违法犯罪活动（连续性），不符合黑社会性质组织的行为特征的构成要件。

《刑事审判参考》总第 107 集第 1155 号指导案例——汪某等人组织、领导、参加黑社会性质组织案中，被告人汪某黑社会性质组织在长达 5 年的时间里没有实施违法犯罪活动，组织成员也有明显更替，但前后两个阶段在核心成员、非法影响等方面具有延续性，应认定该黑社会性质组织在“较长时期内持续存在”。主要理由是：（1）组织者、领导者具有延续性。汪某在前后两个阶段中均居于组织者、领导者地位，对于犯罪组织的存在、运行都起到了不可替代的核心作用。（2）组织成员具有延续性。2005 年汪某回到沅陵后重新聚集的人员，包括前一阶段在深圳所带的骨干成员陈某、郑某华、颜某海等人，汪某通过对这些骨干成员的继续控制，实现了对整个犯罪组织的继续控制。更为重要的是，即使是在汪某因拒捕被击伤而停止实施犯罪的 5 年间，组织成员郑某华、田某安等人仍然追随在汪某身边，虽未实施违法犯罪活动，但仍听从汪某指挥并照顾汪某起居，说明该组织并未真正地分崩离析，始终保持着一定的人员构成。（3）非法影响具有延续性。汪某黑社会性质组织在前一阶段实施犯罪的地点主要是在深圳市，汪某等人使用暴力、威胁手段，控制了深圳市运营相关客运线路的 4 个车站中的 3 个，对深圳至沅陵的长途客运市场形成重大影响。由于被该犯罪组织残害的对象主要是沅陵籍群众，故相关犯罪活动所造成的非法影响已经波及沅陵，甚至主要体现在沅陵，汪某黑社会性质组织在沅陵树立了恶名。在后一阶段中，汪某重返沅陵，之所以能够于短时间内迅速纠集和吸纳一大批刑满释放人员、社会闲杂人员，也与该组织之前在深圳的所作所为及其形成的非法影响具有直接关联。汪某黑社会性质组织在深圳是以控制长途客运市场为核心利益，返回沅陵后则以贩卖毒品、开设赌场及地下“六合彩”等为主要经济来源。虽然其染指的领域发生明显变化，但其以暴力、威胁为主要手段，有组织地实施违法犯罪活动的行为方式没有变，追求非法控制并借此攫取经济利益的总体犯罪意图没有变，由此造成的非法影响与前一阶段具有延续性和一致性。因此，本案中并不存在前后两个不同的犯罪组织，认定汪某黑社会性质组织在较长时期内持续存在发展是正确的。

2019年两高两部《关于办理恶势力刑事案件若干问题的意见》规定，2年之内没有多次以暴力、威胁等手段实施违法犯罪活动的，则不应认定为恶势力，这里的"多次"即3次或以上（至少应包括1次犯罪活动）。

涉案组织成员在任一个2年的时间区间，没有3次或以上以暴力、威胁等手段实施违法犯罪活动或者有组织的行为，则不构成恶势力。本书认为，黑社会性质组织是恶势力组织的高级形态，也应当满足以上条件；结合组织者、领导者、骨干成员等组织的核心成员是否具有稳定性，以及组织的非法影响是否具有延续性进行分析论证，否则，不构成黑社会性质组织的行为特征。

辩点十四 侵害的对象具有特定性，不符合黑社会性质组织的行为特征的构成要件。

2017年1月20日，最高法在孙某国再审案［（2016）最高法刑再2号］，最高法认为，原判认定孙某国等人有组织地多次进行违法犯罪活动，为非作恶，欺压、残害群众的证据不足；原判认定孙某国等人构成黑社会性质组织犯罪，主要依据他们实施的故意伤害、非法拘禁、寻衅滋事、敲诈勒索等10余起犯罪事实和6起违法事实。经查，这些犯罪的对象多系与其有经济往来或经济纠纷的人，并非不特定群众；2起故意伤害罪和寻衅滋事罪，分别造成一人轻伤的后果，其他的犯罪行为均未造成伤害后果；有7起犯罪事实已经被司法机关处罚过，属于重复处罚。以此认定孙某国等人的犯罪行为达到"为非作恶，欺压、残害群众"的程度，证据明显不足。孙某国等人实施的犯罪行为不符合黑社会性质组织犯罪的行为特征。

该案中孙某国等人没有为非作恶，欺压、残害群众。"群众"依据字面含义理解，指的是普通大众，不包括与涉案组织成员发生斗殴、有债务纠纷等的特定主体。如果组织成员采用暴力或以暴力相威胁的手段是由于对方存在过错，则不应将特定的受害者类推为被欺压、残害的群众。

辩点十五 没有形成非法控制或者重大影响的，不符合黑社会性质组织犯罪的危害性特征的构成要件。

2009年两高一部《办理黑社会性质组织犯罪案件座谈会纪要》明确，可以认定为“在一定区域或行业内,形成非法控制或重大影响,严重破坏经济、社会生活秩序”的8种情形。2015年最高法《全国部分法院审理黑社会性质组织犯罪案件工作座谈会纪要》对有关内容进行了补充和细化。2018年两高两部《关于办理黑恶势力犯罪案件若干问题的指导意见》,延续了8种情形的规定,取消了有关具体数额的认定标准。

《刑事审判参考》总第107集第1159号指导案例——王某娜等人故意伤害等案。河北省石家庄市人民检察院以王某娜等人犯组织、领导、参加黑社会性质组织案进行指控,石家庄市中级人民法院一审不予支持该指控。判决后,检察机关提出抗诉,河北省高级人民法院二审判决,仍然不予支持该黑社会性质组织罪的指控。最高法在死刑复核程序中,依法核准了1人的死刑判决。判断涉案犯罪组织是否形成非法控制与重大影响,除了要对照相关规定,还应着重审查涉案犯罪组织是不是基于争抢势力范围、树立非法权威、攫取不法利益等非法控制目的而实施违法犯罪行为;是否在一段较长的时期内连续、多次通过实施违法犯罪行为对他人的自主性造成干扰或破坏;被侵害对象的数量以及所造成的后果是否已达到形成非法控制或重大影响的严重程度。指控的王某娜等人实施的违法犯罪活动中,只有1起故意伤害犯罪、3起寻衅滋事犯罪可以认定为该团伙的犯罪,其他皆为个人犯罪。而这4起犯罪的对象,均是王某娜在挤塑板业务中的竞争对手恒保龙保温材料公司的老板或员工,犯罪共造成1人死亡、1人轻伤、1人轻微伤的后果。根据规定,这一种情形尚不足以认定已经具备黑社会性质组织犯罪的危害性特征。更为重要的是,虽然王某娜等人是为排挤竞争对手而实施了故意伤害、寻衅滋事犯罪,但在控制和影响的长期性、广泛性、严重性等方面与黑社会性质组织犯罪的危害性特征的内在要求还有明显差距。

辩点十六 没有在一定区域内或者一定行业内,称霸一方,不符合黑社会性质组织犯罪的危害性特征的构成要件。

2018年两高两部《关于办理黑恶势力犯罪案件若干问题的指导意见》第十一条第一款对一定区域作出了修正的规定,“鉴于黑社会性质组织非法控制和影响的‘一定区域’的大小具有相对性,不能简单地要求‘一定区域’必须达到某一特定的空间范围,而应当根据具体案情,并结合黑社会性质组织对经济、社会生活秩序的危害程度加以综合分析判断”。

2009 年两高一部《办理黑社会性质组织犯罪案件座谈会纪要》、2015 年最高法《全国部分法院审理黑社会性质组织犯罪案件工作座谈会纪要》均规定了“一定行业”的含义。黑社会性质组织所控制和影响的“一定行业”，是指在一定区域内存在的同类生产、经营活动。黑社会性质组织通过多次有组织地实施违法犯罪活动，对黄、赌、毒等非法行业形成非法控制或重大影响的，同样符合非法控制特征（危害性特征）的要求。黑社会性质组织所控制和影响的行业，既包括合法行业，也包括黄、赌、毒等非法行业。这些行业一般涉及生产、流通、交换、消费等一个或多个市场环节。

最高检原公诉厅张寒玉在《黑社会性质组织的司法认定》一文中指出，“称霸一方”，由两个因素组成：一是行为因素，即“称霸”，也就是形成一定的威慑力和支配力；二是区域行业因素，即“一方”，也就是一定的区域或行业。由于区域的大小具有相对性，且黑社会性质组织非法控制和影响的对象并不是区域本身，而是在一定区域中生活的人，以及该区域内的经济、社会生活秩序，因此，不能简单地要求“一定区域”必须达到某一特定的空间范围，而应当根据具体案情，并结合黑社会性质组织对经济、社会生活秩序的危害程度予以认定。

非法控制，正是通过“称霸一方”来实现的。黑社会性质组织的“称霸一方”，是一个渐进的过程，需要一定的时间。在犯罪组织形成过程中及犯罪组织形成后，该组织通过实施各种违法犯罪活动，达到在一定行业或地域内“称霸”的目的，反映在实践中，涉足黑社会性质组织犯罪的犯罪分子往往同时犯有数罪。本书认为，在一定区域或者行业内，一个组织没有恶名，或者恶名不为人所知晓的，该组织就没有达到称霸一方的威慑力，不宜认定为黑社会性质组织。

辩点十七 | 不具备四个特征的“套路贷”案件，不是黑社会性质组织案件。

《刑事审判参考》总第 123 集第 1357 号指导案例——方某等人组织、领导、参加黑社会性质组织案。该案中以被告人方某为首的犯罪组织，着眼于通过“套路贷”攫取高额经济利益，成立公司以取代传统的“帮会”，并以“合法公司”作为外衣，以公司下设的各个部门取代“堂口”，以向组织成员发放工资取代“生活费”，甚至重视对组织成员进行专门的培训，以便逃避法律的制裁。在具体实施犯罪活动时，行为人通过让被害人出具书面材料、拍照、拍摄视频等方式，以掩饰行为的非法性，使犯罪行为极具隐蔽性、欺骗性、模糊性。综合黑社会性质组织的四个特征，经无锡市锡山区人民法院一审、无锡市中级人民法院二审审判，认定本案中被告人符合组织、领导、参加黑社会性质组织罪的构成要件。随着社会的不断发展，黑社会性质组织也呈现出了较多新的样态。与传统黑社会性质组织惯常实施的打架斗殴、争抢地盘、收取保护费、欺行霸市、强取豪夺等违法犯罪行为不同的是，当前的黑社会性质组织呈现出表面合法化、手段隐蔽化、控制科学化等特征。

最高检第一检察厅曹红虹在《“套路贷”犯罪中恶势力与黑社会性质组织的审查认定》一文中介绍了一则案例，2019 年 1 月 5 日，D 市东城区人民检察院以景某某等人属恶势力集团，构成诈骗罪、敲诈勒索罪、寻衅滋事罪、虚假诉讼罪提起公诉。同年 5 月 29 日东城区人民法院公开宣判，采纳了检察机关的指控意见，依法判处景某某构成诈骗罪、敲诈勒索罪、寻衅滋事罪，数罪并罚，判处景某某等人有期徒刑以及相应罚金［（2019）黑 06 刑终 228 号刑事判决书］。在案件办理过程中，公安机关与检察机关在案件定性上有分歧。景某某等人尚处在恶势力团伙、恶势力犯罪集团渐进生成、形成过程中，性质转变的节点并不明显。恶势力是对多人多起犯罪形态的一种概括表述，其行为性质需结合具体个案审查认定，而黑社会性质组织犯罪是《刑法》明确规定的犯罪，只有同时具备四个特征时才能认定为黑社会性质组织犯罪。

2018 年两高两部《关于办理黑恶势力犯罪案件若干问题的指导意见》第二十一条规定，对采用讨债公司、“地下执法队”等各种形式有组织地进行上述活动，符合黑社会性质组织、犯罪集团认定标准的，应当按照组织、领导、参加黑社会性质组织罪或者犯罪集团侦查、起诉、审判。2019 年两高两部《关于办理“套路贷”刑事案件若干问题的意见》第十条规定，三人以上为实施“套路贷”而组成的较为固定的犯罪组织，应当认定为犯罪集团。对首要分子应按照集团所犯全部罪行处罚。符合黑恶势力认定标准的，应当按照黑社会性质组织、恶势力或者恶势力犯罪集团侦查、起诉、审判。实践中，“套路贷”是一些黑恶势力常用的犯罪手段，经常出现“套路贷”犯罪与黑恶势力犯罪之间相互交织的情形。但是，要认识到“套路贷”犯罪并不必然就是黑恶势力犯罪，不能因为二者存在关联就简单地在“套路贷”犯罪与黑恶势力犯罪之间画等号。首先，从犯罪主体上看，“套路贷”犯罪可以是黑恶势力实施，也可以是普通的个人、团伙或者犯罪集团实施。只有实施“套路贷”犯罪的行为人同时具备黑恶势力特征的，才能认定为黑恶势力。反之，即使有的团伙、人员实施了“套路贷”犯罪，只要该团伙、人员黑恶势力特征不齐备，不完全符合黑恶势力认定标准,就不能认定为黑恶势力。其次,从犯罪目的上看,黑恶势力犯罪意图多元化,既包括聚敛财富,也包括形成非法秩序、非法影响力。而一般"套路贷"犯罪的目的就是侵财,犯罪目的和侵害的客体相对简单。

辩点十八 | 没有明知是加入违法犯罪的组织,并接受领导和管理的,不符合参加黑社会性质组织罪的构成要件。

2018 年两高两部《关于办理黑恶势力犯罪案件若干问题的指导意见》第五条第一款规定,知道或者应当知道是以实施违法犯罪为基本活动内容的组织,仍加入并接受其领导和管理的行为,应当认定为"参加黑社会性质组织"。参加黑社会性质组织罪的认定标准为以下三个方面:一是客观上有无参加黑社会性质组织的行为,如是否参与了黑社会性质组织的违法犯罪活动;二是行为人主观上知道或应当知道所加入的组织是以实施违法犯罪为基本活动内容的组织;三是行为人接受黑社会性质组织的领导和管理。

全国扫黑办《扫黑除恶执法办案指导手册(第一辑)》记录了曾某等人组织、领导、参加黑社会性质组织案。该案由重庆市万州区人民法院一审、重庆市第二中级人民法院二审判决,认定为黑社会性质组织案。一审认定被告人曾某构成参加黑社会性质组织罪,二审没有认定,并予以改判。公诉机关及一审法院未从证据上考量曾某参与实施犯罪的主观心态及与罗某的关系,认为曾某在罗某的指使下参与实施黑社会性质组织的犯罪活动,即已构成参加黑社会性质组织罪。二审法院审理后认为,虽然曾某曾受罗某的邀约参与了故意伤害朱某案,但从曾某、罗某及其他同案犯的供述来看,至案发时,曾某与罗某才认识一个月,只是一般朋友关系。案发当晚,曾某因与罗某在一起吃饭,故临时受罗某邀约参与了该次犯罪活动,没有证据证实曾某主观上知道罗某等人已经形成违法犯罪组织并希望加入其中,亦无证据证实其平时服从、接受罗某的领导和管理。而且,曾某并未参与该组织的其他违法犯罪活动,除了认识罗某外,与该组织其他成员互不相识,亦未通过该组织的违法犯罪活动谋取利益。综上,不应将曾某认定为黑社会性质组织的成员,对其应以故意伤害罪定罪处罚。二审法院对曾某的改判是正确的。

辩点十九 | 行为人不明知是从事违法犯罪活动的组织,不符合包庇、纵容黑社会性质组织罪的构成要件。

2009 年两高一部《办理黑社会性质组织犯罪案件座谈会纪要》第二部分第二

项的第一点规定,“关于包庇、纵容黑社会性质组织罪主观要件的认定。本罪主观方面要求必须是出于故意,过失不能构成本罪。会议认为,只要行为人知道或者应当知道是从事违法犯罪活动的组织,仍对该组织及其成员予以包庇,或者纵容其实施违法犯罪活动,即可认定本罪。至于行为人是否明知该组织系黑社会性质组织,不影响本罪的成立”。

《刑事审判参考》总第123集第1359号指导案例——张某琦包庇、纵容黑社会性质组织案,由浙江省东阳市人民法院一审、金华市中级人民法院二审判决,认定张某琦犯包庇、纵容黑社会性质组织罪。本案中,以陈某强为组织者、领导者的黑社会性质组织形成于2000年左右,被告人张某琦包庇、纵容行为则始于2007年,当时以陈某强为首的黑社会性质组织已在温岭当地形成了一定社会影响。2007年10月陈某强请托张某琦为涉嫌犯聚众斗殴罪的蔡某波办理取保候审手续,2008年乾宫KTV案发生后,因影响恶劣曾移交打黑办侦查,张某琦作为时任温岭市公安局的领导多次向打黑办打听案件,还告知陈某强逃避侦查对策,足见其熟悉该组织,且介入程度深。因此,张某琦对陈某强犯罪组织的认知程度深,不仅知道该组织是从事违法犯罪活动的组织,对于该组织可能为黑社会性质组织也可认定为明知。

需要注意的是,包庇、纵容黑社会性质组织罪是行为犯,原则上只要行为人在客观上实施了包庇、纵容黑社会性质组织的行为,即构成本罪且属既遂。另外,构成本罪还需要行为人包庇、纵容的是黑社会性质组织及其违法犯罪活动,不能是一般的犯罪组织或违法犯罪行为。

黑社会性质组织必须同时具备组织特征、经济特征、行为特征以及危害性特征。四个特征相互融合的同时,也有主次之分,危害性特征是黑社会性质组织的本质特征,也是黑社会性质组织区别于一般犯罪集团的关键所在。从辩护角度来看,组织特征是较为重要的突破口,是黑社会性质组织的组织形态,表明组织成员组合方式及内部联系,是所有特征中的前置特征。

二、罪轻辩护

辩点二十　被告人是参加黑社会性质组织罪,而非组织、领导黑社会性质组织罪。

2018年两高两部《关于办理黑恶势力犯罪案件若干问题的指导意见》第四条

规定，发起、创建黑社会性质组织，或者对黑社会性质组织进行合并、分立、重组的行为，应当认定为“组织黑社会性质组织”；实际对整个组织的发展、运行、活动进行决策、指挥、协调、管理的行为，应当认定为“领导黑社会性质组织”。第五条规定，知道或者应当知道是以实施违法犯罪为基本活动内容的组织，仍加入并接受其领导和管理的行为，应当认定为“参加黑社会性质组织”。由于刑期、罪责、刑罚的执行等差别较大，此辩点是至关重要的。

辩点二十一 | 被告人是一般参加者，但并非黑社会性质组织的积极参加者。

2018年两高两部《关于办理黑恶势力犯罪案件若干问题的指导意见》第五条第二款规定，参加黑社会性质组织并具有以下情形之一的，一般应当认定为“积极参加黑社会性质组织”：多次积极参与黑社会性质组织的违法犯罪活动，或者积极参与较严重的黑社会性质组织的犯罪活动且作用突出，以及其他在组织中起重要作用的情形，如具体主管黑社会性质组织的财务、人员管理等事项。

根据被告人不是直接听命于组织者、领导者，在层级关系中属于第三层级、底端；没有参与指挥违法犯罪活动，在实施有组织的违法犯罪活动时，积极性相对较低、发挥的作用也不大；在涉案组织的时间较短、发挥的作用不大，并没有主管黑社会性质组织的财务、人员管理等核心工作等，综合论证被告人并非积极参加者，而仅是一般参加者。

积极参加者的量刑重于一般参加者，而且积极参加者有被判处没收财产的刑罚风险，因此本点也是辩护的重点。

辩点二十二 | 事后知晓或者不知晓犯罪事实的组织者、领导者仅负一般责任。

2010年最高法刑三庭《在审理故意杀人、伤害及黑社会性质组织犯罪案件中切实贯彻宽严相济刑事政策》第三部分第二点第一款指出：“还要注意责任范围和责任程度的区别，不能简单认为组织者、领导者就是具体犯罪中责任最重的主犯。对于组织成员实施的黑社会性质组织犯罪，组织者、领导者只是事后知晓，甚至根本不知晓，其就只应负有一般的责任，直接实施的成员无疑应负最重的责任。”组织者、领导者在具体犯罪中符合从犯的规定，在具体犯罪量刑时应当从轻、减轻处罚或者免除处罚。

辩点二十三 | 情节较轻的、初犯、偶犯、未成年犯，应当从轻、减轻处罚。

2010年2月8日最高法《关于贯彻宽严相济刑事政策的若干意见》第三十条第一款规定，"对于恐怖组织犯罪、邪教组织犯罪、黑社会性质组织犯罪和进行走私、诈骗、贩毒等犯罪活动的犯罪集团，在处理时要分别情况，区别对待……对受欺骗、胁迫参加犯罪组织、犯罪集团或只是一般参加者，在犯罪中起次要、辅助作用的从犯，依法应当从轻或减轻处罚，符合缓刑条件的，可以适用缓刑"。

2010年最高法刑三庭《在审理故意杀人、伤害及黑社会性质组织犯罪案件中切实贯彻宽严相济刑事政策》第三部分第二点第二款中规定，"对犯罪情节较轻的其他参加人员以及初犯、偶犯、未成年犯，则要依法从轻、减轻处罚"。

2015年最高法《全国部分法院审理黑社会性质组织犯罪案件工作座谈会纪要》第一部分第二项中规定，"对于一般参加者，虽然参与实施了少量的违法犯罪活动，但系未成年人或是只起次要、辅助作用的，应当依法从宽处理。符合缓刑条件的，可以适用缓刑"。应根据以上规定，核实被告人是否具备以上从轻、减轻处罚的情节。

辩点二十四 | 具有坦白、自首、立功等情节，可获从轻、减轻或免除处罚。

被告人具有《刑法》第六十七条、第六十八条规定的自首、立功情节的，应当对被告人依法从轻、减轻或免除处罚。

关于坦白情节。2015年最高法《全国部分法院审理黑社会性质组织犯罪案件工作座谈会纪要》第三部分第二项第一款规定，"黑社会性质组织的成员虽不具有自首情节，但到案后能够如实供述自己罪行，并具有以下情形之一的，一般应当适用《刑法》第六十七条第三款的规定予以从轻处罚：1. 如实交代大部分尚未被掌握的同种犯罪事实；2. 如实交代尚未被掌握的较重的同种犯罪事实；3. 如实交代犯罪事实，并对收集定案证据、查明案件事实有重要作用的"。

关于立功情节。2015年最高法《全国部分法院审理黑社会性质组织犯罪案件工作座谈会纪要》第三部分第二项第二款规定，"组织者、领导者、骨干成员以及'保护伞'协助抓获同案中其他重要的组织成员，或者骨干成员能够检举揭发其他犯罪案件中罪行同样严重的犯罪分子，原则上依法应予从轻或者减轻处罚"。

关于配合查办案件。2009年两高一部《办理黑社会性质组织犯罪案件座谈会纪要》第二部分第二项的第五点中规定，"积极参加者、其他参加者配合司法机关查办案件，有提供线索、帮助收集证据或者其他协助行为，并对侦破黑社会性质组织犯罪案件起到一定作用的，即使依法不能认定立功，一般也应酌情对其从轻处罚”。2012 年两高两部《关于办理黑社会性质组织案件若干问题的规定》第十四条第二款规定，“在查明黑社会性质组织的组织结构和组织者、领导者的地位和作用，追缴、没收赃款赃物，打击‘保护伞’方面提供重要线索，经查证属实的，可以酌情从宽处理”。2015 年最高法《全国部分法院审理黑社会性质组织犯罪案件工作座谈会纪要》第三部分第二项第二款规定，“积极参加者、一般参加者配合司法机关查办案件，有提供线索、帮助收集证据或者其他协助行为，并在侦破黑社会性质组织犯罪案件、认定黑社会性质组织及其主要成员、追缴黑社会性质组织违法所得、查处‘保护伞’等方面起到较大作用的，即使依法不能认定立功，一般也应酌情对其从轻处罚”。

辩点二十五 | 被告人积极赔偿，且被害人或其家属谅解的，可以从宽处罚。

2015 年最高法《全国部分法院审理黑社会性质组织犯罪案件工作座谈会纪要》第三部分第二项第三款规定，“审理黑社会性质组织犯罪案件，应当通过判处和执行民事赔偿以及积极开展司法救助来最大限度地弥补被害人及其亲属的损失。被害人及其亲属确有特殊困难，需要接受被认定为黑社会性质组织成员的被告人赔偿并因此表示谅解的，量刑时应当特别慎重。不仅应当查明谅解是否确属真实意思表示以及赔偿款项与黑社会性质组织违法所得有无关联，而且在决定是否从宽处罚、如何从宽处罚时，也应当从严掌握。可能导致全案量刑明显失衡的，不予从宽处罚”。可以从谅解的真实性、赔偿款项的来源以及量刑平衡进行说明。

三、涉案财产辩护

辩点二十六 | 违法追缴、没收的合法财产应予退还，保留必要的生活费用和物品，合理使用涉案财产。

2009 年两高一部《办理黑社会性质组织犯罪案件座谈会纪要》第二部分第二项的第三点中规定，“对于涉黑犯罪财物及其收益以及犯罪工具，均应按照刑法第六十四条和《司法解释》第七条的规定予以追缴、没收。黑社会性质组织及其成员通过犯罪活动聚敛的财物及其收益，是指在黑社会性质组织的形成、发展过程中，该组织及组织成员通过违法犯罪活动或其他不正当手段聚敛的全部财物、财产性权益及其孳息、收益。在办案工作中,应认真审查涉案财产的来源、性质,对被告人及其他单位、个人的合法财产应依法予以保护”。可以从被没收的财产的合法性,对以合法手段取得的财产向办案机关主张退还被告人。

2019 年两高两部《关于办理黑恶势力刑事案件中财产处置若干问题的意见》第三条规定,“对涉案财产采取措施,应当为犯罪嫌疑人、被告人及其所扶养的亲属保留必需的生活费用和物品。根据案件具体情况,在保证诉讼活动正常进行的同时,可以允许有关人员继续合理使用有关涉案财产,并采取必要的保值保管措施,以减少案件办理对正常办公和合法生产经营的影响”。可以从生活必需、生产正常进行等方面,主张保留有关涉案财物。

四、程序辩护

程序辩护与实体辩护同属于刑事辩护的下位概念。程序辩护是指根据案件程序事实和程序法及相关法律规定,向办案机关提出对犯罪嫌疑人、被告人有利的程序性请求,或者对办案机关的程序违法行为提出异议,要求办案机关予以采纳或者纠正、制裁,以维护犯罪嫌疑人、被告人在诉讼过程中依法享有的诉讼权利和其他合法权益的辩护活动。程序辩护主要有请求型、要求型、抗辩型、救济型等类型。

《刑事诉讼法》第三十七条规定,“辩护人的责任是根据事实和法律,提出犯罪嫌疑人、被告人无罪、罪轻或者减轻、免除其刑事责任的材料和意见,维护犯罪嫌疑人、被告人的诉讼权利和其他合法权益”。通过条文可以看出,辩护不仅包括实体辩护,也包括程序辩护。

《刑事诉讼法》第二百三十八条规定,“第二审人民法院发现第一审人民法院的审理有下列违反法律规定的诉讼程序的情形之一的,应当裁定撤销原判,发回原审人民法院重新审判:(一)违反本法有关公开审判的规定的;(二)违反回避制度的;(三)剥夺或者限制了当事人的法定诉讼权利,可能影响公正审判的;(四)审判组织的组成不合法的;(五)其他违反法律规定的诉讼程序,可能影响公正审判的”。2021 年最高法《关于适用〈中华人民共和国刑事诉讼法〉的解释》第三百九十一条规定,“对上诉、抗诉案件,应当着重审查下列内容:……(三)在调查、侦查、审查起诉、第一审程序中,有无违反法定程序的情形”。上述规定表明法院在审判过程中,不仅要审查实体部分,也要审查程序部分。

在有组织犯罪案件中,程序辩护主要集中在侦查管辖、二审阶段不开庭的回避、非法证据排除、讯问中的同步录音录像、指定监视居住、人民陪审员参与审判等方面。

辩点二十七 | 一些有组织犯罪案件的侦查管辖,不符合有关规定。

级别管辖。公安部《公安机关办理刑事案件程序规定》第二十四条规定,“县级公安机关负责侦查发生在本辖区内的刑事案件。设区的市一级以上公安机关负责下列犯罪中重大案件的侦查:……(五)集团犯罪”。该规定明确,6 类犯罪案件中的重大案件,由设区的市一级以上公安机关侦办。实践中,绝大多数有组织犯罪案件均是由县级公安机关负责侦查。扫黑除恶斗争常态化进行,设区的市一级公安机关在组织领导、警力资源、侦查资源等方面,能够提供足够的保障。本书认为,公安机关的侦查管辖,即有组织犯罪案件应由设区的市一级以上公安机关负责侦办。

指定管辖。公安部《公安机关办理刑事案件程序规定》第二十二条第一款、第二款规定,“对管辖不明确或者有争议的刑事案件,可以由有关公安机关协商。协商不成的,由共同的上级公安机关指定管辖。对情况特殊的刑事案件,可以由共同的上级公安机关指定管辖”。指定管辖必须具备的条件:一是管辖不明确或者有争议;二是协商不成。实践中,部分地方公安机关的指定管辖不符合规定。

辩点二十八 | 有组织犯罪案件,二审阶段不开庭审理,无法充分保障被告人的回避权利。

《刑事诉讼法》第二百三十四条规定了二审开庭审理的四种情形。2021 年最高法《关于适用〈中华人民共和国刑事诉讼法〉的解释》第三百九十三条规定,“下列案件,根据刑事诉讼法第二百三十四条的规定,应当开庭审理:(一)被告人、自诉人及其法定代理人对第一审认定的事实、证据提出异议,可能影响定罪量刑的上诉案件;(二)被告人被判处死刑的上诉案件;(三)人民检察院抗诉的案件;(四)应当开庭审理的其他案件。被判处死刑的被告人没有上诉,同案的其他被告人上诉的案件,第二审人民法院应当开庭审理”。该法第三百九十四条规定,对上诉、抗诉案件,第二审人民法院经审查,认为原判事实不清、证据不足,或者具有《刑事诉讼法》第二百三十八条规定(违反《刑事诉讼法》有关公开审判的规定的;

违反回避制度的;剥夺或者限制了当事人的法定诉讼权利,可能影响公正审判的;审判组织的组成不合法的;其他违反法律规定的诉讼程序,可能影响公正审判)的违反法定诉讼程序情形,需要发回重新审判的,可以不开庭审理。由于诸多因素影响,有组织犯罪案件的二审阶段,多数案件不开庭审理,被告人的申请回避等权利能否得到保障,无从知晓。本书认为,黑社会性质组织犯罪案件,在当地社会影响大、群众关注度高,属于重大、复杂的案件,二审阶段应开庭审理,全面保障被告人的合法权益。

辩点二十九 | 非法证据排除规则。

《刑事诉讼法》并未界定非法证据的概念,而是直接规定了非法证据的表现形式,即采用刑讯逼供等非法方法收集的犯罪嫌疑人、被告人供述和采用暴力、威胁等非法方法收集的证人证言、被害人陈述,以及通过不符合法定程序且可能严重影响司法公正的方式收集的物证、书证。刑事诉讼法所规定的"非法证据",与英美法所关注的"非法证据"一样,都具有特定的含义,即只有通过违反法定程序并且严重侵犯基本人权(或者严重影响司法公正)的非法方法(方式)收集的证据,才属于非法证据。

相关法律、司法解释等规定了非法证据排除的具体规定,具体是:

1. 对以非法方法收集证据的范围作出进一步界定。

一是明确了采取殴打、违法使用戒具等暴力方法或者变相肉刑的恶劣手段,使犯罪嫌疑人、被告人遭受难以忍受的痛苦而违背意愿作出的供述,应当予以排除。二是明确了采用以暴力或者严重损害本人及其近亲属合法权益等进行威胁的方法,使犯罪嫌疑人、被告人遭受难以忍受的痛苦而违背意愿作出的供述,应当予以排除。三是明确了采用非法拘禁等非法限制人身自由的方法收集的犯罪嫌疑人、被告人供述,应当予以排除。四是明确了采用暴力、威胁以及非法限制人身自由等非法方法收集的证人证言、被害人陈述,应当予以排除。五是明确了对非法实物证据实行裁量排除,即收集物证、书证不符合法定程序,可能严重影响司法公正的,应当予以补正或者作出合理解释,不能补正或者作出合理解释的,对有关证据应当予以排除。

2. 明确了重复性供述的排除规则及其例外情形。

采用刑讯逼供方法使犯罪嫌疑人、被告人作出供述,之后犯罪嫌疑人、被告人受该刑讯逼供行为影响而作出的与该供述相同的重复性供述应当一并排除。也就是说，犯罪嫌疑人、被告人为刑讯逼供的“余威”所慑，违背意愿作出的供述应当与受到刑讯逼供时所作的供述一并排除。

关于犯罪嫌疑人、被告人所作的重复性供述是否受到之前刑讯逼供行为的影响，可以结合刑讯逼供的严重程度以及给犯罪嫌疑人、被告人造成的身体和心理伤害，再次讯问距离刑讯逼供的时间间隔，再次讯问的人员是否参与过刑讯逼供、是否有语言或者行为上的威胁，再次讯问时办案人员是否按照规定告知被讯问人诉讼权利和认罪的法律后果等进行综合判断。同时，明确了排除重复性供述的两种例外情形：一是侦查期间，根据控告、举报或者自己发现等，侦查机关确认或者不能排除以非法方法收集证据而更换侦查人员，其他侦查人员再次讯问时告知诉讼权利和认罪的法律后果，犯罪嫌疑人自愿供述的。主要是考虑侦查机关更换侦查人员重新进行讯问并告知诉讼权利和认罪的法律后果，是对刑讯逼供的一种预防和纠正，如果对此种重新讯问取得的重复性供述也予以排除，势必会影响侦查机关自我纠错，主动排除非法证据的积极性。并且，认罪认罚是犯罪嫌疑人的一项权利，如果对其自愿作出的重复性供述予以排除，则显然对其不利。因此，侦查机关主动更换侦查人员应当作为排除重复性供述的例外情形。二是审查逮捕、审查起诉和审判期间，检察人员、审判人员讯问时告知诉讼权利和认罪的法律后果，犯罪嫌疑人、被告人自愿供述的。主要是考虑，检察机关与侦查机关之间有监督制约的关系，审判机关是中立的裁判者，随着诉讼阶段的变更，检察人员、审判人员的讯问通常能够阻断侦查阶段刑讯逼供的影响。

实践中要严格区分非法证据与瑕疵证据。如果仅仅是证据收集程序、方式存在瑕疵，不符合法律的规定，例如，收集调取的物证、书证，在勘查笔录、提取笔录上没有侦查人员等相关人员签名的，不能作为非法证据予以排除。对于此类瑕疵证据，不能适用非法证据排除程序。上述瑕疵证据可以通过有关办案人员予以补正或者作出合理解释，经补正或者作出合理解释后，依法可以采用。此种情形实际上是在确认该证据真实性的同时认可其证据资格；对于无法补正或者作出合理解释的情形，因不能确保证据的真实性，应当依法对该证据予以排除。

犯罪的反社会性和侦查正义性决定了对抗性是侦查活动永恒的规律，侦查活动本身所具有的对抗性则决定了犯罪侦查是一种具有博弈性的活动。有组织犯罪案件的非法证据排除，主要集中在法院审判阶段。当事人及其辩护人、诉讼代理人有权申请人民法院对以非法方法收集的证据依法予以排除。申请排除以非法方法收集的证据的,应当提供相关线索或者材料。“线索”是指内容具体、指向明确的涉嫌非法取证的人员、时间、地点、方式等;“材料”是指能够反映非法取证的伤情照片、体检记录、医院病历、讯问笔录、讯问录音录像或者同监室人员的证言等。

我国现有的非法证据排除规定,主要有:

1.《刑事诉讼法》第五十六条至第六十条。

2. 2021 年最高法《关于适用〈中华人民共和国刑事诉讼法〉的解释》第一百二十三条至第一百三十八条。

3. 2017 年最高法、最高检、公安部、国家安全部、司法部《关于办理刑事案件严格排除非法证据若干问题的规定》(法发〔2017〕15 号)。

4. 2017 年最高法《人民法院办理刑事案件排除非法证据规程(试行)》(法发〔2017〕31 号)。

5. 2010 年最高法、最高检、公安部、国家安全部、司法部《关于办理刑事案件排除非法证据若干问题的规定》(法发〔2010〕20 号)。

辩点三十 | 言词证据要客观真实、合法。

言词证据的客观真实性,可从以下方面进行判断:笔录是不是复制粘贴,多份笔录内容是否高度一致,笔录内容与当事人实际表达能力是否相符,当事人的用语与其身份是否相符,笔录中生活用语是不是当事人生活地、居住地的用语,是不是诱导性讯问,是不是猜测性、评论性、推断性的证言等。

讯问地点的合法性,是言词证据合法性的重要标志之一。讯问地点的合法性主要考查以下方面:一是未羁押犯罪嫌疑人的讯问地点,必须是犯罪嫌疑人所在的市、县辖区内的指定地点。其中,指定地点一般是指犯罪嫌疑人所在的市、县内公安机关的办案场所、办公场所,或者在犯罪嫌疑人所在市、县内的住处进行讯问。该住处可以是犯罪嫌疑人的临时住处、租房处等。二是在现场讯问。如果在现场发现犯罪嫌疑人,侦查人员经出示工作证件,可以口头传唤,并将传唤的原因和依据告知被传唤人。在讯问笔录中应当注明犯罪嫌疑人到案方式,并由犯罪嫌疑人注明到案时间和传唤结束时间。三是取保候审、监视居住犯罪嫌疑人的讯问地点。对取保候审的犯罪嫌疑人,既可以通知其到办案部门的办案场所进行讯问,也可以在其所在市、县内公安机关的办案场所或者他的住处等进行讯问。对于监视居住的犯罪嫌疑人,可以在其被监视居住的场所进行讯问,也可以在公安机关的办案场所进行讯问。四是对已羁押的犯罪嫌疑人,只能在看守所讯问。对犯罪嫌疑人逮捕或者拘留后,必须在24小时内送看守所羁押,此后的讯问必须在看守所进行。五是超出合法地点讯问的,不但要注明原因,还要收集取证合法性的证明。首先是注明原因。超出上述合法地点讯问的,应当在笔录中注明超出合法讯问地点的原因。假如在医院讯问犯罪嫌疑人的,医院不是法定的讯问地点,应当在笔录中注明犯罪嫌疑人在医院治疗的原因。其次要收集讯问合法性的证明。在实践中,如遇特殊情况,需要及时固定犯罪嫌疑人口供的,不但要问清并注明原因,还要收集证明讯问合法性的证据。如调取记录讯问过程的录音或者录像、犯罪嫌疑人进出看守所的健康检查记录、笔录,并结合录音或者录像、记录、笔录对口供进行审查,以证明取证的合法性。最后,如果在公安机关指定的监视居住场所进行讯问的,指定机关应当作出书面说明。六是其他情况的处理。如遇犯罪嫌疑人出所辨认犯罪现场,或者提取物证、书证等过程中作重要供述,但供述内容简单的,也可在辨认或者提取笔录等相关文书中记明情形,或者采用同步录音录像等方式记录。除情况紧急必须现场讯问以外,在规定的办案场所外讯问取得的供述,未依法对讯问进行全程录音或者录像取得的供述,以及不能排除以非法方法取得的供述,应当排除。

辩点三十一 | 讯问过程的同步录音录像要完整。

《刑事诉讼法》第一百二十三条规定,"侦查人员在讯问犯罪嫌疑人的时候,可以对讯问过程进行录音或者录像;对于可能判处无期徒刑、死刑的案件或者其他重大犯罪案件,应当对讯问过程进行录音或者录像。录音或者录像应当全程进行,保持完整性"。公安部《公安机关办理刑事案件程序规定》第二百零八条规定,"讯问犯罪嫌疑人,在文字记录的同时,可以对讯问过程进行录音录像。对于可能判处无期徒刑、死刑的案件或者其他重大犯罪案件,应当对讯问过程进行录音录像。前款规定的'可能判处无期徒刑、死刑的案件',是指应当适用的法定刑或者量刑档次包含无期徒刑、死刑的案件。'其他重大犯罪案件',是指致人重伤、死亡的严重危害公共安全犯罪、严重侵犯公民人身权利犯罪,以及黑社会性质组织犯罪、严重毒品犯罪等重大故意犯罪案件。对讯问过程录音录像的,应当对每一次讯问全程不间断进行，保持完整性。不得选择性地录制，不得剪接、删改”。《刑事诉讼法》《公安机关办理刑事案件程序规定》规定了必须同步录音录像的几类案件。

可能判处无期徒刑、死刑的案件、黑社会性质组织犯罪案件等，应当在讯问过程中，同步录音录像。全程录音录像不仅可以还原讯问过程，使讯问活动透明化，而且能够动态和直观地反映供述的全过程，证明讯问过程的合法性。在河北省遵化市法院王某斌受贿案［（2015）遵刑初字第 00128 号］中，一审法院认为，公诉机关未能提交 2014 年 10 月 22 日（不含本日）以前对被告人王某斌讯问的同步录音录像资料，依据人民检察院讯问职务犯罪嫌疑人实行全程录音录像的规定，故对 2014 年 10 月 22 日以前被告人王某斌被讯问时所作的供述不予采信。《刑事审判参考》总第 101 集第 1038 号指导案例——文某非法持有毒品案中，侦查机关未能提供讯问全程同步录音录像，并出具了一份情况说明，载明侦查人员就本案审讯过程制作过全程同步录音录像，但因主办人员于 2013 年 4 月调离且其电脑已报废，故该录音录像灭失。由于案发地公安机关有对所有刑事案件全程同步录音录像的惯例，只是区分是否属于大案要案而决定是否另行刻录光盘。该情况说明以主办人员调离、电脑报废作为录音录像资料灭失的理由难以令人信服。

辩点三十二 ｜ 指定监视居住要合法。

指定监视居住是有组织犯罪案件常见的辩护重点。《刑事诉讼法》规定了可以适用指定监视居住的情形，一是无固定住处的犯罪嫌疑人、被告人，二是犯罪嫌疑人、被告人涉嫌危害国家安全犯罪、恐怖活动犯罪，在住处执行可能有碍侦查的，经上一级公安机关批准。

办理有组织犯罪案件，指定监视居住主要存在以下情形：第一，采取“异地管辖、异地办案”的侦查措施，取得侦查阶段立案管辖权，制造出犯罪嫌疑人在办案机关所在地没有固定住处的事实；第二，采取移送侦查管辖，上级公安机关立案管辖下级公安机关办理的案件，取得侦查阶段立案管辖权，制造出由上级公安机关提级管辖的情形，实际仍然由下级公安机关办理。采取以上方法的主要目的还是获取口供。

指定监视居住的适用情形，必须符合法律、规章等相关规定。指定监视居住的场所，应当具备正常的生活、休息条件，便于监视、管理，保证安全。上级公安机关办理下级公安机关的案件，犯罪嫌疑人在下级公安机关所在地有固定住处的，上级公安机关不得采取指定监视居住的措施。2015 年 12 月最高检《人民检察院对指定居所监视居住实行监督的规定》中规定，公安机关、人民检察院、人民法院对犯罪嫌疑人、被告人适用指定居所监视居住的，人民检察院应当依法对指定居所监视居住的决定和执行是否合法实行监督。辩护人只要有证据证明侦查机关指定居所监视居住的决定与执行存在违法情况，均可据此向检察机关提出控告，由检察机关监督侦查机关对违法行为进行纠正。在云南省普洱市中级人民法院吴某华受贿案二审刑事裁定书中［（2017）云 08 刑终 51 号］，二审法院认为，由于监视居住地点违法且公诉机关未能提供其他足以排除取证非法性的证据，因此排除了违法监视居住期间的供述。本书认为，违反指定监视居住的规定，可以申请检察机关监督；在审判阶段，获取证据的方式不合法或不符合合法性要求的，可以申请排除。

辩点三十三 | 人民群众广泛关注或者其他社会影响较大的案件，应当由审判员和人民陪审员组成 7 人合议庭。

《人民陪审员法》关于采用陪审制案件范围的规定一共有三个条文，其中第十五条、第十六条是法院依职权采用陪审制，第十七条是依当事人申请采用。法院依职权采用陪审制，是指当出现法定情形时，就应当采用由人民陪审员和法官组成合议庭。否则，还是由法院任意决定。最高法政治部编著的《〈中华人民共和国人民陪审员法〉条文理解与适用》一书中也指出：《人民陪审员法》把适用陪审制案件分成了人民法院应当适用陪审制的案件和依当事人申请适用陪审制的案件。对于该法第十五条、第十六条规定的案件，人民法院应当决定适用陪审制，因此，无须当事人提出申请，其中对“可能判处十年以上有期徒刑、无期徒刑、死刑，社会影响重大的刑事案件”直接规定的就是 7 人合议庭，而不是“可以”。

2021 年 3 月 1 日起施行的最高法《关于适用〈中华人民共和国刑事诉讼法〉的解释》第二百一十三条第二款规定：“基层人民法院、中级人民法院、高级人民法院审判下列第一审刑事案件，由审判员和人民陪审员组成七人合议庭进行：（一）可能判处十年以上有期徒刑、无期徒刑、死刑，且社会影响重大的……（三）其他社会影响重大的。”《最高人民法院关于适用〈中华人民共和国刑事诉讼法〉的解释理解与适用》对此的说明是，“本文系新增条文，与《人民陪审员法》第十四条、第十五条第一款、第十六条相衔接……经研究认为根据法律规定，对可能判处十年以上有期徒刑、无期徒刑、死刑的一审案件，同时满足社会影响重大的条件，应当组成七人合议庭”。

2020年9月24日，吉林省高级人民法院(2019)吉刑终256号裁定书认为，由于第一被告人被判处无期徒刑，且是社会影响重大的扫黑除恶案件，原审合议庭的组成违反了人民陪审员参审的法律规定，依照《刑事诉讼法》第二百三十八条第四项(审判组织的组成不合法)和《人民陪审员法》第十四条、第十六条之规定，裁定撤销通化市中级人民法院(2019)吉05刑初19号刑事附带民事判决，发回重审。

辩点三十四　|　有组织犯罪案件侦查终结前，应当进行讯问合法性核查。

2016年7月20日，最高法、最高检、公安部、国家安全部、司法部发布《关于推进以审判为中心的刑事诉讼制度改革的意见》确立了刑事诉讼领域若干重大的司法体制改革方向问题，其中，第五条第二款确立了要“探索建立重大案件侦查终结前对讯问合法性进行核查制度”。2020年1月13日，最高检、公安部、国家安全部联合发布了《关于重大案件侦查终结前开展讯问合法性核查工作若干问题的意见》(高检发办字〔2020〕4号)。其中第二条规定，“重大案件侦查终结前讯问合法性核查，是指对于可能判处无期徒刑、死刑的案件或者其他重大案件，人民检察院在侦查终结前对讯问合法性进行核查”。该意见的发布把重大案件侦查终结前讯问合法性核查工作制度落到了实处。公安部《公安机关办理刑事案件程序规定》第二百八十四条规定，“对侦查终结的案件，公安机关应当全面审查证明证据收集合法性的证据材料，依法排除非法证据。排除非法证据后证据不足的，不得移送审查起诉。公安机关发现侦查人员非法取证的，应当依法作出处理，并可另行指派侦查人员重新调查取证”。本书认为，有组织犯罪案件，符合重大案件的条件，在侦查终结前应对讯问合法性进行核查。

重大案件侦查终结前讯问合法性核查工作以司法文件的方式确立为一项重要的诉讼工作制度，既是检察机关对侦查合法性的制约，也是对侦查人员取证行为的保护，避免侦查人员因以非法的讯问手段触犯法律，尤其是触犯刑事法律而受到处罚。同时，重大案件侦查终结前讯问合法性核查工作制度也为辩护律师提供了一种辩护利器，对未经核查的重大刑事案件，且有相关线索或者材料证明可能存在或者不能排除存在刑讯逼供等非法方法取证情形的，辩护律师可以提出排除非法证据申请，要求启动非法证据排除程序。

辩点三十五 | 审查起诉、审判阶段应当落实辩护律师全覆盖制度。

2017 年 10 月，在贯彻党的十八届四中全会决定精神，开展“推进以审判为中心的诉讼制度改革”和“完善认罪认罚从宽制度”的进程中，最高法、司法部制定《关于开展刑事案件律师辩护全覆盖试点工作的办法》，率先在北京、上海、浙江、安徽、河南、广东、四川、陕西等 8 个省（直辖市）开展刑事案件审判阶段律师辩护全覆盖试点工作。该办法规定第二审法院发现第一审法院未履行辩护职责，导致被告人在审判期间未获得律师辩护的，裁定撤销原判，发回原审人民法院重新审判。2018 年 12 月，在总结前期试点经验基础上，又将试点工作扩大到全国范围。此举使审判阶段没有委托辩护人的被告人，能够免费获得法律援助机构指派的律师为其辩护或者由值班律师提供法律帮助。试点工作大大促进了刑事法律援助的案件范围扩大和办案数量增加。审判阶段的试点是卓有成效的，但审判阶段只是刑事诉讼的一个阶段，还有侦查阶段和审查起诉阶段。律师辩护介入这些阶段，才能称得上“全覆盖”。2022 年 10 月 12 日，两高两部联合印发《关于进一步深化刑事案件律师辩护全覆盖试点工作的意见》，不仅要求巩固审判阶段律师辩护全覆盖试点工作的成效，强调“抓紧实现县域工作全覆盖”和“从有形覆盖转向有效覆盖”，明确提出从 2022 年 11 月底前确定 2 至 3 个地市（直辖市的区县）开展审查起诉阶段律师辩护全覆盖试点。此举标志着刑事案件律师辩护全覆盖试点工作已从审判阶段走向审查起诉阶段，也意味着向全面的刑事案件律师辩护全覆盖的目标迈出了一大步！

《法律援助法》第二十五条规定，“刑事案件的犯罪嫌疑人、被告人属于下列人员之一，没有委托辩护人的，人民法院、人民检察院、公安机关应当通知法律援助机构指派律师担任辩护人：（一）未成年人；（二）视力、听力、言语残疾人；（三）不能完全辨认自己行为的成年人；（四）可能被判处无期徒刑、死刑的人；（五）申请法律援助的死刑复核案件被告人；（六）缺席审判案件的被告人；（七）法律法规规定的其他人员。其他适用普通程序审理的刑事案件，被告人没有委托辩护人的，人民法院可以通知法律援助机构指派律师担任辩护人”。《法律援助法》规定了必须法律援助的 7 种情形。2022 年 10 月 12 日，两高两部发布《关于进一步深化刑事案件律师辩护全覆盖试点工作的意见》的第三部分“开展审查起诉阶段律师辩护全覆盖试点工作”中的第七条规定,“确定通知辩护范围。犯罪嫌疑人没有委托辩护人,且具有可能判处三年以上有期徒刑、本人或其共同犯罪嫌疑人拒不认罪、案情重大复杂、可能造成重大社会影响情形之一的,人民检察院应当通知法律援助机构指派律师为其提供辩护。已先行开展试点的地区,可以结合本地实际扩大通知辩护案件范围”。根据上述规定,本书认为,在认罪认罚从宽制度下,要全面保障被告人合法权益,在审查起诉、审判阶段应当落实辩护律师全覆盖制度。

五、道德辩护

辩点三十六 | 除实体辩护、程序辩护之外,道德辩护也是不可忽视的辩点。

道德辩护,就是指在刑事诉讼中依据天理、人情等观念为犯罪嫌疑人、被告人所作的辩护。多维度辩护的理念,即以实体辩护、程序辩护的双维度视角为基础,加上道德辩护的视角,形成多维立体辩护体系,充分保障被告人的合法权益,为被告人争取最佳的裁判结果。

2021 年 7 月 9 日,全国法院刑事审判工作座谈会强调,要深入贯彻习近平法治思想,坚守人民立场,让人民群众对公平正义更加可触可感,兼顾国法天理人情,大力弘扬社会主义核心价值观,将人民法院对公平正义的专业判断与人民群众朴素的公平正义观结合起来,坚持尊重民意与保持法治定力相统一,确保裁判结果公平公正,符合最广大人民群众的根本利益。要区分案件性质和具体情况。对严重危害国家安全、公共安全,严重影响人民群众安全感的犯罪,如暴力恐怖、涉黑涉恶、涉枪涉爆、抢劫、绑架、强奸、拐卖等犯罪,要坚决依法严惩。但对其中有些主观恶性不是很大,犯罪情节一般,手段有所节制,未造成严重后果的,或者在共同犯罪中地位作用、罪责次要的,也要具体情况具体分析,有所区别。

第五篇

案例篇

本篇汇编了最高法、最高检、公安部等机关发布的裁判案例、指导性案例、公报案例等74个案例，归纳、总结出裁判要旨，充分发挥典型案例的引领、示范、指导作用。

一、最高法裁判案例、指导性案例[①]

（一）最高法裁判案例[②]

1. 辽宁省刘某组织、领导黑社会性质组织案

【案号】(2003)刑提字第5号

【简要案情】被告人刘某自1995年以来，先后纠集原审同案被告人宋某飞、吴某明、董某岩、李某国、程某、张某奇、刘某2等人，在原审同案被告人朱某、刘某3、孟某龙、房某（均系警察）的参与及纵容下，逐步形成以其为首，以其建立的企业为依托的黑社会性质组织，采取暴力等非法手段聚敛钱财，收买国家工作人员马某东、刘某4、焦某瑰、高某贤、凌某秀、姜某本、杨某维（均另案处理）等人为其提供非法帮助，在一定区域和行业范围内有组织地进行违法活动。具体事实如下：

1998年2月25日，再审被告人刘某因沈阳市盛京饭店起诉其公司拖欠购房款，而对该饭店总经理刘某5不满，指使宋某飞、张某奇、刘某6（在逃）持片刀、枪刺在盛京饭店东门前向刘某5头、面、臂等处连砍数刀，致刘某5重伤，伤残程度五级。该饭店职工崔某军、刘某7见状上前解救刘某5时，也被砍为轻微伤。

1998年4月20日，再审被告人刘某在沈阳市沈河区怀远门滚石迪厅跳舞时与两名女青年发生纠纷，又与保安人员发生厮打。经公安机关处理，刘某作了赔偿。刘某为此不满，指使宋某飞、吴某明纠集董某岩、李某国、刘某2、张某奇等人于同年5月1日下午到滚石迪厅，持砍刀、铁管砍、打迪厅员工，将赵某智的头、面、手、腿部和金某发的肩、肘部砍伤，致赵某智轻伤，金某发轻微伤，并砸毁迪厅内的电视、桌椅、门窗玻璃等物品，价值人民币11,340元。

---

① 共42件。

② 共2件。

1998年10月30日，再审被告人刘某邀请他人到沈阳大卫营健康休闲俱乐部（以下简称大卫营）娱乐，随刘某一同前往的还有程某、朱某、房某、项某岳（原审同案被告人）等人。因刘某等人观看演出时，服务人员将包房让与周某和警察杜某军、朱某刚等人，双方发生口角并厮打。房某霆持手枪威逼对方，刘某指使闻讯赶来的张某伟、孙某洪（均另案处理）持刀向周某头、胸、腹、四肢等处猛刺10余刀，致周某脾破裂，失血性休克，脾摘除，造成重伤，伤残程度五级。

1999年1月的一天晚上，朱某、刘某3、房某与刘某8（另案处理）等人在再审被告人刘某经营的沈阳浴乐城B99包房内饮酒时，朱某与在A01包房内饮酒的李某岩发生争执。经刘某调解未果，李某岩与朱某在B99包房内再次发生厮打。朱某向天棚开枪，刘某3、房某等人持手枪逼住见状上前的李某岩的随行人员刘某9、张某伟、孙某洪，向其周围连开数枪。刘某持朱某的手枪，把李某岩拽到A01包房，向李某岩左腿部连开两枪，致其轻伤。李某岩被击伤后逃离现场，刘某等人又驾车在沈阳市内四处追撵，因李某岩逃往外地躲藏而作罢。

1999年1月8日晚，宋某飞、吴某明在沈阳市小格兰酒店饮酒时，与黄某刚等人发生斗殴被刺伤。再审被告人刘某闻讯后，带领宋某飞、吴某明、董某岩、李某国、朱某、刘某3及张某昊（另案处理）等人驾车赶到沈阳市第四人民医院，报复因受伤在此治疗的黄某刚。刘某在楼下等候，董某岩、李某国、张某昊等人持刀在手术室门口砍刺陪同黄某刚的孙某岩，致孙某岩轻伤。

1999年年初，原审同案被告人马某义因对本单位领导中国农业银行辽宁省分行副行长范某斌不满，请再审被告人刘某帮其报复。在刘某授意下，同年2月24日17时许，宋某飞、吴某明纠集董某岩、李某国携带砍刀等凶器，经马某义指认，在沈阳市沈河区杏林街6号交通银行门前，向范某斌头、胸、背、臀等处砍刺10余刀，致范某斌轻伤。

1999年4月，再审被告人刘某在取得沈阳市沈河区中央二段的一块国有土地使用权准备建百佳购物广场后，授意宋某飞、吴某明以暴力手段强行尽快拆迁该用地范围内的建筑。同年5月14日上午，宋某飞等人拆迁至刘某10经营的中街大药房时，与药房职工发生冲突，刘某闻讯赶到现场。在刘某指使下，宋某飞、吴某明、董某岩、李某国等人持枪刺、砍刀、棒球棒冲进药房，追打药房经理代某翼，致代某翼面部、腿部轻伤，并砸毁药房物品，毁坏财物价值人民币14,670元。随后，宋某飞等人又闯入相邻的李某贵熏肉大饼店和台湾乡村牛肉面饭店，殴打服务员，砸坏门窗玻璃及店内物品。事后，《辽沈晚报》以“中街大药房白日遭遇歹徒”为题，对此进行报道，刘某见后十分不满。刘某10因惧怕刘某报复，被迫在《辽沈晚报》上刊登前文报道有误的说明。

1999年10月，再审被告人刘某得知有人销售云雾山牌香烟，影响其经销同种香烟后，指使程某去市场查看并“收拾”销售云雾山牌香烟的业户。同年10月15日上午，在沈阳市和平区南市农贸大厅，经程某派人指认，宋某飞、吴某明、董某岩、李某国及李某凯（原审同案被告人）等人对销售云雾山牌香烟的业户王某学进行殴打，宋某飞威胁他人“看谁还敢卖云雾山烟”。王某学因右肺门、右心房破裂，急性失血性休克合并心包填塞而死亡。

2000年5月3日下午，再审被告人刘某到沈阳市于洪区崇山东路崔某家看相算命，崔某说其身体不好。刘某对此不满，指使宋某飞进行报复。同年5月5日15时许，宋某飞纠集董某岩、李某国等人携带尖刀、砍刀到崔某家，砍刺崔某头、腹、臀等处10余刀，致其重伤。

1995年年末，再审被告人刘某为筹办沈阳市百佳超市连锁店，要求盛京饭店一楼双兴购物中心业主吴某迪出让经营场所，被吴某迪拒绝。刘某与程某和石某鹏（另案处理）预谋后，指使吴某明、李某国、董某岩等人到吴某迪的办公室和住所，对吴某迪及其家人进行殴打、骚扰、恐吓，并直接出面威胁，迫使吴某迪出让了经营场所。其间，吴某迪为减少损失，将购物中心中的100平方米转租给毗邻的佐丹奴专卖店业主曹某奇。刘某对此不满，以弥补吴某迪终止经营损失为由，向曹某奇索要人民币25万元，但只交给吴某迪5万元。吴某迪因被迫出让营业场所，遭受经济损失人民币35万元。

1997年4月21日，沈阳大世界眼镜店业主尚某成与金犀宝专卖店业主韩某孺因牌匾问题发生争执。再审被告人刘某应尚某成请求出面找韩某孺说和未果，遂带领宋某飞、吴某明、张某奇等人，到沈阳市和平区交警二大队院内找到韩某孺，殴打并持刀刺伤韩某孺腹部和腿部，致其轻微伤。

1997年8月7日，再审被告人刘某因沈阳市盛京饭店水管漏水，冲浸了其经营的百佳连锁店，遂带领宋某飞、张某奇等人闯入该饭店经理翁某珠的办公室，对翁某珠进行殴打，砸坏办公室内物品。

1997年秋，再审被告人刘某从程某处得知沈阳市和平区南五烟市有一业户销售黄山牌香烟，影响其经销同种香烟，遂指使吴某明等人对该业主李某玲、张某敏进行殴打。同时,让朱某等人前往烟市接应。

1998 年 5 月的一天,沈阳春天休闲广场销售服装的业主王某泰、刘某 11 发生口角并厮打。再审被告人刘某受王某泰之弟王某正之托,要求有关管理人员清除刘某 11 未果,遂指使宋某飞、刘某 2 伙同刘某 6 持刀划坏刘某 11 经销的服装,砸毁试衣镜,造成经济损失价值人民币 2180 元。

1998 年 6 月 11 日上午,辽宁省原技术监督信息研究所工作人员郭某喜、刘某 12 与辽宁省原技术监督局工作人员章某到沈阳市中街百佳超市检查时,发现该店经营的酒类和化妆品不符合有关规定,予以登记保存,并坚持让再审被告人刘某到原技术监督部门接受调查处理,刘某对此极为不满。在刘某的指使下,吴某明、宋某飞伙同张某斌(在逃)尾随 3 名检查人员至沈阳市太原街北口,对三人进行殴打,用刀刺伤郭某喜腿部、臀部,致郭某喜、章某轻微伤。

1998 年 9 月 22 日,再审被告人刘某应白某为(另案处理)要求,授意宋某飞、吴某明帮助白某为解决与罗伦特装饰材料销售中心(以下简称罗伦特)经理高某雁的经济纠纷和让罗伦特更名问题。宋某飞、吴某明带领李某国、董某岩及刘某 6 等人到罗伦特,威胁高某雁限期更名、还款,并殴打周某杰,砸毁办公室内物品,毁坏财物价值人民币 4900 元。

1998 年 10 月,再审被告人刘某从程某处得知刘某 13 经销的红黄山香烟比其经销的同种香烟价格低,影响其香烟销售后,指使刘某 2 伙同宋某阳、宋某伟(均在逃)等人随程某将刘某 13 叫到沈阳市大东区双玉园酒店进行殴打。后程某健向刘某 13 索要人民币 9000 元。

1998 年 10 月 20 日,再审被告人刘某得知沈阳市大东区东站烟市有一业主销售恭喜发财牌香烟,影响其同种香烟的销售后,授意程某让吴某明、宋某飞、董某岩等人到烟市,殴打经销该烟的葛某亮,砸坏烟摊。

1998 年 11 月,再审被告人刘某与房某、李某岩等人到沈阳市潮州城酒店饮酒时,因与一同饮酒的张某凡发生争执,刘某持房某的手枪向天棚鸣放一枪。

1997 年上半年,再审被告人刘某送给时任沈阳市中级人民法院院长刘某 4(另案处理)人民币 20 万元。同年 11 月,刘某 4 为刘某办理了以沈阳市中级人民法院工作人员身份赴美国的相关手续。在美国期间,刘某又送给刘某 43 万美元。

1995 年年初,再审被告人刘某通过沈阳市和平区劳动局原副局长高某贤、局长凌某秀(均另案处理)的帮助,承包了该局下属的中华商场。1996 年、1997 年,又经高某贤、凌某秀推荐，刘某先后当选为沈阳市和平区政协委员和沈阳市人大代表。推荐刘某时，高某贤、凌某秀隐瞒了刘某曾因枪击警察刘某14一案被公安机关羁押的事实。为此，刘某先后于1996年至1998年，每年春节送给高某贤人民币2万元，共计人民币6万元；于1995年、1996年，每年春节送给凌某秀人民币1万元，共计人民币2万元。

1998年，沈阳市和平区劳动局将下属企业百佳自选商场由集体企业转制为民营企业，承包该商场的再审被告人刘某在和平区劳动局原局长姜某本（另案处理）的帮助下，以“零买断”的方式获得了该商场企业产权。百佳自选商场转制后，房产使用权仍归劳动局享有，但姜某本没有要求刘某按规定缴纳房产使用费。刘某为了表示感谢，于1999年5月，到姜某本办公室送给姜某本人民币10万元。

1998年8月，再审被告人刘某通过沈阳市原副市长马某东（另案处理）的秘书王某方送给马某东美元2万元。在此期间，刘某任董事长的沈阳市百佳集团转接了沈阳市众城房地产开发公司开发的沈阳市中街中段，筹建百佳购物广场。同年12月，经马某东批准，该项目免交综合配套费和国有土地出让金等费用。1999年5月，刘某又到马某东家送给其美元2万元。

1999年上半年，中国农业银行辽宁省分行（以下简称省农行）欲购买嘉阳大厦部分房产建立营业网点。同年7月，刘某邀请负责此项工作的时任省农行营业部副总经理杨某维（另案处理）等人赴香港考察，送给杨某维港币5万元。同年年底，经杨某维提议，省农行用在建工程款人民币2000万元先行垫付了购房款。2000年1月，刘某又在沈阳浴乐城送给杨某维美元5000元。

1999年八九月间，沈阳市中级人民法院原副院长焦某瑰（另案处理）应再审被告人刘某请托，利用职务上的便利，对涉及刘某利益的穆某某诉沈阳市原土地局一案不予立案，而后又将该案由沈阳市沈河区人民法院管辖变更为由和平区人民法院管辖。刘某于1999年10月、11月，先后送给焦某瑰价值人民币21,700元的四个拼图凳子、一面镜子及价值人民币4000元的手机一部；并于2000年春节前，先后送给焦某瑰美元2万元和人民币3万元。

1997年6月9日、1998年3月25日，再审被告人刘某伙同程某等人利用私刻的辽宁省辽中县烟草公司印章、法定代表人名章和假介绍信，分别在中国建设银行沈阳分行南站信用社、中国农业银行沈阳分行桂林支行非法开立两个经营香烟的专用账户，违反烟草专卖法规；非法委托辽中县烟草公司与安徽省烟草公司蚌埠分公司、贵州省烟草公司贵定卷烟销售公司签定烟草交易合同。于1997年6月至2000年7月，异地购进黄山牌香烟12,800件、云雾山牌香烟9798件，合计22,598件，在沈阳市内批发销售，非法经营金额人民币7200万元。

2000年7月1日，再审被告人刘某指使高某伟、安某涛(另案处理)将其非法持有的一支庆华牌小口径运动手枪和子弹8发，藏匿于刘某3的办公室。

经再审开庭审理查明，再审被告人刘某在其黑社会性质组织形成之前，还进行了下列违法活动：

1989年9月11日晚8时许，再审被告人刘某因怀疑其女友孙某江与宁某勇关系暧昧，纠集宋某飞及张某民、姜某刚、陆某武(均在逃)等人在沈阳市和平区水上乐园歌舞厅附近，用木棍、拳脚猛击宁某勇面、胸、腹部，致宁某勇脾破裂，脾摘除，造成重伤，伤残程度五级。

1991年7月15日下午4时许，再审被告人刘某因其朋友杨某国(在逃)与沈阳雷蒙时装店业主佟某森发生口角，伙同杨某国纠集陈某斌、刘某5(均在逃)等人，持火药枪、枪刺、战刀、斧子等凶器，闯入雷蒙时装店。刘某持火药枪威逼佟某森跪下，开枪击伤其的左肩部；陈某斌等人持枪刺、战刀、斧子猛砍佟某森的头、腹、臂和腿部，致佟某森重伤，伤残程度六级。

1992年7月的一天晚上，孙某鹏在再审被告人刘某家中与刘某、程某等人发生口角，刘某指使吴某明持火药枪击伤孙某鹏左大腿，致孙某鹏轻伤。

1992年10月6日晚7时许，再审被告人刘某为替袁某友(在逃)报复张某波，伙同吴某明、袁某友等人持猎枪、枪刺等凶器在沈阳市和平区中山广场附近，砍刺张某波头、臀部，致其轻伤。张某波呼救，正在附近的沈阳市和平区公安分局警察刘某14、孙某明闻讯前来制止。刘某14报明身份并鸣枪示警，孙某明喝令刘某放下手中猎枪。刘某不听制止，向刘某14开枪，击中刘某14右髋部，致其轻伤。事后，刘某逃往广州。

综上，再审被告人刘某组织、领导黑社会性质组织实施违法活动27起；在黑社会性质组织形成之前，实施违法活动4起，共实施违法活动31起。其中，直接参与或者指使、授意他人故意伤害13起，致1人死亡，5人重伤并造成4人严重残疾，8人轻伤；指使他人故意毁坏财物4起，毁坏财物价值共计人民币33,090元；非法经营1起，经营额人民币7200万元；向国家工作人员行贿6起，行贿金额人民币41万元、港币5万元、美元95,000元，行贿物品价值人民币25,700元，共计折合人民币 1,275,497 元;指使他人妨害公务 1 起;非法持有枪支 1 支。

【诉讼过程】辽宁省铁岭市人民检察院于 2001 年 8 月 10 日向铁岭市中级人民法院提起公诉,指控被告人刘某犯组织、领导黑社会性质组织罪。同时,附带民事诉讼原告人扈某、刘某 14 对被告人刘某等人提起附带民事诉讼。

铁岭市中院于 2002 年 4 月 17 日作出(2001)铁中刑初字第 68 号刑事附带民事判决,认定被告人刘某犯故意伤害罪,判处死刑,剥夺政治权利终身;犯组织、领导黑社会性质组织罪,判处有期徒刑 10 年;犯故意毁坏财物罪,判处有期徒刑 5 年;犯非法经营罪,判处有期徒刑 5 年,并处罚金人民币 1500 万元;犯行贿罪,判处有期徒刑 5 年;犯非法持有枪支罪,判处有期徒刑 3 年;犯妨害公务罪,判处有期徒刑 3 年。决定执行死刑,剥夺政治权利终身,并处罚金人民币 1500 万元。判处刘某赔偿附带民事诉讼原告人扈某人民币 1 万元,赔偿附带民事诉讼原告人刘某 14 人民币 5420 元。对刘某聚敛的财物及其收益,以及用于犯罪的工具,依法追缴、没收。判决宣告后,刘某不服,提出上诉;附带民事诉讼原告人扈某、刘某 14 亦不服,提出上诉。

辽宁省高院于 2003 年 8 月 11 日作出(2002)辽刑一终字第 152 号刑事附带民事判决,撤销原一审判决中对刘某故意伤害罪的量刑部分及对附带民事诉讼原告人扈某的民事赔偿部分。认定刘某犯故意伤害罪,判处死刑,缓期 2 年执行,剥夺政治权利终身;犯组织、领导黑社会性质组织罪,判处有期徒刑 10 年;犯故意毁坏财物罪,判处有期徒刑 5 年;犯非法经营罪,判处有期徒刑 5 年,并处罚金人民币 1500 万元;犯行贿罪,判处有期徒刑 5 年;犯非法持有枪支罪,判处有期徒刑 3 年;犯妨害公务罪,判处有期徒刑 3 年。决定执行死刑,缓期 2 年执行,剥夺政治权利终身,并处罚金人民币 1500 万元。判处刘某赔偿刘某 14 人民币 5420 元;赔偿扈某人民币 1 万元,对扈某的赔偿与其他同案被告人共同承担连带责任。对刘某组织、领导黑社会性质组织犯罪聚敛的财物及其收益,以及用于犯罪的工具,依法追缴、没收。

该判决发生法律效力后,最高法于 2003 年 10 月 8 日作出(2003)刑监字第 155 号再审决定,以原二审判决对刘某的判决不当为由,依照审判监督程序提审本案。最高法依法组成合议庭,公开开庭审理了本案。最高检指派检察员出庭支持公诉。再审被告人刘某及其辩护人到庭参加诉讼。

【判决结果】最高法认为,再审被告人刘某组织、领导具有黑社会性质的组织,大肆进行违法犯罪活动，其行为已构成组织、领导黑社会性质组织罪。刘某在黑社会性质组织形成之前和在组织、领导黑社会性质组织的犯罪活动中，直接或者指使、授意他人实施故意伤害的行为已构成故意伤害罪，后果特别严重；指使他人故意损坏公私财物的行为已构成故意毁坏财物罪，数额巨大，情节特别严重；违反国家烟草专卖规定，异地购进香烟批发销售的行为构成非法经营罪，经营数额特别巨大，情节特别严重；为了谋取不正当利益，给予多名国家工作人员财物的行为已构成行贿罪，情节严重；指使他人以暴力方法，阻碍国家机关工作人员依法执行职务的行为，已构成妨害公务罪；违反枪支管理规定，非法持有枪支的行为已构成非法持有枪支罪。刘某系组织、领导黑社会性质组织的首要分子，应对该组织的全部罪行承担责任。其直接或者指使、授意他人持刀、持枪实施故意伤害犯罪，致1人死亡，5人重伤并造成4人严重残疾，8人轻伤，手段特别残忍，情节特别恶劣，罪行极其严重，社会危害极大，且不具有法定或者酌定从轻处罚情节，依法应当判处死刑，立即执行。其所犯其他罪行，亦应依法惩处，数罪并罚。原一审判决认定的事实清楚，证据确实、充分，定罪准确，量刑适当。原二审判决定罪准确，但认定“不能从根本上排除公安机关在侦查过程中存在刑讯逼供情况”，与再审庭审质证查明的事实不符；原二审判决“鉴于其犯罪的事实、性质、情节和对于社会的危害程度以及本案的具体情况”，对刘某所犯故意伤害罪的量刑予以改判的理由不能成立，应予纠正。

2003年12月20日最高法作出终审判决，撤销辽宁省高级人民法院(2002)辽刑一终字第152号刑事附带民事判决中对再审被告人刘某故意伤害罪的量刑及决定执行的刑罚部分。再审被告人刘某犯故意伤害罪，判处死刑，剥夺政治权利终身。维持原二审对刘某以组织、领导黑社会性质组织罪，判处有期徒刑10年；故意毁坏财物罪，判处有期徒刑5年；非法经营罪，判处有期徒刑5年，并处罚金人民币1500万元；行贿罪，判处有期徒刑5年；妨害公务罪，判处有期徒刑3年；非法持有枪支罪，判处有期徒刑3年的判决部分。对刘某上列被判处的刑罚并罚，决定执行死刑，剥夺政治权利终身，并处罚金人民币1500万元。对再审被告人刘某组织、领导黑社会性质组织犯罪聚敛的全部财物及其收益，依法追缴；供其犯罪使用的工具，予以没收。

【要旨】该案是最高法提审改判为死刑的黑社会性质组织犯罪。辽宁省铁岭市中级人民法院一审判决为黑社会性质组织犯罪，辽宁省高级人民法院二审改判被告人刘某为死缓的黑社会性质组织犯罪。

参与刘某一案的预审、监管、看守人员的证言证明，公安人员未对刘某及其同案被告人刑讯逼供；辽宁省人民政府依法指定的鉴定医院沈阳市公安医院 2000 年 8 月 5 日至 2001 年 7 月 9 日对刘某及其同案被告人先后进行的 39 次体检病志载明，刘某及其同案被告人皮肤黏膜均无出血点，双下肢无浮肿，四肢活动正常，均无伤情。刘某的辩护人在庭审中出示的证明公安人员存在刑讯逼供的证人证言，取证形式不符合有关法规，且证言之间相互矛盾，同一证人的证言前后矛盾，不予采信。原二审判决定罪准确，但认定“不能从根本上排除公安机关在侦查过程中存在刑讯逼供情况”，与再审庭审质证查明的事实不符；原二审判决“鉴于其犯罪的事实、性质、情节和对于社会的危害程度以及本案的具体情况”，对刘某所犯故意伤害罪的量刑予以改判的理由不能成立，应予纠正。

2. 吉林省孙某国等三兄弟黑社会性质组织案

【案号】(2016)最高法刑再 2 号

【简要案情】吉林市中级人民法院原一审判决认定，被告人孙某国、孙某民、孙某东三兄弟从 20 世纪 90 年代初开始在长春市凯旋路钢材市场承租门市销售钢材。1996 年 3 月 12 日，孙某国、孙某东等人在鞍山市火车站持刀行凶，造成一人死亡、两人重伤、两人轻伤的严重后果。由于当地公安、司法机关工作原因，该案被错误定性，孙某国、孙某东仅被判处缓刑。

被告人孙某国缓刑考验期满后不思悔改，大肆宣扬其“杀人没事、上面有人”等言论，扬名造势，不断扩大其社会影响力。2000 年年初，孙某国开始以社会大哥自居，并借其在钢材市场雇工经营之便，先后笼络被告人曲某 1、周某圣、周某秋、高某 1、孙某海、邹某佰及张某 1、李某 1、张某 2(三人均在逃)等社会闲散人员，为其所用并充当打手，为非作歹、称霸一方，大肆进行故意伤害、非法拘禁、聚众斗殴、寻衅滋事、敲诈勒索、强迫交易、妨害公务等违法、犯罪活动，欺压、残害百姓，逐步形成了以孙某国为组织、领导者，以孙某东、周某圣、曲某 1 为骨干成员，以孙某民、孙某海、高某 1、周某秋、邹某佰为一般成员的较为稳固的黑社会性质犯罪组织。

该组织以长春市凯旋路钢材市场为据点，以经营钢材为掩护，大肆进行违法犯罪活动。孙某国、孙某民在经营钢材过程中，蓄谋以大额放贷、赊销建材为诱饵，引诱大量被害人与其经济往来，在高利放贷、高价赊销建材给被害人后，又依仗其黑社会组织势力，采取非法拘禁、敲诈勒索、强迫交易等违法犯罪手段，向被害人索取或强占被害人畸高于原有债务之钱物，通过上述手段攫取大量违法经济利益，聚敛巨额钱财，并将部分钱物用于支持其违法犯罪活动。该组织成员对孙某国言听计从，具有较强的组织、纪律性。孙某国则通过提供经济保障、为成员摆事等手段来拉拢手下成员为其“办事”。孙氏兄弟还通过贿买方式引诱、拉拢部分国家工作人员，为其黑社会性质犯罪组织寻求保护，使该组织违法犯罪活动不仅没有受到应有的打击处理，反而有恃无恐、愈演愈烈。该组织犯罪气焰嚣张，违法活动猖獗，严重破坏了当地的社会经济秩序和治安秩序，严重侵犯了被害人的人身权利和财产权利，使人民群众丧失了基本的安全感，民愤极大。具体违法犯罪事实如下：

第一，故意杀人犯罪事实。

1996 年 3 月 12 日，被告人孙某国、孙某东等人到鞍山市购买钢材，凌晨 3 时许，在该市火车站站台处与上前揽客的出租车司机被害人李某 2 因言语不合而发生争执。后在火车站出站口处，孙某国、孙某东与李某 2 等人发生厮打，孙某国、孙某东二人持刀行凶，追刺李某 2 等人，当场将李某 2 刺死，将被害人裴某、高某 2、罗某、杨某 2 刺伤。经鉴定，李某 2 因失血性休克死亡，裴某、高某 2 系重伤，罗某、杨某 1 系轻伤。

第二，故意伤害犯罪事实。

(1)2002 年 4 月 28 日，被告人孙某国的雇工刘某在长春市凯旋路钢材市场因停车装货与市场业主任某 1 的二哥任某 2 发生厮打，后被他人拉开。孙某国让刘某去给任家兄弟道歉，结果刘某被任家兄弟殴打。孙某国得知后，于次日上午带领被告人曲某 1 携带尖刀前往该市场任家兄弟的门市房，孙某国与被害人任某 3 发生争吵，并欲殴打任某 3，任某 3 逃跑，曲某 1 遂持刀伙同随后赶至的被告人孙某海等追打任某 3。曲某 1、孙某海在该市场北门追上任某 3，曲某 1 持刀朝任某 3 臀部、腿部等部位刺、划 10 余刀。经鉴定，任某 3 系轻伤。事后，孙某国胞姐孙某英于 2004 年 10 月 15 日与任某 3 达成调解协议，赔偿任某 3 人民币 8 万元。

(2)2002 年 7 月 1 日，被告人周某秋在长春市绿园区十九中附近一饭店用餐时，因琐事与被害人葛某 1 发生口角并厮打。周某秋打电话令其弟被告人周某圣找人欲殴打葛某 1。周某圣将此事告知被告人孙某国后，带领被告人邹某佰、梁某超、张某 3(在逃)来到该饭店。在周某秋的指认下，周某圣、邹某佰、梁某超、张某

3四人用事先准备的砍刀追砍葛某1,将其身体多处砍伤。后孙某国赶到,见葛某1已被打伤遂离开。经鉴定,葛某1系轻伤。

(3)2009年4月6日22时许,被告人梁某超在长春市兴隆山镇源源烧烤店内与郭某等人用餐时,误认为邻桌被害人唐某等人有挑衅行为,便从附近某商店取来一把砍刀,将唐某头部砍伤。经鉴定,唐某系重伤。经一审法院主持调解,梁某超与唐某达成调解协议,梁某超一次性赔偿唐某2.5万元。

第三,非法拘禁犯罪事实。

(1)1999年年初,曲某2向被告人孙某国赊购价值10万余元的钢材,由被害人姜某1等人为曲某2提供担保。到约定还款期限后,曲某2因无力偿还钢材款逃跑躲债。同年夏季某日晚,孙某国带领被告人孙某海、孙某伟至长春市南关区环卫处,将正在打更的姜某1朋友隋某强行带至长春市第一汽车制造厂某工地,以暴力胁迫手段威逼隋某找出姜某1。隋某被逼无奈将孙某国等人带到姜某1家,因姜某1当晚未在家,孙某国又让隋某约姜某1次日到环卫处。孙某国恐隋某逃跑、报信,指使孙某伟当晚在一浴池内看管隋某。次日早晨,姜某1来找隋某,孙某伟打电话通知孙某国。孙某国当即带人到长春市南关区东大桥附近一家饭店内强行将正在吃饭的姜某1、隋某带到孙某国门市房内,在孙某国的指使下,孙某海、孙某伟及被告人孙某东等人对姜、隋二人进行辱骂,并用木棒、皮带、拳脚殴打姜某1,逼姜某1还钱,直至当日14时许,姜某1答应给孙某国人民币2万元。孙某国指使孙某东看押姜某1到长春市春谊宾馆取钱后,将姜某1放走。隋某被非法拘禁10余小时,姜某1被非法拘禁数小时。

(2)2001年8月,被害人曲某3以长春建工集团汇鑫建筑有限公司(以下简称汇鑫公司)名义承包长春农机(集团)有限公司(以下简称农机公司)锅炉房建设工程,并从被告人孙某国、周某圣处赊购价值5.4万元的建筑材料。2002年3月末,周某圣在孙某国的授意下,以商量还款为由,打电话将曲某3约至长春市凯旋路钢材市场孙某国的门市房内,孙某国、曲某1、周某圣强行扣留曲某3,并采取威胁、辱骂等手段逼曲某3还钱,连续将曲某3拘禁在孙某国长春市凯旋路钢材市场门市房、长春市大千浴池等地点10余日,直至曲某3被迫与孙某国签订协议将其在建的农机公司锅炉房工程转让给孙某国后将曲某3放走。

(3)1999年间,被害人马某1从被告人孙某国处拿一辆汽车抵账,后马某1给孙某国出具24万元欠条。2002年3月,孙某国纠集被告人曲某1,以抵债为由,强行将马某1从长春市兴隆山镇带至凯旋路钢材市场孙某国门市房内，逼迫马某1将其投资开发的长春市兴隆山镇隆东小区部分土地给孙某国使用，遭马某1拒绝。孙某国指使曲某1、周某圣、孙某海等人在长春市大千浴池等地点将马某1非法拘禁7天，至马某1被迫与孙某国签订土地转让协议后将马某1放走。

(4)2001年夏，被害人张某4因工程需要，从被告人孙某民处赊购20余万元的钢材，部分货款未能及时偿还。孙某民多次向张某4索要欠款未果。2002年7月，孙某民纠集于某1(在逃)、李某3，强行将正在长春市铁北机车厂附近一饭店内用餐的张某4带至长春市铁北区一铁道口附近，将张某4打晕。孙某民怕张某4出事，将张某4送到医院检查后，又将张某4带到长春市凯旋路钢材市场孙某民门市房内，对张某4进行辱骂、体罚至凌晨1时。后孙某民见张某4体力不支，又指使于某1将张某4带至长春市海洋浴池进行看管至次日早晨，后孙某民在其钢材市场门市房内继续对张某4进行威逼，至张某4被迫同意将其河南老家房产抵债后将张某4放走。张某4被非法拘禁10余小时。

(5)2002年12月，被告人孙某国纠集被告人周某圣、曲某1、邹某佰驾车至吉林省公主岭市，以索债为由强行将于某2带回长春市。在车辆行驶过程中，孙某国命人将车窗全部打开，又以暴力、言语相威胁，强令于某2将衣物脱下。当车辆行至九台市饮马河边时，孙某国指使周某圣、曲某1、邹某佰持刀威逼于某2走进河水中。周某圣用于某2腰带捆绑其双手，孙某国、周某圣、邹某佰轮流牵拽腰带让于某2在河水里走动、爬行10余分钟并持雪团击打于某2的身体，直至于某2找到他人对其所欠债务提供担保后，孙某国才让于某2上岸离开并威胁其不准报警。于某2被非法拘禁近10小时。

第四，聚众斗殴犯罪事实。

2000年年初，被告人孙某国在吉林省舒兰市溪河镇浪口村承建护江堤工程期间，拖欠当地被雇用村民工资，村民多次催要，孙某国拒不给付。2000年5月8日，孙某国得知村民集体到浪口村工地索要被拖欠工资，便伙同被告人曲某1在长春市纠集袁某、姜某2等10余人(另行处理)，持刀、匕首、镐把等凶器，驾车至舒兰市溪河镇浪口村工地，对该村村民进行辱骂、威胁长达一小时之久，社会影响极其恶劣。后公安机关赶到现场将孙某国、曲某1等人带至舒兰市公安局溪河派出所处理，事件才得以平息。

第五，寻衅滋事犯罪事实。

2002 年 10 月 28 日，被告人孙某东的亲戚郑某 1（在逃）因琐事将被害人李某 4 打伤。次日，李某 4 向郑某 1 索要赔偿，郑某 1 便将此事告诉孙某东并让其帮助解决。孙某东在征得孙某国同意后纠集被告人高某 1，孙某国又纠集被告人周某圣、曲某 1、李某 1 等人，携带镐把、板斧等凶器至吉林省九台市卡伦镇。在郑某 1 引领下，孙某国等人在该镇 369 饭店找到李某 4，李某 1 持斧子、曲某 1 持啤酒瓶、周某圣、高某 1 用拳脚殴打李某 4，被害人张某 5（李某 4 母亲）见状上前阻拦亦被打伤。经鉴定，李某 4 系轻伤，张某 5 系轻微伤。事后，郑某 1 赔偿被害人李某 4 和张某 5 3000 元。

第六，敲诈勒索犯罪事实。

（1）1998 年，被告人孙某国之父孙某向承建被害人金某发包工程的承建商王某 1 赊销了部分建材，后王某 1 下落不明，孙某国意图向发包人金某索要欠款。2002 年 1 月 11 日，被告人高某 1 发现金某等人在长春市四环大厦，遂给孙某国打电话，孙某国指使高某 1 将金某拉至绿园区，孙某国纠集曲某 1、周某圣等人，持刀将金某挟持至孙某国乘坐的车辆内，强行将金带至孙某家中。孙某国以王某 1 欠款后失踪为借口，强迫金某替王某 1 偿还欠款，遭金某拒绝。高某 1 持刀柄击打金某头部数下，并持刀将金某腿部刺伤。金某在孙某国、高某 1 言语、暴力威胁下，被迫写下由其还款人民币 27 万元的协议及欠条。后孙某持该欠条向绿园区人民法院起诉。经鉴定，金某系轻微伤。

（2）2002 年 4 月，被告人孙某国为非法取得被害人曲某 3 承建的农机公司锅炉房工程款，在该工程建设期间，通过非法拘禁曲某 3 强迫其出具由孙某国负责该工程后期决算、转账等事项的委托书。同年 11 月，孙某国得知农机公司欲用两套门市房抵偿曲某 3 工程款共计 339,569 元，便利用前述委托书强令农机公司将门市房抵偿给孙某国（当时未办理房产更名手续）。2005 年 6 月，孙某国在因非法拘禁曲某 3 等人被判刑服刑期间，得知农机公司已将上述门市房变卖，便利用外出之机，采用威胁、恐吓手段，迫使曲某 3 挂靠的汇鑫公司同意将卖房款支付给孙某国，据此强行向农机公司索要 44 万元。

（3）2007 年春节期间，被告人周某圣与被害人刘某等人在长春市锦江大酒店打扑克牌赌博，周某圣输掉 9000 余元。周某圣认为刘某 1 设局骗钱，遂于次日纠集被告人周某秋、高某 3（在逃）等人到该酒店找到刘某要求赔偿损失，并采取用矿泉水瓶击打刘某头部、威胁要将刘某带走等手段，强行向刘某索要赔偿款。刘某在周某圣、周某秋等人言语、暴力威胁下，被迫同意给周某圣3万元，并当场借1万元交给周某圣，后又通过他人转交给周某圣2万元。

(4)2007年10月，被告人孙某民刑满释放后，以手头没钱为借口，通过威胁、恐吓被害人赵某1、派人跟踪赵妻翟某1和编造替赵某1还钱等手段，强行向赵某1索要钱财。同年10月31日，孙某民逼迫赵某1与其签订向其还款200万元的协议。同年11月3日，赵某1被迫让翟某1将50万元交给孙某民。

第七，强迫交易犯罪事实。

(1)2002年1月，被告人孙某国为达到以低价购买被害人金某位于长春市绿园区西新乡一处房产之目的，先以其姐姐孙某英的名义，通过法院拍卖程序购得该楼房的第一层，后又多次逼迫金某将该楼的第二、三层低价转卖给自己，遭金某拒绝。孙某国为迫使金某与其交易，将通往该楼二层的楼梯封堵，金某无奈只得在楼外搭建便梯进入二楼。在此期间，孙某国多次纠集被告人孙某海、高某3威胁、辱骂该楼更夫辛某1，并指使被告人周某圣、周某秋、曲某1等人殴打辛某1、辛某2。经鉴定，辛某1系轻微伤。

(2)2005年1月26日，被害人张某6以其作为股东之一的长春市台北大厦(以下简称台北大厦)第三层作抵押，向被告人孙某民借款150万元，约定到期归还本息共计250万元。孙某民见此事有利可图，于同年2月至4月，又分三次强行借给张某6 180万元，并强迫张某6先后签订借款360万元的协议。同年5月10日，孙某民以张某6欠款不还需增加利息为由，纠集被告人李某5及王某2、张某2(二人均在逃)采取言语威胁手段，强迫张某6另行出具欠款250万元的欠条。后孙某民为了进一步取得台北大厦的股份，伙同上述三人以言语相威胁，强迫张某6及台北大厦另外两名股东被害人刘某2、赵某1共同与其签订协议，将台北大厦第五、六层替张某6抵债。同年5月28日，孙某民又纠集李某5等人在台北大厦张某6的办公室内，以张某6共欠高利贷本息合计860万元且无力偿还为由，采用言语威胁手段强迫张签订将其在台北大厦所有股份(价值约1150万元)全部抵偿给孙某民的协议，并逼迫赵某1、刘某2二人以台北大厦股东身份在该协议上签字同意转让。

至此，孙某民等人完成了对张某6台北大厦股权的强取豪夺，并于2005年5月强占台北大厦开始经营。

第八，贷款诈骗犯罪事实。

2006年11月，被告人孙某国、王某3（在逃）为骗取银行贷款，以长春市国顺贸易有限责任公司（法人代表王某4）的名义，与吉林省辽源市东辽县辽河源粮库（以下简称辽河源粮库）签订承包收粮合同，以需要向卖粮农民支付卖粮款为借口，诱骗粮库以其资产作为抵押向中国农业发展银行东辽县支行（以下简称东辽支行）办理贷款。因东辽支行采取按每日收粮数量逐日向辽河源粮库发放贷款的风险规避措施，孙某国、王某3诈骗未能得逞。

被告人孙某国、王某3于2006年12月20日晚，指使张某3、曲某1等人采取以同一辆装粮卡车反复检斤的手段，虚开收粮500余吨的凭证，并持此凭证到东辽支行骗取贷款51万余元。当地公安机关接到报案后，于次日晚将再次实施上述行为的曲某1等人抓获。孙某国、王某3为逃避法律制裁，煽动、组织卖粮农民闹事，给当地政府施压，致使该事未被处理。

2007年7月11日至13日，被告人孙某国、王某3逃避东辽支行和辽河源粮库监管，将用银行贷款收购的879.9吨玉米以明显低于市场的价格卖给梅河口市阜康酒精有限责任公司，将赃款500余万元据为己有。

第九，诈骗犯罪事实。

（1）2001年6月13日，被告人孙某国向被害人张某7虚构其待建长春市隆东小区施工工程的事实，并以张欲承包该工程需交纳抵押金为由，骗得张人民币1万元。

（2）2006年11月，被告人孙某国、王某3为骗取银行贷款，诱骗被害人富某同其合伙，与辽河源粮库签订承包收粮合同。孙某国、王某3以需支付投资款为由，骗取富某80万元并用于实施贷款诈骗。后富某多次向孙某国、王某3索要被骗款项未果。

第十，故意毁坏财物犯罪事实。

2002年3月某日，被告人高某1在兴隆山镇“鼓浪屿”浴池洗浴后，因拒付洗浴费用与该浴池服务员发生争执，高某1对此不满，又因高某1知道该浴池经营者马某2的哥哥马某1与孙某国有矛盾，故决定进行报复。同年3月6日24时许，高某1纠集王某5、王某6、段某等10余人（均另案处理）携带斧子、镐把等作案工具到兴隆山镇，将“鼓浪屿”浴池、马某3经营的“世外第一炖”饭店内物品砸毁。经鉴定，经济损失价值10,230元。

第十一，妨害公务犯罪事实。

2000年5月8日,被告人孙某国因纠集张某8等人(均另案处理)到溪河镇浪口村欲与当地村民持械斗殴,被当地民警依法带至派出所,孙某国为逃避法律制裁,撞碎警容镜,吞食指甲刀,与办案民警推搡、撕扯,张某8等人见孙某国带头闹事,亦上前参与撕扯民警,掀翻办公桌。致民警李某6、陈某1,司机霍某手部受伤。孙某国等人的行为严重阻碍人民警察依法执行公务。经鉴定,李某6等三人均系轻微伤。

第十二,妨害作证犯罪事实。

2004年10月,被告人孙某东在其兄被告人孙某国因涉嫌犯罪被侦查机关羁押期间,为减轻孙某国敲诈勒索金某的罪责,指使栾某1、于某3在侦查机关取证时,编造曾为孙某国向金工地送过水泥的虚假事实,致使孙某国敲诈勒索行为被司法机关以非法拘禁罪定罪量刑。

第十三,帮助毁灭证据犯罪事实。

2008年夏季,被告人孙某英接到被告人孙某国于吉林省磐石市看守所羁押期间违规打出的电话后,明知孙某国藏匿于钢材市场门市房内的票据、协议系其违法犯罪证据,仍在孙某国的指使下,将上述证据烧毁。

第十四,掩饰、隐瞒犯罪所得收益犯罪事实。

2008年2月,被告人陶某新1知其前夫孙某民因非法手段取得台北大厦被公安机关采取强制措施,仍接替孙某民到台北大厦任总经理,并继续向该大厦业户收取租金。从2008年10月至2010年12月共收取700余万元。其间,陶某1将该款支出400余万元,其余款项以侯某等人名义存入银行、以陈某1名义购买汽车、以陶某2等人名义购买住房3套,掩饰、隐瞒犯罪所得收益。

第十五,非法处置查封财产犯罪事实。

2006年6月至7月,被告人孙某国在明知长春市隆东小区3号楼部分房产已被长春市南关区人民法院、长春市经济技术开发区人民法院依法查封的情况下,仍将上述房产予以出卖,导致法院查封标的丧失,判决无法执行。

第十六,违法事实。

(1)1999年夏季,被告人孙某国为向被害人王某1索要欠款,先后两次纠集夏某等人至长春市绿园区西新乡建设工地,辱骂、殴打王某1及王某2,王某1无奈借款3万元交给孙某国。

(2)1997年9月,被害人刘某3挂靠长春市华安建筑公司与长春市恒安工贸有限公司(以下简称恒安公司)签订协议,由恒安公司承建长春市文具厂院内住宅楼。在施工期间,刘某3陆续从被告人孙某民处赊购价值约80万元的建筑材料。1999年12月,刘某3因恒安公司拖欠其工程款起诉至长春市中级人民法院,该院依法判决恒安公司支付给刘工程款2,078,964.07元。后因恒安公司不服判决,上诉至吉林省高级人民法院。吉林省高级人民法院多次组织双方进行调解,但因刘某3认为恒安公司支付的工程款过低,始终不同意调解。孙某民见有利可图,以要求刘某3立即偿还欠款为由,采取言语、暴力威胁手段,多次逼迫刘某3同意调解。2000年6月29日,孙某民从吉林省高级人民法院审判人员处拿出空白笔录用纸,在该院门前逼迫刘某3在笔录用纸上签字,遭刘拒绝,孙某民遂持砖对刘某殴打。次日,孙某民又将刘某3挟持至凯旋路钢材市场门市房内,再次殴打刘,迫使其在笔录用纸上签字,后孙某民又持刀逼迫刘某的诉讼代理人姜某2签字确认。吉林省高级人民法院审判人员以此为据制作调解书,并将该调解书违规直接交给孙某民,孙某民持该调解书将恒安公司用以抵付刘某3工程款的10套房屋全部出售,并将卖房款160余万元据为己有。

(3)1999年10月,被害人赵某2在承建长春市红民村小学教学楼建设工程期间,向被告人孙某民赊购10余万元钢材。孙某民认为该工程有利可图,遂强迫赵某2同意其以部分出资及提供建材的方式参与该工程建设。2000年9月23日,红民村以长春市农机综合楼的13套房屋抵偿赵某2工程款180万元,孙某民得知后,强迫赵某2同意把上述房屋中的8套抵偿给孙某民,并借机将属于赵某2的2套房屋强行出售,售房款占为己有。后赵某2多次向孙某民索要售房款,孙某民返还给赵捷达汽车1辆。

(4)2001年10月,被告人孙某国为达到强占马某1投资开发的长春市隆东小区土地之目的,以马某1亲属被害人刘某4在该小区建锅炉房未和孙某国打招呼为借口,指使被告人曲某1、孙某海殴打刘某4,致其面部、背部多处受伤。经鉴定,刘某4系轻微伤。

(5)2002年5月,被告人孙某国为强占曲某3承建的农机公司锅炉房的建筑工地,纠集被告人周某圣、曲某1等人,采取殴打、恐吓手段,强行将该工地工人赶走,并将曲某3的施工设备据为己有。

(6)2002年6月,被害人兰某在承建长春市万通小区B29号楼期间,向被告人孙某民赊购价值30余万元的钢材,欠款逾期未还,后孙某民带人逼迫兰某写下增加利息的协议。2003 年 6 月的一天，孙某民纠集韩某等人将兰某约至长春市万通宾馆，采取威胁、恐吓手段，强迫兰某同意将其所有的 4 套房屋（面积 210 余平方米）低价抵偿给孙某民用以偿还欠款。

（7）2002 年 11 月 8 日，被告人孙某国向被害人王某 7 索要钢材欠款 10 余万元，王某 7 还给孙某国部分欠款后，双方协商剩余债务 4 万余元以王某 7 的钢材顶账。后被告人曲某 1 在孙某国指使下，不顾王某 7 等人多次阻拦，强行从其公司运走价值 5 万余元的钢材。

（8）2004 年春季，被害人马某 1 在卡伦镇双泉村购买一块土地，并将 500 余立方米的空心砖堆放此处以备建房之用。2006 年 5 月，被告人孙某国得知此事后，强占该地建楼，并将马某 1 放于此处的部分空心砖使用。

（9）2004 年 8 月，被告人孙某民为帮其亲属陶某 3（另案处理）向被害人李某 7 索要 30 余万元欠款，伙同张某 2（在逃）在长春市南湖大路一饭店内，采取威胁、恐吓等手段，强迫李某 7 给陶某 3 出具一张 40 万元的欠据。同年 9 月，陶某 3 等人将李某 7 约至长春市临河街蛟河庄稼院饭店，向李某 7 索要欠款，因李某 7 不能偿还，陶某 3 等人以言语相威胁，又强迫李某 7 重新出具一张 45 万元的欠据。同年 10 月，陶某 3 等人将李某 7 带至长春市大华饭店，并找来孙某民、张某 2 殴打李某 7，逼迫其偿还 45 万元欠款。

（10）自 2004 年以来，被告人孙某国为扩大自己的经营范围，伙同王某 3 在卡伦镇双泉村以长春市光威机械制造有限公司的名义，租用、强占农民土地进行非农业建设，违法用地面积 10,702.2 平方米，其中建设用地 1133 平方米，一般耕地 4015.2 平方米，未利用地 5554 平方米。

（11）2007 年 6 月 14 日 21 时许，被告人周某圣与高某 3（在逃）等人驾车行至长春市民生花园小区 29 号楼时，违反小区管理规定，违背社会公德，将车辆停放在小区草坪上，小区物业人员时某见状上前制止，被周某圣、高某 3 等人将头部打伤。

（12）被告人孙某民非法强占台北大厦后，于 2007 年 12 月，伙同刘某 5（另案处理）等人以威胁、恐吓等手段，强令承包该大厦第六层经营阳光星期八酒店的被害人衣某放弃经营，遭衣某拒绝。孙某民等人为达到赶走衣某的目的，强行占用衣某的办公室。

经最高法再审查明：

第一，故意伤害犯罪事实。

(1)原判认定原审被告人孙某国、曲某1、孙某海故意伤害任某3的犯罪事实清楚,证据确实、充分。最高法予以确认。

原审被告人孙某国关于其没有指使曲某1扎任某3,原审被告人曲某1关于此事是其与任某3发生口角,与他人无关的辩解及原审被告人孙某海关于该起事实发生时其不在场,原判仅凭口供定案,证据不足,认定事实错误的辩解,因无事实依据,且与在案证据矛盾,均不能成立,最高法不予支持。虽然2004年10月15日,孙某国胞姐孙某英与任某3达成调解协议,由孙某英一次性赔偿任某38万元,任某3对孙某国等表示谅解并不再要求追究孙某国等涉案人员的刑事责任,但故意伤害致人轻伤的案件属于公诉案件,而非自诉案件,刑事诉讼程序的启动不以当事人是否达成谅解协议、是否控告为前提条件,当事人之间达成调解协议不影响司法机关追诉。对孙某国、曲某1及其辩护人提出的相关辩解及辩护意见,最高法不予采纳。

(2)原判认定原审被告人梁某超故意伤害唐某的犯罪事实清楚,证据确实、充分。最高法予以确认。

第二,非法拘禁犯罪事实。

(1)原判认定原审被告人孙某国、孙某东、孙某海、孙某伟非法拘禁姜某1、隋某的犯罪事实清楚,证据确实、充分。最高法予以确认。原审被告人孙某东及其辩护人辩称,孙某东只是取了欠款,没有参与拘禁姜某1,也没有实施殴打行为,不构成非法拘禁罪。经查,被害人姜某1、隋某辨认出孙某东参与非法拘禁姜某1,并对其实施了殴打行为;同案被告人孙某伟、孙某海的供述与被害人姜某1、隋某的陈述能够相互印证,均证实孙某东参与此案,并殴打了被害人。故对孙某东的辩解及其辩护人的辩护意见,最高法不予采纳。

(2)原判认定原审被告人孙某国、曲某1、周某圣非法拘禁曲某3的犯罪事实清楚,证据确实、充分。最高法予以确认。

原审被告人曲某1提出其没有参与本起犯罪的辩解,经查,被害人曲某3的陈述及辨认笔录,证人马某1的证言,同案被告人孙某国、周某圣的供述相互印证,可以证明曲某1参与了本起犯罪。故对此辩解意见,最高法不予采纳。

(3)原判认定原审被告人孙某国、曲某1、周某圣、高某1敲诈勒索金某的犯罪事实不清,证据不足;但孙某国等人非法拘禁金某的事实清楚,证据确实、充分。最高法予以确认。

原判依据被害人金某陈述、证人王某1证言，认定金某与孙某国之间无债务关系，金某亦未替王某1赊购建材提供担保，进而认定孙某国等人的行为构成敲诈勒索罪。经查，现有在案证据能够证实，孙某国、曲某1、周某圣、高某1采取暴力、威胁的方法，强行让金某出具欠孙某27万元的欠条，后孙某持该欠条起诉至法院，至该案案发，孙某未实际取得相应钱款，对于上述事实，各方均无异议。但是，对于孙某国强行让金某出具欠条是为了非法占有被害人的财物还是为了索取债务，在案证据之间存在较大矛盾。本案中，孙某国等人强迫金某写下的欠条内容是“王某1欠孙某材料款全部由金某付清共欠贰拾柒万元整，金某同意”。故本起犯罪的关键是王某1是否欠孙某钱，金某对该欠款是否应承担连带责任。经查，虽然金某否认其与孙某之间有债权债务关系，王某1始终只承认其欠孙某不到3万元货款，且孙某国向其索取的3万元已经抵消了上述欠款。但是，根据孙某、张某9的证言，孙某与王某1之间的经济往来一直未予结算，王某1共欠建材款近27万元，王某1是给金某盖楼的，金某承诺要还建材款；证人王某8、赵某3、李某8的证言证实，王某1是给金某盖办公楼的，在该办公楼建设期间，曾经从孙某处赊购建筑材料，不清楚王某1具体欠孙某多少货款，大约几万元或者几十万元；证人王某1也证实，他与孙某之间确实没有进行过结算。因此，关于王某1是否欠孙某货款及欠的具体数额，如果欠，是应当由金某归还还是应当由王某1归还，抑或由王某1归还，由金某承担保证责任，双方各执一词。原审判决在未查清这一基本事实的情况下，认定孙某国以非法占有为目的，敲诈勒索金某构成敲诈勒索罪，属于事实不清、证据不足，最高法予以纠正。

但依据协议书、欠条、孙某向绿园区人民法院申请要求金某给付27万元的财产保全申请书、判决金某向孙某偿还材料款27万元的绿园区人民法院（2002）绿民初字第1022号民事判决书、中止执行该民事判决的长春市中级人民法院（2003）长执字第241－1号民事裁定书、撤销该民事判决的绿园区人民法院（2005）绿民再字2号民事判决书等书证，证人赵某4、徐某1、孙某、张某9、王某1等的证言，被害人金某陈述及辨认笔录，鉴定意见和孙某国、曲某1、周某圣、高某1供述等证据，能够认定孙某国、曲某1、周某圣、高某1实施了持刀挟持金某乘车、强行将金某带至孙某家中、暴力威胁金某写下协议书和欠条等一系列行为，非法剥夺了金某的人身自由，宽城区人民法院认定孙某国等人非法拘禁金某的事实清楚，证据确实、充分，最高法予以确认。对曲某1关于其没有参与本起犯罪的辩解意见,最高法不予采纳。

第三,寻衅滋事犯罪事实。

(1)原判认定原审被告人孙某国、曲某1在浪口村寻衅滋事的犯罪事实清楚,证据确实、充分。最高法予以确认。

原审被告人孙某国提出因上述行为已被治安拘留过,不应再作为犯罪处理的辩解,经查,我国《行政处罚法》第七条第二款①规定,违法行为构成犯罪的,应当依法追究刑事责任,不得以行政处罚代替刑事处罚,因此对孙某国等的行为予以追诉符合法律规定,故对此辩解意见,最高法不予采纳。《行政处罚法》第二十八条②规定,违法行为构成犯罪,人民法院判处拘役或者有期徒刑时,行政机关已经给予当事人行政拘留的,应当依法折抵相应刑期。经查,孙某国、曲某1因上述行为于2000年5月9日分别被吉林省舒兰县公安局治安拘留15日,故对孙某国决定执行刑罚时应当依法予以折抵。

原审被告人曲某1关于案发时其年仅15岁的辩解,无事实根据,不予支持。曲某1的辩护人提出曲某1没有随意殴打他人,其行为不应当认定为寻衅滋事的辩护意见,经查,不仅“随意殴打他人,情节恶劣”可以构成寻衅滋事罪,“追逐、拦截、辱骂、恐吓他人,情节恶劣”也可以构成。故对上述辩护意见,最高法不予采纳。曲某1因上述行为被治安拘留的15日,应当在决定执行刑罚时依法予以折抵。

(2)原判认定原审被告人孙某国、孙某东、曲某1、周某圣寻衅滋事殴打李某4的犯罪事实清楚,证据确实、充分。最高法予以确认。

原审被告人及辩护人分别提出,时隔6年作出的损伤鉴定客观性存疑;本案定性不准;孙某国和周某圣没有对被害人实施加害行为;曲某1系司机没有参与该案;本案是治安案件,事后已经赔偿被害人,不应当追究刑事责任等辩解及辩护意见。经查,两份鉴定均系侦查机关合法委托,鉴定机构按照案发时的病历和诊断结论作出鉴定;孙某国、孙某东带领并指使曲某1等人随意殴打他人,造成被害人一轻伤一轻微伤的后果,显属寻衅滋事;孙某国虽未直接实施加害行为,但在共同犯罪中起指挥作用,应对全案负责;曲某1在现场持啤酒瓶击打被害人,积极参

① 2021年修正后本款位于该法第八条第二款。

② 现为第三十五条第一款。

与犯罪;周某圣没有实施暴力行为的辩解与其他被告人供述及证人证言不符;案发后赔偿被害人经济损失不影响定罪。故对上述辩解及辩护意见,最高法不予采纳。

第四,敲诈勒索犯罪事实。

原判认定原审被告人周某圣、周某秋敲诈勒索刘某的犯罪事实清楚,证据确实、充分。最高法予以确认。

周某圣提出其与刘某之间存在债权债务关系,其索要款项不是赌资的辩解,因无证据证实,最高法不予采纳。

第五,妨害公务犯罪事实。

原判认定原审被告人孙某国妨害公务的犯罪事实清楚,证据确实、充分。最高法予以确认。

原审被告人孙某国辩称,原判所依据的两份民警证言系重新取得,不应采信。经查,民警陈某2、宋某、郑某2、杨某2等人于2000年案发时就出具了多份情况说明,2011年提供的新证言与当年情况说明的内容一致,原判采信并无不当。孙某国的辩护人提出,孙某国已经受过治安管理处罚,且已超过追诉时效。经查,孙某国2000年后多次实施犯罪,本起犯罪的追诉时效应当从最后一次犯罪之日起算,不存在超过追诉时效的情形;犯罪行为受过治安管理处罚后亦不影响刑事追诉。故对孙某国及其辩护人的辩解和辩护意见,最高法不予采纳。但经查,孙某国因上述行为于2000年5月9日被治安拘留15日,应当在决定执行刑罚时依法予以折抵。

第六,妨害作证犯罪事实。

原判认定原审被告人孙某东妨害作证的犯罪事实清楚,证据确实、充分。最高法予以确认。

原审被告人孙某东指使证人作伪证的行为,妨害了司法机关正常的诉讼活动,已构成妨害作证罪。对孙某东及其辩护人关于不应当以妨害作证罪追究孙某东刑事责任的辩解及辩护意见,最高法不予采纳。

第七,非法处置查封财产犯罪事实。

原判认定原审被告人孙某国非法处置查封财产的犯罪事实清楚,证据确实、充分。最高法予以确认。

原审被告人孙某国及其辩护人提出孙某国不知马某1已经把楼抵给别人、不知该房屋已被法院查封的辩解及辩护意见，经查，证人马某1的证言证实，长春市隆东小区3号楼3、4单元是被人民法院查封的，孙某国将封条撕下后出售，证人冯某等的证言也能证实此事实。故对上述辩解及辩护意见，最高法不予采纳。

经最高法再审另查明：

第一，原判认定原审被告人孙某国、孙某东故意杀人的犯罪事实不清、证据不足。

（1）原判依据的新言词证据的真实性、合法性存疑，不应作为定案的依据。原审判决主要依据吉林市公安局2009年重新侦查后取得的言词证据，认定孙某国、孙某东系持刀追刺被害人。而吉林市公安局新调取的言词证据与1996年鞍山公安机关取得的证据相比，在证实内容上发生重大变化。被害人裴某、高某2、罗某、杨某1在1996年证实的都是被刀刺中后才跑开，而2009年则证实是看见刀就跑开，在跑的过程中被刺中。四名被害人推翻原1996年陈述的理由不充分。作为被害人，他们当时提供不真实且对自己不利、对被告人有利的证言，不合常理。该四人的陈述，均是公安机关在案发后即取得的。其中杨某1、罗某是在1996年3月12日案发当天向公安机关作出的陈述；裴某因受伤较重，是在同年3月18日向公安机关作出的陈述，并明确表示自己头脑是清楚的；高某2是在案发次日作出的陈述，因其陈述的内容与其他证据之间均存在矛盾，公安机关在同年4月29日重新对其进行了询问。因此，四名被害人在案发10多年之后，推翻案发当时向公安机关作出的陈述，重新作出对被告人不利的陈述，其真实性存疑。吉林市公安局还找到两名新证人张某10、于某4，他们也作证说孙某国、孙某东持刀疯狂追打被害方10多分钟，追到一个扎一个。但是，张某10、于某4是2009年后新出现的证人，作证时距案发已有13年，他们当年是否在案发现场，如果在为何1996年未作证，无相关证据证实，其证言的合法性、真实性存疑。

（2）新言词证据的内容得不到现场勘查笔录、法医鉴定的印证。裴某等四名被害人在新的陈述中均称，在出站口处刚要打起来，就看见孙某国、孙某东掏出刀，他们立刻就四下跑开了，然后这二人开始持刀追撵，追上一个扎一个。证人孙某伟证实孙某国追着李某2扎，追出二三十米终于把李某2刺倒；证人张某10证实两个外地人疯狂追打了10多分钟，边追边刺李某2，在李某2倒地后又扎了他后背几刀；证人于某4证实拿刀的人疯了一样地扎人，谁离得近、看见谁就扎谁，扎完一个再选择新目标。但是，上述证言与现场勘查笔录、法医鉴定证实的内容相矛盾。现场勘查笔录、现场勘查方位示意图及现场照片证实,“现场位于鞍山火车站南,即右地下出口处。现场台阶阶石有 3×3mm 血迹,距台阶 1m 处有 3×3mm 血迹。其他未见异常”。这与前述 2009 年新言词证据反映的疯狂追打十几分钟,追出二三十米才将被害人刺倒的情况明显不一致。2009 年的新言词证据还证明,一看到孙某国、孙某东拿出刀,司机们就四下跑开,是在跑的过程中被追上刺中的。但是,法医鉴定却证实,被害人李某 2 除了三处背部刺创外,其左上唇亦有一处 2.5×1.5cm 的深切割创;裴某除背部裂伤外,右胸部也有一处刺伤,而且正是其胸部外伤造成了重伤结果;高某 2 是腹部正中被刺一刀;罗某是右前胸被刺一刀;杨某 1 除腰背部伤,额部入发际处也有刀伤。上述被害人的受伤情况不符合在跑的过程中被追刺形成的特征。

本案原始证据之间能够相互印证,原审认定没有错误。鞍山火车站派出所民警栾某 2、孔某出具的抓获经过证实,在双方打斗过程中,孙某东便被闻讯赶到的孔某当场抓获,紧接着正准备乘出租车离开现场的孙某国、孙某伟亦被栾某 2 抓获,三人均被带回派出所,后孙某东因为受伤被送往医院。三人在到案后第一时间就分别接受侦查人员讯问,孙某国、孙某东始终称是遭受被害人围打后才持刀自卫,二人反映下车后与揽活的人发生争执,至持刀刺中被害人的过程,较为真实可信,且孙明伟证言证实的内容与二人供述的内容基本一致。同时,现场勘查笔录证实案发现场即在出站口处,能够印证孙某国、孙某东“一出火车站就被打,因而就持刀乱刺”的供述。虽然,本案四名被害人当年在陈述中都存在不同程度地回避己方责任的情况,除裴某外,其他人都称自己没有主动参与打架,而是刚走过去,还不清楚怎么回事就被刺中,但是,综合其陈述及证人梁某等人的证言能够认定,李某 2 与孙某国在地下站台因乘车之事发生口角后,李某 2 便纠集裴某等人,在孙某国等人刚一走出地面出口时,就将孙某国等人围住,裴某最先动手,持餐厅里的凳子打中孙某国头部,刚一打起来李某 2 等人就分别被刺中,然后便纷纷跑开,这些情节与法医鉴定证实的被害人受伤情况相吻合。上述证据来源合法,能够相互印证,应当作为定案依据。铁东区人民法院认定孙某国等人故意伤害犯罪的事实清楚,证据确实、充分,最高法予以确认。

原审被告人、辩护人、出庭检察员关于铁东区人民法院原生效判决的事实认定、案件定性和量刑没有错误的意见,最高法予以采纳。

第二,原判认定原审被告人孙某国、孙某东、曲某 1、周某圣、周某秋、孙某海、高某1、邹某佰等人组织、领导、参加黑社会性质组织犯罪的证据不确实、不充分。

（1）认定孙某国等人已经形成较稳定的犯罪组织的证据不足。在案证据证实，孙某东等人虽然都曾经在孙某国经营的长春市凯旋路钢材市场五厅四号工作，但长期为孙某国打工的仅有其司机曲某1一人，二人还系姻亲关系。孙某东与孙某国系亲兄弟，2002年之前是为孙某国打工，2002年之后自行开设公司销售钢材。其他人是一段时期内为孙某国销售钢材的业务员。周某圣、周某秋、高某1、孙某海、邹某佰2002年至2003年已先后离开孙某国公司。综观全案事实，孙某国等人没有为违法犯罪形成比较明确的层级和职责分工，也不存在类似于犯罪组织的帮规等，现有证据不足以证明孙某国等人符合黑社会性质组织犯罪的组织特征。

（2）认定孙某国等人有组织地通过违法犯罪活动或其他手段获取经济利益，具有一定的经济实力，以支持该组织活动的证据不足。孙某国等人虽然实施了多起违法犯罪活动，但这些行为多因索要欠款或经济纠纷引起。孙某国名下经营的公司只有长春凯旋路钢材市场五厅四号，没有证据证实该公司的经济实力、业务范围、销售状况、年均利润及其资金来源和去向等，也没有证据证实孙某国的全部资产情况。孙某国与其他被告人之间的经济联系，性质上属于雇主按月给雇工开工资，且仅千元左右。孙某东单独成立公司后，该公司的经营状况、与孙某国公司之间是否存在经济往来等，均没有证据予以证实。现有证据不足以证明孙某国等人实施的行为符合黑社会性质组织犯罪的经济特征。

（3）认定孙某国等人有组织地多次进行违法犯罪活动，为非作恶，欺压、残害群众的证据不足。原判认定孙某国等人构成黑社会性质组织犯罪，主要依据他们实施的故意伤害、非法拘禁、寻衅滋事、敲诈勒索、强迫交易、故意毁坏财物、妨害公务、妨害作证、非法处置查封财产等10余起犯罪事实和6起违法事实。经查，这些犯罪的对象多系与其有经济往来或经济纠纷的人，并非不特定群众；两起故意伤害罪和寻衅滋事罪，分别造成一人轻伤的后果，其他的犯罪行为均未造成伤害后果；且有7起犯罪事实已经被司法机关处罚过。以此认定孙某国等人的犯罪行为达到“为非作恶，欺压、残害群众”的程度，证据明显不足。孙某国等人实施的犯罪行为不符合黑社会性质组织犯罪的行为特征。

（4）认定孙某国等人通过实施违法犯罪活动，或者利用国家工作人员的包庇或者纵容，称霸一方，在一定区域或行业内，形成非法控制或重大影响的证据不足。原判认定孙某国、孙某东拉拢部分国家工作人员为其违法犯罪充当“保护伞”。经查,孙某民、孙某东的供述及相关证人证言证明,2000 年孙某民为索要债务,参与刘某 3 与恒安公司的诉讼,曾向办案人员行贿;2005 年赵某 2 起诉长春蔬菜公司时,孙某民曾向办案人员行贿;2005 年孙某国敲诈勒索、非法拘禁案审理期间,孙某东曾通过他人向办案人员行贿;孙某民非法拘禁案审查期间,孙某东通过他人向办案人员行贿。但是,上述行贿行为仅有一起被司法机关认定,且行贿的目的是影响司法人员公正办案,并非为保护其实施违法犯罪活动,更不足以保护孙某国等人对长春凯旋路钢材市场形成非法控制或重大影响。同时,孙某国等人在经营钢材生意的过程中,仅有一起故意伤害犯罪是针对市场另一业主,且由停车装货发生争执引起。其实施的寻衅滋事、妨害公务等犯罪,均与钢材市场经营无关,孙某国、孙某东等从未对凯旋路钢材市场形成非法控制或重大影响。案发时,长春市凯旋路钢材市场有 200 余家商户从事钢材生意,孙某国、孙某东经营的门店只是其中之一,从未垄断该市场的钢材生意,没有证据证明孙某国等人在该市场称霸一方,在该区域或该行业内形成非法控制或重大影响,产生了严重破坏经济、社会生活秩序的后果。孙某国等人实施的行为不符合黑社会性质组织犯罪的非法控制特征。

原审被告人、辩护人、出庭检察员关于原判认定黑社会性质组织犯罪的事实不清、证据不足的意见,最高法予以采纳。

第三,原判认定原审被告人孙某国敲诈勒索曲某 3 购房款 44 万元的犯罪事实不清、证据不足。

(1)认定孙某国以非法占有工程款为目的,强迫曲某 3 出具全权委托书的证据不足。原判认定孙某国为非法取得曲某 3 承建的农机公司锅炉房工程款,在该工程建设期间,非法拘禁并强迫曲某 3 出具由孙某国负责后期决算、转账等事项的委托书。经查,被害人曲某 3 陈述、证人张某 11 等人的证言,原审被告人孙某国、曲某 1、周某圣的供述,证实孙某国系因曲某 3 未能在约定期限内偿还赊购的 5.4 万元钢材款,遂非法拘禁曲某 3,因曲某 3 无钱还款,孙某国又强迫曲某 3 写下委托书,以孙某国接手锅炉房工程的方式抵偿欠款。在案证据显示,孙某国在接手锅炉房尾部工程后,对锅炉房工程进行了实际的施工和投入,故认定孙某国强迫曲某 3 出具委托书时,是为非法占有工程款证据不足。

(2)认定孙某国对汇鑫公司、农机公司威胁、恐吓的证据不足。原判认定,孙某国得知农机公司用两套门市房抵偿曲某3工程余款后，采用威胁、恐吓手段，迫使曲某3所挂靠的汇鑫公司同意农机公司卖房后将钱款交付给孙某国，据此强行索得44万元。经查，汇鑫公司副总经理马某4证实孙某国曾在电话里威胁她不要干预农机公司转款之事，否则打折她腿，并出具证明证实孙某国与农机公司总经理一行五人到汇鑫公司，要挟、恐吓汇鑫公司董事长王某9，以达到非法获取钱款的目的。但徐某2证实，孙某国在索要购房款时，除骂骂咧咧态度不好外，没有威胁性语言和行为；王某9也只证实孙某国态度嚣张、满口脏话，对徐某2态度比较强硬，上述证据无法证实孙某国对这两家公司实施了威胁、恐吓等强迫手段。

（3）认定孙某国非法占有44万元卖房款的证据不足。原判认定孙某国敲诈勒索，非法占有44万元。经查，虽然被害人曲某3在2008年的陈述中称，其与孙某国的债务在2002年11月农机公司转款10万元后，就已全部结清，但曲某3在2003年、2004年所作陈述及2003年1月30日自书的绝笔书均能证实，农机公司2002年11月转给孙某国的10万元是结清的前期钢材欠款及利息，而对孙某国在接手锅炉房尾部工程后投入10万元左右资金和曲某3又向孙某国借的1.3万元，二人并未结清。正由于曲某3同意再支付给孙某国15万元，他才会把农机公司抵还工程款的门市房转给孙某国。其他在案证据亦显示，2002年11月，汇鑫公司与农机公司决算后，双方对于转款10万元给孙某国以及孙某国取得抵偿工程款的门市房均无异议，根据双方签订的协议，此时农机公司锅炉房工程款的决算已经完成，全部工程款均由孙某国取得。对于折抵33.9万元工程余款的分配，应由孙某国与曲某3依据二人之间债权债务关系确定。经查曲某3的陈述及绝笔书、证人李某9的证言，证实在决算完成后，曲某3曾多次找孙某国索要工程余款，但孙某国称自己未实际收到钱，故拒绝支付应归曲某3所有的工程余款18.9万元，并言语威胁曲某3不许再找他要钱，曲某3在无奈之下写下绝笔书，因担心其本人再次被孙某国非法拘禁或出现其他意外，故将绝笔书交给李某9保管，该绝笔书可以反映曲某3、孙某国之间债务纠纷情况。

综上，孙某国与曲某3之间确实存在尚未结清的债务。2002年11月，孙某国通过签订长春北方农机城门市房购销合同取得两套门市房，曲某3对此并未提出明确反对意见。这两套门市房具体应当如何划分份额，与汇鑫公司、农机公司并无直接利益关系，该两公司在决算完成时也没有提出不同意见。因此，长春师范学院依据购销合同确定的产权归属，于2005年6月14日转给孙某国44万元购房款,不能认定系由孙某国通过敲诈勒索非法占有。至于后期汇鑫公司、农机公司、曲某3、孙某国等多方之间为此44万元当如何分配而产生的工程款结算和清欠工人工资问题,应当通过民事诉讼予以解决,证据显示,相关诉讼尚在审理中。

原审被告人、辩护人、出庭检察员提出的原判认定本起犯罪事实不清、证据不足的意见,最高法予以采纳。

第四,原判认定原审被告人孙某民敲诈勒索赵某1的犯罪事实不清、证据不足。

原判认定,依据被害人赵某1陈述、证人翟某1证言,证明赵某1与孙某民之间无债权债务关系,证人姜某3、李某10等人的证言证明孙某民没有替赵某1偿还部分工程款,孙某民编造所谓的还款协议向赵某1索取财物,其行为应定性为敲诈勒索罪。经查,否认孙某民与赵某1之间存在债权债务关系的证据存在较大矛盾,现有在案证据不足以证明二人所签还款协议系由孙某民编造,亦不足以证明孙某民主观上具有非法占有他人财物的目的。

(1)孙某民是否代为偿还过台北大厦的前期工程款事实不清、证据不足。虽然赵某1、翟某1夫妻二人均否认欠孙某民钱,证人姜某3、李某10等人证言也证明孙某民没有替赵某1还过钱。但是,孙某民一直辩解,2005年6月至10月,其在取得张某6股权并接手台北大厦后,支付了一部分前期欠的工程款,并对台北大厦进行过装修和投入,这也得到陶某1供述的印证。同时,孙某民、陶某1还提供了孙某民偿还工程款和投入钢材的有关书证。此外,律师见证书及证人许某、张某12的证言均证实,孙某民、赵某1签订协议时经过律师见证,当时双方均表示是出于自愿。该还款协议中列明多项代偿工程款的明细目录,虽然其中孙某民代为偿还乔某、姜某3、李某11工程款情况没有得到证人证言印证,但协议中另有其他代为偿还工程款等多个事项,并没有相反证据予以否定。且在案证据能够证实孙某民在接手台北大厦后,对大厦进行了装修,有实际投入。上述证据之间存在较大矛盾,关于孙某民是否代为偿还台北大厦工程款的情况,事实不清、证据不足。

(2)认定孙某民以非法占有为目的向赵某1索要50万元事实不清、证据不足。虽然张某6在台北大厦的原始股权数额没有确切证据证实,但依据张某6、赵某1、刘某2签订的协议,张某6应当享有台北大厦相关利润的权益。本案在案证据证实,孙某民因与张某6的债权债务纠纷而取得张某6在台北大厦的股权,后又在经营台北大厦过程中有新的投入。因此,在孙某民与赵某1就台北大厦股权及收益存在纠纷且未查清的情况下,认定孙某民向赵某1索要50万元是非法占有他人财物的敲诈勒索行为,属于事实不清、证据不足。

原审被告人及其辩护人、出庭检察员提出原判认定本起犯罪事实不清、证据不足的意见,最高法予以采纳。

第五,原判认定原审被告人孙某民、李某5敲诈勒索张某6的犯罪事实不清、证据不足。

原判认定,孙某民与张某6之间虽然存在债务关系,但其强行索取的价值远远超出正常债务的合理范围,主观上具有非法占有的目的,其行为符合敲诈勒索罪的特征。经查,现有证据不足以证实上述认定。

(1)孙某民与张某6之间的"正常债务"数额难以准确认定。在案证据能够证实,张某6以承诺支付高额利息的方式,从孙某民处多次借款合计330万元,二人经协商一致后约定,张某6借款到期后偿还孙某民610万元。虽然我国民事法律并不保护高利借贷,但对于这种当事人之间自愿约定后的高额利息,并未规定为犯罪;2007年12月孙某民与张某6重新签订的协议中约定,孙某民再另行支付张某6 300万元。故不能仅认定孙某民与张某6之间的正常债务为330万元,对孙某民索要债务的行为不宜认定是以非法占有为目的。

(2)张某6的原始投资数额不清。原判认定,张某6在台北大厦的原始投资股份价值约1150万元。经查,这一认定证据不足。在案证据证实,张某6、赵某1、刘某2三人最初签订协议时,张某6的投资金额为630万元。后赵某1与蔬菜公司签订协议,约定由其名下的浩发公司出资1150万元购买蔬菜公司土地。但实际上无论是630万元,还是1150万元,张某6都没有全额支出。张某6、于某5(蔬菜公司法人代表)的证言证实,蔬菜公司因欠张某6工程款,经双方协商决定以土地进行抵偿。2005年1月,于某5应张某6的请求,出具了收到浩发公司1150万元的收据并交给张某6。但是,并不能因此就认定张某6对台北大厦的投资数额就是1150万元。因为如果蔬菜公司这1150万元全部用于清偿其欠张某6的工程款,蔬菜公司就不能再取得台北大厦的第七层,而应当认定,扣除第七层的价值后,1150万元的剩余数额才是张某6的实际投资数额。由于卷宗材料中没有关于张某6、蔬菜公司之间工程款决算的相关证据在案,故张某6占有的原始投资数额无法准确认定。

因此，孙某民与张某6之间存在真实的债权债务关系，且二人之间是自愿签订的高利借贷。孙某民依协议索债，不能认定系犯罪行为。孙某民虽然通过强迫手段与张某6、赵某1、刘某2签订了台北大厦的股份转让协议，但其前因是张某6无法偿还欠款，孙某民才要求以台北大厦的股份抵债，由于张某6在台北大厦的实际投资数额没有确实充分的证据证实，孙某民索要的数额超出张某6实际欠的数额多少也无证据证实，故认定孙某民、李某5敲诈勒索张某6的事实不清、证据不足。

原审被告人、辩护人、出庭检察员提出的原判认定本起犯罪事实不清、证据不足的意见，最高法予以采纳。

第六，原判认定原审被告人孙某国等人强迫交易的犯罪事实不清、证据不足。

原判据以认定孙某国等人构成强迫交易罪的证据主要是被害人金某、辛某1的陈述，金某证明孙某国曾经对他说要用60万元买剩下的二层楼；辛某1证明孙某国曾让他转告金某，二、三楼快点卖给他，不然一分钱也得不到。除此之外，没有其他证据能证明孙某国除口头表示外还实施了其他强行购买行为。孙某国于2002年春节间，曾经几次带人到办公楼查看，并对辛某1有言语辱骂和威胁行为，之后还把通往二楼的楼梯封住，2002年8月26日，孙某国又带人到工地闹事，把辛某1、辛某2父子打伤。但这些行为是发生在孙某国、孙某与金某之间因盖办公楼期间赊购建材而产生的债务纠纷期间，没有相关证据能够把上述行为与强迫交易关联起来。孙某国最终并没有实际取得金某办公楼的另外两层，也无证据证实孙某国实施了相应强行购买房产的行为。故原判认定孙某国等人系为强迫交易而封楼梯、打更夫的事实不清、证据不足。

原审被告人、辩护人、出庭检察员提出的原判认定本起犯罪事实不清、证据不足的意见，最高法予以采纳。

第七，原判认定原审被告人陶某1掩饰、隐瞒犯罪所得收益的犯罪事实不清、证据不足。

原判认定，陶某1明知孙某民因非法获取张某6在台北大厦的股份涉嫌犯罪被公安机关羁押，仍接替孙某民经营该大厦并将收取的部分租金以他人名义存入银行、买车、买房，其行为已经构成掩饰、隐瞒犯罪所得收益罪。经查，该罪的行为对象是犯罪所得及其产生的收益，是与本犯相关联的犯罪，如果没有本犯，就没有该罪。本案中，只有在孙某民取得台北大厦的行为构成犯罪的前提下，才有可能追究陶某1掩饰、隐瞒犯罪所得收益的刑事责任，而孙某民取得台北大厦股份的行为不足以认定为犯罪，故亦不能认定陶某1的行为构成犯罪。

原审被告人陶某1、出庭检察员提出的原判认定本起犯罪事实不清、证据不足的意见，最高法予以采纳。

第八，原判认定原审被告人孙某英帮助毁灭证据的犯罪事实不清、证据不足。

只有被告人供述，没有其他证据的，不能认定被告人有罪和处以刑罚。原判认定本起犯罪事实的证据仅有孙某国、孙某英的原有罪供述，此外，再无其他任何证据能够对二人的供述予以佐证，且本院再审中，孙某英当庭辩解其没有帮助毁灭证据，孙某国也当庭称没有让孙某英毁灭证据。故认定孙某英构成帮助毁灭证据罪的事实不清、证据不足。

原审被告人孙某英、出庭检察员提出原判认定本起犯罪事实不清、证据不足的意见，最高法予以采纳。

第九，原判认定以下犯罪事实均系已经审判且已执行完毕的事实，不应重复追究。

原判认定孙某国敲诈勒索金某的犯罪、非法拘禁姜某1、隋某、曲某3、马某1、于某2的犯罪，周艳圣非法拘禁曲某3、马某1、于某2的犯罪、敲诈勒索金某的犯罪、故意伤害葛某1的犯罪，周某秋故意伤害葛某1的犯罪，孙某海非法拘禁马某1的犯罪，高某1敲诈勒索金某的犯罪、故意毁坏财物的犯罪，邹某佰非法拘禁于某2的犯罪、故意伤害葛某1的犯罪等已经被宽城区人民法院（2005）宽刑初字第79号刑事判决判处刑罚并执行完毕。原判认定曲某1非法拘禁马某1、于某2的犯罪，已经被宽城区人民法院（2005）宽刑初字第236号刑事判决判处刑罚，缓刑考验期满。原判认定孙某民非法拘禁张某4的犯罪，已经被绿园区人民法院（2007）绿刑初字第186号刑事判决判处刑罚，并执行完毕。吉林市中级人民法院一审、吉林省高级人民法院二审时，对以上各起犯罪基本事实的认定与宽城区人民法院、绿园区人民法院的认定一致，最高法经查亦与原判认定一致。上列犯罪事实均已经审判且均已执行完毕，故不应当重新追究。

【诉讼过程】铁东区人民法院审理铁东区人民检察院指控被告人孙某国、孙某东故意伤害一案（以下简称鞍山案件），于1997年8月27日作出（1997）东刑初字第94号刑事判决，认定孙某国犯故意伤害罪，判处有期徒刑3年，缓刑3年；孙某东犯故意伤害罪，判处有期徒刑1年，缓刑1年。判决发生法律效力且缓刑考验期满后,2009 年 12 月 21 日辽宁省高级人民法院依照最高法(2009)刑监字第 97 号函,要求鞍山市中级人民法院对该案进行复查。

鞍山市中级人民法院经复查,于 2010 年 5 月 14 日作出(2010)鞍立二刑监字第 5 号再审决定,对该案进行提审,并于 2010 年 6 月 17 日作出(2010)鞍审刑终再字第 5 号刑事裁定,撤销(1997)东刑初字第 94 号刑事判决,发回铁东区人民法院重审。

其间,2010 年 5 月 11 日,最高法作出(2010)刑立他字第 18 号指定管辖决定、移送管辖通知,指定吉林省吉林市昌邑区人民法院对该案重新审判。

宽城区人民法院审理宽城区人民检察院指控被告人孙某国、周某圣、高某、邹某佰、孙某海、周某秋、张某 3 敲诈勒索、非法拘禁、故意伤害、故意毁坏财物案(以下简称孙某国等人宽城案件),于 2005 年 3 月 24 日作出(2005)宽刑初字第 79 号刑事判决,认定孙某国犯非法拘禁罪,判处有期徒刑 2 年;周某圣犯非法拘禁罪,判处有期徒刑 1 年 6 个月,犯故意伤害罪,判处有期徒刑 1 年 5 个月,决定执行有期徒刑 2 年 6 个月;高某 1 犯非法拘禁罪,判处有期徒刑 1 年,犯故意毁坏财物罪,判处有期徒刑 1 年,决定执行有期徒刑 1 年 6 个月;邹某佰犯非法拘禁罪,判处有期徒刑 1 年,犯故意伤害罪,判处有期徒刑 1 年 5 个月,决定执行有期徒刑 2 年;孙某海犯非法拘禁罪,判处有期徒刑 1 年 5 个月;周某秋犯故意伤害罪,判处有期徒刑 1 年 5 个月。判决发生法律效力并执行完毕后,2009 年 3 月 3 日,长春市中级人民法院作出(2009)长刑监字第 8 号再审决定,提审该案,并于 2009 年 3 月 4 日作出(2009)长刑提字第 2 号刑事裁定,撤销(2005)宽刑初字第 79 号刑事判决,发回宽城区人民法院重新审判。重新审判期间,宽城区人民检察院申请撤回起诉,宽城区人民法院于 2009 年 3 月 5 日作出(2009)长宽刑重字第 80 号刑事裁定,准许撤回起诉。

宽城区人民法院审理宽城区人民检察院指控被告人曲某 1 非法拘禁一案(以下简称曲某 1 宽城案件),于 2005 年 8 月 2 日作出(2005)宽刑初字第 236 号刑事判决,认定曲某 1 犯非法拘禁罪,判处有期徒刑 1 年,缓刑 1 年。判决发生法律效力且缓刑考验期满后,2009 年 3 月 3 日,长春市中级人民法院作出(2009)长刑监字第 7 号再审决定,提审该案,并于 2009 年 3 月 4 日作出(2009)长刑提字第 1 号刑事裁定,撤销(2005)宽刑初字第 236 号刑事判决,发回宽城区人民法院重新审判。重新审判期间,宽城区人民检察院申请撤回起诉,宽城区人民法院于 2009 年

3 月 5 日作出(2009)长宽刑重字第 79 号刑事裁定,准许撤回起诉。

绿园区人民法院审理绿园区人民检察院指控被告人孙某民非法拘禁一案(以下简称孙某民绿园案件),于 2007 年 9 月 6 日作出(2007)绿刑初字第 186 号刑事判决,认定孙某民犯非法拘禁罪,判处有期徒刑 2 年。判决发生法律效力并执行完毕后,2009 年 3 月 12 日长春市中级人民法院作出(2009)长刑监字第 10 号再审决定,提审该案,并于 2009 年 3 月 13 日作出(2009)长刑提字第 3 号刑事裁定,撤销(2007)绿刑初字第 186 号刑事判决,发回绿园区人民法院重新审判。重新审判期间,绿园区人民检察院申请撤回起诉,绿园区人民法院于 2009 年 4 月 1 日作出(2009)绿刑重字第 3 号刑事裁定,准许撤回起诉。

2008 年 4 月 29 日,吉林省公安厅刑事侦查局函告吉林市公安局刑警支队,由该支队侦办孙某国涉黑团伙犯罪案。2009 年 3 月 19 日,吉林省高级人民法院指定昌邑区人民法院审理孙某国涉黑团伙犯罪案。2009 年 11 月 30 日,吉林市公安局将前述已被撤回起诉的"孙某国等人宽城案件、曲某 1 宽城案件、孙某民绿园案件并入孙某国等人涉黑团伙犯罪案一并侦查后,将案件移送吉林市人民检察院。吉林市人民检察院又将案件移交昌邑区人民检察院。2010 年 5 月 4 日,昌邑区人民检察院将此案诉至昌邑区人民法院。2010 年 7 月 26 日,铁东区人民法院将鞍山案件移送昌邑区人民法院审理,2010 年 7 月 26 日,昌邑区人民法院作出(2010)昌刑立字第 1 号案件移送函,将此案移送昌邑区人民检察院。昌邑区人民检察院收案后经审查认为,该院 2010 年 5 月 4 日提起公诉的孙某国等人涉黑团伙犯罪案事实证据发生重大变化,申请撤回起诉,昌邑区人民法院当日裁定准许撤诉。撤回起诉后,昌邑区人民检察院将鞍山案件并入孙某国等人涉黑团伙犯罪案件中一并审查。

2010 年 10 月 22 日,昌邑区人民检察院建议吉林市人民检察院提级管辖,吉林市人民检察院就此请示吉林省人民检察院。2010 年 11 月 7 日,吉林省人民检察院作出吉检诉辖通字(2010)46 号《通知》,指定吉林市人民检察院对此案审查起诉,另商吉林省高级人民法院指定吉林市中级人民法院审理此案。同日,吉林省高级人民法院作出(2010)吉刑指管字第 46 号函,指定吉林市中级人民法院审理该案。吉林市人民检察院审查期间,将并案后的案件两次退回吉林市公安局补充侦查。2011 年 5 月 16 日,吉林市公安局侦查终结,将此案移送吉林市人民检察院审查起诉。2011 年 6 月 30 日,吉林市人民检察院以吉市检刑诉字(2011)第 45

号起诉书向吉林市中级人民法院提起公诉。

2011年11月11日，吉林市中级人民法院作出（2011）吉刑初字第56号刑事判决。孙某国、孙某东、孙某民、曲某1、周某圣、周某秋、陶某1不服该判决，分别向吉林省高级人民法院提出上诉。2013年9月4日，吉林省高级人民法院作出（2012）吉刑三终字第48号刑事判决。孙某国、孙某东、孙某民不服该判决，分别向吉林省高级人民法院提出申诉。

2014年3月4日，吉林省高级人民法院作出（2014）吉刑监字第19号驳回申诉通知、（2014）吉刑监字第81号驳回申诉通知，2014年10月24日，吉林省高级人民法院作出（2014）吉刑监字第100号驳回申诉通知，驳回孙某国、孙某东、孙某民的申诉。原审被告人孙某国、孙某东的亲属及原审被告人孙某民仍然不服，分别向最高法提出申诉。

2015年12月16日、12月17日，最高法作出（2015）刑监字第142号、第143号、第144号再审决定，提审本案。最高法依法组成合议庭，依照第二审程序对本案进行了审理。2016年9月19日，最高法在第二巡回法庭召开庭前会议，就管辖，回避，申请调取证据，提供新的证据，申请证人、鉴定人或有专门知识的人出庭，排除非法证据，是否公开审理等问题听取检辩双方意见，梳理原判认定的事实证据，明确检辩双方争议焦点；就案件中存在的问题召开专家论证会，听取权威法学专家意见；审理期间，还审查了被害人赵某1等提交的书面意见，约谈并听取了被害人马某1等人意见；应原审被告人孙某东辩护人的申请，调取了多份证据。

2016年9月26日，最高法在长春市中级人民法院公开开庭审理本案。最高检指派检察员出庭履行职务。原审被告人孙某国、孙某东、曲某1、周某圣、孙某民、孙某海、高某1、孙某海、李某3、李某5、陶某1、孙某英等人及其辩护人，原审被告人周某秋的法定代理人周某廷等到庭参加诉讼。

【判决结果】最高法认为，原审被告人孙某国故意伤害致被害人任某3轻伤的行为，构成故意伤害罪；以暴力、威胁方法阻碍国家机关工作人员依法执行公务的行为，构成妨害公务罪；随意殴打他人，辱骂、恐吓他人的行为情节恶劣，构成寻衅滋事罪；变卖已被司法机关查封财产的行为，构成非法处置查封财产罪。原审被告人孙某东为索取债务非法拘禁姜某1、隋某的行为，构成非法拘禁罪；随意殴打他人的行为情节恶劣，构成寻衅滋事罪；指使他人作伪证的行为，构成妨害作证罪。原审被告人曲某1故意伤害致被害人任某3轻伤的行为，构成故意伤害罪；

非法拘禁曲某3、金某的行为,构成非法拘禁罪;辱骂、恐吓他人的行为情节恶劣,构成寻衅滋事罪。原审被告人周某圣随意殴打他人的行为情节恶劣,构成寻衅滋事罪;敲诈勒索他人财物数额巨大的行为,构成敲诈勒索罪。原审被告人周某秋敲诈勒索他人财物数额巨大的行为,构成敲诈勒索罪。原审被告人梁某1故意伤害致被害人唐某重伤的行为,构成故意伤害罪。原审被告人孙某海非法拘禁姜某1、隋某的行为,构成非法拘禁罪。对以上犯罪行为,依法应当追究刑事责任;孙某国、孙某东、曲某1、周某圣等人一人犯数罪,依法应当数罪并罚。

原判认定原审被告人孙某国、孙某东故意杀人之犯罪,孙某国组织、领导黑社会性质组织之犯罪,原审被告人曲某1、孙某东、周某圣、周某秋、孙某海、高某1、邹某佰参加黑社会性质组织之犯罪,孙某国敲诈勒索曲某3之犯罪,孙某国、曲某1、周某圣、高某1敲诈勒索金某之犯罪,原审被告人孙某民、李某5敲诈勒索张某6之犯罪,孙某民敲诈勒索赵某1之犯罪,孙某国、曲某1、周某圣、周某秋、孙某海强迫交易之犯罪,原审被告人孙某英帮助毁灭证据之犯罪,原审被告人陶某1掩饰、隐瞒犯罪所得收益之犯罪,事实不清、证据不足,不予认定。

原审被告人孙某海参与2002年4月28日故意伤害任某3之犯罪,追诉期限为5年,对其应自2002年4月28日至2007年4月27日进行追诉。在此期限内,孙某海未实施逃避侦查或审判的行为,亦未实施引发本起犯罪追诉期限中断的新的犯罪。原审被告人梁某超参与2002年7月1日故意伤害葛某1之犯罪,追诉期限为5年,对其应自2002年7月1日至2007年6月30日进行追诉。在此期限内,梁某超未实施逃避侦查或审判的行为,虽然梁某超于2009年4月6日又有故意伤害唐某之犯罪,但该行为发生于本起犯罪追诉期限以外,本起犯罪的追诉期限不发生中断。原审被告人孙某伟参与2000年非法拘禁姜某1、隋某之犯罪,宽城区人民法院(2005)宽刑初字第79号刑事判决未认定孙某伟实施本起犯罪,根据孙某伟所犯罪行,结合事实,上述行为若被认定为犯罪,可能判处的法定最高刑不满5年,追诉期限应为5年,对其应自2000年至2005年进行追诉。在此期限内,孙某伟未实施逃避侦查或审判的行为,亦未实施引发本起犯罪追诉期限中断的新的犯罪。原审被告人李某3参与2002年9月非法拘禁张某4之犯罪,绿园区人民法院(2007)绿刑初字第186号刑事判决未认定李某3成立本起犯罪,上述行为若被认定为犯罪,追诉期限为5年,对其应自2002年9月至2007年9月进行追诉。在此期限内,李某3未实施逃避侦查或审判的行为,亦未实施引发本起犯罪追诉期限中断的新的犯罪。长春市公安局于2008年1月4日开始对孙某海、梁某1、孙某伟、李某3实施的上述犯罪立案侦查,已经超过追诉期限。根据《刑事诉讼法》第十五条第二项之规定,对孙某海、梁某1、孙某伟、李某3依法宣告无罪。

原审被告人孙某东、孙某海参与非法拘禁姜某1、隋某之犯罪均被判处有期徒刑2年6个月,对照宽城区人民法院(2005)宽刑初字第79号刑事判决认定的原审被告人孙某国参与包括非法拘禁姜某1、隋某在内的5起非法拘禁犯罪仅被判处有期徒刑2年,以及孙某国、孙某东、孙某海在犯罪中的地位和作用,原判对孙某东、孙某海犯非法拘禁罪的量刑明显不当,最高法予以纠正。孙某东妨害作证的行为既非多人多次,亦非手段恶劣,且未造成严重后果,欲包庇孙某国所犯的非法拘禁罪亦非严重犯罪。原判认定孙某东妨害作证属于情节严重,与法律规定不符,对其判处有期徒刑4年属量刑过重,最高法予以纠正。

铁东区人民法院(1997)东刑初字第94号刑事判决、宽城区人民法院(2005)宽刑初字第79号刑事判决、宽城区人民法院(2005)宽刑初字第236号刑事判决、绿园区人民法院(2007)绿刑初字第186号刑事判决所涉各项犯罪事实均已判罚且刑罚已执行完毕,该四份生效裁判的事实认定、法律适用和政策把握并无错误,其既判力、安定性和权威性应当予以尊重和维护。有关法院将其撤销后重新审判并加重被告人刑罚,违反法律和司法解释规定,违背宽严相济刑事政策,不符合刑事司法的谦抑理念。

原审被告人、辩护人关于相应犯罪已经法院处理过,不应再次被处理的辩解、辩护意见,出庭检察员关于原办案机关对孙某国等人重复追诉并再审加重被告人刑罚违反法律规定的检察意见,最高法予以采纳;出庭检察员关于已经调解处理、治安处罚的案件,不影响对涉案原审被告人行为认定为犯罪的检察意见,最高法予以采纳;孙某国等人及辩护人关于孙某国等人的有罪供述系侦查机关非法取得的辩解及辩护意见,因无证据证实,最高法不予采纳。

2017年1月20日最高法判决,撤销吉林省高级人民法院(2012)吉刑三终字第48号刑事判决和吉林省吉林市中级人民法院(2011)吉中刑初字第56号刑事判决。撤销辽宁省鞍山市中级人民法院(2010)鞍审刑终再字第5号刑事裁定。撤销长春市中级人民法院(2008)长刑监字第12号再审决定、(2009)长刑监字第7号再审决定、(2009)长刑提字第1号刑事裁定及长春市宽城区人民法院(2008)长宽刑再字第3号刑事裁定、(2009)长宽刑重字第79号刑事裁定。撤销长春市中级人民法院(2008)长刑监字第11号再审决定、(2009)长刑监字第8号再审决定、(2009)长刑提字第2号刑事裁定及长春市宽城区人民法院(2008)长宽刑再字第2号刑事裁定、(2009)长宽刑重字第80号刑事裁定。撤销长春市中级人民法院(2009)长刑监字第10号再审决定、(2009)长刑提字第3号刑事裁定及长春市绿园区人民法院(2009)绿刑重字第3号刑事裁定。

原审被告人孙某国犯故意伤害罪,判处有期徒刑1年;犯寻衅滋事罪,判处有期徒刑4年;犯妨害公务罪,判处有期徒刑2年;犯非法处置查封财产罪,判处有期徒刑2年,数罪并罚,决定执行有期徒刑8年6个月。(刑期从判决执行之日起计算,判决执行以前先行羁押的,羁押一日折抵刑期一日,另扣除孙某国因妨害公务被治安拘留15日和因寻衅滋事被治安拘留15日,即自2008年2月22日起至2016年7月21日止。)原审被告人孙某东犯非法拘禁罪,判处有期徒刑1年6个月;犯寻衅滋事罪,判处有期徒刑3年6个月;犯妨害作证罪,判处有期徒刑1年6个月,数罪并罚,决定执行有期徒刑6年。(刑期从判决执行之日起计算,判决执行以前先行羁押的,羁押一日折抵刑期一日,即自2008年6月11日起至2014年6月10日止。)

原审被告人曲某1犯故意伤害罪,判处有期徒刑2年;犯非法拘禁罪,判处有期徒刑1年6个月;犯寻衅滋事罪,判处有期徒刑3年6个月,数罪并罚,决定执行有期徒刑6年6个月。(刑期从判决执行之日起计算,判决执行以前先行羁押的,羁押一日折抵刑期一日,另扣除曲某1因寻衅滋事被治安拘留的15天,即自2008年4月20日起至2014年10月4日止。)原审被告人周某圣犯寻衅滋事罪,判处有期徒刑3年;犯敲诈勒索罪,判处有期徒刑3年6个月,数罪并罚,决定执行有期徒刑6年。(刑期从判决执行之日起计算,判决执行以前先行羁押的,羁押一日折抵刑期一日,自2008年6月4日起至2014年6月3日止。)原审被告人周某秋犯敲诈勒索罪,判处有期徒刑3年6个月。(刑罚已监外执行完毕)原审被告人梁某超犯故意伤害罪,判处有期徒刑3年。(刑罚已监外执行完毕)原审被告人孙某海犯非法拘禁罪,判处有期徒刑1年6个月。(刑期从判决执行之日起计算,判决执行以前先行羁押的,羁押一日折抵刑期一日,自2008年11月14日起至2010年5月13日止。)

原审被告人孙某民无罪。原审被告人孙某海无罪。原审被告人高某1无罪。原审被告人邹某佰无罪。原审被告人孙某伟无罪。原审被告人李某3无罪。原审被告人李某5无罪。原审被告人陶某1无罪。原审被告人孙某英无罪。

【要旨】该案经吉林市中级人民法院、吉林省高级人民法院一审、二审分别认定为黑社会性质组织犯罪，当事人申诉，最高法提审判决，撤销黑社会性质组织犯罪认定。该案是最高法巡回法庭撤销组织、领导、参加黑社会性质组织罪的第一起案件。该案认定的部分犯罪事实和采信的证据确有错误，且诉讼程序严重违反法律规定，并因此导致定罪量刑明显不当，显失公正。该案时间跨越近20年，涉案罪名多，属于重大疑难复杂案件，最高法提审改判，具有重要意义。

（二）最高法发布的指导性案例①

1. 指导案例186号：龚品文等组织、领导、参加黑社会性质组织案（最高法审判委员会讨论通过，2022年11月29日发布）

【裁判要点】犯罪组织以其势力、影响和暴力手段的现实可能性为依托，有组织地长期采用多种“软暴力”手段实施大量违法犯罪行为，同时辅之以“硬暴力”，“软暴力”有向“硬暴力”转化的现实可能性，足以使群众产生恐惧、恐慌进而形成心理强制，并已造成严重危害后果，严重破坏经济、社会生活秩序的，应认定该犯罪组织具有黑社会性质组织的行为特征。

【基本案情】2013年以来，被告人龚品文、刘海涛在江苏省常熟市从事开设赌场、高利放贷活动，并主动结识社会闲杂人员，逐渐积累经济实力。2014年7月起，被告人龚品文、刘海涛组织被告人马海波、赵杰、王海东、王德运、陈春雷等人，形成了以被告人龚品文、刘海涛为首的较为稳定的犯罪组织，并于2015年4月实施了首次有组织犯罪。2016年下半年、2017年8月梁立志、崔海华先后加入该组织。

该组织人数众多，组织者、领导者明确，骨干成员固定。被告人龚品文为该组织的组织者、领导者，被告人刘海涛为该组织的领导者，被告人马海波、赵杰、王海东、王德运、陈春雷等人为积极参加者，被告人崔海华、梁立志等人为一般成员。该组织内部分工明确，龚品文、刘海涛负责决策和指挥整个组织的运转；被告人马海波、赵杰、王海东、王德运、陈春雷受被告人龚品文、刘海涛的指派开设赌场牟取利益，并在赌场内抽取“庄风款”“放水”、记账，按照被告人龚品文、刘海涛的指派

① 共3件。

为讨债而实施非法拘禁、寻衅滋事、敲诈勒索、强迫交易等违法犯罪行为；崔海华、梁立志参与寻衅滋事违法犯罪行为。该组织为规避侦查，强化管理，维护自身利益，逐步形成了“红钱按比例分配”“放贷本息如实上报，不得做手脚”等不成文的规约，对成员的行动进行约束。在借款时使用同伙名义，资金出借时留下痕迹，讨债时规避法律。建立奖惩制度，对讨债积极者予以奖励，对讨债不积极者予以训斥。该组织通过有组织地实施开设赌场、高利放贷等违法手段聚敛资产，具有较强的经济实力。其中，该组织通过开设赌场非法获利的金额仅查实的就达人民币300余万元。另外，在上述被告人处搜查到放贷借条金额高达人民币4000余万元，资金流水人民币上亿元。该组织将非法聚敛的财产用于支持违法犯罪活动，或为违法犯罪活动“善后”，如购买GPS等装备，赔付因讨债而砸坏的物品，以及支付被刑事拘留后聘请律师的费用。该组织为维护其非法利益，以暴力、威胁等手段，有组织地实施了开设赌场、寻衅滋事、非法拘禁、强迫交易、敲诈勒索等违法犯罪活动，并长期实施多种“软暴力”行为，为非作恶，欺压、残害群众，严重破坏社会治安，妨害社会管理秩序，在江苏省常熟市及周边地区造成了恶劣的社会影响。该黑社会性质组织在形成、发展过程中，为寻求建立稳定犯罪组织，牟取高额非法利益而实施大量违法犯罪活动。主要犯罪事实如下：

（1）开设赌场罪。2015年4月至2018年2月，被告人龚品文、刘海涛、马海波、王海东、赵杰、王德运、陈春雷多次伙同他人在江苏省常熟市海虞镇、辛庄镇等地开设赌场，仅查明的非法获利就达人民币300余万元。

（2）寻衅滋事罪。2014年至2018年，被告人龚品文、刘海涛伙同其他被告人，在江苏省常熟市原虞山镇、梅李镇、辛庄镇等多地，发放年息84%－360%的高利贷，并为索要所谓“利息”，有组织地对被害人及其亲属采取拦截、辱骂、言语威胁、砸玻璃、在被害人住所喷漆、拉横幅等方式进行滋事，共计56起120余次。

（3）非法拘禁罪。2015年至2016年，被告人龚品文、刘海涛、马海波、王海东、赵杰、王德运、陈春雷在江苏省常熟市等多地，为达到索要高利贷等目的非法拘禁他人10起，其中对部分被害人实施辱骂、泼水、打砸物品等行为。

（4）强迫交易罪。2013年3月，被告人龚品文向胡某某发放高利贷，张某某担保。为索要高利贷本金及利息，在非法拘禁被害人后，被告人龚品文强迫被害人张某某到王某某家提供家政服务长达一年有余，被告人龚品文从中非法获利人民币25,500元。

2014 年 11 月,被告人刘海涛、王海东向陈某某发放高利贷,陶某某担保。在多次进行滋事后,被告人王海东、刘海涛强迫被害人陶某某于 2017 年 4 月至 2018 年 1 月到被告人住处提供约定价值人民币 6000 余元的家政服务共计 80 余次。

(5)敲诈勒索罪。2017 年 8 月 31 日至 2018 年 1 月 21 日,被告人刘海涛、王海东、王德运、陈春雷实施敲诈勒索 3 起,以签订车辆抵押合同、安装 GPS 的方式,与被害人签订高出实际出借资金的借条并制造相应的资金走账流水,通过拖走车辆等方式对被害人进行要挟,并非法获利合计人民币 5.83 万元。

【裁判结果】江苏省常熟市人民法院于 2018 年 10 月 19 日作出(2018)苏 0581 刑初 1121 号刑事判决,认定被告人龚品文犯组织、领导黑社会性质组织罪,与其所犯开设赌场罪、寻衅滋事罪、非法拘禁罪等数罪并罚,决定执行有期徒刑 20 年,剥夺政治权利 2 年,并处没收个人全部财产,罚金人民币 12 万元;认定被告人刘海涛犯领导黑社会性质组织罪,与其所犯开设赌场罪、寻衅滋事罪、非法拘禁罪等数罪并罚,决定执行有期徒刑 18 年,剥夺政治权利 2 年,并处没收个人全部财产,罚金人民币 11 万元;对其他参加黑社会性质组织的成员亦判处了相应刑罚。一审宣判后,龚品文、刘海涛等人提出上诉。江苏省苏州市中级人民法院于 2019 年 1 月 7 日作出(2018)苏 05 刑终 1055 号刑事裁定:驳回上诉,维持原判。

【裁判理由】法院生效裁判认为:

关于组织特征。一是该犯罪组织的成长轨迹明确。龚品文与刘海涛二人于 2007 年左右先后至江苏省常熟市打工,后龚品文从少量资金起步,与刘海涛等人合作开设赌场并放高利贷,逐步积累经济实力,后其他组织成员相继加入,参股放贷。在高利放贷过程中,因互相占股分利,组织成员利益相互交织,关系日趋紧密,架构不断成熟,并最终形成了以龚品文为组织者、领导者,刘海涛为领导者,王海东、王德运、陈春雷、马海波、赵杰为积极参加者,崔海华、梁立志为一般参加者的较稳定的违法犯罪组织。二是该犯罪组织的行为方式和组织意图明确,该组织通过开设赌场和高利放贷聚敛非法财富,在讨债过程中,以滋扰纠缠、打砸恐吓、出场摆势、言语威胁、围堵拦截等"软暴力"方式为惯常行为手段,实施一系列违法犯罪活动,目的是实现非法债权,意图最大限度攫取经济利益。由于组织成员系互相占股出资及分利,故无论组织中哪些成员实施违法犯罪活动,相关非法利益的实现均惠及全体出资的组织成员,符合组织利益及组织意图,为组织不断扩大非法放贷规模,增强犯罪能力等进一步发展提供基础,创造条件。三是该犯罪组织的层级结构明确，该组织以龚品文、刘海涛为基础，龚品文吸收发展马海波、赵杰，刘海涛吸收发展王海东、王德运、陈春雷，形成二元层级关系，各被告人对所谓“替谁帮忙、找谁商量”均有明确认识。在具体违法犯罪活动中，以共同开设赌场并非法放贷为标志，两股势力由合作进而汇流，互相占股出资放贷，共同违法犯罪讨债，后期又吸收崔海华、梁立志加入，形成三元层级结构。在组织架构中，组织者、领导者非常明显，积极参加者和骨干成员基本固定，人员规模逐渐增大，且本案后续所涉及的黑社会性质组织的其他犯罪均是由这些组织成员所为。四是该犯罪组织的行为规则明确，组织成员均接受并认同出资后按比例记公账分利、讨债时替组织出头等行为规则。这些规则不仅有组织成员供述，也与组织的实际运作模式和实际违法犯罪活动情况相吻合，相关行事规则为纠合组织成员，形成共同利益，保持组织正常运转起到重要作用。综上，该组织有一定规模，人员基本稳定，有明确的组织者、领导者，骨干成员固定，内部层次分明，符合黑社会性质组织的组织特征。

关于经济特征。一是该犯罪组织通过违法犯罪活动快速聚敛经济利益。该组织以开设赌场、非法高利放贷为基础和资金来源，通过大量实施寻衅滋事、非法拘禁等违法犯罪活动保障非法债权实现，大量攫取非法经济利益。其中，开设赌场并实施非法高利放贷部分，有据可查的非法获利金额就达人民币 300 余万元，且大部分被继续用于非法放贷。在案查获的部分放贷单据显示该组织放贷规模已达人民币 4000 余万元，查实银行资金流水已过亿元，具有较强的经济实力。二是该犯罪组织以经济实力支持该组织的活动。该组织获得的经济利益部分用于支持为组织利益而实施的违法犯罪活动，该组织经济利益的获取过程也是强化组织架构的过程。综上，该组织聚敛大量钱财，又继续用于维系和强化组织生存发展，符合黑社会性质组织的经济特征。

关于行为特征。该组织为争取、维护组织及组织成员的经济利益，利用组织势力和形成的便利条件，有组织地多次实施开设赌场、寻衅滋事、非法拘禁、强迫交易等不同种类的违法犯罪活动，违法犯罪手段以“软暴力”为主，并体现出明显的组织化特点，多人出场摆势、分工配合，并以“硬暴力”为依托，实施多种“软暴力”讨债等违法犯罪活动，软硬暴力行为交织，“软暴力”可随时向“硬暴力”转化。这些行为系相关组织成员为确立强势地位、实现非法债权、牟取不法利益、按照组织惯常的行为模式与手段实施的，相关违法犯罪行为符合组织利益，体现组织意志,黑社会性质组织的行为特征明显。

关于危害性特征。该犯罪组织通过实施一系列违法犯罪活动,为非作恶,欺压、残害群众。在社会秩序层面上,该犯罪组织长期实施开设赌场、非法放贷,“软暴力”讨债等违法犯罪活动,范围波及江苏省常熟市多个街道,给被害人及其家庭正常生活带来严重影响,给部分被害人所在企业的正常生产经营带来严重破坏,给部分被害人所在机关学校的正常工作和教学秩序带来严重冲击。相关违法犯罪行为败坏社会风气,冲击治安秩序,严重降低群众安全感、幸福感,影响十分恶劣。在管理秩序层面上,该犯罪组织刻意逃避公安机关的管理、整治和打击,破坏了社会管理秩序。在社会影响层面上,这些违法犯罪活动在一定区域内致使多名群众合法权益遭受侵害,从在案证据证实的群众切身感受来看,群众普遍感觉心里恐慌,安全感下降,群众普遍要求进行整治,恢复经济、社会生活秩序。

综上所述,本案犯罪组织符合黑社会性质组织认定标准。该组织已经形成了“以黑养黑”的组织运作模式,这一模式使该组织明显区别于一般的共同犯罪和恶势力犯罪集团。龚品文犯罪组织未发现“保护伞”。其通过实施违法犯罪行为,使当地群众产生心理恐惧和不安全感,严重破坏了当地的社会治安秩序、市场经济秩序。对黑社会性质组织的认定,不能仅根据一个或数个孤立事实来认定,而是要通过一系列的违法犯罪事实来认定。因为以“软暴力”为手段的行为通常不是实施一次就能符合刑法规定的犯罪构成,单个的行为通常因为情节轻微或显著轻微、后果不严重而不作为犯罪处理或不能认定为犯罪,此时必须综合考虑“软暴力”行为的长期性、多样性来判断其社会影响及是否构成黑恶犯罪。黑社会性质组织犯罪的危害性特征所要求的“造成重大影响”是通过一系列的违法犯罪活动形成的,具有一定的深度和广度,而非个别的、一时的,特别是在以“软暴力”为主要手段的犯罪组织中,要结合违法犯罪活动的次数、时间跨度、性质、后果、侵害对象的个数、是否有向“硬暴力”转化的现实可能、造成的社会影响及群众安全感是否下降等因素综合判断,不能局限在必须要求具体的违法犯罪活动都要造成严重后果或者在社会上造成恶劣影响,也不能简单地以当地普通群众不知晓、非法控制不明显等,认为其危害性不严重。从本案中被告人非法放贷后通过“软暴力”讨债造成的被害人及其家庭、单位所受的具体影响和周边群众的切身感受等来看,社会危害性极其严重,其构成了组织、领导、参加黑社会性质组织罪。(生效裁判

审判人员:李秀康、沈丽、王江)

2. 指导案例 187 号:吴强等敲诈勒索、抢劫、故意伤害案(最高法审判委员会讨论通过,2022 年 11 月 29 日发布)

【裁判要点】恶势力犯罪集团是符合犯罪集团法定条件的恶势力犯罪组织。恶势力犯罪集团应当具备“为非作恶、欺压百姓”特征,其行为“造成较为恶劣的社会影响”,因而实施违法犯罪活动必然具有一定的公然性,且手段应具有较严重的强迫性、压制性。普通犯罪集团实施犯罪活动如仅为牟取不法经济利益,缺乏造成较为恶劣社会影响的意图,在行为方式的公然性、犯罪手段的强迫压制程度等方面与恶势力犯罪集团存在区别,可按犯罪集团处理,但不应认定为恶势力犯罪集团。

【基本案情】2017 年 2 月初,被告人吴强、季少廷为牟取不法利益,与被告人曹兵共同商定,通过约熟人吃饭时“劝酒”,诱使被害人酒后驾驶机动车,而后再制造交通事故,以被害人系酒后驾驶机动车欲报警相要挟,索要他人钱财。后被告人曹静怡、李颖明知被告人吴强等人欲实施上述违法犯罪活动而积极加入。在被告人吴强、季少廷的组织、安排下,逐步形成相对稳定、分工明确的犯罪团伙,开始实施敲诈勒索犯罪。在实施违法犯罪的过程中,为了增加人手,被告人吴强又通过被告人邵添麒将季某某、徐某某(均系未成年人,另案处理)带入敲诈勒索犯罪团伙。

2017 年 2 月底至 3 月初,季某某、徐某某随被告人吴强共同居住于江苏省南通市通州高新技术产业开发区的租住地,并由吴强负责二人的起居、生活及日常开销。在短时间内,快速形成以吴强为首的犯罪集团,其中吴强为该犯罪集团的首要分子,被告人季少廷及季某某、徐某某为该犯罪集团的骨干成员,被告人曹静怡、李颖、邵添麒等人为该犯罪集团的主要成员,被告人季凯文、曹立强、姜东东、曹兵以及应某某(未成年人,另案处理)、邱某某(另案处理)为该犯罪集团的积极参加者。期间,吴强纠集季少廷、曹静怡、李颖、邵添麒、曹兵以及季某某、徐某某等人,以威胁、恐吓等手段,先后五次实施敲诈勒索的犯罪行为。后吴强发现赌场内的流动资金较多,且参与赌博人员害怕处理一般不敢报警,遂又纠集季凯文、曹立强、姜东东及季某某、徐某某、应某某等人持气手枪、管制刀具、电棍等,采用暴力手段实施抢劫。

2017 年 12 月,江苏省南通市通州区人民检察院以被告人吴强等人犯抢劫罪、敲诈勒索罪,向江苏省南通市通州区人民法院提起公诉。审理中,江苏省南通市通州区人民检察院追加起诉吴强犯故意伤害罪,同时追加认定本案是以吴强为首的带有恶势力性质的犯罪集团。

【裁判结果】江苏省南通市通州区人民法院于 2018 年 6 月 28 日作出(2017)苏 0612 刑初 830 号刑事判决,认定被告人吴强犯抢劫罪,判处有期徒刑 12 年,剥夺政治权利 2 年,并处罚金人民币 4000 元;犯敲诈勒索罪,判处有期徒刑 2 年,并处罚金人民币 1 万元;犯故意伤害罪,判处有期徒刑 10 个月,决定执行有期徒刑 13 年 6 个月,剥夺政治权利 2 年,并处罚金人民币 14,000 元。对本案其他被告人亦判处了相应刑罚。一审宣判后,被告人均未上诉,检察机关亦未抗诉。一审判决已发生法律效力。

【裁判理由】法院生效裁判认为:被告人吴强、季少廷、曹静怡、李颖、邵添麒、季凯文、姜东东、曹立强、曹兵等人与另案处理的季某某、徐某某、应某某等人为共同实施犯罪而组成较为固定的犯罪组织,期间采取暴力、威胁等手段,在一定区域内多次实施敲诈勒索、抢劫等违法犯罪活动,且在实施犯罪过程中目的明确、分工明确,严重扰乱经济、社会生活秩序,造成较为恶劣的社会影响,可以认定为犯罪集团。

被告人吴强组织、领导该犯罪集团实施一系列犯罪活动,是该犯罪集团的首要分子;被告人季少廷及季某某、徐某某等人参与谋划被告人吴强组织实施的敲诈勒索犯罪或抢劫犯罪,是该犯罪集团的骨干成员;被告人曹静怡、李颖多次积极参与该犯罪集团的敲诈勒索犯罪活动,被告人邵添麒将平时跟随其的未成年人季某某、徐某某介绍给被告人吴强,并同意让季某某、徐某某加入该犯罪集团,且其本人也亲自参与该犯罪集团的敲诈勒索犯罪活动,上述被告人是该集团的主要成员;被告人季凯文、曹立强、姜东东、曹兵以及未成年人应某某明知被告人吴强为首的犯罪集团实施违法犯罪活动,而积极参与商量、实施,上述被告人是该犯罪集团的积极参加者。对公诉机关指控本案属犯罪集团,人民法院予以支持。

被告人吴强等人实施的犯罪活动明显是为了牟取不法经济利益,但缺乏形成非法影响、谋求强势地位,进而造成较为恶劣社会影响的意图。在敲诈勒索犯罪中,被告人吴强等人的主要犯罪手段是约熟人吃饭,设局"劝酒"造成被害人酒后驾车,再制造交通事故,进而以报警相要挟,通过所谓的"协商"实现对被害人财物的非法占有。吴强等人在单纯"谋财"意图的支配下实施敲诈勒索、抢劫犯罪,"为非作恶,欺压百姓”的特征尚不明显,犯罪手段、行为方式与典型的恶势力犯罪集团存在明显差异,实际所侵犯的法益也基本集中在公民财产权利方面。恶势力犯罪集团是符合犯罪集团法定条件的恶势力犯罪组织,其特征表现为:有三名以上的组织成员,有明显的首要分子,重要成员较为固定,组织成员经常纠集在一起,共同故意实施三次以上恶势力惯常实施的犯罪活动或其他犯罪活动。本案被告人系单纯为牟取不法经济利益而实施违法犯罪活动,不具有“为非作恶,欺压百姓”特征,参照两高两部《关于办理黑恶势力犯罪案件若干问题的指导意见》中关于恶势力、恶势力犯罪集团应符合“经常纠集在一起,以暴力、威胁或者其他手段,在一定区域或者行业内多次实施违法犯罪活动,为非作恶,欺压百姓,扰乱经济、社会生活秩序,造成较为恶劣的社会影响,但尚未形成黑社会性质组织的违法犯罪组织”的认定要求,本案不能认定为恶势力犯罪集团,应按一般犯罪集团对各被告人定罪量刑。(生效裁判审判人员:李振男、金永南、施玉萍)

3. 指导案例188号:史广振等组织、领导、参加黑社会性质组织案(最高法审判委员会讨论通过,2022年11月29日发布)

【裁判要点】在涉黑社会性质组织犯罪案件审理中,应当对查封、扣押、冻结财物及其孳息的权属进行调查,案外人对查封、扣押、冻结财物及其孳息提出权属异议的,人民法院应当听取其意见,确有必要的,人民法院可以通知其出庭,以查明相关财物权属。

【基本案情】被告人史广振2007年12月即开始进行违法犯罪活动。2014年以来,被告人史广振、赵振、付利刚等人先后实施组织、领导、参加黑社会性质组织,开设赌场,非法拘禁,聚众斗殴,寻衅滋事,妨害公务等违法犯罪行为。公安机关在侦查阶段查扣史广振前妻王某某房产一套及王某某出售其名下路虎越野车所得车款60万元,另查扣王某某工商银行卡一张,冻结存款2221元。河南省修武县人民检察院提起公诉后,王某某就扣押财物权属提出异议并向法院提供相关证据。审理期间,人民法院通知王某某出庭。

法院经审理查明,被告人史广振与王某某2012年9月结婚。2013年7月,王某某在河南省焦作市购置房产一处,现由王某某及其父母、女儿居住;2014年2月,史广振、王某某以王某某名义购买路虎越野车一辆;另扣押王某某工商银行卡一张,冻结存款2221元。2014年12月,史广振与王某某协议离婚,案涉房产、路虎越野车归王某某所有。路虎越野车已被王某某处分,得款60万元,现已查扣在案。

【裁判结果】河南省修武县人民法院于2018年12月28日作出(2018)豫0821刑初331号刑事判决,认定被告人史广振犯组织、领导黑社会性质组织罪,聚众斗殴罪,寻衅滋事罪,开设赌场罪,非法拘禁罪,妨害公务罪,数罪并罚,决定执行有期徒刑16年,剥夺政治权利4年,并处没收个人全部财产(含路虎越野车的全部卖车款60万元及王某某银行卡存款2221元)。本案其他被告人分别被判处有期徒刑7年6个月至有期徒刑6个月不等的刑罚。宣判后,史广振、赵振、付利刚等被告人提出上诉,河南省焦作市中级人民法院于2019年4月19日作出(2019)豫08刑终68号刑事裁定:驳回上诉,维持原判。

【裁判理由】法院生效裁判认为:被告人史广振、赵振、付利刚等人的行为分别构成组织、领导、参加黑社会性质组织罪,聚众斗殴罪,寻衅滋事罪,开设赌场罪,非法拘禁罪,妨害公务罪。被告人史广振前妻王某某名下的路虎越野车系史广振与王某某夫妻关系存续期间购买,但史广振与王某某均无正当职业,以二人合法收入无力承担路虎越野车的购置费用。史广振因被网上追逃无法办理银行卡,其一直使用王某某的银行卡,该卡流水显示有大量资金进出。综上所述,可以认定购置路虎越野车的费用及该银行卡中剩余钱款均属于违法所得,故已查扣的卖车款60万元及银行卡中剩余钱款均应当予以没收。(生效裁判审判人员:蔡有安、徐利民、蒋扬眉)

(三)最高法《刑事审判参考》指导案例①

1999年4月,《刑事审判参考》由最高法刑事审判第一、二、三、四、五庭主办,2012年改版,由32开改为16开。1999年至2020年,共出版124集,1386个指导案例。

1.【第142号,总第22辑,2001年第11辑】张某组织、领导黑社会性质组织、故意伤害、贷款诈骗、虚开增值税发票、非法经营、故意毁坏财物、非法拘禁案

【裁判要旨】黑社会性质组织的组织者、领导者应对其组织、领导的黑社会性质组织所犯的全部罪行承担责任。所谓“其所组织、领导的黑社会性质组织所犯的全部罪行”,既包括在其直接组织、策划、指挥下实施的犯罪,也包括其他成员为

---

① 共37件有组织犯罪案件。

了该组织的利益策划实施的犯罪,或者其他成员实施的得到其同意或者经其认可的犯罪。对于其他成员为报私仇或个人私利而实施的犯罪,其没有起组织、领导作用的,不属于黑社会性质组织所犯的罪行,只应由具体实施犯罪的行为人承担刑事责任。黑社会性质组织的内部组织结构较为严密,一般具有一定的层次性,组织者、领导者之间也有不同的等级。在司法实践中,应当区分组织者、领导者在黑社会性质组织所犯的全部罪行中所处的地位和所起的作用,分别情况确定其应承担的刑事责任。

2.【第149号,总第23辑,2001年第12辑】容某胜等组织、领导、参加黑社会性质组织罪

【裁判要旨】(1)组织、领导和积极参加以暴力、威胁或者其他手段,有组织地进行违法犯罪活动,称霸一方,为非作恶,欺压、残害群众,严重破坏经济、社会生活秩序的黑社会性质组织的行为,是组织、领导、参加黑社会性质组织罪的客观表现。其中,“组织”是指为了实现称霸一方的目的,倡导、发起、纠集、组织人员建立黑社会性质组织的行为,如创立、组建黑社会性质的组织,确定该组织的目的、宗旨;确定黑社会性质组织的机构、人员安排、行为规范、活动方式;发展黑社会性质组织的成员等。“领导”是指在黑社会性质组织中处于领导地位,制订犯罪计划,指挥实施犯罪的行为。“积极参加”是指积极、主动加入黑社会性质组织的行为。积极参加者往往在实施具体违法犯罪时表现主动、积极。除积极参加并起主要作用的成员外,其他均为一般参加者。

(2)组织、领导、参加黑社会性质组织罪是故意犯罪。对于组织者和领导者而言,只要其是以实施有组织的违法犯罪活动为目的,成立的组织符合黑社会性质组织的特征,就应当认定为黑社会性质组织。对于参加者而言,行为人虽然不明知所参加的组织是黑社会性质组织,但只要行为人在主观上明知该组织是从事违法犯罪活动的组织,或者当时并不明知是从事违法犯罪活动的组织,但在加入后发现是从事违法犯罪活动的组织,仍不退出并积极从事违法犯罪活动的,就应当认定其主观上具有参加黑社会性质组织的犯罪故意。

3.【第618号,总第74集,2010年第3集】陈某豹等组织、领导、参加黑社会性质组织案

【裁判要旨】参加黑社会性质组织中的“参加”,实践中可以从以下几个方面认定:(1)关于“参加”的主观明知问题,不要求行为人在加入犯罪组织时明确知

道该组织具有黑社会性质，行为人只要知道或者应当知道所参加的是由多人组成、具有一定层级结构，主要从事违法犯罪活动的组织群体，或者该组织虽有形式合法的生产、经营活动，但仍是以有组织地实施违法犯罪活动为基本行为方式，欺压、残害群众的组织，就可以认定其具有主观明知。

(2)关于接受黑社会性质组织领导和管理的问题。对于那些主观上并无加入意图，客观上也不受犯罪组织领导和管理，因被纠集、雇佣、收买、威逼或者受蒙蔽为黑社会性质组织实施违法犯罪活动或者提供帮助、支持、服务的人员，不应以参加黑社会性质组织罪定罪处罚。

(3)关于"参加"行为完成形态问题的把握。就本质而言，"参加"行为是否完成应以行为人与黑社会性质组织就加入该组织问题达成意思一致作为判断标准比较合适，而不能以是否履行手续、是否取得组织会籍、是否举行专门仪式等作为认定的标准。有下列情形之一的，可以认定行为人完成了"参加"行为：一是就加入犯罪组织问题有明确的约定；二是行为人履行了加入组织的仪式；三是行为人要求加入，并经该组织或组织头目的批准或默许；四是虽未履行手续，但已在该组织的领导和管理下实际参加了该组织的各种违法犯罪活动；五是行为人开始不知道加入的是从事违法犯罪活动的黑社会性质组织，了解真相后没有退出，并在该组织的领导和管理下参加了该组织的违法犯罪活动。

4.【第619号，总第74集，2010年第3集】邓某波等组织、领导、参加黑社会性质组织案

【裁判要旨】黑社会性质组织应当具备组织特征、经济特征、行为特征和非法控制特征。黑社会性质组织的组织特征可以从以下几个方面进行理解和把握：(1)审查犯罪组织的目的性。普通共同犯罪、犯罪集团中的各被告人也有可能多次纠集在一起实施违法犯罪活动，其中不乏成员众多、纠集时间长、犯罪次数多的犯罪组织，但在犯罪目的上其与黑社会性质组织相比存在一定区别。前者违法犯罪的目的是实现组织成员个人的目标和利益，故犯罪目的比较直接、明显。而后者违法犯罪的目的在于维护其组织的利益，是为了组织的安全、稳定和发展，最终实现其对一定区域或者行业的非法控制。(2)审查核心成员的稳定性。黑社会性质组织为了增强隐蔽性，可能会经常更换其外围成员，甚至会有意地制造"人员频繁更替、组织结构松散"的假象。这就要求办案人员抓住此类黑社会性质组织"外松内紧"的本质，认真鉴别组织的核心与框架是否具有严密性和稳定性，只要组织

头目和对组织的运行、活动起着重要作用的骨干成员相对比较固定、相互之间联系紧密，则不管其组织结构的外在表现是否松散，均不影响组织特征的认定。（3）审查犯罪组织内部的组织性、纪律性。普通犯罪团伙为了更好地实施犯罪、逃避惩罚，在多次违法犯罪活动中也会总结出自己的经验，但更多的是依靠成员之间的相互配合；对于成员个人的行为尤其是实施犯罪活动之外的行为，不会进行过多的干涉。实践证明，缺乏内部管理的犯罪组织结构上比较松散，很难发挥出组织的能效，难以坐大成势。而黑社会性质组织经历了从普通的犯罪团伙逐步发展壮大的过程，其间必定有一定的组织纪律、活动规约来确保组织自身的生存和发展。因此，应将“具有一定的组织纪律、活动规约”作为认定黑社会性质组织的重要参考依据。

以上是把握组织特征最基本的三个方面，实践中还可以结合组织其他方面的特点来对组织特征予以更加全面的认定，如犯罪组织的内部分配机制。普通犯罪团伙通常依据各犯罪人在具体犯罪中的地位、作用来进行分配，且通常在实施每一起具体犯罪后“坐地分赃”，获利后的分配模式相对直接简单。而对于犯罪所得，黑社会性质组织内部一般会有相对稳定的分配模式，组织成员的收入与各人在犯罪组织中的地位、作用成正比。犯罪所得的分配既包括组织成员的工资、福利支出，也包括组织自身发展资金的支出。

5.【第620号，总第74集，2010年第3集】黄某华等组织、参加黑社会性质组织，陈某阳、张某洲包庇黑社会性质组织案

【裁判要旨】从司法实践来看，黑社会性质组织一般在短时间内难以形成，普通犯罪集团、“恶势力”团伙向黑社会性质组织发展是一个渐进的过程，没有明显的性质转变节点；某些黑社会性质组织为了增强隐蔽性，还会通过开办公司、企业等“合法”方式“以商养黑”，且某些黑社会性质组织的组织者、领导者还有特殊的身份作掩护，如以国家工作人员、人大代表、政协委员等身份作“保护伞”。所以，司法机关认定一个犯罪集团是否构成，何时形成黑社会性质组织，需要结合案件的具体情况综合认定。正是由于黑社会性质组织在认定上的严格性、形式上的多样化，使实施包庇、纵容行为的行为人很难明确认识到其包庇、纵容的对象是黑社会性质组织及其活动。如果将明知是黑社会性质组织及其活动作为包庇、纵容黑社会性质组织罪成立不可或缺的认识因素，将给司法认定带来相当的困难，也会成为行为人逃避法律制裁的理由，不利于“打黑除恶”斗争工作的开展。有鉴于

此,《办理黑社会性质组织犯罪案件座谈会纪要》第二部分第二项的第一点明确规定:"只要行为人知道或者应当知道是从事违法犯罪活动的组织,仍对该组织及其成员予以包庇,或者纵容其实施违法犯罪活动,即可认定本罪。至于行为人是否明知该组织系黑社会性质组织,不影响本罪的成立。"

6.【第621号,总第74集,2010年第3集】李某等参加黑社会性质组织案

【裁判要旨】参加黑社会性质组织罪不以行为人明确知道组织具有黑社会性质为要件。当然,如果行为人事先确实不了解情况,不知是黑社会性质组织而参加,发现后即退出,或者行为人确实不知道,也不应当知道其参加的组织是一个主要从事违法犯罪活动,具有一定层次结构的犯罪组织,一般不按参加黑社会性质组织罪论处。

7.【第622号,总第74集,2010年第3集】张某超等组织、领导、参加黑社会性质组织案

【裁判要旨】黑社会性质组织应当同时具备组织特征、经济特征、行为特征及非法控制特征。非法控制特征也被称为危害性特征,是指通过实施违法犯罪活动,或者利用国家工作人员的包庇或者纵容,称霸一方,在一定区域或者行业内,形成非法控制或者重大影响,严重破坏经济、社会生活秩序。非法控制特征是黑社会性质组织最本质、最核心的特征。我们认为可以从以下三个方面理解和把握黑社会性质组织的非法控制特征:(1)关于对实现途径的理解和把握,黑社会性质组织所形成的非法控制或者重大影响是通过实施违法犯罪活动或者利用国家工作人员的包庇或者纵容来实现的。一是"实施违法犯罪"。通常表现为敲诈勒索、欺行霸市、聚众斗殴、寻衅滋事、故意伤害、故意杀人、绑架、非法拘禁等,有时还表现为以实现非法控制或者造成重大影响为目的而实施抢劫、盗窃、诈骗犯罪以及强行插手民间和经济纠纷等侵权型违法犯罪活动。需要注意的是,这里的"违法",主要是指黑社会性质组织在实施犯罪活动过程中所伴随的违法活动,如果仅仅是实施了违法活动,而未实施犯罪活动,则不能认定为黑社会性质组织。二是"寻求非法保护",即"利用国家工作人员的包庇或者纵容"。"保护伞"并不是黑社会性质组织的必备特征,它只是黑社会性质组织犯罪实现非法控制的途径之一。根据《关于〈中华人民共和国刑法〉第二百九十四条第一款的解释》对黑社会性质组织行为特征的规定,对仅有非法保护而没有违法犯罪的组织,不能以"黑"定性。但如果存在违法犯罪而没有非法保护的,只要具备其他特征,仍然可以认

定为黑社会性质组织。(2)关于对“一定区域或者行业”的理解和把握。首先,黑社会性质组织的“非法控制”并不表现为对一定区域内领土的占领,而是表现为对这个区域内生活的人以及这个区域内的经济、社会生活秩序有非法的控制和重大的影响。因此,在理解上,要注意区域的大小和空间范围具有相对性,不能简单地以必须达到某一特定的空间范围为标准。其次,黑社会性质组织的非法控制表现为对某一行业的非法控制。经济实力是黑社会性质组织发展成员、巩固和扩大组织、称霸一方的基础,而打、砸、抢等简单暴力性违法犯罪活动所能实现的经济利益毕竟有限且暴露性太强,因此,许多黑社会性质组织均以实现对某个行业的控制作为其实施违法犯罪活动的一个重要目标,而这必将严重影响当地经济、社会的生活秩序。从这个角度分析,黑社会性质组织所控制和影响的行业应当既包括合法行业,也包括黄、赌、毒等可以谋取暴利的非法行业。(3)关于对“非法控制或者重大影响”的理解和把握,“非法控制”,顾名思义是指干预已经达到足以控制一定范围内的经济、社会生活的程度;而“重大影响”,是指虽然对于一定区域、一定行业内的社会、经济生活尚未达到任意操控的程度,但已有相当的能力进行干预和施加影响。这种“重大影响”是通过一系列的违法犯罪活动形成的,具有一定的深度和广度,而非个别的、一时的。在理解和把握上,要结合违法犯罪活动的次数、性质、后果、侵害对象的个数、造成的社会影响及群众安全感是否下降等因素综合判断,而不能仅仅理解为具体的违法犯罪活动所造成的严重后果或者在社会上所造成的轰动效应。

8.【第623号,总第74集,2010年第3集】刘某勇等组织、领导、参加黑社会性质组织案

【裁判要旨】非法控制特征(危害性特征)是黑社会性质组织的本质特征。(1)黑社会性质组织对一定行业进行非法控制,其中的一定行业既包括合法行业,也包括黄、赌、毒等非法行业。(2)黑社会性质组织除了在经济上对相关行业进行非法控制外,还往往为了逞强争霸、确立强势地位而实施故意杀人、故意伤害、寻衅滋事等违法犯罪行为,树立该组织的非法权威,严重影响了社会的稳定和人民群众的安全感。黑社会性质组织,一方面,在通过违法犯罪活动积累经济基础;另一方面,也在社会生活方面不断谋求影响力。这两个方面互为依托、互相促进,不断破坏侵蚀正常的经济、社会生活秩序,并最终形成黑社会性质组织掌控的非法秩序,这正是此类犯罪严重社会危害性的根本所在。

9.【第624号,总第74集,2010年第3集】某狮等组织、领导、参加黑社会性质组织案

【裁判要旨】界分组织犯罪和成员个人犯罪,主要根据以下标准:

(1)是否由组织者、领导者直接组织、策划、指挥、参与实施。组织者、领导者是黑社会性质组织的发起者、创建者,或者在组织中实际处于领导地位,对整个组织及其运行、活动起着决策、指挥、协调、管理作用的犯罪分子。由组织者、领导者直接组织、策划、指挥、参与实施的犯罪行为,都应认定为组织犯罪。

(2)是否基于组织意志实施。黑社会性质组织的犯罪行为应体现组织意志,受组织意志的制约。也就是说,组织成员实施的犯罪行为是得到了组织者、领导者认可或者默许的,抑或按照组织的纪律、惯例、共同遵守的约定而实施的。

(3)是否为了组织利益实施。实施犯罪活动的目的是为犯罪组织谋取利益,而不是追求个人利益或其他个人目的。对于组织成员为了组织利益而实施的犯罪,并不要求组织者、领导者知情。如组织成员为组织争夺势力范围、排除竞争对手、确立强势地位、谋取经济利益、维护非法权威而实施的违法犯罪活动。如果是组织成员仅仅为了个人利益,在组织意志之外单独实施违法犯罪活动,组织、领导者并不知情,则不应认定为该黑社会性质组织实施的犯罪活动,而应认定为组织成员个人犯罪。

10.【第625号,总第74集,2010年第3集】王某等组织、领导、参加黑社会性质组织案

【裁判要旨】经济特征是黑社会性质组织的特征之一,主要体现在以下几方面。(1)黑社会性质组织获取经济利益的手段具有多样性。黑社会性质组织既可以通过有组织地实施违法犯罪活动敛财,也可以通过形式合法的经营来获取经济利益。(2)黑社会性质组织所获经济利益应足以支持黑社会性质组织生存、发展和实施违法犯罪活动。(3)黑社会性质组织所获经济利益应用于犯罪组织或组织犯罪活动所需。(4)正确把握经济特征与其他特征的相互关系。黑社会性质组织攫取经济利益、扩充经济实力并不是其实施违法犯罪活动的终极目标,而只是其进行非法控制的一个必要步骤。司法实践中,许多黑社会性质组织的经济特征并不是十分典型.因此,在认定方法上要特别注意以"非法控制特征"为核心,用辩证的、联系的观点分析四个特征的内在联系。

11.【第626号,总第74集,2010年第3集】张某义等组织、领导、参加黑社会性质组织案

【裁判要旨】根据《刑法》第二百九十四条、最高法《关于审理黑社会性质组织犯罪的案件具体应用法律若干问题的解释》以及两高一部《办理黑社会性质组织犯罪案件座谈会纪要》的有关规定及精神,应按照下列原则,认定黑社会性质组织成员所应承担的刑事责任:(1)对黑社会性质组织的组织者、领导者,应按照该组织所犯全部罪行承担刑事责任,但对非组织犯罪不应承担刑事责任。(2)对黑社会性质组织中的积极参加者和其他参加者,应按照其所参与的犯罪,根据其在具体犯罪中的地位和作用,依照罪责刑相适应的原则,确定应承担的刑事责任。(3)对黑社会性质组织犯罪中涉案的非黑社会性质组织成员的被告人,应当按照其在共同犯罪中的地位、作用,确定应当承担的刑事责任。

12.【第627号,总第74集,2010年第3集】张某生等故意杀人、敲诈勒索、组织卖淫案

【裁判要旨】尽管有违法犯罪行为的单位在实施违法犯罪活动过程中也可能"转化"为黑社会性质的犯罪组织,但在未转化前,二者有着明显的区别:(1)成立目的不同。有违法犯罪行为的单位,一般是依法设立的公司、企业等合法经济实体或者社会组织,从事一定的生产经营活动或者履行一定的社会职责。而黑社会性质组织系为了实施违法犯罪而成立的非法组织。虽然二者都有基本的组织架构、职责分工,但前者是为了正常开展生产、经营活动而设立的;而黑社会性质组织,其内部严密的组织结构、细致的职能分工、帮规纪律等,均是为了有组织地实施违法犯罪活动而设立。(2)经济特征不同。有违法犯罪行为的单位,自成立开始便有其正当的经营或职能范围以及较为稳定的运作方式和营收模式。违法犯罪行为对其而言,只是在单位行使职权或者经营过程中出现的偶然"越权行为"或者"寻租行为",违法犯罪所得不会成为其主要的、稳定的收入来源。而黑社会性质组织是以有组织地实施违法犯罪活动或者其他手段获取经济利益,具有一定的经济实力,并以此支持该组织的活动。一言以蔽之,黑社会性质组织是"以黑养黑",其维持犯罪组织日常运作的资金主要来源于违法犯罪活动,或者与违法犯罪活动有关。(3)行为特征不同。有违法犯罪行为的单位实施违法犯罪行为一般不具有经常性,违法犯罪并非单位获取经济利益或者解决纠纷的主要手段。与此不同的是,黑社会性质组织实施违法犯罪行为具有经常性、一贯性,而且其所实施的

违法犯罪行为具有明显的暴力性特征，通常表现为故意杀人、故意伤害、绑架、抢劫、敲诈勒索、聚众斗殴、寻衅滋事、故意毁坏财物等。(4)非法控制特征不同。黑社会性质组织本质上是要通过实施违法犯罪活动称霸一方，在一定区域或者行业内，形成非法控制或者重大影响，从而严重破坏经济、社会生活秩序。非法控制特征是连接其他三个特征的纽带。“非法控制”使黑社会性质组织与其他犯罪组织区别开来：在对组织内部进行严格控制的基础上，通过对一定行业或者区域的控制最终实现对社会的控制。由此可以认为，非法控制是黑社会性质组织的本质特征。而有违法犯罪行为的单位，并不具有非法控制社会的意图，亦无法形成对一定区域或行业内社会、经济秩序的严重破坏。

13.【第628号，总第74集，2010年第3集】乔某生等组织、领导、参加黑社会性质组织案

【裁判要旨】黑社会性质组织必须同时具备组织特征、经济特征、行为特征和危害性特征。这四个方面的特征具有一定的内在关联，但又各有侧重，涉及黑社会性质组织的不同侧面。现结合四个特征对证明黑社会性质组织的证据要求归纳如下：(1)组织特征。黑社会性质组织一般较为稳定，人数较多，有明确的组织者、领导者，骨干成员基本固定。组织特征的证明需要立足组织的成员、组织的结构及组织的存续时间等方面。(2)经济特征。为支持组织的活动，黑社会性质组织通常有组织地通过违法犯罪活动或者其他手段获取经济利益，具有一定的经济实力。经济特征的证明需要立足组织的收入来源、组织的资金流转等方面。(3)行为特征。黑社会性质组织通常是以暴力、威胁或者其他手段，有组织地多次进行违法犯罪活动，为非作恶，欺压、残害群众，但实践中的表现形式各不相同。为合理认定黑社会性质组织实施的违法犯罪，并合理区分黑社会性质组织的违法犯罪与组织成员个人的违法犯罪，审判机关需要结合黑社会性质组织实施的具体违法犯罪行为综合分析。此外，现阶段许多黑社会性质组织都积极向基层政权渗透，寻求“保护伞”，导致黑社会性质组织犯罪与职务犯罪相交织，因此，审判机关需要一并予以审查。(4)危害性特征。称霸一方，在一定区域或者行业内，形成非法控制或者重大影响，从而严重破坏经济、社会生活秩序，是黑社会性质组织的危害性特征，也是其区别于一般犯罪集团的关键所在。

14.【第 629 号,总第 74 集,2010 年第 3 集】王某等组织、领导、参加黑社会性质组织案

【裁判要旨】2002 年 4 月 28 日全国人民代表大会常务委员会通过了《关于〈中华人民共和国刑法〉第二百九十四条第一款的解释》,明确了黑社会性质组织应当同时具备组织结构、经济实力、非法行为及非法控制四个方面的特征。立法解释与法律具有同等效力,立法解释的效力高于司法解释;因此在二者产生冲突的情况下,应直接适用立法解释,不存在按照"从旧兼从轻"原则的问题。当然,如果后公布的也是司法解释而不是立法解释,则依据《关于适用刑事司法解释时间效力问题的规定》,可以按照"从旧兼从轻"的原则处理。

15.【第 630 号,总第 74 集,2010 年第 3 集】范某忠等组织、领导黑社会性质组织案

【裁判要旨】在审理黑社会性质组织犯罪案件时,把握宽严相济刑事政策,需着重体现"严中有宽,宽以济严"的政策精神。"相济"的根本依据是罪责刑相适应原则。无论是宽还是严,对被告人最终所处的刑罚,都应当是与其所犯罪行和所承担的刑事责任相适应的,都是在准确认定犯罪社会危害性的前提下,在充分考量犯罪人的主观恶性和人身危险性,准确认定犯罪人罪责大小的前提下,确定是否从宽、从严以及从宽和从严的幅度,确保罚当其罪,最大限度发挥刑罚功能,最大限度实现刑罚目的。

16.【第 1152 号,总第 107 集】陈某东等人组织、领导、参加黑社会性质组织案

【裁判要旨】司法实践中,认定被告人是否有参加黑社会性质组织行为时,一般可以将是否举行专门的参加仪式作为重要的认定依据。但当前的实践中多数黑社会性质组织在发展成员时并无此类程序,这就要求在审判时要按照《办理黑社会性质组织犯罪案件座谈会纪要》《全国部分法院审理黑社会性质组织犯罪案件工作座谈会纪要》规定,结合以下两个方面审慎认定:第一,是否参与实施了黑社会性质组织的违法犯罪活动。黑社会性质组织区别于其他犯罪组织的本质特征,就是依靠有组织的违法犯罪活动来达到对经济、社会生活进行非法控制并进而攫取非法利益的目的。黑社会性质组织的生存离不开有组织的违法犯罪活动,而是否参与有组织的违法犯罪活动又是表明被告人与涉案黑社会性质组织之间存在关系的重要标志。因此,这一点自然是判断参加行为的重要依据。第二,与涉案黑社会性质组织之间有无相对固定的从属关系。所谓相对固定的从属关系,

是指在黑社会性质组织中组织者、领导者居于核心地位，积极参加者和其他参加者较稳定地处于被领导、被管理的地位。其中，有些人是直接听命于组织者、领导者，更多的则是在分级管理的体系内听命于其他组织成员。但不管怎样，组织成员在黑社会性质组织中均应具有相对固定的位置；如果与黑社会性质组织没有任何从属关系，如只是临时受邀或基于个人意愿参与某起犯罪，即便其参与了有组织的违法犯罪活动，也不能将其认定为黑社会性质组织的成员。换言之，如果在黑社会性质组织中找不到可以对应的位置，就说明被告人与该犯罪组织没有从属关系；如果与黑社会性质组织的某一成员之间没有服从与被服从、管理与被管理关系，就不能认定被告人有参加黑社会性质组织的行为。

17.【第1153号，总第107集】朱某辉等人组织、领导、参加黑社会性质组织案

【裁判要旨】黑社会性质组织中的骨干成员，应根据以下标准把握：第一，骨干成员是积极参加者中的一部分，应当满足积极参加者的认定条件。第二，骨干成员应当是直接听命于组织者、领导者的积极参加者。第三，骨干成员在黑社会性质组织中所起作用应当大于一般的积极参加者。骨干成员与积极参加者之间是包含与被包含关系，不能混为一谈。

18.【第1154号，总第107集】史某钟等人组织、领导、参加黑社会性质组织案

【裁判要旨】黑社会性质组织的存续起点，可以根据涉案犯罪组织举行成立仪式或者进行类似活动的时间来认定。没有前述活动的，可以根据足以反映其初步形成核心利益或者强势地位的重大事件发生时间进行审查判断。没有明显标志性事件的，也可以根据涉案犯罪组织为维护、扩大组织势力、实力、影响、经济基础或者按照组织惯例、纪律、活动规约而首次实施有组织的犯罪活动的时间进行审查判断。

19.【第1155号，总第107集】汪某等人组织、领导、参加黑社会性质组织案

【裁判要旨】在部分案件中，黑社会性质组织在发展过程中，因某些具体的犯罪案件被公安机关查获，原有的组织成员或被抓或潜逃，被迫暂时停止实施违法犯罪活动，由此形成组织溃散的假象。在这种情况下，判断黑社会性质组织是否持续存在，应当着重审查组织者、领导者、骨干成员等组织的核心成员是否持续存在，以及组织的非法影响是否具有延续性。黑社会性质组织的核心成员具有延续性，说明犯罪组织的基本构成是稳定的；非法影响具有延续性，说明犯罪组织的行为方式和犯罪宗旨未发生根本变化。

20.【第1156号,总第107集】焦某涛等人寻衅滋事案

【裁判要旨】检察机关以组织、领导、参加黑社会性质组织犯罪将该案移送起诉,审判机关对此指控不予支持。一审宣判后,被告人不上诉,检察机关未抗诉。

黑社会性质组织并不是单纯为实施犯罪而存在,违法犯罪只是服务于非法控制目的的手段,违法犯罪的性质、次数、严重程度也都是由实现非法控制的需要所决定的。因此,2015年《全国部分法院审理黑社会性质组织犯罪案件工作座谈会纪要》中关于犯罪"多样性"的要求,反映了非法控制的内在要求。如果涉案犯罪组织触犯的具体罪名明显偏少,则要考虑其是否属于专门从事某一两种犯罪的犯罪集团,而非黑社会性质组织。

21.【第1157号,总第107集】符某友等人敲诈勒索,强迫交易,故意销毁会计帐簿,对公司、企业人员行贿,行贿案

【裁判要旨】该案一审以组织、领导、参加黑社会性质组织罪判决,被告人上诉后,二审法院不予认定为黑社会性质组织犯罪。

暴力性是黑社会性质组织行为特征中的必备属性,即便是黑社会性质组织的非暴力行为,也往往以暴力或者暴力威胁作为后盾。

22.【第1158号,总第107集】刘某等人组织、领导、参加黑社会性质组织案

【裁判要旨】黑社会性质组织的组织者、领导者应当对黑社会性质组织所犯的全部罪行承担刑事责任,即组织者、领导者与犯罪行为的组织者、策划者、指挥者、实施者构成共犯,应根据其在共同犯罪中的地位和作用对具体犯罪承担刑事责任。在确定组织者、领导者对具体犯罪的罪责时,应当把握以下原则:组织者、领导者对于并非由自己直接组织、策划、指挥、参与的犯罪一般不承担最重的刑事责任,反之,一般应承担最重的刑事责任。

23.【第1159号,总第107集】王某娜等人故意伤害、寻衅滋事、非法拘禁、敲诈勒索案

【裁判要旨】检察机关以组织、领导、参加黑社会性质组织犯罪起诉,一审法院对指控不予支持。判决后,检察机关抗诉,二审法院对抗诉意见不予支持。

《刑法》第二百九十四条第五款中的非法控制,是指以有组织的违法犯罪手段使一定对象处于自己的占有、管理和影响之下;重大影响,是指以有组织的违法犯罪手段对一定对象的思想和行动产生作用。二者有着以下共同点:(1)都是有意识地以非法方式主动干涉他人的结果;(2)都不是一种偶然、短暂的现象,而是一

种持续的状态;(3)控制或者影响的对象具有广泛性,控制或者影响的程度具有严重性。根据以上几点,在对涉案犯罪组织是否形成非法控制与重大影响进行司法判断时,除了要对照两个纪要的相关规定,还应着重审查涉案犯罪组织是否基于争抢势力范围、树立非法权威、攫取不法利益等非法控制目的而实施违法犯罪行为;是否在一段较长的时期内连续、多次通过实施违法犯罪行为对他人的自主性造成干扰或破坏;被侵害对象的数量以及所造成的后果是否已达到形成非法控制或重大影响的严重程度。如果以上几点都已齐备,危害性特征一般能够成立。反之,则不能成立。

24.【第1160号,总第107集】牛某贤等人绑架、敲诈勒索、开设赌场、重婚案

【裁判要旨】该案在一审、二审均认定牛某贤为组织、领导、参加黑社会性质组织罪,最高法在死刑复核后发回重审。

组织必须同时具备四个法定特征才能认定为黑社会性质组织。对于报送核准死刑的黑社会性质组织犯罪案件,最高法经复核认为涉黑罪名不成立的,应以一审、二审认定的部分事实不清、证据不足为由,发回二审法院重新审判。

25.【第1161号,总第107集】邓某文等人组织、领导、参加黑社会性质组织案

【裁判要旨】对于被告人通过赔偿经济损失取得被害方谅解的,在量刑时应当与案件性质、后果、被告人的主观恶性、人身危险性以及其他量刑情节等因素放在一起综合考虑。也就是说,对于非因民间纠纷而引发,危害对象不特定的严重危害社会治安的暴力犯罪案件,原则上不能因被害人谅解而从轻处罚;对于被告人未能真诚认罪、悔罪,再犯可能性较大,又无法定从轻情节的,也不能因被害方谅解便予以从宽处理。

26.【第1162号,总第107集】吴某贤等人组织、领导、参加黑社会性质组织案

【裁判要旨】对于因揭发检举而构成立功或者重大立功的黑社会性质组织的组织者、领导者所具有的各种量刑情节以及全案的量刑平衡之外,还应着重审查以下两点:一是认罪态度,黑社会性质组织的组织者、领导者若能如实供述罪行,则检举揭发可以表明其人身危险性降低,对其从宽处理不违反立功制度设立初衷。反之,对于在证据面前拒不供认或者避重就轻的,则不宜从宽处理。二是检举线索的来源。由于组织者、领导者在黑社会性质组织中居于核心地位,有获取他人犯罪线索的便利条件,故审判时应当防止组织者、领导者利用这种优势地位获利甚至逃避处罚。

27.【第1163号,总第107集】刘某军、刘某伟、吕某包庇、纵容黑社会性质组织案

【裁判要旨】行为人包庇、纵容黑社会性质组织的犯罪行为跨越《刑法》修正施行日期的,应当适用修正后的《刑法》,一并进行追诉。包庇黑社会性质组织,或者纵容黑社会性质组织进行违法犯罪活动的行为人归案后如实供述相关黑社会性质组织的犯罪活动的,不能认定立功情节。公安机关的内勤人员对黑社会性质组织的犯罪行为知情不举的,属于不依法履行职责。

28.【第1354号,总第123集】吴某占等人组织、领导、参加黑社会性质组织案——如何整体把握黑社会性质组织的四个特征

【裁判要旨】黑社会性质组织应当具备四个特征。

(1)黑社会性质组织的组织特征应当满足以下三个条件:①组织成员人数较多,虽然2018年两高两部《关于办理黑恶势力犯罪案件若干问题的指导意见》取消了“10人”的标准,但对于人数较少(如7人以下)的,认定黑社会性质组织应特别慎重;②组织成员有明确的层级,一般分为三级,分别为组织者、领导者,骨干成员和一般参加者;③犯罪组织稳定,即犯罪组织存续时间较长、主要成员固定。

(2)黑社会性质组织的行为特征主要是以暴力或者“软暴力”手段,有组织地多次实施违法犯罪活动,形成对人民群众的欺压和残害。其中,“软暴力”是指暴力、威胁色彩不明显,但实际是以组织的势力、影响和犯罪能力为依托,以暴力、威胁的现实可能性为基础,足以使他人产生恐惧、恐慌,进而形成心理强制或者足以影响、限制人身自由、危及人身财产安全或者影响正常生产、工作、生活的手段。

(3)黑社会性质组织的经济特征是指该组织的主要犯罪目的是追求经济利益。支持组织活动、豢养组织成员,也必须有一定的经济基础,这是进行违法犯罪活动、维系犯罪组织的必要条件。

(4)黑社会性质组织的危害性特征是指黑社会性质组织犯罪除侵害对象及侵害后果具体、直接、特定外,还要求具有间接的、不特定的、抽象的侵害对象和侵害后果,即“在一定区域或者行业内,形成非法控制或者重大影响,严重破坏经济、社会生活秩序”。上述间接的、不特定的侵害对象和后果是黑社会性质组织具有的独特的社会危害后果和本质特征。

(5)上述四个特征中,危害性特征是黑社会性质组织的本质特征,要以危害性特征为实质判断的核心,对危害性特征非常典型,其他特征不十分典型的犯罪组

织,如人数相对较少,存续时间相对较短,层级不十分鲜明,获取的经济利益数额不大等,也可以认定为黑社会性质组织。

29.【第1355号,总第123集】谢某忠等人组织、领导、参加黑社会性质组织案——如何准确界定涉黑组织形成的标志性事件

【裁判要旨】认定一个犯罪组织属于黑社会性质组织,指的是它最终完全具备四个特征,但不能据此要求它在形成伊始就已然完全具备四个特征。在甄别、确定黑社会性质组织标志性事件时,至少应当从以下三个方面来分析:

(1)该事件一般是组织者、领导者亲自组织或直接参与实施的违法犯罪事实或者其他重大事件;

(2)该事件对于涉案犯罪组织进一步发展做大或者在一定区域或行业内开始初步形成非法影响具有明显作用,客观上为该组织实施后续违法犯罪活动打下基础;

(3)标志性事件一般发生在首次有组织犯罪之前或者本身就是首次有组织犯罪。

30.【第1356号,总第123集】龚某文等人组织、领导、参加黑社会性质组织案——如何准确把握黑社会性质组织行为特征中对"软暴力"的强度要求以及"占股分利"模式下的组织特征

【裁判要旨】黑社会性质组织实施的违法犯罪活动包括非暴力性的违法犯罪活动,但暴力或以暴力相威胁始终是黑社会性质组织实施违法犯罪活动的基本手段,并随时可能付诸实施。暴力、威胁色彩虽不明显,但实际是以组织的势力、影响和犯罪能力为依托,以暴力威胁的现实可能性为基础,足以使他人产生恐惧、恐慌进而形成心理强制或者足以影响、限制人身自由、危及人身财产安全或者影响正常生产、工作、生活的手段,属于《刑法》第二百九十四条第五款第三项中的"其他手段",包括但不限于所谓的"谈判"、"协商"、"调解"以及滋扰、纠缠、哄闹、聚众造势等手段。黑社会性质组织实施的"软暴力"应具有长期性,一般应具有多样性,应体现出明显的组织性特征,应有能够直接构成犯罪的行为,并造成明显的实害后果。

随着时代的发展,黑社会性质组织的内部组织模式也出现了一些新的变化,在司法实践中发现,与以往靠直接给予金钱或物质奖励来豢养成员,鼓动犯罪的做法不同,在一些公司化或准公司化运作的黑社会性质组织中,采用"占股分利"方式来纠合组织成员,维系组织框架的现象越来越普遍。所谓"占股分利",类似

于现代公司治理结构中的“股权激励”，是指组织内部成员按照占股比例来对犯罪收益进行分配，组织的领导者通过掌握股权分配比例来实现对组织成员的控制和奖惩。在该种模式下，由于犯罪后果与个人收益紧密相关，往往更能调动组织成员的犯罪积极性，其内部组织结构也更为稳定。“占股分利”只是涉黑组织准公司化运营的一个幌子，其本质为纠合组织成员，形成共同利益，对保持组织正常运转起到重要作用，是黑社会性质组织的组织特征的一个重要体现。

31.【第1357号，总第123集】方某等人组织、领导、参加黑社会性质组织案——“套路贷”黑社会性质组织的司法认定

【裁判要旨】对于“合法公司”外衣下涉“套路贷”黑社会性质组织的认定，应重点从对组织成员的控制来把握组织特征，重点从公司存续的目的来把握经济特征，重点从违法犯罪的主要手段来把握行为特征，重点从公司的规模和影响力来把握危害性特征。

32.【第1358号，总第123集】黄某望等人组织、领导、参加黑社会性质组织案——借助黑社会性质组织势力谋取经济利益，是否属于参加黑社会性质组织

【裁判要旨】对于借助黑社会性质组织势力谋取非法利益的行为是否可以评价为参加黑社会性质组织，主要应从参加黑社会性质组织的构成要件和行为特征方面进行分析。参加黑社会性质组织的主客观要求为，知道或者应当知道是以实施违法犯罪为基本活动内容的组织，仍加入并接受其领导和管理。

参加黑社会性质组织并具有以下三种情形之一的，一般应当认定为积极参加黑社会性质组织：一是多次积极参加黑社会性质组织的违法犯罪活动。二是积极参加的是较为严重的黑社会性质组织犯罪，且作用突出。其中的“较为严重的黑社会性质组织犯罪”，既包括故意杀人、故意伤害等性质严重的暴力性犯罪，也包括造成重大财产损失或者恶劣社会影响的其他严重犯罪。而“作用突出”应理解为在犯意形成、共同犯罪行为完成以及危害结果发生等方面具有的突出性、决定性作用。三是在黑社会性质组织中起重要作用，即对整个黑社会性质组织的人员、财物、事务等重要事项具有“主要管理权”，且对犯罪组织的维系、运行、活动确实起到重要作用的成员。

33.【第1359号，总第123集】张某琦包庇、纵容黑社会性质组织案——如何准确把握包庇、纵容黑社会性质组织罪的主客观方面、罪数处断及追诉时效

【裁判要旨】连续犯的起止行为跨越《刑法》修订前后的，依照最高检《关于对

跨越修订刑法施行日期的继续犯罪、连续犯罪以及其他同种数罪应如何具体适用刑法问题的批复》精神，应当按照修订后《刑法》的规定处罚，也以修订后《刑法》规定的量刑标准计算追诉时效。

包庇、纵容黑社会性质组织罪要求行为人主观上具有犯罪故意，但本罪的犯罪故意不要求行为人明确认识到其包庇、纵容的对象是黑社会性质组织，只要行为人知道或者应当知道是从事违法犯罪活动的组织即可。在认定行为人主观明知时，要综合考虑行为人对包庇、纵容对象的形态、规模、成员、行为方式的了解程度，以及本人与组织成员交往的密切程度等。

34.【第1360号，总第123集】吴某等人敲诈勒索、抢劫、贩卖毒品、故意伤害案——如何区分恶势力犯罪集团和普通犯罪集团

【裁判要旨】恶势力犯罪集团和普通犯罪集团区分的关键在于，第一，由于恶势力、恶势力犯罪集团具有形成非法影响、谋求强势地位的意图，其实施违法犯罪活动所造成的危害往往具有复合性，不仅侵犯公民人身权利、财产权利，还破坏市场经济秩序或者社会管理秩序；第二，恶势力、恶势力犯罪集团由于不同程度带有形成非法影响、谋求强势地位的意图，且需要在一定区域或者行业内，造成较为恶劣的社会影响，其所实施的违法犯罪活动必然具有一定的公开性；第三，恶势力、恶势力犯罪集团实施违法犯罪活动必然带有为非作恶、欺压百姓的特征，带有欺凌、强制、压迫的性质。如行为人实施违法犯罪活动明显仅系为了牟取不法经济利益，缺乏形成非法影响、谋求强势地位的意图，也不具有为非作恶、欺压百姓特征，则不能认定为恶势力犯罪。

35.【第1361号，总第123集】周某健等人聚众斗殴、寻衅滋事、开设赌场案——如何准确区分恶势力与一般共同犯罪

【裁判要旨】恶势力具有如下法律特征：第一，共同实施犯罪活动的人员具有一定的稳定性；第二，以暴力、威胁或者“软暴力”等手段实施违法犯罪活动；第三，在一定区域或者行业内多次实施违法犯罪活动，为非作恶、欺压百姓；第四，具备向黑社会性质组织发展的过渡性特征，即通过违法犯罪活动已经对正常的经济、社会管理秩序造成影响，并在一定区域或者行业内造成较为恶劣的社会影响。

36.【第1362号，总第123集】陈某岗等人非法拘禁、敲诈勒索、诈骗案——如何认定与处理“套路贷”犯罪

【裁判要旨】“套路贷”是指以非法占有为目的，假借民间借贷之名，诱使或迫

使被害人签订“借贷”或变相“借贷”“抵押”“担保”等相关协议，通过虚增借贷金额、恶意制造违约、肆意认定违约、毁匿还款证据等方式形成虚假债权债务，并借助诉讼、仲裁、公证或者采用暴力、威胁以及其他手段非法占有被害人财物的相关违法犯罪活动的概括性称谓。

“套路贷”犯罪行为人的主观目的是非法侵占被害人或其近亲属的财产，一般情况下应当以侵财类犯罪定罪处罚。对于行为人以“保证金”“中介费”“违约金”等虚假理由，非法占有的被害人财物，应全部计入犯罪数额。

如行为人在索债过程中使用了殴打、非法拘禁等暴力手段，或者对被害人及其近亲属使用暴力、胁迫等方法，符合非法拘禁罪、敲诈勒索罪或者抢劫罪构成要件的，应当按照相关规定定罪处罚。

对于“套路贷”犯罪行为同时构成诈骗罪、非法拘禁罪、敲诈勒索罪、抢劫罪等多种犯罪的，依照《刑法》及有关司法解释规定进行数罪并罚或者择一重处。

行为人实施虚假诉讼行为，非法占有他人财产，又构成诈骗罪的，应依照处罚较重的规定定罪处罚。

37.【第 1363 号，总第 123 集】张凤江等 14 人诈骗案——“套路贷”中犯罪数额的认定及计算方法

【裁判要旨】在认定“套路贷”犯罪数额时，应当与民间借贷相区别，从整体上予以否定性评价，“虚高债务”和以“利息”“保证金”“中介费”“服务费”“违约金”等名目被行为人非法占有的财物，均应计入犯罪数额，行为人实际给付的本金数额，不计入犯罪数额。

对于被告人和被害人各执一词，人民法院总体上采取就低原则认定，但如被告人未供述具体金额，而被害人所称的被骗金额合理，且在虚高的借条金额及走银行流水的合理范围内，则可按照被害人陈述中的被骗金额予以认定。

被害人经催讨后无力还款，行为人将债务“平账”至其他团伙，且其他团伙将平账钱款实际支付给行为人的，诈骗既遂金额按照“平账钱款 - 借款本金”予以认定。

行为人着手实施“套路贷”诈骗行为，但由于意志以外的原因未得逞的，犯罪未遂的金额应当以“虚高借条的数额（或诉讼数额）- 借款本金数额”予以认定。

二、最高检指导性案例、典型案例[①]

(一)最高检指导性案例[②]

郭明先参加黑社会性质组织、故意杀人、故意伤害案[第五批指导性案例,高检发研字〔2014〕4号,检例第18号,2014年9月10日]

【基本案情】被告人郭明先,男,四川省人,1972年出生,无业。1997年9月因犯盗窃罪被判有期徒刑5年6个月,2001年12月刑满释放。

2003年5月7日,李泽荣(另案处理,已判刑)等人在四川省三台县"经典歌城"唱歌结账时与该歌城老板何春发生纠纷,被告人郭明先受李泽荣一方纠集,伙同李泽荣、王成鹏、王国军(另案处理,均已判刑)打砸"经典歌城",郭明先持刀砍人,致何春重伤、顾客吴启斌轻伤。

2008年1月1日,闵思金(另案处理,已判刑)与王元军在四川省三台县里程乡岩崖坪发生交通事故,双方因闵思金摩托车受损赔偿问题发生争执。王元军电话通知被害人兰金、李西秀等人,闵思金电话召集郭明先及闵思勇、陈强(另案处理,均已判刑)等人。闵思勇与其朋友代安全、兰在伟先到现场,因代安全、兰在伟与争执双方均认识,即进行劝解,事情已基本平息。后郭明先、陈强等人亦分别骑摩托车赶至现场。闵思金向郭明先指认兰金后,郭明先持菜刀欲砍兰金,被路过并劝架的被害人蓝继宇(殁年26岁)阻拦,郭明先遂持菜刀猛砍蓝继宇头部,致蓝继宇严重颅脑损伤死亡。兰金、李西秀等见状,持木棒击打郭明先,郭明先持菜刀乱砍,致兰金重伤,致李西秀轻伤。后郭明先搭乘闵思勇所驾摩托车逃跑。

2008年5月,郭明先负案潜逃期间,应同案被告人李进(犯组织、领导黑社会性质组织罪、故意伤害罪等,被判处有期徒刑14年)的邀约,到四川省绵阳市安县参加了同案被告人王术华(犯组织、领导黑社会性质组织罪、故意伤害罪等罪名,被判处有期徒刑20年)组织、领导的黑社会性质组织,充当打手。因王术华对胡建不满,让李进安排人教训胡建及其手下。2009年5月17日,李进见胡建两名手下范平、张选辉在安县花荄镇姜记烧烤店吃烧烤,便打电话叫来郭明先。经指认,郭明先蒙面持菜刀砍击范平、张选辉,致该二人轻伤。

---

① 共17件。

② 共1件。

【诉讼过程】2009年7月28日,郭明先因涉嫌故意伤害罪被四川省绵阳市安县公安局刑事拘留,同年8月18日被逮捕,经查犯罪嫌疑人郭明先还涉嫌王术华等人黑社会性质组织系列犯罪案件。四川省绵阳市安县公安局侦查终结后,移送四川省绵阳市安县人民检察院审查起诉。该院受理后,于2010年1月3日报送四川省绵阳市人民检察院审查起诉。2010年7月19日,四川省绵阳市人民检察院对王术华等人参与的黑社会性质组织系列犯罪案件向绵阳市中级人民法院提起公诉,其中指控该案被告人郭明先犯参加黑社会性质组织罪、故意伤害罪和故意杀人罪。

2010年12月17日,绵阳市中级人民法院一审认为,被告人郭明先1997年因犯盗窃罪被判处有期徒刑,2001年12月26日刑满释放后,又于2003年故意伤害他人,2008年故意杀人、参加黑社会性质组织,均应判处有期徒刑以上刑罚,系累犯,应当从重处罚。依法判决:被告人郭明先犯参加黑社会性质组织罪,处有期徒刑两年;犯故意杀人罪,处死刑,缓期二年执行,剥夺政治权利终身;犯故意伤害罪,处有期徒刑五年;数罪并罚,决定执行死刑,缓期二年执行,剥夺政治权利终身。

2010年12月30日,四川省绵阳市人民检察院认为一审判决对被告人郭明先量刑畸轻,依法向四川省高级人民法院提出抗诉。2012年4月16日,四川省高级人民法院二审判决采纳抗诉意见,改判郭明先死刑立即执行。2012年10月26日,最高法裁定核准四川省高级人民法院对被告人郭明先的死刑判决。2012年11月22日,被告人郭明先被执行死刑。

【抗诉理由】一审宣判后,四川省绵阳市人民检察院经审查认为原审判决对被告人郭明先量刑畸轻,依法向四川省高级人民法院提出抗诉;四川省人民检察院支持抗诉。抗诉和支持抗诉理由是:一审判处被告人郭明先死刑,缓期二年执行,量刑畸轻。郭明先1997年因犯盗窃罪被判有期徒刑5年6个月,2001年12月刑满释放后,不思悔改,继续犯罪。于2003年5月7日,伙同他人打砸三台县"经典歌城",并持刀行凶致一人重伤,一人轻伤,其行为构成故意伤害罪。负案潜逃期间,其于2008年1月1日在三台县里程乡岩崖坪持刀行凶,致一人死亡,一人重伤,一人轻伤,其行为构成故意杀人罪和故意伤害罪。此后,其又积极参加黑社会性质组织,充当他人打手,并于2009年5月17日受该组织安排,蒙面持刀行凶,致两人轻伤,其行为构成参加黑社会性质组织罪和故意伤害罪。根据本案事实和证据，被告人郭明先的罪行极其严重、犯罪手段残忍、犯罪后果严重，主观恶性极大，根据罪责刑相适应原则，应当依法判处其死刑立即执行。

【终审结果】四川省高级人民法院二审认为，本案事实清楚，证据确实、充分，原审被告人郭明先犯参加黑社会性质组织罪、故意杀人罪、故意伤害罪，系累犯，主观恶性极深，依法应当从重处罚。检察机关认为"原判对郭明先量刑畸轻"的抗诉理由成立。据此，依法撤销一审判决关于原审被告人郭明先量刑部分，改判郭明先犯参加黑社会性质组织罪，处有期徒刑两年；犯故意杀人罪，处死刑；犯故意伤害罪，处有期徒刑五年；数罪并罚，决定执行死刑，并剥夺政治权利终身。经报最高法核准，郭明先已被执行死刑。

【要旨】死刑依法只适用于罪行极其严重的犯罪分子。对故意杀人、故意伤害、绑架、爆炸等涉黑、涉恐、涉暴刑事案件中罪行极其严重，严重危害国家安全和公共安全、严重危害公民生命权，或者严重危害社会秩序的被告人，依法应当判处死刑，人民法院未判处死刑的，人民检察院应当依法提出抗诉。

（二）检察机关开展扫黑除恶专项斗争典型案例选编[①]

2019 年 6 月 14 日，最高检选编了 5 件典型案例，并经最高检检委会审议通过，其中准确认定为黑社会性质组织犯罪案件 2 件，依法追诉漏罪、漏犯，追加认定恶势力犯罪集团 1 件，依法不认定黑社会性质组织犯罪案件 2 件。

1. 张某 1 等 14 人组织、领导、参加黑社会性质组织案

【要旨】检察机关要注重串并研判，深挖涉黑线索，充分发挥诉前引导作用，提前介入侦查，积极引导取证，全面审核证据，整体把握个案之间的内在关联，准确认定黑社会性质组织犯罪，并深挖幕后主犯。

【指导意义】该案系长江流域非法采砂涉黑命案典型案件，存在"三多三难"，即涉案人数多、犯罪事实多、涉嫌罪名多、调查取证难、证据固定难、案件定性难等问题。案件侦查之初，公安机关对各犯罪嫌疑人均以实施具体犯罪的事实证据报捕，且报送的时间先后不一，涉黑组织犯罪的事实证据缺乏系统性和关联性。检察机关在审查办理案件中，注重串并研判，强化诉前指导，坚持"不是涉黑犯罪的一个不凑数，是涉黑犯罪的一个不放过"的法治理念，及时引导公安机关调整侦查

---

① 共 5 件。

方向，补充完善证据，对案件事实证据全面审核把关，将该案由一般刑事案件依法认定为黑社会性质组织犯罪案件，深挖出幕后主犯张某1。

在办理涉黑涉恶犯罪案件中，要充分运用检察机关上下级领导体制优势，加强与公安机关的配合协调，提升办案质效。一是多个个案可能会在不同地域管辖办理，检察机关要提前介入侦查，引导取证，仔细梳理每一份证据，寻找关联案件的连接点，及时建议将关联案件指定同一公安机关管辖。二是在审查起诉过程中，及时并案审查，坚持深挖彻查，通过补充侦查，强化对涉黑组织犯罪的整体把握，从多个个案中提炼出黑社会性质组织犯罪的四个特征，对黑社会性质组织犯罪整体评价。三是对定性分歧等问题主动加强与公安机关、司法行政机关的工作衔接与配合，充分听取辩护律师意见，做到证据及时补充完善，问题及时处理到位。

2. 成某某、黄某某等14人组织、领导、参加黑社会性质组织案

【要旨】检察机关要充分发挥诉前引导作用，坚持关联审查、深挖彻查，围绕黑社会性质组织的四个特征，积极引导侦查取证，依法准确认定黑社会性质组织。

【指导意义】在该案的办理过程中，检察机关注重对侦查机关移送的涉恶犯罪实行串并研判、深挖细查，以审查发现的涉黑线索为突破口，坚持“是黑恶犯罪一个也不放过”的法治思维，在审查起诉期间积极引导侦查取证，最终查明黑社会性质组织犯罪事实并得到法院判决认定。

（1）从聚众斗殴等涉众型暴力案件中敏锐发现涉黑涉恶犯罪线索。检察机关在审查侦查机关移送的3人3案涉恶犯罪案件过程中，敏锐意识到聚众斗殴等危害社会公共秩序犯罪中隐藏黑恶势力犯罪的可能性较大，遂从分析聚众斗殴等犯罪活动的起因、过程、人员纠集情况、社会危害程度、成员相互关系等方面着手，深挖细查，成功发现有组织犯罪线索。在个罪补充完善证据过程中，检察机关进行串并分析，围绕维护组织利益、打压“竞争对手”等方面，建议侦查机关扩线侦查，进而将多起分散案件并案侦查，逐步厘清了黑社会性质组织的基本轮廓。

（2）充分发挥检察机关诉前引导的作用。为全面查清黑社会性质组织犯罪的四个特征，检察机关不仅在收集证据的方向、内容上给予侦查机关精准指导，同时推进有效取证，实现证据收集无遗漏、无死角，严格证明标准，确保证据客观性、关联性、合法性，形成证据锁链，特别是对于经济收入的部分，引导侦查机关收集该组织的收益账本、银行账户明细、微信记录等有力证据，并进行司法鉴定，准确查

明涉黑组织犯罪的经济利益情况。要求侦查机关及时移送补充收集的证据材料，检察机关审查后即提出意见，边引导边审查，补证工作完毕后短时间内就提起公诉，确保办案的高质效。

(3)充分发挥自身职能，自行调查核实证据，检察机关在详细开列补证清单退回侦查机关补充侦查的同时，注重主动作为，充分发挥自身职能，增强司法办案亲历性，通过自行复核关键证据、走访犯罪现场、讯问犯罪嫌疑人、听取被害人意见等方式，提升了认定证据的精准度，增强了案件证据体系的完整性。

(4)强化法律监督，准确适用法律。在办案过程中，检察机关充分发挥法律监督职能，协同侦查机关补充大量证据材料，查清全案事实，补充移送多起遗漏犯罪事实、违法事实；立足在案证据与案件事实，对涉案的多名组织成员进行追捕追诉。同时，准确适用法律，遵循“涉黑无不是极恶，涉恶未必是涉黑”的精神；立足法律规定的犯罪构成要件，严格把握普通刑事犯罪、恶势力犯罪和黑社会性质组织犯罪的界限，准确认定犯罪性质。

3. 彭某春等21人恶势力犯罪集团案

【要旨】检察机关对公安机关移送审查起诉的普通刑事犯罪案件进行审查时，发现案件涉黑涉恶但未予认定的，应当通过退回补充侦查，明确侦查方向、补充收集证据，并充分运用自行补充侦查，查实黑恶势力组织结构、违法犯罪事实以及造成的社会影响，依法追诉漏罪、漏犯。

【指导意义】对涉案人数众多、且时间跨度大的犯罪案件，检察机关如不坚持深挖彻查，极易就案办案，导致对恶势力犯罪不能“打早打小”“打准打实”。检察机关审查该类案件时，要强化介入侦查引导取证意识，对公安机关移送审查起诉的聚众斗殴、寻衅滋事、非法拘禁、敲诈勒索等案件加强重点研判，对案件中反映出来违法犯罪事实、涉案人员、社会影响等情况进行综合分析、关联对比，认真梳理查找隐藏的恶势力违法犯罪线索，通过追诉漏罪、漏犯引导公安机关精准打击。审查中如发现有恶势力惯常实施的犯罪，除书面审核外，更要注重审查的亲历性，检察机关要通过全面阅卷、讯问犯罪嫌疑人、听取被害人意见、走访涉案地区群众等方式，查明违法犯罪次数、手段、规模、人身损害结果、经济损失数额、违法所得数额、引起社会秩序混乱程度以及对人民群众安全感的影响程度等，对是否系恶势力作出准确认定。同时，检察机关要注重依法惩治犯罪，立足法律规定和犯罪事实，准确把握恶势力、恶势力犯罪集团与黑社会性质组织犯罪之间的界限。

本案中，以被告人彭某春为首的恶势力犯罪集团为逞强立威和争夺当地水果收购生意，欺行霸市、横行乡里，有组织地实施多起违法犯罪活动，严重危害当地人民群众的人身安全、财产安全，造成恶劣的社会影响。检察机关在公安机关以普通刑事案件将该案移送审查起诉的情况下，未局限于移送审查起诉案件事实，而是主动作为，通过退回补充侦查与自行补充侦查相结合，认真审查，严把案件质量关，依法追诉12起遗漏的违法犯罪事实和13名遗漏集团成员，并依法认定彭某春等人构成恶势力犯罪集团，对其从重处罚，实现了对恶势力犯罪的精准打击和不枉不纵。

4. 杨某等25人恶势力犯罪集团案

【要旨】对犯罪组织不够固定，临时雇佣特征明显，未在一定区域形成非法控制或造成重大影响的，依法不予认定为黑社会性质组织。涉黑涉恶案件被告人自愿如实供述自己的罪行，承认指控的犯罪事实，愿意接受处罚的，检察机关可以依法适用认罪认罚从宽制度。

【指导意义】涉恶犯罪案件具有涉案人员多、犯罪事实多、法律关系交织复杂、性质认定难度较大等显著特点。检察机关在办理该类案件时，应当坚持客观公正理念，依法准确认定。

（1）秉持“不人为拔高、不随意降低”办案原则。坚持司法公正，以事实为依据，以法律为准绳，尊重和保障人权，是检察机关的重要职责。在开展扫黑除恶专项斗争过程中，即使对挂牌督办案件，检察官也必须履行《检察官法》赋予的“忠实执行宪法和法律”的职责，坚持客观公正，“不拔高”“不凑数”“不随意降低”，要严格把握法律政策界限，对不具备黑社会性质组织犯罪的四个特征的，坚决不予认定。检察机关要准确把握恶势力犯罪集团与恶势力、普通刑事犯罪的界限，对有明显首要分子，重要成员较为固定，组织成员经常纠集在一起，共同故意实施多次恶势力惯常实施的犯罪活动或其他犯罪活动的，依法认定为恶势力犯罪集团。

（2）注重实质化引导侦查。针对黑恶势力犯罪案件涉案人员众多、违法犯罪线索庞杂、法律定性疑难复杂的特点，检察机关要充分发挥自身职能，通过实地阅卷、旁听预审、参与案件讨论等方式，消除与侦查人员的认识分歧，调整侦查思路，明确侦查重点。检察机关要加强与公安机关的协作配合，积极主动介入侦查，引导取证，坚持“问题意识”，突出引导实质化，围绕犯罪构成要件收集、固定证据，增强侦查取证的针对性、实效性，为精准指控打下坚实的基础。

（3）依法适用认罪认罚从宽制度，2018年修订的《刑事诉讼法》明确了认罪认罚从宽制度，检察机关在办理黑恶势力犯罪案件时，要充分发挥主导作用，依法适用认罪认罚从宽制度，贯彻落实宽严相济刑事政策，提升办案整体质效，着重把握好以下环节：一是依法履行告知义务。检察机关应及时全面告知犯罪嫌疑人、被告人享有的诉讼权利和认罪认罚的法律规定，听取犯罪嫌疑人、被告人、辩护人或者值班律师、被害人及其诉讼代理人的意见。二是依法开展认罪认罚协商。在事实清楚、证据确实充分的前提下，检察机关应当综合考量犯罪嫌疑人、被告人的犯罪事实、犯罪性质、情节和社会危害程度，依法提出适度从宽的量刑意见，并与犯罪嫌疑人、被告人及其辩护人充分沟通，详细阐明定罪量刑的理由和依据，协商确定是否从宽以及从宽形式与幅度，确保宽严有据。三是强化程序保障。认罪认罚制度贯穿刑事诉讼整个过程，对审查起诉中没有达成认罪认罚协议，而在法庭审理阶段提出认罪认罚的，检察机关应当尊重其意愿并给予认罪认罚从宽的机会。同时，应当发挥辩护律师作用，保障其充分参与认罪认罚协商，为犯罪嫌疑人、被告人提供专业的法律帮助。

5. 唐某伟、李某情等14人恶势力犯罪案

【要旨】对尚未形成较稳定的犯罪组织，首要分子对成员的控制力、约束力较弱，为组织利益、以组织名义实施的违法犯罪活动较少，未在一定区域形成非法控制和重大影响的，即使实施了较为严重的暴力犯罪，也不能认定为黑社会性质组织或恶势力犯罪集团。

【指导意义】本案是公安机关以涉黑犯罪移送，检察机关坚持法治思维，改变定性意见，以恶势力犯罪起诉，法院以恶势力犯罪裁判的典型案例。

（1）围绕黑社会性质组织罪的犯罪构成，准确判定涉黑涉恶。黑社会性质组织犯罪中，组织特征、经济特征、行为特征、危害性特征是一个有机整体，缺一不可。在审查办理涉黑案件中，检察机关要全面梳理案件事实及证据，引导侦查机关围绕四个特征补充完善证据。在围绕四个特征审查时，要认真审查、分析四个特征之间的内在关系，特别要注重审查危害性特征，危害性特征是本质特征。对于组织成员、违法犯罪事实相对较多，但是组织特征较弱，为组织利益实施的违法犯罪活动较少，非法控制特征不明显的犯罪案件，即使组织成员实施了较为严重的暴力犯罪，也不能认定为黑社会性质组织犯罪。

（2）围绕犯罪集团的认定标准，准确认定是恶势力犯罪集团还是恶势力。恶

势力犯罪集团，是符合恶势力全部认定条件，同时又符合犯罪集团法定条件的犯罪组织，具体表现为有多名组织成员，有明显的首要分子，重要成员较为固定，组织成员经常纠集在一起，共同故意实施多次恶势力惯常实施的犯罪活动或其他犯罪活动。对未形成固定重要成员，成员之间关系相对松散，未多次实施有组织有预谋犯罪的，不宜认定为恶势力犯罪集团。在司法实践中，要依法区分恶势力犯罪集团和恶势力，同时充分运用《刑法》总则中关于共同犯罪的规定，准确区分主从犯，依法惩处。

（3）准确理解把握“打早打小”和“打准打实”的实质内涵。“打早打小”要求对黑恶势力及早打击，尤其是对恶势力犯罪要及早打击，防止其坐大成势，发展成为黑社会性质组织，产生严重社会危害。“打准打实”是本着实事求是的态度，在准确查明事实的基础上，构成什么罪，就按什么罪判处刑罚，既不能“降格”也不能“拔高”。特别在办理涉案人员、涉案事实众多的涉黑恶案件中，要坚持法治标准，防止因降低认定标准而“拔高”认定为涉黑犯罪或者涉恶集团犯罪。

（三）利用未成年人实施黑恶势力犯罪典型案例①

2020 年 4 月 23 日，最高检召开新闻发布会，发布依法严惩利用未成年人实施黑恶势力犯罪典型案例，包括：谢某某组织、领导黑社会性质组织，寻衅滋事，聚众斗殴，敲诈勒索，开设赌场，故意伤害案；黎某 1 寻衅滋事、妨害作证、故意伤害、非法采矿案；靳某某妨害信用卡管理、非法拘禁、寻衅滋事案。

1. 谢某某组织、领导黑社会性质组织，寻衅滋事，聚众斗殴，敲诈勒索，开设赌场，故意伤害案

【基本案情】2017 年 2 月，谢某某刑满释放后，纠集刑满释放和社会闲散人员詹某某、陈某某等人，先后拉拢、招募、吸收 18 名未成年人（其中 15 名在校学生），在福建省宁德市蕉城区城南镇古溪村实施寻衅滋事、敲诈勒索等违法犯罪活动，逐步形成以谢某某为组织、领导者，詹某某等人为骨干成员，陈某某和翁某某（未成年人）、余某某（未成年人），以及 16 名未满 16 周岁的未成年人为参加者的黑社会性质组织。谢某某利用犯罪组织势力，对古溪赌场进行敲诈勒索、安排组织成员在贷款公司上班获取经济利益，支持组织活动。该组织实施寻衅滋事、聚众斗

① 共 3 件。

殴、敲诈勒索、开设赌场、故意伤害等一系列违法犯罪活动，欺压、残害群众，为非作恶，称霸一方，在古溪区域内形成重大影响，严重破坏经济和社会生活秩序。

【检察机关履职情况】福建省市区三级人民检察院分别成立指导组和专案组，依法快捕快诉，审慎认定未成年人涉黑恶势力犯罪，对参加黑社会性质组织时间不长、参与实施违法犯罪活动较少的 1 名未成年人不认定参加黑社会性质组织罪；对认定参加黑社会性质组织罪的 2 名未成年人提出从轻处罚的量刑建议，得到法院支持。

对未达到刑事责任年龄的未成年人，实行“走访摸底、分类帮扶”，积极规劝 15 名涉案学生及时返校就学。对后续继续升学就读的未成年人，与社工、公益机构共同开展“一对一”精准帮教，通过法治教育、心理咨询、团体辅导、公益志愿活动等形式，多方联动构建有效观护帮教模式。对进入社会的涉案未成年人，依托帮教基地培训职业技能，联系就业单位。

针对涉案未成年人主要来自单亲家庭、留守家庭以及监护缺失家庭的情况，蕉城区人民检察院与社工组织、社区等合作，组织涉案未成年人父母开展亲职教育。

针对涉案未成年在校学生较多的情况，积极推进源头治理。联合 8 个校园周边治安综合治理领导小组成员单位，对城区 11 所重点区域中小学校开展专项督查，从学校内部安全管理、周边安全、消防安全、食品安全、校园欺凌等方面，采取现场查验、现场纠正、现场交办、限时整改等方式，开展全方位排查、整改。蕉城区人民检察院与区教育局签订检校共建、推进法治校园建设协议，向辖区 9 所中小学校派驻法治副校长，指导学校开展法治教育工作。

2018 年 12 月 20 日，蕉城区人民法院依法判处谢某某犯组织、领导黑社会性质组织罪，寻衅滋事罪，聚众斗殴罪，敲诈勒索罪，开设赌场罪，故意伤害罪，数罪并罚，决定执行有期徒刑 13 年 6 个月，并处没收个人全部财产。16 名未被追究刑事责任的未成年人经帮教后考入中专、中职学校 8 人，继续在初中部学习 2 人，就业 6 人，其中 2 人在省运会射击项目青少年组竞赛中取得好成绩。

【典型意义】成年人利用未成年人实施黑恶势力违法犯罪活动，导致未成年人涉黑恶势力犯罪问题逐渐凸显，严重损害未成年人健康成长，严重危害社会和谐稳定，应引起社会高度重视。

突出打击重点，依法严惩利用未成年人实施黑恶势力犯罪的涉黑恶成年犯罪人。拉拢、招募、吸收未成年人参加黑社会性质组织，实施黑恶势力违法犯罪活动，是利用未成年人实施黑恶势力犯罪的典型行为。利用未达到刑事责任年龄的未成年人实施黑恶势力犯罪，是利用未成年人实施黑恶势力犯罪应当从重处罚的情形之一，应当对黑社会性质组织、恶势力犯罪集团、恶势力的首要分子、骨干成员、纠集者、主犯和直接利用的成员从重处罚。

切实贯彻宽严相济刑事政策，最大限度保护涉案未成年人合法权益。坚持打击与保护并重、帮教矫正和警示教育并行、犯罪预防和综合治理并举，对涉黑恶未成年人积极开展帮教矫正和犯罪预防工作。积极参与社会综合治理，加强各职能部门协调联动。开展法治宣传教育，为严惩利用未成年人实施黑恶势力犯罪营造良好的社会氛围。

2. 黎某1寻衅滋事、妨害作证、故意伤害、非法采矿案

【基本案情】2015年至2017年，从黎某1为首，毛某某、骆某1(未成年人)等6人为固定成员的恶势力犯罪集团，以暴力、威胁等手段，在广东省清远市阳山县多次实施违法犯罪活动，欺压当地百姓，扰乱社会生活秩序，造成较为恶劣的社会影响。2016年7月，黎某1因与被害人李某某发生纠纷，遂纠集毛某某、骆某1等人到李某某的烧腊店进行报复。黎某1指使毛某某、骆某1等人利用其事先准备的铁通等工具撬开烧腊店铁闸门，对店内物品进行打砸，并将烧腊店内的摩托车推到附近小河涌，造成财物损失价值人民币5881.96元。事后，黎某1为逃避法律制裁，要求骆某1电话联络黎某2和骆某2，并让三人提供身份证等资料。黎某1在山庄宴请三人，指使三人到公安机关自首，并作三人实施打砸李某某烧腊店的假口供，以包庇其及其他同案犯。2017年3月27日，被告人骆某1到阳山县公安局刑侦大队投案，并作假口供包庇黎某1及其他同案犯。

【检察机关履职情况】阳山县人民检察院经认真审查和引导补证后，认为黎某1领导的犯罪组织，符合恶势力犯罪集团的特征，同时增加认定黎某1部分故意伤害犯罪事实。黎某1为逃避法律责任，利用骆某1心智不成熟、社会阅历浅、法治意识淡薄的特点，指使未成年人录假口供、作伪证的妨害作证行为，不仅妨害正常司法活动，而且严重侵害了未成年人的合法权益。检察机关精准指控，增加认定了首要分子黎某1的部分故意伤害犯罪事实，同时依法认定该犯罪组织为恶势力犯罪集团，体现了对利用未成年人实施黑恶势力犯罪的依法从严打击。

针对骆某1实施的违法行为，检察机关一方面通过庭审教育的方式，与援助

律师共同开展法治教育。另一方面通过与其家庭成员联系,深入分析家庭教育对未成年人的重要性,强调加强家庭教育和关心关爱,帮助其改过自新,重新回归社会。

2019 年 12 月 30 日,阳山县人民法院对黎某 1 等 7 人作出判决,依法判处黎某 1 犯寻衅滋事罪、妨害作证罪、故意伤害罪、非法采矿罪,数罪并罚,决定执行有期徒刑 6 年 6 个月,并处罚金人民币 5 万元。

【典型意义】黑恶势力犯罪分子利用未成年人自我保护能力弱、辨别能力低、易于控制指挥的特点,常常有意拉拢、引诱、欺骗未成年人加入黑恶势力,实施黑恶势力违法犯罪活动。未成年人被利用参与黑恶势力犯罪的,应当重在切断"毒源",防止低龄未成年人"积小恶成大患"。

一些黑社会性质组织和恶势力犯罪集团、恶势力,利用《刑法》第十七条关于刑事责任年龄的规定,有意将未成年人作为黑恶势力的发展对象,以此规避刑事处罚。成年犯罪人利用未成年人心智尚未成熟的特点,伙同未成年人实施黑恶势力犯罪,并在犯罪后为逃避法律责任,指使未成年人作伪证、顶罪,包庇其他成年人的犯罪事实,行为恶劣,应当予以严惩。

3. 靳某某妨害信用卡管理、非法拘禁、寻衅滋事案

【基本案情】2018 年 10 月以来,靳某某在 QQ 群发布收买银行卡的信息,纠集周某某、张某某、肖某某等人,雇佣温某某、刘某某、安某某(三人均为未成年人)形成贩卖银行卡的恶势力犯罪团伙。该团伙以营利为目的,在一些职业院校内非法收购学生银行卡、U 盾、手机卡,持有并贩卖给境外赌博、诈骗组织。靳某某为防止倒卖的银行卡不能正常使用,违法所得不能取出,指使团伙成员纠集温某某、刘某某、安某某多次将挂失银行卡的未成年在校学生带至宾馆、学校偏僻处,采取语言威胁、扬言殴打、带至外地交给上家处理等手段进行威胁恐吓,为学生拍摄录像,强迫挂失银行卡的学生补卡并交回卡内被冻结的资金。

【检察机关履职情况】2019 年 4 月 24 日,河北省邢台市新河县居民常某某在博彩平台先后被骗 60 多万元,到新河县公安局报案。公安机关立案侦查发现被骗款项通过该犯罪团伙收购、贩卖的银行卡转到其他账户。新河县人民检察院针对公安机关发现涉恶、涉未成年人的案情,立即提前介入侦查活动,及时面见涉案未成年人,了解情况,适时释法说理,进行教育感化。

公安机关提请批准逮捕后,新河县人民检察院安排涉案未成年人的父母前往

看守所开展亲情会见，共同对其进行心理疏导，温某某、刘某某、安某某等人当场痛哭悔过。审查起诉期间，检察机关从保护未成年人的角度出发，对涉案未成年人分案办理，主动联系未成年人户籍所在地河南省洛阳市老城区司法局等，协作开展社会调查，分析未成年人涉罪原因、平时表现，根据调查结果，建议法院对未成年人温某某、刘某某、安某某适用缓刑。对该案主犯靳某某依法从严，检察机关向法院提出从重处罚的量刑建议。

2019 年 12 月 31 日，新河县人民法院依法判处靳某某犯妨害信用卡管理罪、非法拘禁罪、寻衅滋事罪，数罪并罚，决定执行有期徒刑 4 年 6 个月，并处罚金人民币 3 万元。

【典型意义】黑恶势力利用未成年人急于赚钱、自我控制能力不强的心理特点，常常以从事兼职的名义雇佣未成年人参与违法犯罪活动，为谋取非法利益提供便利。黑恶势力将黑手伸向未成年人和大中专院校，利用在校学生，针对未成年人实施违法犯罪，应当予以从重处罚。检察机关坚决遏制黑恶势力拉拢侵蚀未成年人，对黑恶势力利用未成年人实施违法犯罪活动严厉打击，依法坚决起诉，从重提出量刑建议。

对被利用的未成年人，要综合其犯罪性质、罪行轻重等因素，实行分级保护处遇。对行为性质较为恶劣、危害后果较大的涉罪未成年人，要全面了解其生理、心理状态及违法犯罪原因，通过亲情会见，教育、感化未成年人，积极促成和解，引导其认罪认罚获得从宽处理；对罪行轻微，属于初犯、偶犯的未成年人，要充分发挥不捕、不诉、刑事和解等制度机制作用，积极适用附条件不起诉；对未达到刑事责任年龄的未成年人，要与公安机关沟通，由其训诫，责令监护人严加管教，同时联合相关帮教主体，开展重点观护和帮教，预防再犯。

（四）最高检公报案例①

1.【最高检公报案例总第 69 号，2002 年第 4 号】黄某生、张某成两个黑恶势力团伙犯罪立案监督、侦查活动监督案

【要旨】公安机关、人民检察院在侦查故意伤害案中发现行为人和被害人都属于黑恶势力团伙，应当密切配合协同作战，把侦查方向确定在彻底摧毁黑恶势力

① 共 4 件。

团伙大案上，深挖黑恶势力团伙的漏罪、漏犯。人民检察院应当从有利于引导收集证据的角度，列出需要在侦查过程中继续收集的证据，查清犯罪事实，依法提起公诉。

2.【最高检公报案例总第71号，2002年第6号】李某1、李某2、崔某彪等组织、领导、参加黑社会性质组织，故意杀人，寻衅滋事，绑架，抢劫等案

【要旨】组织、领导黑社会性质组织罪是指组织、领导以暴力、威胁或者其他手段，有组织地进行违法犯罪活动，称霸一方，为非作恶，欺压、残害群众，严重破坏经济、社会生活秩序的黑社会性质的组织的行为。故意杀人罪，是指故意非法剥夺他人生命的行为。属于侵犯公民人身权利罪的一种，是我国刑法中性质最恶劣的少数犯罪之一。对犯组织、领导黑社会性质组织罪的，依据《刑法》第二百九十四条的规定，判处3年以上10年以下有期徒刑；对犯故意杀人罪的，依据《刑法》第二百三十二条的规定，处死刑、无期徒刑或者10年以上有期徒刑；情节较轻的，处3年以上10年以下有期徒刑。因此，刑满释放人员不思悔改，组织、领导黑社会性质组织，主谋杀人，强行收取“保护费”，绑架他人，为非作恶，已构成组织、领导黑社会性质组织罪和故意杀人罪，且系累犯，情节严重，社会危害极大的，应当依法从重处罚。

3.【最高检公报案例总第73号，2003年第2号】张某清、刘某兴涉嫌组织、领导黑社会性质组织犯罪立案监督、侦查活动监督案

【要旨】黑社会性质组织从事的多属于违法犯罪活动，黑社会组织成员的活动也可能触犯一个或数个其他罪名。参与黑社会性质组织后，又触犯其他罪名的，应当依据行为人所犯罪行，以组织、领导、参加黑社会性质组织罪和触犯的其他罪名，进行数罪并罚。

4.【最高检公报案例总第75号，2003年第4号】林某文、林某景、林某亮等组织、领导、参加黑社会性质组织，故意杀人，故意伤害，绑架，爆炸，抢劫，寻衅滋事等案

【要旨】犯罪有组织化是当今世界各国遇到的值得重视的问题。黑社会性质组织以暴力、威胁或者其他手段，有组织地进行违法犯罪活动，称霸一方，欺压、残害群众。黑社会性质组织操纵一些行业或者区域的经济，有的还通过贿赂等手段拉拢一些国家干部充当“保护伞”，严重危害一定区域内正常的社会、经济秩序。只要有组织、领导或者参加黑社会性质组织的行为，就可以构成犯罪，不要求本人

有其他犯罪行为。本人实施其他犯罪行为的，应当数罪并罚。

（五）检察机关依法惩治涉网络黑恶犯罪典型案例①

1. 汤某甲等人组织、领导、参加黑社会性质组织案

【要旨】“套路贷”是假借民间借贷之名非法占有他人财物的类型化犯罪行为。按照主客观一致原则，对存在制造民间借贷假象、制造虚假给付事实、故意制造违约、肆意认定违约、违约金及利息畸高、恶意垒高债务、软硬兼施“索债”等情况，综合认定具有非法占有目的，属于“套路贷”犯罪。对有组织地实施网络“套路贷”犯罪活动，实施“软暴力”催收达到与“暴力”或“以暴力相威胁”等相当的程度，产生欺压、残害群众的效果，在网络空间和现实社会造成重大影响的，依法认定为组织、领导、参加黑社会性质组织犯罪。对以老年人、未成年人、在校学生、丧失劳动能力的人为对象实施“套路贷”犯罪，或因实施“套路贷”导致被害人及相关人员自杀、精神失常的，应该评价为在相关领域造成重大影响，依法从严从重惩处。

【基本案情】被告人汤某甲，南昌赤之顿信息科技有限公司等公司股东。

被告人汪某柏，南昌赤之顿信息科技有限公司等公司股东。

被告人邓某龙，南昌赤之顿信息科技有限公司等公司股东。

被告人汤某乙，南昌赤之顿信息科技有限公司等公司股东。

其他31名涉案人员基本情况略。

2017年9月起，被告人汤某甲先后邀约被告人汪某柏、邓某龙、汤某乙注册成立南昌赤之顿信息科技有限公司等6家公司，内设技术部、市场部、风控部、贷后部等部门，依托公司形式运作，利用信息网络，通过任你花、100分等7个App平台，采取现金贷或者虚假购物再回购形式，签订虚假合同，以扣除服务费、保证金、中介费名义恶意减少实际放贷数额、恶意垒高违约金等手段，向在校大学生以及大学毕业三年以内的群体实施网络“套路贷”犯罪活动。该组织采取发送拼接被害人头像的淫秽图片和侮辱、威胁性短信，以及电话滋扰、短信轰炸等“软暴力”手段，对不能按期还款的被害人及其父母、亲友、同事、同学进行滋扰施压，索取“债务”，逐步形成了以汤某甲为组织者、领导者，汪某柏、邓某龙、汤某乙等人为积极

① 2022年12月30日最高检发布，共4件。

参加者,涂某玉等人为一般参加者,层级分明、骨干成员固定的黑社会性质组织。

该组织人数较多、层级分明,有不同于一般公司的纪律规约,如部门之间禁止相互串门交流;禁止透露自己的工作内容和公司地址;贷后部门员工不得在食堂吃饭,每日催收额未达到3000元以上的员工不得吃饭;不准向政法、军警院校学生放贷等。该组织通过信息网络在全国范围内长期实施诈骗、敲诈勒索、侵犯公民个人信息等犯罪。该组织累计放款8000余万元,收款1.5亿余元,违法所得7000余万元,违法所得用于支持组织运转,向组织成员发放薪酬和提成,剩余由汤某甲等人按比例分赃。该组织"软暴力"催收共计1万余单,导致陈某某、李某某等20余名年轻被害人自杀、自残、抑郁、退学等,引发网络上大量投诉,严重影响被害人及周边亲朋正常生产生活,影响被害人所在校园安全稳定,在网络空间和现实社会造成重大影响,严重破坏经济、社会生活秩序。

在实施犯罪过程中,技术部被告人潘某勇、何某、彭某煊,在被告人汤某甲等人的授意下,以任你花App为基础,先后开发了100分、52购物、365钱包、91购、88商城、9号店6个App用于网络贷款,并在App内植入具有窃取公民个人信息功能的子程序,在被害人通过贷款App申请贷款的过程中,该子程序即非法获得被害人手机内的通话记录和通讯录内容等公民个人信息。经统计,该组织非法获取公民个人信息共计370万余条。

本案因被害人控告至四川省乐山市公安局案发,由该局立案侦查。2019年3月28日,四川省乐山市公安局将该案移送乐山市人民检察院审查起诉;2019年5月9日,乐山市人民检察院指定该案由夹江县人民检察院办理;2019年11月21日,夹江县人民检察院向夹江县人民法院提起公诉;经开庭审理,2020年8月31日,夹江县人民法院作出一审判决,以组织、领导黑社会性质组织罪,诈骗罪,敲诈勒索罪,侵犯公民个人信息罪,数罪并罚,判处汤某甲有期徒刑25年,剥夺政治权利3年,并处没收个人全部财产;对其余被告人以其参与之罪分别判处20年至6年不等有期徒刑和相应的财产刑。宣判后,部分被告人上诉。2020年11月30日,乐山市中级人民法院裁定驳回上诉,维持原判。

【指控和证明犯罪】(1)依法审查,准确认定"套路贷"犯罪。该案控辩争议焦点之一为网络无接触型非法放贷能否认定为"套路贷"犯罪。经审查认为,被告人的行为已经形成"套路贷"闭环型特征。汤某甲等人以低息、无抵押、无担保、快速放款等诱饵,诱骗在校或毕业三年以内的大学生在其App平台借款,隐瞒被害人需要扣除高额服务费、保证金、中介费等事实，以各项费用的名义恶意减少实际放贷数额，实际扣除高达40% –50%费用，属于“制造民间借贷假象”。采取现金贷或者在购物平台中拟制虚假商品，由被害人高价购买、平台低价回购的形式高贷低支，属于“制造资金走账流水等虚假给付事实”。对逾期被害人按照贷款金额每期、每天3%的比例收取高额违约金，通过修改平台的提示内容恶意延长逾期天数，并不断累加，属于“恶意垒高还款数额”。诱使被害人在该组织控制的不同App贷款来偿还之前欠款，属于“转单平账”。以发送侮辱性图片等“软暴力”方式进行“索债”的行为，属于“软硬兼施索债”。比如，自杀未遂的被害人陈某某在该组织的100分App平台借款，合同约定各项费用总额为借款金额的2%至6%，其借款3177元，实际扣除了高达40%的费用，到手借款为1906元。该借款分三期归还，每期默认还款金额为1059元，每期还款期限为7天，逾期按照每日借款金额的3%计算违约金。截至案发，陈某某三期借款实际逾期121天，违约金累计高达10,865.34元，并被“软暴力”催收。该组织的放贷行为体现出明显的非法占有故意，与平等民事主体之间的民间借贷在主观意图、借贷方式及纠纷处理方式等方面有明显不同，符合“套路贷”认定标准。

（2）把握黑社会性质组织的本质特征，准确定性打击。该组织的组织特征和经济特征较为明显，审查的重点在该组织的行为特征和危害性特征。行为特征方面，该组织的主要行为手段为“软暴力”索债，且达到了与“暴力”或“以暴力相威胁”等相当的程度。贷后部对贷款逾期1至9天的被害人及其父母采取电话、短信联系的手段“索债”，对贷款逾期10天以上的被害人及其父母、亲友、老师、同学、同事等采取发送拼接了被害人头像的淫秽图片及侮辱、威胁性短信，并进行电话、短信轰炸等“软暴力”手段“索债”，对被害人及其父母、亲友、老师、同学、同事等进行滋扰施压，迫使被害人按照虚假合同载明的贷款总额归还本金、利息及违约金等费用，牟取暴利。虽然“软暴力”行为未直接造成被害人肉体上的伤害，但长期的侮辱、滋扰、威胁给被害人及周边亲朋造成了巨大的精神压力和心理恐惧，扰乱了正常的工作、生活、教学管理秩序。特别是该组织主要针对在校或者毕业三年内大学生这一特殊群体放贷，该群体社会阅历和经验少、周边关系单纯、心理承受能力差，对被害人的长期侮辱、威胁及对其周边亲朋的频繁滋扰导致被害人与身边亲朋无法正常交往，甚至形成了比现实暴力更为恶劣的危害后果。危害性特征方面，危害性特征是黑社会性质组织的本质特征，该组织有目的地向欠缺社会经验和还款能力的在校大学生或毕业三年内的毕业生放款，非法放贷规模大、涉及人数多，犯罪动机卑劣，犯罪后果严重，严重破坏社会生活秩序。抽样取证的259名被害人中，涉及全国181所院校的223名在校大学生，占比86%。从2017年9月至2018年7月，该组织累计向全国30个省、自治区、直辖市的10,852名被害人虚假放贷8000余万元，收款1.5亿余元，违法犯罪所得高达7000余万元。该组织"软暴力"催收10,000余笔，抽样取证的259名被害人中就有140余人被"软暴力"催收，230名被害人亲朋被滋扰。经对扣押的手机进行抽查，仅18部手机中就存有发送过的侮辱、淫秽图片500余张。经查证的被害人中，3人自杀身亡，3人自杀未遂，3人患抑郁症，14人被迫退学或休学、辞职，后果特别严重。据聚投诉和华声在线网站统计，聚投诉网站涉及28个省、自治区、直辖市129件对该犯罪组织7个App的投诉，点击量达到了47,483次。华声在线仅涉及任你花App就有23条投诉，涉及11个不同地区，点击量达到了289,929次。该组织在网络空间和网络贷款行业造成较大影响。被害人相对集中在四川、云南、陕西、重庆、湖北等地高校，对一定区域内的高校生活、教学秩序稳定造成重大影响。综上，该组织通过实施违法犯罪活动，在网络空间和现实社会中形成重大影响，严重破坏经济和社会生活秩序，符合黑社会性质组织的危害性特征。

（3）分层处理，依法落实宽严相济刑事政策。检察机关依法适用宽严相济刑事政策和认罪认罚从宽制度，对组织者、领导者汤某甲，积极参加者汪某柏、邓某龙、汤某乙均提出从重处罚的量刑建议，人民法院采纳量刑建议，对拒不认罪的首犯汤某甲数罪并罚顶格判处有期徒刑25年，并处剥夺政治权利3年，没收个人全部财产；对其余31名被告人依据其在组织中的地位、作用、时间长短、获利情况、参与犯罪紧密度等情况依法适用认罪认罚从宽制度，但是考虑到案件社会危害十分严重、情节十分恶劣，故从严把握从宽量刑建议的幅度，依法体现罪责刑相适应的刑法原则。同时，对社会阅历少、参与犯罪时间短，且部分为刚参加工作或者实习的大学生，系为谋生而误入该犯罪组织的犯罪嫌疑人，则予以区别对待，依法从宽处理。

【典型意义】随着移动互联技术发展和智能手机的普及，传统在线下实施的非法放贷等违法犯罪行为转移到线上。相较于线下"套路贷"，利用信息网络实施的"套路贷"犯罪虽然缺少人与人的物理接触，但渗透力更强、波及面更广、被害人更多、针对性更强、非法所得更为巨大。犯罪嫌疑人利用非法窃取的公民信息，在索要“债务”过程中，使用各种“软暴力”讨债，手段、情节恶劣，也容易产生更为严重的后果。针对此类案件，要结合贷款的具体手段、情节和后果审慎判断有无非法占有目的，进而认定是属于“套路贷”犯罪还是属于民间借贷或者高利贷。

对于在网络上有组织地以“软暴力”为主要手段实施犯罪的犯罪组织，要结合违法犯罪活动的次数、时间跨度、影响的范围、针对的对象、性质、后果、侵害对象的数量、造成的社会影响及群众安全感是否下降等因素综合判断。对主要针对在校学生或刚毕业的大学生等弱势群体实施的网络“套路贷”行为，情节恶劣，造成严重后果的，应当依法严惩；符合黑恶犯罪构成要件的，应依法认定为涉黑涉恶组织犯罪。

2. 洪某都等人敲诈勒索案

【要旨】对于仅以线上有组织地利用信息网络点对点实施敲诈勒索等违法犯罪活动，具有一定隐秘性、尚未对被害人亲友等周边人群形成滋扰威胁、尚未达到严重破坏经济和社会生活秩序的，可以根据其胁迫手段、受害范围、后果等因素，依法认定为恶势力团伙，符合犯罪集团规定的，依法认定为恶势力犯罪集团。对于犯罪链条长、层级复杂的涉网黑恶案件，应当注重审查区分犯罪分子地位、作用、参与程度等，依法界定有组织犯罪的成员范围。对犯罪集团内部各部门、成员之间围绕犯罪行为存在互相联系、支持和帮助的，应使组织成员对集团犯罪金额承担责任，再根据成员的具体地位、角色以及参与时间长短，区分主从犯，对于从犯，予以从轻或减轻处罚，确保罪刑均衡、罚当其罪。

【基本案情】被告人洪某都，系犯罪集团财务管理人员。

被告人张某强，系犯罪集团物业管理人员。

被告人温某兵，系犯罪集团管理人员及 Q 组代理。

被告人董某江，系犯罪集团 F 组组长。

其他 390 余名涉案人员基本情况略。

2019 年 11 月开始，李某思、曾某运（均在逃）等人为了攫取巨额不法利益，以高薪工作、报销路费为由，先后利诱、招揽并组织被告人洪某都、曹某州等数百人偷渡至缅甸邦康地区，专门采取视频裸聊方式，以胁迫为主要手段勒索被害人财物，逐步形成以李某思为首，曾某运、刘某南（在逃）、许某来、洪某都等人为重要成员，利用信息网络实施犯罪活动的犯罪集团。

该犯罪集团通过培训其招揽的员工，设置专业话术剧本，以网络暧昧、网恋为诱饵诱骗受害人入套,以下载专门 App 进行视频在线裸聊为由,诱骗被害人下载木马程序以获取被害人手机通讯录及短信信息,通过播放事先准备好的带有裸露女子内容的视频短片冒充真实裸聊场景,在此过程中截取、录制被害人裸体视频,再以发被害人裸体视频给其亲属、朋友、单位领导等进行威胁,通过网络对我国境内公民实施敲诈勒索。

该犯罪集团设后勤部、后台组、29 个“裸聊”敲诈组、7 个“杀猪盘”组和 5 个为犯罪集团提供技术支撑和支付结算的“码商”“Q 商”“粉商”。犯罪集团成员相对固定,分工明确,配合紧密,以实施敲诈勒索为主,又先后实施组织他人偷越国境、侵犯公民个人信息、非法拘禁等违法犯罪活动,为非作恶、欺压百姓,被害人遍布国内各地,扰乱经济、社会生活秩序,造成一定社会影响。截至 2020 年 11 月,该犯罪集团对我国各地被害人实施敲诈勒索金额高达人民币 1.2 亿元。其中,被告人洪某都于 2019 年 11 月至 2020 年 5 月,在该裸聊敲诈勒索犯罪集团中担任财务,对接该犯罪集团 11 个小组的财务工作,负责部分敲诈勒索资金的收取、对账以及工资发放。

2020 年 11 月至 2022 年 8 月,浙江省温州市公安机关以敲诈勒索罪,掩饰、隐瞒犯罪所得罪,非法拘禁罪等罪名,分批将涉及该犯罪集团骨干、组长、小组长、业务员、下游“码商”等多个层级共计 443 名犯罪嫌疑人移送温州检察机关审查起诉。2020 年 12 月至 2022 年 11 月,温州检察机关以敲诈勒索罪、组织他人偷越国境罪等对洪某都、张某强等共计 405 人分批向人民法院提起公诉,并认定该跨境裸聊犯罪集团为恶势力犯罪集团。截至 2022 年 11 月,人民法院对 394 名被告人分别判处有期徒刑 12 年至有期徒刑 7 个月不等,并处罚金的刑罚。

【指控和证明犯罪】(1)检察机关会同公安机关查明事实,依法认定网络恶势力犯罪集团。一是加强与公安机关沟通协调,有针对性加强侦查取证工作。该案争议焦点之一是,该犯罪集团是否为黑社会性质组织。为此,办案组围绕黑社会性质组织的四个特征,先后制发 10 余份侦查取证意见,要求重点围绕犯罪集团是否对被害人家属、亲友等实施滋扰行为及犯罪嫌疑人、被告人在网络空间和现实社会中的控制和影响程度等进行取证。经进一步侦查取证,尚未发现该犯罪集团对被害人的周边亲朋频繁滋扰的充分证据,不足以认定形成了黑社会性质组织的危害性特征,但经过补充侦查,案件涉案金额由 500 余万元增至 1.2 亿元,并新增了犯罪组织对内部员工暴力管理的证据。二是加强研究论证,认定该犯罪集团的行为特征与危害性特征尚未达到黑社会性质组织的认定标准，但根据实施犯罪过程中所体现出的手段的恶劣性、受害范围的广泛性等特点，已符合恶势力“为非作恶，欺压百姓”的认定标准，故依法认定为恶势力犯罪集团。行为特征方面，暴力或以暴力相威胁始终是黑社会性质组织实施违法犯罪活动的基本手段。该犯罪集团的行为主要表现为以侵害名誉为要挟非法获取财物，如“兄弟，你好好看下这个是不是你的通讯录和你在网络上裸聊的视频，你想不想处理”。此种行为方式与一般的网络敲诈勒索个案并无明显差异，且这种匿名实施的威胁、恐吓，尚达不到在网络空间和现实生活形成一定区域的组织威慑力。在案证据体现的暴力仅系该犯罪集团对被骗至境外不服从工作安排的内部员工实施非法拘禁、殴打等管理行为，应视为控制管理内部成员的组织特征的表现形式，而非行为特征。故，该案尚不具备黑社会性质组织的行为特征。危害性特征方面，该犯罪集团涉及国内受害人群分布全国各地。现有证据表明其犯罪手段主要是针对被害人本人害怕因裸聊名誉受损实施威胁，除个别家属接到过告知电话外，一般不存在对被害人的周边亲朋频繁滋扰而导致他人无法正常生活，严重破坏正常经济和社会生活秩序的情况，其影响较为隐蔽、单一。因此，综合行为手段和危害后果，在案证据尚不足以认定该组织属于黑社会性质组织。

（2）细致甄别、依法认定网络犯罪恶势力犯罪集团成员。该案的争议焦点之二是，是否应将全部到案人员均认定为恶势力犯罪集团的组织成员以及如何划分主从犯。一是明确界定涉恶组织成员标准。该跨境裸聊犯罪集团涉及犯罪嫌疑人近千人，除中高层管理人员之外，还有后勤部、后台组、29 个“裸聊”敲诈组、7 个“杀猪盘”组和 5 个为犯罪集团提供技术支撑和支付结算的团伙，涉及集团骨干、组长、小组长、业务员、下游“码商”等多个层级。对于小组长层级以上人员，其一般参与时间较长，且组织、指挥其他人员实施敲诈勒索犯罪，原则上应认定为恶势力犯罪集团成员，而对于业务员、下游“码商”等普通组员则根据其参与时间、有无直接实施敲诈勒索行为、有无拉人入伙以及非法获利等情况综合判断，避免“一刀切”。如已判决的被告人洪某都、张某强、温某兵等重要成员，董某江等小组长以及颜某炀等参与程度较深的组员共计 76 名均认定为涉恶组织成员。二是明确共同犯罪中主、从犯划分标准。厘清各个涉案人员参与犯罪集团的时间、参与程度、个人获利情况、参与犯罪的原因等情况，明确集团的财务管理人员、现场管理人员为该犯罪集团的重要成员，系主犯，对小组长、组员等层级较低的人员认定为从犯。

(3)统一标准,依法认定犯罪数额,确保罪责刑相适应。该案的争议焦点之三是,对组员、小组长、大组长(若一组里面组员较多则分成多个小组,每个小组设一名组长,小组长接受大组长管理)等各个层级定罪量刑时,是按照个人参与期间具体实施的敲诈勒索金额认定,还是按照参与期间犯罪集团涉案的全部金额认定。围绕上述问题,分析研究后认为,参考2016年两高一部《关于办理电信网络诈骗等刑事案件适用法律若干问题的意见》,多人共同实施电信网络诈骗,犯罪嫌疑人、被告人应对其参与期间该诈骗团伙实施的全部诈骗行为承担责任。本案涉及罪名虽然是敲诈勒索罪,但在犯罪手段上均系利用网络实施涉众类的侵财犯罪,其背后法理是相通的。对于共同犯罪尤其是集团犯罪,如果集团内部小组之间、成员之间存在联系、支持和帮助,成员就应当对集团犯罪金额承担责任;如果"各自为政",相互关联性弱、独立性较强,则原则上应当"责任自负",仅对个人参与实施的犯罪数额承担刑事责任。办案组在阅卷中发现该犯罪集团统一食宿,进行统一管理,统一提供"码商""粉商"等技术支持,部分已归案的骨干人员和组员均供称组织存在被害人甄别流程,经分析认为是"大鱼的",组员"钓上来"直接交由组织安排的"枪手"跟进,并且组员、"枪手"也按照一定的比例分成,各小组之间成立交流群,相互探讨技术问题,足以体现该犯罪集团小组之间、成员之间存在一定的联络、支持和帮助。故,对于该犯罪集团的组长、组员及负责技术、后勤等帮助、辅助行为的人员,按照参与期间犯罪集团涉案的全部金额认定,个人金额、获利情况能够查实的,在事实认定中一并表述并作为追缴判项的依据。量刑尺度统一到成员的具体地位、角色以及在窝点的时间长短,如上述人员按集团犯罪涉案的全部金额认定后,可以认定为从犯,予以从轻或减轻处罚,从而确保罪责刑相适应。对于参与时间明显较短(如不超过一个月)且无法查实个人具体敲诈勒索数额的,可不作犯罪处理。

【典型意义】随着黑恶犯罪不断向互联网延伸,犯罪链条不断拉长,各类网络上下游犯罪等新型犯罪日益增多。利用信息网络实施"裸聊"的行为极具有诱惑性、隐蔽性,"裸聊"行为双方甚至可能涉嫌传播淫秽物品、淫秽表演等违法犯罪。不法分子抓住被害人因为裸聊被敲诈而羞于报警的心态,牟取不法经济利益,不仅侵犯他人财产,同时也对被害人的心理造成严重侵害,且在全国范围针对不特定人实施,影响范围广,因此依法严厉打击惩治利用信息网络实施"裸聊"敲诈犯罪刻不容缓。在办理利用信息网络实施“裸聊”敲诈案件中，应当准确理解信息网络空间与现实社会的交织关系，在是否应当认定为涉黑恶犯罪组织的问题上，除了要查清组织特征结构、经济特征外，尤其要严格把握组织行为特征。

3. 袁某厚等人敲诈勒索、强迫交易、寻衅滋事案

【要旨】对于有组织地利用自媒体等信息网络平台，采用线上线下相结合方式，以曝光负面信息或不实信息相威胁或曝光相关信息后提供有偿删帖服务等方式，多次索要他人财物或强迫提供服务、销售商品，严重侵犯他人人身和财产权利，扰乱社会秩序，造成恶劣社会影响的，依法认定为恶势力组织。对于以威胁手段索要他人财物或强迫提供服务、销售商品，应当从被害方是否有涉案服务或商品的正常需求、行为人是否实际提供服务、商品及其对价是否合理、主观目的和侵害的法益等方面准确区分敲诈勒索或强迫交易。

【基本案情】被告人袁某厚，安徽省六安市徽网广告传媒有限公司（以下简称徽网公司）法定代表人、六网论坛负责人。

被告人何某菲，六网论坛综合部主任、业务部经理。

被告人李某，六网论坛办公室主任、业务部经理。

其他6名被告人基本情况略。

2013年3月，被告人袁某厚注册成立徽网公司，担任该公司法定代表人。同年5月，袁某厚从他人处接手经营六网论坛自媒体网站平台，该平台未取得新闻服务许可，不具备新闻采编、发布资质。2013年至2020年6月，袁某厚为谋取不法利益，陆续招募被告人李某、何某菲等人进入徽网公司，并将人员分配至编辑部、综合部、办公室等部门，明确各自分工，配发六网论坛工作证，购置设备。其间，袁某厚利用其六安市机关效能建设监督员等兼职身份，指使安排李某、何某菲等人收集六安市内相关单位或个人的负面信息，利用六网论坛网站平台，通过线上线下相结合的方式，以曝光负面信息或者不撤回负面信息相威胁，有组织地利用网络信息要挟、恐吓他人，长期实施敲诈勒索、强迫交易、寻衅滋事犯罪活动，为非作恶，扰乱经济、社会生活秩序，造成较为恶劣的社会影响，形成了以被告人袁某厚为首要分子，被告人李某、何某菲为重要成员，被告人程某等5人为一般成员的恶势力犯罪集团。

被告人袁某厚等人为谋取不法利益，通过采访拍摄、网络转载、网友举报等途径获取六安市内企事业单位、政府部门等负面信息后，以曝光相要挟，要求被害方

与六网论坛挂靠的徽网公司签订制式宣传合作协议，以收取宣传费的方式敲诈被害人钱财。协议到期时，袁某厚等人再次要求被害人续签，长期勒索“宣传费”。2013 年至 2020 年 6 月，袁某厚单独或伙同其他被告人先后实施 91 起敲诈勒索犯罪，涉案金额共计 279 万余元。

2013 年 7 月至 2020 年 5 月，被告人袁某厚等人以曝光负面新闻等威胁手段，强迫 M 中学等 6 家单位从袁某厚等人处购买煤炭、拓印纸、接受宣传服务，其中涉案金额共计 845 万余元。2014 年至 2019 年，袁某厚多次恐吓多个人和单位，严重影响他人的工作生活、生产经营，情节恶劣。

本案由安徽省六安市公安局金安分局侦查终结移送金安区人民检察院审查起诉。2020 年 11 月 8 日，金安区人民检察院将该案向金安区人民法院提起公诉。经开庭审理，2021 年 2 月 4 日，金安区人民法院判决袁某厚犯敲诈勒索、强迫交易、寻衅滋事罪，数罪并罚，决定执行有期徒刑 18 年 6 个月，并处罚金人民币 70 万元。判决被告人李某、何某菲等 3 人犯敲诈勒索、强迫交易、寻衅滋事罪，判处有期徒刑 11 年 10 个月至 5 年 8 个月不等，并处罚金的刑罚；判决其他 5 名被告人犯敲诈勒索、寻衅滋事罪，判处有期徒刑 2 年 10 个月至 6 个月不等，并处罚金的刑罚。被告人不服判决提出上诉，2021 年 6 月 24 日，六安市中级人民法院作出二审判决，维持原判。

【指控和证明犯罪】（1）依法审查，准确区分敲诈勒索罪、强迫交易罪。本案的主要犯罪方式为袁某厚等人在未取得新闻信息服务许可的情况下，利用兼职监督员身份，使用密拍设备搜寻六安市内企事业单位、政府部门或个人的负面信息，通过曝光负面信息相威胁，或者在其控制的自媒体发帖炒作后，在被害方要求删帖时明示或暗示对方与其签订宣传服务合作协议或购买指定商品等方式，迫使被害方给予财物、签订服务协议或购买商品，获取非法经济利益。检察机关共起诉敲诈勒索事实 91 起，强迫交易事实 6 起。被告人及其辩护人提出，部分按照敲诈勒索起诉的事实存在自愿、真实、正常的交易，不应当认定为敲诈勒索罪，即使构成犯罪，也应当认定为强迫交易罪。检察机关认为，敲诈勒索和强迫交易都可以表现为通过暴力、威胁手段，使被害人产生恐惧心理，进而违背真实意愿做出某种行为，结合案件事实，重点从以下三个方面对两罪认定进行了区分。

一是被害方是否存在对涉案服务或商品的正常需求。本案涉及的服务或商品主要是袁某厚等人依托六网论坛等网络平台提供的“宣传服务”以及煤炭、用纸等商品。被害方大部分为政府部门、中小学校、医院等单位以及少部分公司企业，在案证据表明，大部分单位对网络平台宣传没有需求。如有被害政府部门表示，其本身没有宣传推广需求，即使有也主要与官方电视台、报社联系，且均为免费；有的被害农村中心小学，本身不需要做推广宣传；有的当地较大的医院、企业知名度较高，对六网论坛这种用户量较少的小平台没有宣传需求。被害方之所以同意与袁某厚等人合作，是基于对袁某厚等人恶意曝光负面信息及其恶名的恐惧，相关的宣传服务需求系袁某厚等人通过胁迫方式强加，不属于正常需求。涉案M中学、六安市裕安区城南镇某羽绒公司等被害方对煤炭存在正常需求，之前从他处购买煤炭，在已有长期固定供煤渠道的情况下，被迫转从袁某厚等人处购买煤炭，符合强迫交易罪的犯罪构成。二是是否实际提供服务、商品以及对价是否合理。签订宣传服务协议后，绝大部分被害方未获得袁某厚等人的有效服务，或者服务与对价严重不成比例。袁某厚等人提供的所谓“宣传服务”包括：在六网论坛这样一个用户量、人流量得靠员工刷数据的小平台上挂字幕横幅广告，帮被害方删除该论坛上的负面网帖，复制粘贴被害方介绍文字到论坛帖子中。这些服务与动辄上万元的服务费对价不匹配。而对于涉案某置业公司，六网论坛提供了现场采编发布该公司相关活动、微信公众号全年推广等较为实质的服务，故对该起事实定性为强迫交易罪。三是主观目的和侵害的法益是否存在不同。敲诈勒索是以非法占有为目的，直接侵害他人的财产权益；强迫交易侵犯的是正常、有序的市场交易秩序。本案以曝光负面信息等相要挟签订宣传服务协议并获“宣传费”的有关事实中，行为人的主观上就是以非法占有他人财物为目的，而不是提供服务，实际也未提供有效服务。在强迫购买煤炭等商品的事实中，行为人主观目的不是直接占有他人财物，而是通过扰乱正常的市场交易行为的方式获取不正当利益，被害方并没有明显的财产损失。综上，将确有商品和服务需求且实际提供了商品、服务，对价在合理范围内的，基于威胁被迫从行为人处购买上述服务和商品的6起事实认定为强迫交易，其他事实认定为敲诈勒索。

（2）依法认定恶势力犯罪集团。一是从组织特征上看，袁某厚等人以公司为形式，经常纠集在一起，共同故意实施多次犯罪活动。该犯罪组织以威胁或者其他手段，在一定区域内多次实施犯罪活动，时间长达7年之久，已形成以袁某厚为首要分子，何某菲、李某为较为固定的成员，程某等人为一般成员的稳定组织，人数较多，有明确的层级、分工、纪律及行为模式，获利由袁某厚以工资、提成等形式分配。二是从行为特征上看，该犯罪组织采用“线上”及“线下”相结合的方式实施威胁、恐吓、滋扰等“软暴力”犯罪。一方面针对负面信息未按正常程序向相关部门反馈，“线上”有组织地恶意炒作曝光，通过六网论坛宣传造势给被害方造成极大的心理压力和形象负担，令被害方不得不忍气吞声，签订不对等的宣传协议或购买商品以息事宁人。另一方面，“线下”在不具备新闻采编资质等情况下，该公司携带拍摄设备到相关单位、公司采集信息，扰乱办公秩序，甚至当面恐吓威胁。例如，袁某厚等人闯进被害的某粮油公司进行拍摄，刻意选择在“3·15”消费者权益保护日前夕通过恶意剪辑，无中生有，对被害公司进行恐吓，市场监管部门为避免形成恶劣影响，不得不令被害公司停业整顿。三是从社会危害性特征上看，7年来，被告人袁某厚一伙持续敲诈多家单位和个人，作案90余起，敛财260余万元；强迫M中学向其购煤800余万元；非法发布不实帖文恐吓威逼基层干部，严重影响他人生活工作；多次滋事恐吓某粮油公司致使其停业整顿、客户流失、产品退货，造成严重经济损失。该集团成员在六安市较大范围、多个行业为非作恶，扰乱经济、社会生活秩序，造成恶劣的社会影响，符合恶势力团伙特征。四是多人共同实施犯罪，形成犯罪集团。在具体实施敲诈勒索、强迫交易等犯罪过程中，袁某厚负责指挥、分工，也经常直接参与，李某、何某菲等人接受袁某厚的指使、安排具体实施犯罪，被告人之间存在共同的犯意，袁某厚等人已经形成了固定的犯罪组织，符合犯罪集团特征。综上认定袁某厚等人属于恶势力犯罪集团。认定犯罪集团成员过程中，应结合员工的从业时间、职务职责、参与犯罪的次数进行严格区分，对于从业时间一年以上、曾担任编辑部主任等重要工作职责、参与犯罪三次以上的，判定应当存在明知以曝光相要挟实施违法犯罪的主观故意，认定为恶势力犯罪集团成员。对其他普通员工，如大专毕业后应聘六网论坛仅实习两三个月的文字编辑洪某某，鉴于其工作时间短，社会阅历较少，结合其在六网论坛的地位、作用，认定其明知实施敲诈勒索犯罪的证据不足，最终对洪某某作出存疑不起诉决定。

【典型意义】国家依法保护传统和新媒体的新闻监督权和社会公众的公民监督权，维护正常的舆论监督、社会监督秩序。依法惩治不具有新闻采编资质或打着“舆论监督”旗号，利用信息网络平台，通过有偿新闻、有偿删帖、以曝光负面信息相威胁索要财物等方式实施的敲诈勒索、强迫交易等犯罪行为。对于有组织实施此类犯罪行为，严重破坏经济、社会生活秩序，符合黑恶势力特征的，依法予以严惩,维护清朗网络空间环境。

4. 赵某等人寻衅滋事案

【要旨】行为人针对债务人利用信息网络实施催收行为超过法律允许的限度,使用从网贷公司获取的欠款人手机通讯录信息,滋扰、纠缠、辱骂、威胁、恐吓债务人以及与债务无关的第三方,情节恶劣,严重破坏社会秩序的,应当认定为寻衅滋事罪。有组织地利用信息网络实施"软暴力"催收行为,符合恶势力犯罪集团认定标准的,应依法认定为恶势力犯罪集团。在依法严惩利用信息网络实施"软暴力"催收行为的同时,应当贯彻宽严相济刑事政策,依法妥善处理涉众犯罪案件。

【基本案情】被告人赵某,北京元海慧诚金融服务外包有限公司(以下简称元海公司)法定代表人。

被告人郭某焕,元海公司副总经理。

被告人郑某波,元海公司催收部负责人。

其他39名被告人基本情况略。

2015年4月以来,赵某先后成立元海公司及多家关联公司从事网络贷款催收业务,依托公司形成了一个以赵某、郭某焕为首要分子,包括部门负责人、高级主管、高级组长、培训师、催收员等人组成的多层级、组织严密的非法催收恶势力犯罪集团。

2015年4月至2019年4月,元海公司业务员在催收过程中,采用发送PS淫秽图片、群呼、使用轰炸软件发短信等"软暴力"手段,对欠款人及其紧急联系人、通讯录联系人进行滋扰、言语辱骂、威胁、恐吓。被害人涉及全国大部分省份,侦查机关取证被害人达700余人。上述行为造成广州市公安局某城区分局及某派出所、湖北省随州市某医院及120急救中心等众多单位和个人无法正常工作,众多被骚扰人员因此产生恐惧心理,导致家庭矛盾,工作、生活受到严重影响。经审计,2017年至2019年,该公司催收员通过上述方式收取服务费1.87亿余元。该待收服务费1.13亿余元,公司所收服务费部分用于该公司运营及以工资、业绩提成等名义发放给各催收人员等。

本案由北京市公安局昌平分局侦查终结移送北京市昌平区人民检察院审查起诉。2020年1月23日,昌平区人民检察院以赵某等人涉嫌寻衅滋事罪且属于恶势力犯罪集团对42名被告人提起公诉。2020年7月29日,昌平区人民法院判决赵某犯寻衅滋事罪,并采纳检察机关量刑建议,判处赵某有期徒刑7年,并处剥夺政治权利1年,罚金人民币100万元;判决其他41名被告人犯寻衅滋事罪,判处有期徒刑6年至1年5个月不等,或并处罚金的刑罚。一审宣判后,所有被告人服判未上诉。

【指控与证明犯罪】(1)本案为网贷“软暴力”催收行为构成寻衅滋事罪。一是本案针对债务人的“软暴力”催收行为超过法律允许的合理限度,属寻衅滋事违法犯罪行为,应当被刑事处罚。法律为保障民事行为中各方主体的权益,维护公平公正的交易秩序,设置了诸如协商、仲裁、诉讼等纠纷解决规则、制度。催收作为解决债务纠纷的一种方式,亦应当按照法律允许的方式进行,不得超过合理限度。本案被告人为了催收欠款,不分时段,长期采用频繁拨打电话、群发短信、组织群呼、使用手机轰炸软件等手段给欠款人施压,有的咒骂欠款人家人,威胁上门砍人,以其家人安全相威胁;有的一天甚至发上千条验证码信息进行短信轰炸;有的把经过PS的欠款人裸照发送给欠款人亲友,并配上辱骂文字,践踏他人人格尊严。上述行为严重违反了《互联网金融逾期债务催收自律公约(试行)》关于“催收人员……不得采用恐吓、威胁、辱骂以及违反公序良俗的语言或行为胁迫债务人及相关当事人”等规定,催收手段违反行业规则,也为法律所不容许。有些受害者不堪忍受“软暴力”催收行为的影响向相关网络平台进行投诉,也有受害者向公安机关等有关部门进行过投诉和举报,有关部门对此进行过批评制止,但催收公司仍未改正,继续实施非法催收行为。二是本案中催收人员使用从网贷公司获取的欠款人手机通讯录信息,骚扰、纠缠、辱骂、威胁欠款人的亲友甚至普通联系人,系寻衅滋事。网贷公司放贷时,预设霸王条款,以极小文字设置贷款人同意网贷公司收集个人通讯录数据等信息的格式条款,在未充分提示贷款人的情况下收集个人手机通讯录数据等信息,违反了民法关于订立合同时提供格式条款一方应合理提示的规定。涉案催收公司使用其获取的与债务无关的个人、单位的联系方式,对无关的个人、单位发送带有威胁、辱骂内容的短信和不断的电话骚扰,侵害了第三方的隐私、生活安宁以及工作秩序。三是上述对债务人以及债务人以外的第三方实施的非法催收行为,达到了情节恶劣,破坏社会秩序的程度。本案“软暴力”催收时间长、次数多。催收人员针对个人用“呼死你”之类的恶意软件进行短信、电话轰炸、辱骂。涉案催收公司,雇佣300余名催收员,每个催收员打电话的总次数、发送短信的条数数以千计、万计。本案“软暴力”催收受害者总数超万人,被害人分布地域广,涉及全国多个省(自治区、直辖市)。受害者中包括欠款人本人以及与债务无关的个人、单位。本案“软暴力”催收造成严重后果,社会危害性大。涉案催收公司通过发送带有侮辱、威胁、辱骂等内容的短信和不断的骚扰等催收行为既给被害人个人造成心理强制,又严重影响个人及单位正常工作、生活和社会秩序。如被告人对广州市某派出所辅警进行电话催收,恶意占用报警电话线路,骚扰办公电话19小时有余,甚至威胁电话“轰炸”该公安分局20余个派出所的值班室电话。又如湖北省某医院一后勤人员网贷逾期,催收人员遂对该医院各科室(包括急诊)进行电话“轰炸”,造成120急救室无法工作。

(2)本案中犯罪组织有组织地利用信息网络实施“软暴力”催收构成恶势力犯罪集团。一是被告人多人多次实施网络“软暴力”催收,有明确的纠集者,骨干成员相对固定,成员众多,存续时间较长,符合恶势力组织的组织特征。为实施非法网络催收,2015年4月以来,赵某先后成立并控制元海公司及多家关联公司,下设催收部、质检部、招聘部等工作部门,催收部分设30余个催收组,招募300余名业务员,整个组织以公司形式运营,逐步形成了以赵某、郭某焕等人为首,包括部门负责人、高级主管、高级组长、培训师、催收员组成的规模较大、层级分明,骨干成员相对固定,相对稳定的犯罪组织。涉案催收公司人员长期通过电信网络有组织地采取“软暴力”手段滋扰、威胁、恐吓、辱骂他人,足以使他人产生恐惧、恐慌、困扰进而形成心理强制,尤其是恶意滋扰与债务无关的人员,属于为非作恶、欺压百姓。涉案催收公司人员采取“软暴力”催收行为,违法犯罪次数多,涉及的侵害对象多,违法所得数额巨大,严重扰乱社会秩序。如有个别欠款人在不断的催收骚扰下,精神失常、抑郁甚至产生自杀倾向。催收员还利用电话“轰炸”派出所、医院等单位,严重破坏了这些单位正常的工作秩序,社会影响较为恶劣。二是有组织地利用信息网络实施“软暴力”催收,构成恶势力犯罪集团。该恶势力组织实行公司化运作,该公司虽在内部设立合规部但流于形式,该公司管理人员对催收人员进行催收话术和催收方式培训,对催收人员实施恶意催收有明确授意。该公司控制人和高级管理人员定期组织中高层人员召开例会,研讨催收情况并按催收业绩严格考核催收员,组织成员对实施“软暴力”催收存在共同故意,属于为共同实施犯罪而组成的较为固定的犯罪组织。综上,该犯罪组织符合恶势力认定条件,同时符合犯罪集团法定条件,应认定为恶势力犯罪集团。

(3)贯彻宽严相济刑事政策分层处理涉众型犯罪。对于犯罪嫌疑人众多的“软暴力”催收案件,检察机关贯彻宽严相济刑事政策,依法适用认罪认罚从宽制度。对于催收工作的实际控制人、主要部门负责人、有较大作用的催收员，依法予以从严惩处；对于实施违法催收行为次数少、违法所得少，能够主动退缴违法所得，认罪悔罪态度好，如实供述本人及上下游同案犯的行为，对案件的侦破和犯罪事实认定起重要作用，社会阅历少的刚毕业学生或务工的年轻人，属于初犯、偶犯等，本着教育挽救的方针，依法予以从宽处理。

【典型意义】信息化时代人们的正常生活难以离开网络，信息网络的快速便捷性导致滋扰、纠缠、辱骂、威胁行为成本低，利用信息网络实施"软暴力"催收具有传播快、强度大、危害严重等特点。行为人可以不分时段、不分对象不间断实施滋扰、威胁等行为，制造、编造的欠款人负面信息、泄露的个人隐私在网络空间传播迅速，范围广泛，对当事人人格尊严、生活秩序造成严重损害。检察机关应当深刻认识非法催收行为的趋势变化，高度重视该类行为的危害性，切实加强与公安机关等部门的协作配合，及时收集处置群众反映的问题线索，打早打小，除恶务尽。

同时，惩治"软暴力"催收并不是保护、放纵"老赖"，目的是规范催收方式，打击"软暴力"催收这一超出法律界线的行为，维护正常的纠纷解决秩序和网贷市场秩序。对于确实有合法债务纠纷，要区分"软暴力"催收的具体情节、后果的严重程度，视情况分别采用行政手段或刑事手段予以打击治理。要重点打击违法违规获得、利用公民个人信息，尤其是针对债务人之外的其他人员的滋扰、威胁、恐吓行为。

三、公安部发布的典型案例①

（一）打击利用信息网络实施黑恶势力犯罪典型案例②

1. 甘肃兰州"2·12"网络"套路贷"犯罪案

2019 年 3 月，甘肃兰州公安机关打掉王某焘网络"套路贷"涉黑团伙，捣毁 6 个犯罪窝点，抓获犯罪嫌疑人 269 人，破获刑事案件 309 起，扣押冻结涉案财产 15 亿元。经查，2018 年以来，王某焘等人先后注册了 20 余家空壳公司，开发甜兔网等 24 个网贷平台，以"套路贷"为手段，以"公司化运营"管理形式招募专业人员从

① 共 15 件。

② 2020 年 12 月 24 日发布，共 10 件。

事网络放贷业务，诈骗被害人借贷，收取超高利息，并通过多个平台“借新还旧”“以贷还贷”方式恶意垒高“债务”，骗取他人钱财，与24个催收公司建立外包催收关系，使用电话侮辱、威胁，发送PS裸照等“软暴力”手段进行非法催收，非法获利28亿余元，尚未收回非法债务约98亿余元，被害群众多达47.5万余人，严重扰乱互联网和金融管理秩序，破坏经济社会生活秩序，造成重大影响和严重危害后果。

2020年9月28日，兰州市中级人民法院依法对该案作出宣判，王某焘因犯组织、领导黑社会性质组织罪，诈骗罪，寻衅滋事罪等罪，被判处无期徒刑。

2. 江苏张家港有米有品网络“套路贷”犯罪案

2020年4月，江苏张家港公安机关打掉有米有品网络“套路贷”犯罪团伙，抓获犯罪嫌疑人72名，并通过信息链、资金链深挖彻查，成功铲除火牛第四方支付平台和App推广平台等黑产链条。经查，以犯罪嫌疑人葛某克、王某、袁某瑶为首的犯罪团伙勾结境外人员，先后研发数十款“套路贷”App，并招募大量承兑商，通过自主研发设计的火牛平台流转、结算资金，规避公安机关监控打击。据统计，该火牛平台先后为有米有品等29款“套路贷”App提供洗钱服务，资金流水达4.9亿元，非法获利9000余万元。

3. 广西贺州“6・29”跨境“裸聊”敲诈犯罪案

2020年5月，广西贺州公安机关打掉陈某忠等人“裸聊”敲诈涉黑团伙，抓获犯罪嫌疑人13名，扣押冻结涉案资产500余万元。经查，2019年以来，陈某忠、褚某章等人先后在柬埔寨、缅甸等地窝点，以在境外高额报酬为借口，诱骗、组织大量中国公民偷渡出境，并勾结当地武装黑社会势力限制出境人员人身自由，通过威逼利诱强迫出境人员从事“裸聊”敲诈等违法犯罪活动，作案92起，受害人达700余人，遍及全国28个省（自治区、直辖市）。2020年9月，贺州市平桂区人民法院对该案作出一审判决，主犯陈某忠因犯组织、领导、参加黑社会性质组织罪，敲诈勒索罪，诈骗罪，非法拘禁罪，强奸罪，组织他人偷越国（边）境罪，被判处有期徒刑25年。

4. 福建厦门冯某文跨境“裸聊”敲诈犯罪案

2020年5月，福建厦门公安机关成功打掉一个长期盘踞在印度尼西亚雅加达的“裸聊”敲诈犯罪团伙，先后抓获犯罪嫌疑人62名，破获案件900余起，查获涉案财产1500余万元。经查，冯某文等人通过QQ假冒年轻女性，以视频“裸聊”引诱被害人下载安装木马App，进而窃取其手机通讯录，后在“裸聊”过程中诱使被害人露出隐私部位并录制视频，再以向被害人通讯录好友群发“裸聊”视频相要挟，强行索取非法财物。该犯罪团伙对被害人，尤其是对一些公职人员，以种种理由反复敲诈盘剥，直至"榨干为止"，给被害人身心造成严重伤害，对网络空间和现实社会造成恶劣影响，严重破坏了社会生活秩序。

5. 广东中山"6·16"恶意索赔犯罪案

2020年7月，广东中山公安机关成功打掉王某鹏、王某航恶意索赔犯罪团伙，陆续抓获犯罪嫌疑人10名，破获刑事案件50余起。经查，2018年12月，王某鹏组织成立工作室，先后招募10余名团伙成员，有组织、有目的地实施恶意索赔犯罪。该犯罪团伙专门购买电商平台中使用"极限词"（如"最好""绝对"等违反广告法的词语）进行宣传的商品，在商家未发货前申请退款，制造虚假交易，并将交易截图和"极限词"宣传截图上传至全国12315平台进行投诉举报，私底下再以撤销投诉举报要挟商家，利用商家害怕被市场监管部门高额处罚的心理，强迫商家缴纳"赔偿款"。据统计，仅6个月时间，该团伙累计向全国12315平台投诉举报6.39万条，非法获利200余万元，有的商家甚至因连续遭遇恶意索赔而被迫关停商铺，严重扰乱了电商平台商家正常经营秩序。

6. 广东广州章某强恶意索赔犯罪案

2020年11月，广东广州公安机关成功打掉章某强恶意索赔犯罪团伙，抓获犯罪嫌疑人13名。经查，犯罪嫌疑人章某强通过传授犯罪方法、集体恶意索赔等手段发展骨干成员30余名，并不断招揽在校学生、社会闲散人员发展下线，组建网络社团"大猪组"，以大量恶意评论、差评、灌水、向市场监督管理部门投诉等手段，要挟网店商家，索要"保护费""赔偿款"，一年来共组建QQ群组200余个，发展恶意索赔"学徒"400余名，仅"拜师费"就非法获利近30余万元，在网络电商平台形成恶劣影响。

7. 陕西榆林谈某平负面舆情敲诈犯罪案

陕西榆林公安机关成功打掉谈某平负面舆情敲诈涉黑团伙，抓获犯罪嫌疑人10名。经查，2016年以来，谈某平等人利用新闻记者身份，以山西省市场信息报社为依托，以西安焦点文化传播有限公司为掩护，纠集多人假借舆论监督之名，有组织地滥用媒体监督权，通过负面线索采访、有偿删帖等方式操控舆论，以网络暴力为手段，以拍摄、采访、曝光等方式相要挟，对多个党政机关、企事业单位和个人实施敲诈勒索、强迫交易、非法经营等作案72起，非法获利600余万元，在榆林市乃至陕西省舆论媒体界形成了重大影响，严重破坏了当地新闻舆论生态环境。2019年12月，陕西省府谷县人民法院作出一审判决，主犯谈某平因犯组织、领导黑社会性质组织罪等罪被判处有期徒刑22年。

8. 浙江杭州尚某庄负面舆情敲诈犯罪案

2019年，浙江杭州公安机关成功打掉尚某庄负面舆情敲诈团伙，先后抓获嫌疑人15名，破获案件20余起，查获涉案财产1300余万元。经查，2011年4月至2019年1月，尚某庄以中华工商时报浙江记者站为依托，假借媒体监督之名，借助传统纸媒和微博、微信公众号等网络平台，肆意编造不实信息、散播网络谣言，在网络空间蛊惑网民，以曝光负面新闻相威胁，以“宣传费”“广告费”“论坛费”等名义向多家企业勒索现金280余万元；强迫曝光对象采购其推销的商品，销售金额上千万元，严重破坏市场经济秩序。2020年8月，杭州市江干区人民法院对该案作出一审判决，主犯尚某庄犯敲诈勒索罪、寻衅滋事罪、强迫交易罪等9项罪名，被判处有期徒刑16年。

9. 辽宁丹东邢某鑫网络水军滋事犯罪案

2020年4月，辽宁丹东公安机关成功打掉邢某鑫犯罪团伙，抓获犯罪嫌疑人7人，查获涉案财产200余万元。经查，2019年以来，邢某鑫等人注册文化传媒公司，以开展“影视制作策划”“经济服务”等业务为掩护，打着“快手崔永元、监督各大网红”的旗号，纠集刘某鹏等10余名团伙成员，长期在新浪微博等自媒体平台针对快手直播平台的网红主播实施敲诈勒索犯罪，并以发起负面“集群炒作”和“人海投诉举报”等手段相要挟，胁迫多名网红主播加入其组织的主播工会，为其直播带货牟利。近一年时间，该团伙敲诈勒索多名网红主播，非法牟利近百万元，严重破坏了互联网正常秩序。

10. 江苏泰州“6·17”网络“软暴力”催收犯罪案

2020年6月，江苏泰州公安机关成功打掉王某齐“软暴力”催收团伙，抓获犯罪嫌疑人56名，破获案件57起，查获涉案财产800余万元。经查，2018年以来，王某齐纠集周某月等人，以中金汇昇资产公司为掩护，采取电话轰炸、短信轰炸、假装上门、发照片恐吓等方式对网贷借款人实施“软暴力”催收，受害人数超2000人。该团伙定期召开会议，分析重点催收对象，分享“软暴力”催收经验，鼓励大家通过对欠款人通讯录中亲友、同事等人的电话、单位座机进行持续骚扰，给欠款人制造压力，逼迫欠款人还钱，甚至出现连续5天以不间断电话轰炸等手段骚扰泰州某医院行政办公室、导医台、120中心，导致该医院急救中心瘫痪，行政和医务服务无法有序开展，造成极其恶劣的社会影响。

（二）打击惩治涉网黑恶犯罪专项行动典型案例[①]

1. 安徽阜阳赖某华等人跨境“裸聊”敲诈案

2022年5月，安徽阜阳公安机关成功打掉一个长期盘踞境外从事跨境“裸聊”敲诈勒索的有组织犯罪团伙，抓获犯罪嫌疑人60余名，破获刑事案件310余起。经查，犯罪嫌疑人赖某华等人在缅北地区设立窝点，以高薪工作为由，引诱数10名境内公民偷渡前往，随后通过殴打、拘禁等暴力手段进行非法控制，有组织地针对境内公民实施“裸聊”敲诈等违法犯罪活动。该组织与境内“引流”团队合作，在各类交友软件上以“招嫖”“网恋”“裸聊”等信息引诱受害人添加犯罪嫌疑人QQ好友，诱骗受害人通过链接或二维码下载安装带有木马病毒的App软件，窃取受害人手机通讯录等信息，并通过QQ视频通话截取、录制受害人不雅视频，以向通讯录亲友发送不雅视频为由进行威胁、恐吓，反复索要“视频删除费”“保密费”，逼迫部分受害人向亲友、小额贷款公司借贷，甚至裹挟受害人共同实施敲诈勒索犯罪活动。该团伙在网络空间和现实社会造成恶劣影响，严重侵害人民群众人身财产安全。

2. 湖南岳阳周某等人跨境“裸聊”敲诈案

2022年7月，湖南岳阳公安机关成功打掉一个主要从事跨境“裸聊”敲诈勒索的有组织犯罪组织，同步捣毁境内“跑分”洗钱团队4个，抓获嫌疑人80余人，破获刑事案件300余起。经查，犯罪嫌疑人周某等人在缅北设立窝点，以高薪工作为由，引诱数十名境内公民偷渡前往，在各类交友软件上以“招嫖”“网恋”“裸聊”等信息引诱受害人添加QQ好友，有组织地实施“裸聊”敲诈勒索等违法犯罪活动。该犯罪组织内部控制手段粗暴残忍，利用毒品逼迫成员继续参与实施违法犯罪。该犯罪组织甚至直接对内部人员进行敲诈勒索，“吃干榨净”后再要求其家属支付高额赎金，将不服其“管教”、无钱可榨的人员高价转卖至其他犯罪窝点。该组织在网络空间和现实社会造成恶劣影响，严重侵害人民群众人身财产安全。

3. 福建宁德柯某锋等人网络“套路贷”案

2021年7月，福建宁德公安机关成功打掉一个主要从事网络“套路贷”的有组织犯罪组织，抓获犯罪嫌疑人20余人，破获刑事案件20余起，查扣涉案财产2

① 2023年2月16日发布，共5件。

亿元。经查，犯罪嫌疑人柯某锋等人在福州市成立无网络贷款资质的佰仟借条公司，利用借贷宝平台，通过制造虚假流水、恶意垒高债务、“软暴力”催收等手段，长期有组织地实施网络“套路贷”违法犯罪活动。该组织利用非法获取的公民个人信息，通过“免抵押”“快放款”“低利息”等广告吸引被害人与其联系，在审核资质时获取借款人身份资料、照片、手机通讯录等信息，约定收取放贷金额30%左右的“砍头息”，利用借贷宝平台注册的放贷账户与被害人签订借贷合同，虚增与“砍头息”金额一致的“保证金”，制造出与合同金额一致的虚假流水，再用支付宝账户回收“砍头息”“保证金”“展期费”“逾期费”等费用，形成远超实际借贷金额的债务关系。为催收非法债务，组织催收人员持续通过“软暴力”方式逼迫受害人给付财物，大量被害人陷入债务深渊，有的甚至绝望轻生。目前，审判机关已对该案依法作出一审判决，柯某锋等人犯组织、领导黑社会性质组织罪、敲诈勒索罪、洗钱罪等罪，数罪并罚分别被判处有期徒刑18年至5年不等有期徒刑和相应的财产刑。

4. 河南周口杨某翔等人“软暴力”催收案

2022年3月，河南周口公安机关成功打掉一个主要从事“软暴力”催收的有组织犯罪组织，先后抓获犯罪嫌疑人80余人，破案130起，查扣资产2000余万元。经查，犯罪嫌疑人杨某翔伙同郑某领等人在福建福州、厦门等地成立无网络贷款资质的网络放贷公司，以“低利息、无抵押、放款快”等广告吸引受害人借贷，有组织地实施网络“套路贷”违法犯罪活动，并组织人员使用“软暴力”手段催收非法债务。该组织利用已获取的受害人身份资料、手机通讯录等信息，通过电话、短信等方式对受害人进行辱骂、威胁，向受害人通讯录亲友大量群发欠钱信息、侮辱信息、PS灵堂照片等，甚至使用不间断“轰炸”电话、信息进行骚扰。大量受害人产生恐惧心理，被迫支付不合理的高额本息，并因巨额债务引发工作、婚恋、家庭等重大变故，有的甚至绝望轻生。该组织在网络空间和现实社会造成恶劣影响，严重侵害人民群众人身财产安全。

5. 山东滨州梁某海等人负面舆情敲诈案

2021年12月，山东滨州公安机关成功打掉一个通过网络媒体实施负面舆情敲诈勒索的有组织犯罪组织，抓获犯罪嫌疑人10余名，破获各类案件90余起，查扣涉案财产300余万元。经查，2015年9月起，犯罪嫌疑人梁某海为谋取私利，先后在一些新闻网站注册民生供稿平台等自媒体账号，并陆续招募人员有组织地以曝光单位、个人负面信息相威胁，通过索要“宣传费”“合作费”“删帖费”、强迫被害人购买高价白酒等手段非法敛财。此外,梁某海等人还通过“线下举牌、线上炒作”手段插手民间纠纷,多次组织策划围堵闹事活动,录制视频虚构舆论热点,滋扰恐吓、打击报复他人。该团伙在网络空间和现实社会造成恶劣影响,严重侵害人民群众人身财产安全。

第六篇

规范篇

本篇汇编了有组织犯罪常用的法律、立法解释、司法解释、部门规章、司法文件等。

中华人民共和国刑法（节录）

（1979年7月1日第五届全国人民代表大会第二次会议通过　1997年3月14日第八届全国人民代表大会第五次会议修订　根据1998年12月29日第九届全国人民代表大会常务委员会第六次会议通过的《全国人民代表大会常务委员会关于惩治骗购外汇、逃汇和非法买卖外汇犯罪的决定》、1999年12月25日第九届全国人民代表大会常务委员会第十三次会议通过的《中华人民共和国刑法修正案》、2001年8月31日第九届全国人民代表大会常务委员会第二十三次会议通过的《中华人民共和国刑法修正案（二）》、2001年12月29日第九届全国人民代表大会常务委员会第二十五次会议通过的《中华人民共和国刑法修正案（三）》、2002年12月28日第九届全国人民代表大会常务委员会第三十一次会议通过的《中华人民共和国刑法修正案（四）》、2005年2月28日第十届全国人民代表大会常务委员会第十四次会议通过的《中华人民共和国刑法修正案（五）》、2006年6月29日第十届全国人民代表大会常务委员会第二十二次会议通过的《中华人民共和国刑法修正案（六）》、2009年2月28日第十一届全国人民代表大会常务委员会第七次会议通过的《中华人民共和国刑法修正案（七）》、2009年8月27日第十一届全国人民代表大会常务委员会第十次会议通过的《全国人民代表大会常务委员会关于修改部分法律的决定》、2011年2月25日第十一届全国人民代表大会常务委员会第十九次会议通过的《中华人民共和国刑法修正案（八）》、2015年8月29日第十二届全国人民代表大会常务委员会第十六次会议通过的《中华人民共和国刑法修正案（九）》、2017年11月4日第十二届全国人民代表大会常务委员会第三十次会议通过的《中华人民共和国刑法修正案（十）》、2020年12月26日第十三届全国人民代表大会常务委员会第二十四次会议通过的《中华人民共和国刑法修正案（十一)》和2023年12月29日第十四届全国人民代表大会常务委员会第七次会议通过的《中华人民共和国刑法修正案(十二)》修正)

第二百九十四条 组织、领导黑社会性质的组织的,处七年以上有期徒刑,并处没收财产;积极参加的,处三年以上七年以下有期徒刑,可以并处罚金或者没收财产;其他参加的,处三年以下有期徒刑、拘役、管制或者剥夺政治权利,可以并处罚金。

境外的黑社会组织的人员到中华人民共和国境内发展组织成员的,处三年以上十年以下有期徒刑。

国家机关工作人员包庇黑社会性质的组织,或者纵容黑社会性质的组织进行违法犯罪活动的,处五年以下有期徒刑;情节严重的,处五年以上有期徒刑。

犯前三款罪又有其他犯罪行为的,依照数罪并罚的规定处罚。

黑社会性质的组织应当同时具备以下特征:

(一)形成较稳定的犯罪组织,人数较多,有明确的组织者、领导者,骨干成员基本固定;

(二)有组织地通过违法犯罪活动或者其他手段获取经济利益,具有一定的经济实力,以支持该组织的活动;

(三)以暴力、威胁或者其他手段,有组织地多次进行违法犯罪活动,为非作恶,欺压、残害群众;

(四)通过实施违法犯罪活动,或者利用国家工作人员的包庇或者纵容,称霸一方,在一定区域或行业内,形成非法控制或重大影响,严重破坏经济、社会生活秩序。

全国人民代表大会常务委员会关于《中华人民共和国刑法》第二百九十四条第一款的解释

(2002年4月28日第九届全国人民代表大会常务委员会第二十七次会议通过)

全国人民代表大会常务委员会讨论了刑法第二百九十四条第一款规定的“黑社会性质的组织”的含义问题,解释如下:

刑法第二百九十四条第一款规定的“黑社会性质的组织”应当同时具备以下特征：

（一）形成较稳定的犯罪组织，人数较多，有明确的组织者、领导者，骨干成员基本固定；

（二）有组织地通过违法犯罪活动或者其他手段获取经济利益，具有一定的经济实力，以支持该组织的活动；

（三）以暴力、威胁或者其他手段，有组织地多次进行违法犯罪活动，为非作恶，欺压、残害群众；

（四）通过实施违法犯罪活动，或者利用国家工作人员的包庇或者纵容，称霸一方，在一定区域或者行业内，形成非法控制或者重大影响，严重破坏经济、社会生活秩序。

现予公告。

中华人民共和国反有组织犯罪法

（2021年12月24日第十三届全国人民代表大会常务委员会第三十二次会议通过　2021年12月24日中华人民共和国主席令第101号公布　自2022年5月1日起施行）

目　　录

第一章 总 则

第一条 为了预防和惩治有组织犯罪，加强和规范反有组织犯罪工作，维护国家安全、社会秩序、经济秩序，保护公民和组织的合法权益，根据宪法，制定本法。

第二条 本法所称有组织犯罪，是指《中华人民共和国刑法》第二百九十四条规定的组织、领导、参加黑社会性质组织犯罪，以及黑社会性质组织、恶势力组织实施的犯罪。

本法所称恶势力组织，是指经常纠集在一起，以暴力、威胁或者其他手段，在一定区域或者行业领域内多次实施违法犯罪活动，为非作恶，欺压群众，扰乱社会秩序、经济秩序，造成较为恶劣的社会影响，但尚未形成黑社会性质组织的犯罪组织。

境外的黑社会组织到中华人民共和国境内发展组织成员、实施犯罪，以及在境外对中华人民共和国国家或者公民犯罪的，适用本法。

第三条 反有组织犯罪工作应当坚持总体国家安全观，综合运用法律、经济、科技、文化、教育等手段，建立健全反有组织犯罪工作机制和有组织犯罪预防治理体系。

第四条 反有组织犯罪工作应当坚持专门工作与群众路线相结合，坚持专项治理与系统治理相结合，坚持与反腐败相结合，坚持与加强基层组织建设相结合，惩防并举、标本兼治。

第五条 反有组织犯罪工作应当依法进行，尊重和保障人权，维护公民和组织的合法权益。

第六条 监察机关、人民法院、人民检察院、公安机关、司法行政机关以及其他有关国家机关，应当根据分工，互相配合，互相制约，依法做好反有组织犯罪工作。

有关部门应当动员、依靠村民委员会、居民委员会、企业事业单位、社会组织，共同开展反有组织犯罪工作。

第七条 任何单位和个人都有协助、配合有关部门开展反有组织犯罪工作的义务。

国家依法对协助、配合反有组织犯罪工作的单位和个人给予保护。

第八条　国家鼓励单位和个人举报有组织犯罪。

对举报有组织犯罪或者在反有组织犯罪工作中作出突出贡献的单位和个人，按照国家有关规定给予表彰、奖励。

第二章　预防和治理

第九条　各级人民政府和有关部门应当依法组织开展有组织犯罪预防和治理工作，将有组织犯罪预防和治理工作纳入考评体系。

村民委员会、居民委员会应当协助人民政府以及有关部门开展有组织犯罪预防和治理工作。

第十条　承担有组织犯罪预防和治理职责的部门应当开展反有组织犯罪宣传教育，增强公民的反有组织犯罪意识和能力。

监察机关、人民法院、人民检察院、公安机关、司法行政机关应当通过普法宣传、以案释法等方式，开展反有组织犯罪宣传教育。

新闻、广播、电视、文化、互联网信息服务等单位，应当有针对性地面向社会开展反有组织犯罪宣传教育。

第十一条　教育行政部门、学校应当会同有关部门建立防范有组织犯罪侵害校园工作机制，加强反有组织犯罪宣传教育，增强学生防范有组织犯罪的意识，教育引导学生自觉抵制有组织犯罪，防范有组织犯罪的侵害。

学校发现有组织犯罪侵害学生人身、财产安全，妨害校园及周边秩序的，有组织犯罪组织在学生中发展成员的，或者学生参加有组织犯罪活动的，应当及时制止，采取防范措施，并向公安机关和教育行政部门报告。

第十二条　民政部门应当会同监察机关、公安机关等有关部门，对村民委员会、居民委员会成员候选人资格进行审查，发现因实施有组织犯罪受过刑事处罚的，应当依照有关规定及时作出处理；发现有组织犯罪线索的，应当及时向公安机关报告。

第十三条　市场监管、金融监管、自然资源、交通运输等行业主管部门应当会同公安机关，建立健全行业有组织犯罪预防和治理长效机制，对相关行业领域内有组织犯罪情况进行监测分析，对有组织犯罪易发的行业领域加强监督管理。

第十四条　监察机关、人民法院、人民检察院、公安机关在办理案件中发现行业主管部门有组织犯罪预防和治理工作存在问题的，可以书面向相关行业主管部门提出意见建议。相关行业主管部门应当及时处理并书面反馈。

第十五条 公安机关可以会同有关部门根据本地有组织犯罪情况，确定预防和治理的重点区域、行业领域或者场所。

重点区域、行业领域或者场所的管理单位应当采取有效措施，加强管理，并及时将工作情况向公安机关反馈。

第十六条 电信业务经营者、互联网服务提供者应当依法履行网络信息安全管理义务，采取安全技术防范措施，防止含有宣扬、诱导有组织犯罪内容的信息传播；发现含有宣扬、诱导有组织犯罪内容的信息的，应当立即停止传输，采取消除等处置措施，保存相关记录，并向公安机关或者有关部门报告，依法为公安机关侦查有组织犯罪提供技术支持和协助。

网信、电信、公安等主管部门对含有宣扬、诱导有组织犯罪内容的信息，应当按照职责分工，及时责令有关单位停止传输、采取消除等处置措施，或者下架相关应用、关闭相关网站、关停相关服务。有关单位应当立即执行，并保存相关记录，协助调查。对互联网上来源于境外的上述信息，电信主管部门应当采取技术措施，及时阻断传播。

第十七条 国务院反洗钱行政主管部门、国务院其他有关部门、机构应当督促金融机构和特定非金融机构履行反洗钱义务。发现与有组织犯罪有关的可疑交易活动的，有关主管部门可以依法进行调查，经调查不能排除洗钱嫌疑的，应当及时向公安机关报案。

第十八条 监狱、看守所、社区矫正机构对有组织犯罪的罪犯，应当采取有针对性的监管、教育、矫正措施。

有组织犯罪的罪犯刑满释放后，司法行政机关应当会同有关部门落实安置帮教等必要措施，促进其顺利融入社会。

第十九条 对因组织、领导黑社会性质组织被判处刑罚的人员，设区的市级以上公安机关可以决定其自刑罚执行完毕之日起，按照国家有关规定向公安机关报告个人财产及日常活动。报告期限不超过五年。

第二十条 曾被判处刑罚的黑社会性质组织的组织者、领导者或者恶势力组织的首要分子开办企业或者在企业中担任高级管理人员的，相关行业主管部门应当依法审查，对其经营活动加强监督管理。

第二十一条 移民管理、海关、海警等部门应当会同公安机关严密防范境外的黑社会组织入境渗透、发展、实施违法犯罪活动。

出入境证件签发机关、移民管理机构对境外的黑社会组织的人员，有权决定不准其入境、不予签发入境证件或者宣布其入境证件作废。

移民管理、海关、海警等部门发现境外的黑社会组织的人员入境的，应当及时通知公安机关。发现相关人员涉嫌违反我国法律或者发现涉嫌有组织犯罪物品的，应当依法扣留并及时处理。

第三章　案件办理

第二十二条　办理有组织犯罪案件，应当以事实为根据，以法律为准绳，坚持宽严相济。

对有组织犯罪的组织者、领导者和骨干成员，应当严格掌握取保候审、不起诉、缓刑、减刑、假释和暂予监外执行的适用条件，充分适用剥夺政治权利、没收财产、罚金等刑罚。

有组织犯罪的犯罪嫌疑人、被告人自愿如实供述自己的罪行，承认指控的犯罪事实，愿意接受处罚的，可以依法从宽处理。

第二十三条　利用网络实施的犯罪，符合本法第二条规定的，应当认定为有组织犯罪。

为谋取非法利益或者形成非法影响，有组织地进行滋扰、纠缠、哄闹、聚众造势等，对他人形成心理强制，足以限制人身自由、危及人身财产安全，影响正常社会秩序、经济秩序的，可以认定为有组织犯罪的犯罪手段。

第二十四条　公安机关应当依法运用现代信息技术，建立有组织犯罪线索收集和研判机制，分级分类进行处置。

公安机关接到对有组织犯罪的报案、控告、举报后，应当及时开展统计、分析、研判工作，组织核查或者移送有关主管机关依法处理。

第二十五条　有关国家机关在履行职责时发现有组织犯罪线索，或者接到对有组织犯罪的举报的，应当及时移送公安机关等主管机关依法处理。

第二十六条　公安机关核查有组织犯罪线索，可以按照国家有关规定采取调查措施。公安机关向有关单位和个人收集、调取相关信息和材料的，有关单位和个人应当如实提供。

第二十七条　公安机关核查有组织犯罪线索，经县级以上公安机关负责人批准,可以查询嫌疑人员的存款、汇款、债券、股票、基金份额等财产信息。

公安机关核查黑社会性质组织犯罪线索,发现涉案财产有灭失、转移的紧急风险的,经设区的市级以上公安机关负责人批准,可以对有关涉案财产采取紧急止付或者临时冻结、临时扣押的紧急措施,期限不得超过四十八小时。期限届满或者适用紧急措施的情形消失的,应当立即解除紧急措施。

第二十八条 公安机关核查有组织犯罪线索,发现犯罪事实或者犯罪嫌疑人的,应当依照《中华人民共和国刑事诉讼法》的规定立案侦查。

第二十九条 公安机关办理有组织犯罪案件,可以依照《中华人民共和国出境入境管理法》的规定,决定对犯罪嫌疑人采取限制出境措施,通知移民管理机构执行。

第三十条 对有组织犯罪案件的犯罪嫌疑人、被告人,根据办理案件和维护监管秩序的需要,可以采取异地羁押、分别羁押或者单独羁押等措施。采取异地羁押措施的,应当依法通知犯罪嫌疑人、被告人的家属和辩护人。

第三十一条 公安机关在立案后,根据侦查犯罪的需要,依照《中华人民共和国刑事诉讼法》的规定,可以采取技术侦查措施、实施控制下交付或者由有关人员隐匿身份进行侦查。

第三十二条 犯罪嫌疑人、被告人检举、揭发重大犯罪的其他共同犯罪人或者提供侦破重大案件的重要线索或者证据,同案处理可能导致其本人或者近亲属有人身危险的,可以分案处理。

第三十三条 犯罪嫌疑人、被告人积极配合有组织犯罪案件的侦查、起诉、审判等工作,有下列情形之一的,可以依法从宽处罚,但对有组织犯罪的组织者、领导者应当严格适用:

(一)为查明犯罪组织的组织结构及其组织者、领导者、首要分子的地位、作用提供重要线索或者证据的;

(二)为查明犯罪组织实施的重大犯罪提供重要线索或者证据的;

(三)为查处国家工作人员涉有组织犯罪提供重要线索或者证据的;

(四)协助追缴、没收尚未掌握的赃款赃物的;

(五)其他为查办有组织犯罪案件提供重要线索或者证据的情形。

对参加有组织犯罪组织的犯罪嫌疑人、被告人不起诉或者免予刑事处罚的,可以根据案件的不同情况,依法予以训诫、责令具结悔过、赔礼道歉、赔偿损失,或者由主管部门予以行政处罚或者处分。

第三十四条 对黑社会性质组织的组织者、领导者，应当依法并处没收财产。对其他组织成员，根据其在犯罪组织中的地位、作用以及所参与违法犯罪活动的次数、性质、违法所得数额、造成的损失等，可以依法并处罚金或者没收财产。

第三十五条 对有组织犯罪的罪犯，执行机关应当依法从严管理。

黑社会性质组织的组织者、领导者或者恶势力组织的首要分子被判处十年以上有期徒刑、无期徒刑、死刑缓期二年执行的，应当跨省、自治区、直辖市异地执行刑罚。

第三十六条 对被判处十年以上有期徒刑、无期徒刑、死刑缓期二年执行的黑社会性质组织的组织者、领导者或者恶势力组织的首要分子减刑的，执行机关应当依法提出减刑建议，报经省、自治区、直辖市监狱管理机关复核后，提请人民法院裁定。

对黑社会性质组织的组织者、领导者或者恶势力组织的首要分子假释的，适用前款规定的程序。

第三十七条 人民法院审理黑社会性质组织犯罪罪犯的减刑、假释案件，应当通知人民检察院、执行机关参加审理，并通知被报请减刑、假释的罪犯参加，听取其意见。

第三十八条 执行机关提出减刑、假释建议以及人民法院审理减刑、假释案件，应当充分考虑罪犯履行生效裁判中财产性判项、配合处置涉案财产等情况。

第四章 涉案财产认定和处置

第三十九条 办理有组织犯罪案件中发现的可用以证明犯罪嫌疑人、被告人有罪或者无罪的各种财物、文件，应当依法查封、扣押。

公安机关、人民检察院、人民法院可以依照《中华人民共和国刑事诉讼法》的规定查询、冻结犯罪嫌疑人、被告人的存款、汇款、债券、股票、基金份额等财产。有关单位和个人应当配合。

第四十条 公安机关、人民检察院、人民法院根据办理有组织犯罪案件的需要，可以全面调查涉嫌有组织犯罪的组织及其成员的财产状况。

第四十一条 查封、扣押、冻结、处置涉案财物，应当严格依照法定条件和程序进行，依法保护公民和组织的合法财产权益，严格区分违法所得与合法财产、本人财产与其家属的财产,减少对企业正常经营活动的不利影响。不得查封、扣押、冻结与案件无关的财物。经查明确实与案件无关的财物,应当在三日以内解除查封、扣押、冻结,予以退还。对被害人的合法财产,应当及时返还。

查封、扣押、冻结涉案财物,应当为犯罪嫌疑人、被告人及其扶养的家属保留必需的生活费用和物品。

第四十二条 公安机关可以向反洗钱行政主管部门查询与有组织犯罪相关的信息数据,提请协查与有组织犯罪相关的可疑交易活动,反洗钱行政主管部门应当予以配合并及时回复。

第四十三条 对下列财产,经县级以上公安机关、人民检察院或者人民法院主要负责人批准,可以依法先行出售、变现或者变卖、拍卖,所得价款由扣押、冻结机关保管,并及时告知犯罪嫌疑人、被告人或者其近亲属:

(一)易损毁、灭失、变质等不宜长期保存的物品;

(二)有效期即将届满的汇票、本票、支票等;

(三)债券、股票、基金份额等财产,经权利人申请,出售不损害国家利益、被害人利益,不影响诉讼正常进行的。

第四十四条 公安机关、人民检察院应当对涉案财产审查甄别。在移送审查起诉、提起公诉时,应当对涉案财产提出处理意见。

在审理有组织犯罪案件过程中,应当对与涉案财产的性质、权属有关的事实、证据进行法庭调查、辩论。人民法院应当依法作出判决,对涉案财产作出处理。

第四十五条 有组织犯罪组织及其成员违法所得的一切财物及其孳息、收益,违禁品和供犯罪所用的本人财物,应当依法予以追缴、没收或者责令退赔。

依法应当追缴、没收的涉案财产无法找到、灭失或者与其他合法财产混合且不可分割的,可以追缴、没收其他等值财产或者混合财产中的等值部分。

被告人实施黑社会性质组织犯罪的定罪量刑事实已经查清,有证据证明其在犯罪期间获得的财产高度可能属于黑社会性质组织犯罪的违法所得及其孳息、收益,被告人不能说明财产合法来源的,应当依法予以追缴、没收。

第四十六条 涉案财产符合下列情形之一的,应当依法予以追缴、没收:

(一)为支持或者资助有组织犯罪活动而提供给有组织犯罪组织及其成员的财产;

(二)有组织犯罪组织成员的家庭财产中实际用于支持有组织犯罪活动的

部分；

（三）利用有组织犯罪组织及其成员的违法犯罪活动获得的财产及其孳息、收益。

第四十七条　黑社会性质组织犯罪案件的犯罪嫌疑人、被告人逃匿，在通缉一年后不能到案，或者犯罪嫌疑人、被告人死亡，依照《中华人民共和国刑法》规定应当追缴其违法所得及其他涉案财产的，依照《中华人民共和国刑事诉讼法》有关犯罪嫌疑人、被告人逃匿、死亡案件违法所得的没收程序的规定办理。

第四十八条　监察机关、公安机关、人民检察院发现与有组织犯罪相关的洗钱以及掩饰、隐瞒犯罪所得、犯罪所得收益等犯罪的，应当依法查处。

第四十九条　利害关系人对查封、扣押、冻结、处置涉案财物提出异议的，公安机关、人民检察院、人民法院应当及时予以核实，听取其意见，依法作出处理。

公安机关、人民检察院、人民法院对涉案财物作出处理后，利害关系人对处理不服的，可以提出申诉或者控告。

第五章　国家工作人员涉有组织犯罪的处理

第五十条　国家工作人员有下列行为的，应当全面调查，依法作出处理：

（一）组织、领导、参加有组织犯罪活动的；

（二）为有组织犯罪组织及其犯罪活动提供帮助的；

（三）包庇有组织犯罪组织、纵容有组织犯罪活动的；

（四）在查办有组织犯罪案件工作中失职渎职的；

（五）利用职权或者职务上的影响干预反有组织犯罪工作的；

（六）其他涉有组织犯罪的违法犯罪行为。

国家工作人员组织、领导、参加有组织犯罪的，应当依法从重处罚。

第五十一条　监察机关、人民法院、人民检察院、公安机关、司法行政机关应当加强协作配合，建立线索办理沟通机制，发现国家工作人员涉嫌本法第五十条规定的违法犯罪的线索，应当依法处理或者及时移送主管机关处理。

任何单位和个人发现国家工作人员与有组织犯罪有关的违法犯罪行为，有权向监察机关、人民检察院、公安机关等部门报案、控告、举报。有关部门接到报案、控告、举报后，应当及时处理。

第五十二条　依法查办有组织犯罪案件或者依照职责支持、协助查办有组织犯罪案件的国家工作人员，不得有下列行为：

（一）接到报案、控告、举报不受理，发现犯罪信息、线索隐瞒不报、不如实报告，或者未经批准、授权擅自处置、不移送犯罪线索、涉案材料；

（二）向违法犯罪人员通风报信，阻碍案件查处；

（三）违背事实和法律处理案件；

（四）违反规定查封、扣押、冻结、处置涉案财物；

（五）其他滥用职权、玩忽职守、徇私舞弊的行为。

第五十三条 有关机关接到对从事反有组织犯罪工作的执法、司法工作人员的举报后，应当依法处理，防止犯罪嫌疑人、被告人等利用举报干扰办案、打击报复。

对利用举报等方式歪曲捏造事实，诬告陷害从事反有组织犯罪工作的执法、司法工作人员的，应当依法追究责任；造成不良影响的，应当按照规定及时澄清事实，恢复名誉，消除不良影响。

第六章 国际合作

第五十四条 中华人民共和国根据缔结或者参加的国际条约，或者按照平等互惠原则，与其他国家、地区、国际组织开展反有组织犯罪合作。

第五十五条 国务院有关部门根据国务院授权，代表中国政府与外国政府和有关国际组织开展反有组织犯罪情报信息交流和执法合作。

国务院公安部门应当加强跨境反有组织犯罪警务合作，推动与有关国家和地区建立警务合作机制。经国务院公安部门批准，边境地区公安机关可以与相邻国家或者地区执法机构建立跨境有组织犯罪情报信息交流和警务合作机制。

第五十六条 涉及有组织犯罪的刑事司法协助、引渡，依照有关法律的规定办理。

第五十七条 通过反有组织犯罪国际合作取得的材料可以在行政处罚、刑事诉讼中作为证据使用，但依据条约规定或者我方承诺不作为证据使用的除外。

第七章 保障措施

第五十八条 国家为反有组织犯罪工作提供必要的组织保障、制度保障和物质保障。

第五十九条 公安机关和有关部门应当依照职责，建立健全反有组织犯罪专业力量，加强人才队伍建设和专业训练，提升反有组织犯罪工作能力。

第六十条 国务院和县级以上地方各级人民政府应当按照事权划分，将反有组织犯罪工作经费列入本级财政预算。

第六十一条 因举报、控告和制止有组织犯罪活动，在有组织犯罪案件中作证，本人或者其近亲属的人身安全面临危险的，公安机关、人民检察院、人民法院应当按照有关规定，采取下列一项或者多项保护措施：

（一）不公开真实姓名、住址和工作单位等个人信息；

（二）采取不暴露外貌、真实声音等出庭作证措施；

（三）禁止特定的人接触被保护人员；

（四）对人身和住宅采取专门性保护措施；

（五）变更被保护人员的身份，重新安排住所和工作单位；

（六）其他必要的保护措施。

第六十二条 采取本法第六十一条第三项、第四项规定的保护措施，由公安机关执行。根据本法第六十一条第五项规定，变更被保护人员身份的，由国务院公安部门批准和组织实施。

公安机关、人民检察院、人民法院依法采取保护措施，有关单位和个人应当配合。

第六十三条 实施有组织犯罪的人员配合侦查、起诉、审判等工作，对侦破案件或者查明案件事实起到重要作用的，可以参照证人保护的规定执行。

第六十四条 对办理有组织犯罪案件的执法、司法工作人员及其近亲属，可以采取人身保护、禁止特定的人接触等保护措施。

第六十五条 对因履行反有组织犯罪工作职责或者协助、配合有关部门开展反有组织犯罪工作导致伤残或者死亡的人员，按照国家有关规定给予相应的待遇。

第八章 法律责任

第六十六条 组织、领导、参加黑社会性质组织，国家机关工作人员包庇、纵容黑社会性质组织，以及黑社会性质组织、恶势力组织实施犯罪的，依法追究刑事责任。

境外的黑社会组织的人员到中华人民共和国境内发展组织成员、实施犯罪，以及在境外对中华人民共和国国家或者公民犯罪的，依法追究刑事责任。

第六十七条 发展未成年人参加黑社会性质组织、境外的黑社会组织，教唆、诱骗未成年人实施有组织犯罪，或者实施有组织犯罪侵害未成年人合法权益的，依法从重追究刑事责任。

第六十八条 对有组织犯罪的罪犯，人民法院可以依照《中华人民共和国刑法》有关从业禁止的规定，禁止其从事相关职业，并通报相关行业主管部门。

第六十九条 有下列情形之一，尚不构成犯罪的，由公安机关处五日以上十日以下拘留，可以并处一万元以下罚款；情节较重的，处十日以上十五日以下拘留，并处一万元以上三万元以下罚款；有违法所得的，除依法应当返还被害人的以外，应当予以没收：

（一）参加境外的黑社会组织的；

（二）积极参加恶势力组织的；

（三）教唆、诱骗他人参加有组织犯罪组织，或者阻止他人退出有组织犯罪组织的；

（四）为有组织犯罪活动提供资金、场所等支持、协助、便利的；

（五）阻止他人检举揭发有组织犯罪、提供有组织犯罪证据，或者明知他人有有组织犯罪行为，在司法机关向其调查有关情况、收集有关证据时拒绝提供的。

教唆、诱骗未成年人参加有组织犯罪组织或者阻止未成年人退出有组织犯罪组织，尚不构成犯罪的，依照前款规定从重处罚。

第七十条 违反本法第十九条规定，不按照公安机关的决定如实报告个人财产及日常活动的，由公安机关给予警告，并责令改正；拒不改正的，处五日以上十日以下拘留，并处三万元以下罚款。

第七十一条 金融机构等相关单位未依照本法第二十七条规定协助公安机关采取紧急止付、临时冻结措施的，由公安机关责令改正；拒不改正的，由公安机关处五万元以上二十万元以下罚款，并对直接负责的主管人员和其他直接责任人员处五万元以下罚款；情节严重的，公安机关可以建议有关主管部门对直接负责的主管人员和其他直接责任人员依法给予处分。

第七十二条 电信业务经营者、互联网服务提供者有下列情形之一的，由有关主管部门责令改正；拒不改正或者情节严重的，由有关主管部门依照《中华人民共和国网络安全法》的有关规定给予处罚：

（一）拒不为侦查有组织犯罪提供技术支持和协助的；

（二）不按照主管部门的要求对含有宣扬、诱导有组织犯罪内容的信息停止传输、采取消除等处置措施、保存相关记录的。

第七十三条　有关国家机关、行业主管部门拒不履行或者拖延履行反有组织犯罪法定职责，或者拒不配合反有组织犯罪调查取证，或者在其他工作中滥用反有组织犯罪工作有关措施的，由其上级机关责令改正；情节严重的，对负有责任的领导人员和直接责任人员，依法给予处分；构成犯罪的，依法追究刑事责任。

第七十四条　有关部门和单位、个人应当对在反有组织犯罪工作过程中知悉的国家秘密、商业秘密和个人隐私予以保密。违反规定泄露国家秘密、商业秘密和个人隐私的，依法追究法律责任。

第七十五条　国家工作人员有本法第五十条、第五十二条规定的行为，构成犯罪的，依法追究刑事责任；尚不构成犯罪的，依法给予处分。

第七十六条　有关单位和个人对依照本法作出的行政处罚和行政强制措施决定不服的，可以依法申请行政复议或者提起行政诉讼。

第九章　附　　则

第七十七条　本法自2022年5月1日起施行。

公安机关反有组织犯罪工作规定

（2022年8月26日公安部令第165号发布
自2022年10月1日起施行）

第一章　总　　则

第一条　为了保障《中华人民共和国反有组织犯罪法》的贯彻实施，保证公安机关依法、规范、高效开展反有组织犯罪工作，保护公民和组织的合法权益，根据有关法律、行政法规，制定本规定。

第二条　公安机关反有组织犯罪的职责任务，是收集、研判有组织犯罪相关信息，核查有组织犯罪线索，侦查有组织犯罪案件，实施《中华人民共和国反有组织犯罪法》规定的相关行政处罚,在职权范围内落实有组织犯罪预防和治理工作。

第三条 公安机关开展反有组织犯罪工作,应当坚持专门工作与群众路线相结合,坚持专项治理与系统治理相结合,坚持与反腐败相结合,坚持与加强基层组织建设相结合,惩防并举、标本兼治。

第四条 公安机关开展反有组织犯罪工作,应当符合法律、行政法规和本规章的规定,做到严格规范执法,尊重保障人权。

第五条 公安机关应当不断加强反有组织犯罪工作的专业化、规范化、信息化建设,促进反有组织犯罪各项工作的科学、精准、高效开展。

第六条 公安机关应当发挥职能作用,加强与相关部门信息共享、工作联动,充分调动各种资源,促进对有组织犯罪的源头治理。

各地公安机关、各警种部门之间应当加强协作、配合,依法履行反有组织犯罪各项工作职责。

第七条 公安机关应当建立科学的反有组织犯罪工作考评机制,全面考察基础工作、力量建设、预防治理、查处违法犯罪等各方面情况,综合评价反有组织犯罪工作质效。

第二章 预防和治理

第八条 公安机关应当结合公安工作职责,通过普法宣传、以案释法等方式,积极开展反有组织犯罪宣传教育,增强公民的反有组织犯罪意识和能力。

第九条 公安机关应当积极配合教育行政部门、学校建立防范有组织犯罪侵害校园工作机制,加强反有组织犯罪宣传教育,增强学生对有组织犯罪的识别能力和防范意识,教育引导学生自觉抵制有组织犯罪,防范有组织犯罪的侵害。

第十条 公安机关发现互联网上含有宣扬、诱导有组织犯罪内容的信息,应当及时责令电信业务经营者、互联网服务提供者停止传输、采取消除等处置措施,或者下架相关应用、关闭相关网站、关停相关服务,并保存相关记录,协助调查。

第十一条 公安机关应当建立有组织犯罪监测评估体系,根据辖区内警情、线索、案件及社会评价等情况,定期对本辖区有组织犯罪态势进行评估,并将评估结果报送上级公安机关。

第十二条 公安机关应当配合民政等有关部门,对村民委员会、居民委员会成员候选人资格依法进行审查,并及时处理有关有组织犯罪线索。

第十三条　公安机关应当配合市场监管、金融监管、自然资源、交通运输等行业主管部门，建立健全行业有组织犯罪预防和治理长效机制。

第十四条　公安机关在办理案件中发现相关行业主管部门有组织犯罪预防和治理工作存在问题，需要书面提出意见建议的，可以向相关行业主管部门发送公安提示函。

发函机关认为有必要的，可以抄送同级人民政府、人大、监察机关，或者被提示单位的上级机关。

第十五条　制发公安提示函，应当立足公安职能，结合侦查工作，坚持准确及时、必要审慎、注重实效的原则。

第十六条　公安机关可以直接向同级行业主管部门发送公安提示函。

需要向下级行业主管部门发送的，可以直接制发，也可以指令对应的下级公安机关制发。

需要向上级行业主管部门发送的，应当层报与其同级的公安机关转发，上级公安机关认为有必要的，也可以直接制发。

发现异地的行业主管部门有组织犯罪预防和治理工作存在问题的，应当书面通报其所在地同级公安机关处理。

第十七条　公安提示函应当写明具体问题、发现途径、理由和依据、意见和建议、反馈要求等。

第十八条　公安机关根据有组织犯罪态势评估结果、公安提示函反馈情况等，可以会同有关部门确定预防和治理的重点区域、行业领域或者场所。

第十九条　对有组织犯罪预防和治理的重点区域、行业领域或者场所，当地公安机关应当根据职权加强治安行政管理、会同或者配合有关部门加大监督检查力度、开展专项整治。

第二十条　对因组织、领导黑社会性质组织被判处刑罚的人员，其户籍地设区的市级公安机关可以决定其自刑罚执行完毕之日起向公安机关报告个人财产及日常活动，并制作责令报告个人财产及日常活动决定书。

前款规定的户籍地公安机关认为由原办案地公安机关作出决定更为适宜的，可以商请由其决定。协商不成的，由共同的上级公安机关指定。

认为无需报告的，应当报上一级公安机关同意；无需报告的情况发生变化，有报告必要的，依照本规定作出责令报告个人财产及日常活动决定。

第二十一条 责令报告个人财产及日常活动决定书应当载明报告期限、首次报告时间、后续报告间隔期间,报告内容、方式,接受报告的公安机关及地址、联系方式,以及不如实报告的法律责任等。

首次报告时间不迟于刑罚执行完毕后一个月,两次报告间隔期间为二至六个月。

责令报告个人财产及日常活动决定书应当在其刑罚执行完毕之日前三个月内作出并送达和宣告,可以委托刑罚执行机关代为送达和宣告。

依据本规定第二十条第三款作出责令报告个人财产及日常活动决定的,不受第二款首次报告期限和前款期限限制。

第二十二条 作出决定的公安机关负责接受个人财产及日常活动报告。必要时,也可以指定下一级公安机关接受报告。

报告期间,经报告义务人申请,接受报告的公安机关认为确有必要的,报决定机关批准,可以变更接受报告的公安机关。跨决定机关管辖区域变更的,层报共同的上级公安机关决定。

接受报告的公安机关变更的,应当做好工作交接。

第二十三条 报告义务人应当按照责令报告个人财产及日常活动决定书的要求,到公安机关报告个人财产及日常活动情况。

在报告间隔期间,报告义务人的个人财产及日常活动情况可能出现较大变动或者存在重大错报、漏报等情况的,接受报告的公安机关可以通知报告义务人书面或者口头补充报告有关情况。

报告义务人住址、工作单位、通讯方式、出入境证件、重大财产发生变动的,应当在变动后的二十四小时内向公安机关报告。

第二十四条 公安机关可以要求报告义务人报告下列个人财产及日常活动情况:

(一)住址、工作单位、通讯方式;

(二)动产、不动产、现金、存款、财产性权利等财产状况;

(三)经商办企业,从事职业及薪酬,投资收益、经营收益等非职业性经济收入,大额支出等财产变动情况;

(四)日常主要社会交往、婚姻状况,接触特定人员和出入特定场所情况,出境入境情况等;

（五）受到行政、刑事调查及处罚的情况，涉及民事诉讼情况。

报告义务人对前款第二、三、五项规定的报告情况，应当提供证明材料。

第二十五条　个人财产及日常活动报告期限不超过五年，期限届满或者报告义务人在报告期内死亡的，报告义务自动解除。

第二十六条　公安机关在工作中发现境外的黑社会组织的人员可能入境渗透、发展、实施违法犯罪活动的，根据工作需要，可以通知移民管理、海关、海警等部门并提出处置建议。

移民管理、海关、海警等部门发现境外的黑社会组织的人员入境并通知公安机关的，公安机关应当及时依法处理。

第三章　线索核查处置

第二十七条　公安机关应当依法运用现代信息技术，建立有组织犯罪线索收集和研判机制，分级分类进行处置。

公安机关对有组织犯罪线索应当及时开展统计、分析、研判工作，依法组织核查；对不属于公安机关职责范围的事项，移送有关主管机关依法处理。

第二十八条　有组织犯罪线索由县级公安机关负责核查，上级公安机关认为必要时可以提级核查或者指定其他公安机关核查。

上级公安机关应当加强对线索核查工作的监督指导，必要时可以组织抽查、复核。

第二十九条　对有组织犯罪线索，经县级以上公安机关负责人批准后启动核查。

核查有组织犯罪线索，可以依照有关法律和规定采取询问、查询、勘验、检查、鉴定和调取证据材料等不限制被调查对象人身、财产权利的调查措施。

采取前款规定的调查措施，依照《公安机关办理刑事案件程序规定》的有关规定进行审批，制作法律文书。

公安机关向有关单位和个人收集、调取相关信息和材料时，应当告知其必须如实提供。

第三十条　公安机关核查黑社会性质组织犯罪线索，发现涉案财产有灭失、转移的紧急风险的，经设区的市级以上公安机关负责人批准后，可以对有关涉案财产采取紧急止付或者临时冻结、临时扣押的紧急措施，期限不得超过四十八小时。

期限届满或者适用紧急措施的情形消失的，应当立即解除紧急措施；符合立案条件的，办案部门应当在紧急措施期限届满前依法立案侦查，并办理冻结、扣押手续。

第三十一条 有组织犯罪线索核查结论，应当经核查的公安机关负责人批准后作出。有明确举报人、报案人或者控告人的，除无法告知或者可能影响后续侦查工作的以外，应当告知核查结论。

对有控告人的有组织犯罪线索，决定对所控告的事实不予立案的，公安机关应当在核查结论作出后制作不予立案通知书，在三日以内送达控告人。

第三十二条 公安机关核查有组织犯罪线索，发现犯罪事实或者犯罪嫌疑人的，应当依照《中华人民共和国刑事诉讼法》的规定立案侦查。

第四章 案件办理

第三十三条 公安机关办理有组织犯罪案件，应当以事实为根据，以法律为准绳，依法全面收集证据，综合审查判断，准确认定有组织犯罪。

第三十四条 对有组织犯罪的组织者、领导者和骨干成员取保候审的，由办案的公安机关主要负责人组织集体讨论决定。

第三十五条 为谋取非法利益或者形成非法影响，有组织地进行滋扰、纠缠、哄闹、聚众造势等，对他人形成心理强制，足以限制人身自由、危及人身财产安全，影响正常社会秩序、经济秩序的，可以认定为有组织犯罪的犯罪手段。

第三十六条 对于利用信息网络实施的犯罪案件，符合有组织犯罪特征和认定标准的，应当按照有组织犯罪案件侦查、移送起诉。

第三十七条 根据有组织犯罪案件侦查需要，公安机关可以商请人民检察院派员参加案件会商，听取其关于案件定性、证据收集、法律适用等方面的意见。

第三十八条 公安机关办理有组织犯罪案件，可以依照《中华人民共和国出境入境管理法》的规定，决定对犯罪嫌疑人采取限制出境措施，按规定通知移民管理机构执行；对于不需要继续采取限制出境措施的，应当及时解除。

第三十九条 根据办理案件及维护监管秩序的需要，可以对有组织犯罪案件的犯罪嫌疑人、被告人采取异地羁押、分别羁押或者单独羁押等措施。采取异地羁押措施的，应当依法通知犯罪嫌疑人、被告人的家属和辩护人。

第四十条 公安机关在立案后，根据侦查犯罪的需要，依照《中华人民共和国刑事诉讼法》的规定,可以采取技术侦查措施、实施控制下交付或者由有关人员隐匿身份进行侦查。

公安机关实施控制下交付或者由有关人员隐匿身份进行侦查的,应当进行风险评估,制定预案,经县级以上公安机关负责人批准后实施。

采取技术侦查、控制下交付、隐匿身份侦查措施收集的与案件有关的材料,可以作为刑事诉讼证据使用。如果使用该证据可能危及有关人员的人身安全,或者可能产生其他严重后果的,应当采取不暴露有关人员身份和使用的技术设备、侦查方法等保护措施。无法采取保护措施或者采取保护措施不足以防止产生严重后果的,可以建议由审判人员在庭外对证据进行核实。

第四十一条　公安机关侦查有组织犯罪案件,应当依法履行认罪认罚从宽告知、教育义务,敦促犯罪嫌疑人如实供述自己的罪行。

犯罪嫌疑人认罪认罚的,应当在起诉意见书中写明自愿认罪认罚的情况和从宽处理意见,并随案移送相关证据材料。

第四十二条　公安机关对于罪行较轻、自愿认罪认罚、采用非羁押性强制措施足以防止发生《中华人民共和国刑事诉讼法》第八十一条第一款规定的社会危险性的犯罪嫌疑人,依法可不适用羁押性强制措施;已经被羁押的,可以依法变更强制措施。

第四十三条　犯罪嫌疑人检举、揭发重大犯罪的其他共同犯罪人或者提供侦破重大案件的重要线索或者证据,同案处理可能导致其本人或者近亲属有人身危险,经县级以上公安机关负责人批准,可以分案处理。

公安机关决定分案处理的,应当就案件管辖等问题书面征求人民法院、人民检察院意见并达成一致,防止分案处理出现证据灭失、证据链脱节或者影响有组织犯罪认定等情况。

第四十四条　犯罪嫌疑人、被告人有《中华人民共和国反有组织犯罪法》第三十三条第一款所列情形之一的,经县级以上公安机关主要负责人批准,公安机关可以向人民检察院提出从宽处理的意见,并说明理由。

对有组织犯罪的组织者、领导者,应当严格适用。

第五章　涉案财产调查与处置

第四十五条　公安机关根据办理有组织犯罪案件的需要,可以全面调查涉嫌有组织犯罪的组织及其成员财产的来源、性质、用途、权属及价值,依法采取查询、查封、扣押、冻结等措施。

全面调查的范围包括:有组织犯罪组织的财产;组织成员个人所有的财产;组织成员实际控制的财产;组织成员出资购买的财产;组织成员转移至他人名下的财产;组织成员涉嫌洗钱及掩饰、隐瞒犯罪所得、犯罪所得孳息、收益等犯罪涉及的财产;其他与有组织犯罪组织及其成员有关的财产。

第四十六条 公安机关根据反有组织犯罪工作需要,可以向反洗钱行政主管部门查询与有组织犯罪相关的信息数据、提请协查与有组织犯罪相关的可疑交易活动。

第四十七条 对下列财产,经县级以上公安机关主要负责人批准,可以依法先行处置,所得价款由扣押、冻结机关保管,并及时告知犯罪嫌疑人、被告人或者其近亲属:

(一)易损毁、灭失、变质等不宜长期保存的物品;

(二)有效期即将届满的汇票、本票、支票等;

(三)债券、股票、基金份额等财产,经权利人申请,出售不损害国家利益、被害人利益,不影响诉讼正常进行的。

第四十八条 有组织犯罪组织及其成员依法应当被追缴、没收的涉案财产无法找到、灭失或者与其他合法财产混合且不可分割的,公安机关应当积极调查、收集有关证据,并在起诉意见书中说明。

第四十九条 有证据证明犯罪嫌疑人在犯罪期间获得的财产高度可能属于黑社会性质组织犯罪的违法所得及其孳息、收益,公安机关应当要求犯罪嫌疑人说明财产来源并予以查证,对犯罪嫌疑人不能说明合法来源的,应当随案移送审查起诉,并对高度可能性作出说明。

第五十条 有组织犯罪案件移送审查起诉时,公安机关应当对涉案财产提出书面处理意见及理由、依据。

黑社会性质组织犯罪案件,一般应当对涉案财产材料单独立卷。

第五十一条 黑社会性质组织犯罪案件的犯罪嫌疑人逃匿,在通缉一年后不能到案,或者犯罪嫌疑人死亡,依照《中华人民共和国刑法》规定应当追缴其违法所得及其他涉案财产的,依照《中华人民共和国刑事诉讼法》及《公安机关办理刑事案件程序规定》有关犯罪嫌疑人逃匿、死亡案件违法所得的没收程序的规定办理。

第五十二条　对于不宜查封、扣押、冻结的经营性财产，经县级以上公安机关主要负责人批准，可以申请当地政府指定有关部门或者委托有关机构代管或者托管。

不宜查封、扣押、冻结情形消失的，公安机关可以依法对相关财产采取查封、扣押、冻结措施。

第五十三条　利害关系人对查封、扣押、冻结、处置涉案财物提出异议的，公安机关应当及时予以核实，听取其意见，依法作出处理，并书面告知利害关系人。经查明确实与案件无关的财物，应当在三日以内解除相关措施，并予以退还。

公安机关对涉案财物作出处理后，利害关系人对处理不服的，可以提出申诉或者控告。受理申诉或者控告的公安机关应当及时进行调查核实，在收到申诉、控告之日起三十日以内作出处理决定并书面回复。

第六章　国家工作人员涉有组织犯罪的处理

第五十四条　公安机关在反有组织犯罪工作中，发现国家工作人员涉嫌《中华人民共和国反有组织犯罪法》第五十条第一款所列情形之一的，应当按照职权进行初步核查。

经核查，属于公安机关管辖的，应当全面调查，依法作出处理；不属于公安机关管辖的，应当及时移送主管机关。

第五十五条　依法从事反有组织犯罪工作的民警，不得有下列行为：

（一）接到报案、控告、举报不受理，发现犯罪信息、线索隐瞒不报、不如实报告，或者未经批准、授权擅自处置、不移送犯罪线索、涉案材料；

（二）向违法犯罪人员通风报信，阻碍案件查处；

（三）违反规定泄露国家秘密、商业秘密和个人隐私；

（四）违背事实和法律处理案件；

（五）违反规定查封、扣押、冻结、处置涉案财物；

（六）其他滥用职权、玩忽职守、徇私舞弊的行为。

违反上述规定构成犯罪的，依法追究刑事责任；尚不构成犯罪的，依规依纪依法给予处分。

第五十六条　公安机关应当与监察机关、人民法院、人民检察院、司法行政机关加强协作配合，建立线索办理沟通机制。

对于重大疑难复杂的国家工作人员涉有组织犯罪案件，公安机关可以商监察机关、人民检察院同步立案、同步查处，根据案件办理需要，依法移送相关证据、共享有关信息，确保全面查清案件事实。

第五十七条 公安机关接到对从事反有组织犯罪工作民警的举报后，应当审慎对待，依规依纪依法处理，防止犯罪嫌疑人、被告人等利用举报干扰办案、打击报复。

对利用举报等方式歪曲捏造事实、诬告陷害从事反有组织犯罪工作民警的，应当依规依纪依法追究责任；造成不良影响的，应当按照规定及时澄清事实，恢复民警名誉，消除不良影响。

第七章 国际合作

第五十八条 公安部根据中华人民共和国缔结或者参加的国际条约，或者按照平等互惠原则，开展与其他国家、地区、国际组织的反有组织犯罪合作。

第五十九条 公安部根据国务院授权，代表中国政府与外国政府和有关国际组织开展反有组织犯罪情报信息交流和执法合作。

公安部依照有关法律规定，通过推动缔结条约、协定和签订警务合作文件等形式，加强跨境反有组织犯罪警务合作，推动与有关国家、地区、国际组织建立警务合作机制。

经公安部批准，边境地区公安机关可以与相邻国家或者地区执法机构建立跨境有组织犯罪情报信息交流和警务合作机制。

第六十条 通过跨境反有组织犯罪刑事司法协助和警务合作取得的材料可以在行政处罚、刑事诉讼中作为证据使用，但依据条约规定或者我方承诺不作为证据使用的除外。

第六十一条 公安机关开展跨境反有组织犯罪国际合作其他事宜及具体程序，依照有关法律和《公安机关办理刑事案件程序规定》等有关规定办理。

第八章 保障措施

第六十二条 公安机关应当为反有组织犯罪工作提供必要的组织保障、制度保障和物质保障。

第六十三条 公安机关应当建立健全反有组织犯罪专业力量，加强骨干人才培养使用，设立常态化反有组织犯罪专门队伍和情报线索处置平台，确保各级公安机关具备数量充足、配备精良、业务过硬的专门队伍开展反有组织犯罪工作。

第六十四条 公安机关应当加强反有组织犯罪专家人才队伍建设,建立健全选拔、培养、使用机制。

公安机关应当将反有组织犯罪专业训练工作纳入年度教育训练计划。

第六十五条 各级公安机关应当将反有组织犯罪工作经费列入本单位年度预算予以保障。

第六十六条 因举报、控告和制止有组织犯罪活动,在有组织犯罪案件中作证,本人或者其近亲属的人身安全面临危险的,公安机关应当按照有关规定,采取下列一项或者多项保护措施:

(一)不公开真实姓名、住址和工作单位等个人信息;

(二)禁止特定的人接触被保护人员;

(三)对人身和住宅采取专门性保护措施;

(四)变更被保护人员的身份,重新安排住所和工作单位;

(五)其他必要的保护措施。

采取前款第四项规定的保护措施的,由公安部批准和组织实施。

案件移送审查起诉时,应当将采取保护措施的相关情况一并移交人民检察院。

第六十七条 公安机关发现证人因作证,本人或者其近亲属的人身安全面临危险,或者证人向公安机关请求予以保护,公安机关经评估认为确有必要采取保护措施的,应当制作呈请证人保护报告书,报县级以上公安机关负责人批准实施。

人民法院、人民检察院决定对证人采取第六十六条第一款第二、三项保护措施的,由县级以上公安机关凭人民法院、人民检察院的决定文书执行,并将执行保护的情况及时通知决定机关。必要时,可以请人民法院、人民检察院协助执行。

第六十八条 实施有组织犯罪的人员配合侦查、起诉、审判等工作,有《中华人民共和国反有组织犯罪法》第三十三条第一款所列情形之一,对侦破案件或者查明案件事实起到重要作用的,或者有其他重大立功表现的,可以参照证人保护的规定执行。

第六十九条 对办理有组织犯罪案件的人民警察及其近亲属,可以采取人身保护、禁止特定的人接触等保护措施。

第七十条 公安机关实施证人保护的其他事项,适用《公安机关办理刑事案件证人保护工作规定》。

各级公安机关可以结合本地实际，组建专门的证人保护力量、设置证人保护安全场所。

第九章 法律责任

第七十一条 公安机关开展反有组织犯罪工作，对有关组织和个人违反《中华人民共和国反有组织犯罪法》的行为，依法追究其相应的法律责任。

第七十二条 实施《中华人民共和国反有组织犯罪法》第六十九条所列行为的，依照《公安机关办理行政案件程序规定》确定案件管辖。

实施《中华人民共和国反有组织犯罪法》第六十九条第一款第一项行为的，也可以由抓获地公安机关管辖。

相关违法行为系在侦查有组织犯罪过程中发现的，也可以由负责侦查有组织犯罪的公安机关管辖。

第七十三条 《中华人民共和国反有组织犯罪法》第七十条规定的行政处罚，由接受报告的公安机关管辖。

第七十四条 《中华人民共和国反有组织犯罪法》第七十一条规定的行政处罚，由金融机构等相关单位所在地公安机关管辖，也可以由负责侦查有组织犯罪的公安机关管辖。

第七十五条 公安机关调查有组织犯罪，要求有关国家机关、行业主管部门予以配合相关工作或者提供相关证据，有关国家机关、行业主管部门没有正当理由不予配合的，层报相应的上级公安机关书面通报其上级机关。

第十章 附 则

第七十六条 本规定自2022年10月1日起施行。

最高人民法院、最高人民检察院、公安部、司法部关于办理黑恶势力犯罪案件若干问题的指导意见

（2018年1月16日发布 法发〔2018〕1号）

为贯彻落实《中共中央、国务院关于开展扫黑除恶专项斗争的通知》精神，统

一执法思想，提高执法效能，依法、准确、有力惩处黑恶势力犯罪，严厉打击“村霸”、宗族恶势力、“保护伞”以及“软暴力”等犯罪，根据《刑法》、《刑事诉讼法》及有关司法解释等规定，针对实践中遇到的新情况、新问题，现就办理黑恶势力犯罪案件若干问题制定如下指导意见：

一、总体要求

1. 各级人民法院、人民检察院、公安机关和司法行政机关应充分发挥职能作用，密切配合，相互支持，相互制约，形成打击合力，加强预防惩治黑恶势力犯罪长效机制建设。正确运用法律规定加大对黑恶势力违法犯罪以及“保护伞”惩处力度，在侦查、起诉、审判、执行各阶段体现依法从严惩处精神，严格掌握取保候审，严格掌握不起诉，严格掌握缓刑、减刑、假释，严格掌握保外就医适用条件，充分运用《刑法》总则关于共同犯罪和犯罪集团的规定加大惩处力度，充分利用资格刑、财产刑降低再犯可能性。对黑恶势力犯罪，注意串并研判、深挖彻查，防止就案办案，依法加快办理。坚持依法办案，坚持法定标准、坚持以审判为中心，加强法律监督，强化程序意识和证据意识，正确把握“打早打小”与“打准打实”的关系，贯彻落实宽严相济刑事政策，切实做到宽严有据，罚当其罪，实现政治效果、法律效果和社会效果的统一。

2. 各级人民法院、人民检察院、公安机关和司法行政机关应聚焦黑恶势力犯罪突出的重点地区、重点行业和重点领域，重点打击威胁政治安全特别是政权安全、制度安全以及向政治领域渗透的黑恶势力；把持基层政权、操纵破坏基层换届选举、垄断农村资源、侵吞集体资产的黑恶势力；利用家族、宗族势力横行乡里、称霸一方、欺压残害百姓的“村霸”等黑恶势力；在征地、租地、拆迁、工程项目建设等过程中煽动闹事的黑恶势力；在建筑工程、交通运输、矿产资源、渔业捕捞等行业、领域，强揽工程、恶意竞标、非法占地、滥开滥采的黑恶势力；在商贸集市、批发市场、车站码头、旅游景区等场所欺行霸市、强买强卖、收保护费的市霸、行霸等黑恶势力；操纵、经营“黄赌毒”等违法犯罪活动的黑恶势力；非法高利放贷、暴力讨债的黑恶势力；插手民间纠纷，充当“地下执法队”的黑恶势力；组织或雇佣网络“水军”在网上威胁、恐吓、侮辱、诽谤、滋扰的黑恶势力；境外黑社会入境发展渗透以及跨国跨境的黑恶势力。同时，坚决深挖黑恶势力“保护伞”。

二、依法认定和惩处黑社会性质组织犯罪

3. 黑社会性质组织应同时具备《刑法》第二百九十四条第五款中规定的“组织

特征”“经济特征”“行为特征”和“危害性特征”。由于实践中许多黑社会性质组织并非这“四个特征”都很明显，在具体认定时，应根据立法本意，认真审查、分析黑社会性质组织“四个特征”相互间的内在联系，准确评价涉案犯罪组织所造成的社会危害，做到不枉不纵。

4. 发起、创建黑社会性质组织，或者对黑社会性质组织进行合并、分立、重组的行为，应当认定为“组织黑社会性质组织”；实际对整个组织的发展、运行、活动进行决策、指挥、协调、管理的行为，应当认定为“领导黑社会性质组织”。黑社会性质组织的组织者、领导者，既包括通过一定形式产生的有明确职务、称谓的组织者、领导者，也包括在黑社会性质组织中被公认的事实上的组织者、领导者。

5. 知道或者应当知道是以实施违法犯罪为基本活动内容的组织，仍加入并接受其领导和管理的行为，应当认定为“参加黑社会性质组织”。没有加入黑社会性质组织的意愿，受雇到黑社会性质组织开办的公司、企业、社团工作，未参与黑社会性质组织违法犯罪活动的，不应认定为“参加黑社会性质组织”。

参加黑社会性质组织并具有以下情形之一的，一般应当认定为“积极参加黑社会性质组织”：多次积极参与黑社会性质组织的违法犯罪活动，或者积极参与较严重的黑社会性质组织的犯罪活动且作用突出，以及其他在组织中起重要作用的情形，如具体主管黑社会性质组织的财务、人员管理等事项。

6. 组织形成后，在一定时期内持续存在，应当认定为“形成较稳定的犯罪组织”。

黑社会性质组织一般在短时间内难以形成，而且成员人数较多，但鉴于“恶势力”团伙和犯罪集团向黑社会性质组织发展是一个渐进的过程，没有明显的性质转变的节点，故对黑社会性质组织存在时间、成员人数问题不宜作出“一刀切”的规定。

黑社会性质组织未举行成立仪式或者进行类似活动的，成立时间可以按照足以反映其初步形成非法影响的标志性事件的发生时间认定。没有明显标志性事件的，可以按照本意见中关于黑社会性质组织违法犯罪活动认定范围的规定，将组织者、领导者与其他组织成员首次共同实施该组织犯罪活动的时间认定为该组织的形成时间。该组织者、领导者因未到案或者因死亡等法定情形未被起诉的，不影响认定。

黑社会性质组织成员既包括已有充分证据证明但尚未归案的组织成员，也包括虽有参加黑社会性质组织的行为但因尚未达到刑事责任年龄或因其他法定情形而未被起诉，或者根据具体情节不作为犯罪处理的组织成员。

7. 在组织的形成、发展过程中通过以下方式获取经济利益的，应当认定为“有组织地通过违法犯罪活动或者其他手段获取经济利益”：

（1）有组织地通过违法犯罪活动或其他不正当手段聚敛；

（2）有组织地以投资、控股、参股、合伙等方式通过合法的生产、经营活动获取；

（3）由组织成员提供或通过其他单位、组织、个人资助取得。

8. 通过上述方式获得一定数量的经济利益，应当认定为“具有一定的经济实力”，同时也包括调动一定规模的经济资源用以支持该组织活动的能力。通过上述方式获取的经济利益，即使是由部分组织成员个人掌控，也应计入黑社会性质组织的“经济实力”。组织成员主动将个人或者家庭资产中的一部分用于支持该组织活动，其个人或者家庭资产可全部计入“一定的经济实力”，但数额明显较小或者仅提供动产、不动产使用权的除外。

由于不同地区的经济发展水平、不同行业的利润空间均存在很大差异，加之黑社会性质组织存在、发展的时间也各有不同，在办案时不能一般性地要求黑社会性质组织所具有的经济实力必须达到特定规模或特定数额。

9. 黑社会性质组织实施的违法犯罪活动包括非暴力性的违法犯罪活动，但暴力或以暴力相威胁始终是黑社会性质组织实施违法犯罪活动的基本手段，并随时可能付诸实施。暴力、威胁色彩虽不明显，但实际是以组织的势力、影响和犯界能力为依托，以暴力、威胁的现实可能性为基础，足以使他人产生恐惧、恐慌进而形成心理强制或者足以影响、限制人身自由、危及人身财产安全或者影响正常生产、工作、生活的手段，属于《刑法》第二百九十四条第五款第（三）项中的“其他手段”，包括但不限于所谓的“谈判”“协商”“调解”以及滋扰、纠缠、哄闹、聚众造势等手段。

10. 为确立、维护、扩大组织的势力、影响、利益或者按照纪律规约、组织惯例多次实施违法犯罪活动，侵犯不特定多人的人身权利、民主权利、财产权利，破坏经济秩序、社会秩序，应当认定为“有组织地多次进行违法犯罪活动，为非作恶，欺压、残害群众”。

符合以下情形之一的，应当认定为是黑社会性质组织实施的违法犯罪活动：

(1)为该组织争夺势力范围、打击竞争对手、形成强势地位、谋取经济利益、树立非法权威、扩大非法影响、寻求非法保护、增强犯罪能力等实施的;

(2)按照该组织的纪律规约、组织惯例实施的;

(3)组织者、领导者直接组织、策划、指挥、参与实施的;

(4)由组织成员以组织名义实施,并得到组织者、领导者认可或者默许的;

(5)多名组织成员为逞强争霸、插手纠纷、报复他人、替人行凶、非法敛财而共同实施,并得到组织者、领导者认可或者默许的;

(6)其他应当认定为黑社会性质组织实施的。

11.鉴于黑社会性质组织非法控制和影响的"一定区域"的大小具有相对性,不能简单地要求"一定区域"必须达到某一特定的空间范围,而应当根据具体案情,并结合黑社会性质组织对经济、社会生活秩序的危害程度加以综合分析判断。

通过实施违法犯罪活动,或者利用国家工作人员的包庇或者不依法履行职责,放纵黑社会性质组织进行违法犯罪活动的行为,称霸一方,并具有以下情形之一的,可认定为"在一定区域或者行业内,形成非法控制或者重大影响,严重破坏经济、社会生活秩序":

(1)致使在一定区域内生活或者在一定行业内从事生产、经营的多名群众,合法利益遭受犯罪或严重违法活动侵害后,不敢通过正当途径举报、控告的;

(2)对一定行业的生产、经营形成垄断,或者对涉及一定行业的准入、经营、竞争等经济活动形成重要影响的;

(3)插手民间纠纷、经济纠纷,在相关区域或者行业内造成严重影响的;

(4)干扰、破坏他人正常生产、经营、生活,并在相关区域或者行业内造成严重影响的;

(5)干扰、破坏公司、企业、事业单位及社会团体的正常生产、经营、工作秩序,在相关区域、行业内造成严重影响,或者致使其不能正常生产、经营、工作的;

(6)多次干扰、破坏党和国家机关、行业管理部门以及村委会、居委会等基层群众自治组织的工作秩序,或者致使上述单位、组织的职能不能正常行使的;

(7)利用组织的势力、影响,帮助组织成员或他人获取政治地位,或者在党政机关、基层群众自治组织中担任一定职务的;

(8)其他形成非法控制或者重大影响,严重破坏经济、社会生活秩序的情形。

12.对于组织者、领导者和因犯参加黑社会性质组织罪被判处五年以上有期徒刑的积极参加者，可以根据《刑法》第五十六条第一款的规定适用附加剥夺政治权利。对于符合《刑法》第三十七条之一规定的组织成员，应当依法禁止其从事相关职业。符合《刑法》第六十六条规定的组织成员，应当认定为累犯，依法从重处罚。

对于因有组织的暴力性犯罪被判处死刑缓期执行的黑社会性质组织犯罪分子，可以根据《刑法》第五十条第二款的规定同时决定对其限制减刑。对于因有组织的暴力性犯罪被判处十年以上有期徒刑、无期徒刑的黑社会性质组织犯罪分子，应当根据《刑法》第八十一条第二款规定，不得假释。

13. 对于组织者、领导者一般应当并处没收个人全部财产。对于确属骨干成员或者为该组织转移、隐匿资产的积极参加者，可以并处没收个人全部财产。对于其他组织成员，应当根据所参与实施违法犯罪活动的次数、性质、地位、作用、违法所得数额以及造成损失的数额等情节，依法决定财产刑的适用。

三、依法惩处恶势力犯罪

14. 具有下列情形的组织，应当认定为“恶势力”：经常纠集在一起，以暴力、威胁或者其他手段，在一定区域或者行业内多次实施违法犯罪活动，为非作恶，欺压百姓，扰乱经济、社会生活秩序，造成较为恶劣的社会影响，但尚未形成黑社会性质组织的违法犯罪组织。恶势力一般为三人以上，纠集者相对固定，违法犯罪活动主要为强迫交易、故意伤害、非法拘禁、敲诈勒索、故意毁坏财物、聚众斗殴、寻衅滋事等，同时还可能伴随实施开设赌场、组织卖淫、强迫卖淫、贩卖毒品、运输毒品、制造毒品、抢劫、抢夺、聚众扰乱社会秩序、聚众扰乱公共场所秩序、交通秩序以及聚众“打砸抢”等。

在相关法律文书中的犯罪事认定部分，可使用“恶势力”等表述加以描述。

15. 恶势力犯罪集团是符合犯罪集团法定条件的恶势力犯罪组织，其特征表现为：有三名以上的组织成员，有明显的首要分子，重要成员较为固定，组织成员经常纠集在一起，共同故意实施三次以上恶势力惯常实施的犯罪活动或者其他犯罪活动。

16. 公安机关、人民检察院、人民法院在办理恶势力犯罪案件时，应当依照上述规定，区别于普通刑事案件，充分运用《刑法》总则关于共同犯罪和犯罪集团的规定，依法从严惩处。

四、依法惩处利用“软暴力”实施的犯罪

17. 黑恶势力为谋取不法利益或形成非法影响，有组织地采用滋扰、纠缠、哄

闹、聚众造势等手段侵犯人身权利、财产权利,破坏经济秩序、社会秩序,构成犯罪的,应当分别依照《刑法》相关规定处理:

(1)有组织地采用滋扰,纠缠,哄闹、聚众造势等手段扰乱正常的工作、生活秩序,使他人产生心理恐惧或者形成心理强制,分别属于《刑法》第二百九十三条第一款第(二)项规定的“恐吓”、《刑法》第二百二十六规定的“威胁”,同时符合其他犯罪构成条件的,应分别以寻衅滋事罪、强迫交易罪定罪处罚。

《关于办理寻衅滋事刑事案件适用法律若干问题的解释》第二条至第四条中的“多次”一般应当理解为二年内实施寻衅滋事行为三次以上。二年内多次实施不同种类寻衅滋事行为的,应当追究刑事责任。

(2)以非法占有为目的强行索取公私财物,有组织地采用滋扰、纠缠、哄闹、聚众造势等手段扰乱正常的工作、生活秩序,同时符合《刑法》第二百七十四条规定的其他犯罪构成条件的,应当以敲诈勒索罪定罪处罚,同时由多人实施或者以统一着装、显露纹身、特殊标识以及其他明示或者暗示方式,足以使对方感知相关行为的有组织性的,应当认定为《关于办理敲诈勒索刑事案件适用法律若干问题的解释》第二条第(五)项规定的“以黑恶势力名义敲诈勒索”。

采用上述手段,同时又构成其他犯罪的,应当依法按照处罚较重的规定定罪处罚。

雇佣、指使他人有组织地采用上述手段强迫交易、敲诈勒索,构成强迫交易罪、敲诈勒索罪的,对雇佣者、指使者,一般应当以共同犯罪中的主犯论处。为强索不受法律保护的债务或者因其他非法目的,雇佣、指使他人有组织地采用上述手段寻衅滋事,构成寻衅滋事罪的,对雇佣者,指使者,一般应当以共同犯罪中的主犯论处;为追讨合法债务或者因婚恋、家庭、邻里纠纷等民间矛盾而雇佣、指使,没有造成严重后果的,一般不作为犯罪处理,但经有关部门批评制止或者处理处罚后仍继续实施的除外。

18.黑恶势力有组织地多次短时间非法拘禁他人的,应当认定为《刑法》第二百三十八条规定的“以其他方法非法剥夺他人人身自由”。非法拘禁他人三次以上、每次持续时间在四小时以上,或者非法拘禁他人累计时间在十二小时以上的,应以非法拘禁罪定罪处罚。

五、依法打击非法放贷讨债的犯罪活动

19.在民间借贷活动中,如有擅自设立金融机构、非法吸收公众存款、骗取贷款、套取金融机构资金发放高利贷以及为强索债务而实施故意杀人、故意伤害、非法拘禁、故意毁坏财物等行为的,应当按照具体犯罪侦查、起诉、审判。依法符合数罪并罚条件的,应当并罚。

20. 对于以非法占有为目的,假借民间借贷之名,通过“虚增债务”“签订虚假借款协议”“制造资金走账流水”“肆意认定违约”“转单平账”“虚假诉讼”等手段非法占有他人财产,或者使用暴力、威胁手段强立债权、强行索债的,应当根据案件具体事实,以诈骗、强迫交易、敲诈勒索、抢劫、虚假诉讼等罪名侦查、起诉、审判。对于非法占有的被害人实际所得借款以外的虚高“债务”和以“保证金”“中介费”“服务费”等各种名目扣除或收取的额外费用,均应计入违法所得。对于名义上为被害人所得、但在案证据能够证明实际上却为犯罪嫌疑人、被告人实施后续犯罪所使用的“借款”,应予以没收。

21. 对采用讨债公司、“地下执法队”等各种形式有组织地进行上述活动,符合黑社会性质组织、犯罪集团认定标准的,应当按照组织、领导、参加黑社会性质组织罪或者犯罪集团侦查、起诉、审判。

六、依法严惩“保护伞”

22.《刑法》第二百九十四条第三款中规定的“包庇”行为,不要求相关国家机关工作人员利用职务便利。利用职务便利包庇黑社会性质组织的,酌情从重处罚。包庇、纵容黑社会性质组织,事先有通谋的,以具体犯罪的共犯论处。

23. 公安机关、人民检察院、人民法院对办理黑恶势力犯罪案件中发现的涉嫌包庇、纵容黑社会性质组织犯罪、收受贿赂、渎职侵权等违法违纪线索,应当及时移送有关主管部门和其他相关部门,坚决依法严惩充当黑恶势力“保护伞”的职务犯罪。

24. 依法严惩农村“两委”等人员在涉农惠农补贴申领与发放、农村基础设施建设、征地拆迁补偿、救灾扶贫优抚、生态环境保护等过程中,利用职权恃强凌弱、吃拿卡要、侵吞挪用国家专项资金的犯罪,以及放纵、包庇“村霸”和宗族恶势力,致使其坐大成患,或者收受贿赂、徇私舞弊,为“村霸”和宗族恶势力充当“保护伞”的犯罪。

25. 公安机关在侦办黑恶势力犯罪案件中,应当注意及时深挖其背后的腐败问题,对于涉嫌特别重大贿赂犯罪案件的犯罪嫌疑人,及时会同有关机关,执行《刑事诉讼法》第三十七条的相关规定,辩护律师在侦查期间会见在押犯罪嫌疑人的，应当经相关侦查机关许可。

七、依法处置涉案财产

26. 公安机关、人民检察院、人民法院根据黑社会性质组织犯罪案件的诉讼需要，应当依法查询、查封、扣押、冻结全部涉案财产。公安机关侦查期间，要会同工商、税务、国土、住建、审计、人民银行等部门全面调查涉黑组织及其成员的财产状况。

对于不宜查封、扣押、冻结的经营性资产，可以申请当地政府指定有关部门或者委托有关机构代管或者托管。

对黑社会性质组织及其成员聚敛的财产及其孳息、收益的数额，办案单位可以委托专门机构评估；确实无法准确计算的，可以根据有关法律规定及查明的事实、证据合理估算。

27. 对于依法查封、冻结、扣押的黑社会性质组织涉案财产，应当全面收集、审查证明其来源、性质、用途、权属及价值大小的有关证据。符合下列情形之一的，应当依法追缴、没收：

(1)组织及其成员通过违法犯罪活动或其他不正当手段聚敛的财产及其孳息、收益；

(2)组织成员通过个人实施违法犯罪活动聚敛的财产及其孳息、收益；

(3)其他单位、组织、个人为支持该组织活动资助或主动提供的财产；

(4)通过合法的生产、经营活动获取的财产或者组织成员个人、家庭合法资产中，实际用于支持该组织活动的部分；

(5)组织成员非法持有的违禁品以及供犯罪所用的本人财物；

(6)其他单位、组织、个人利用黑社会性质组织及其成员的违法犯罪活动获取的财产及其孳息、收益；

(7)其他应当追缴、没收的财产。

28. 违法所得已用于清偿债务或者转让给他人，具有下列情形之一的，应当依法追缴：

(1)对方明知是通过违法犯罪活动或者其他不正当手段聚敛的财产及其孳息、收益的；

(2)对方无偿或者以明显低于市场价格取得的；

(3)对方是因非法债务或者违法犯罪活动而取得的；

(4)通过其他方式恶意取得的。

29. 依法应当追缴、没收的财产无法找到、被他人善意取得、价值灭失或者与其他合法财产混合且不可分割的，可以追缴、没收其他等值财产。

30. 黑社会性质组织犯罪嫌疑人、被告人逃匿，在通缉一年后不能到案，或者犯罪嫌疑人、被告人死亡的，应当依照法定程序没收其违法所得。

31. 对于依法查封、扣押、冻结的涉案财产，有证据证明确属被害人合法财产，或者确与黑社会性质组织及其违法犯罪活动无关的应当予以返还。

八、其他

32. 司法行政机关应当加强对律师办理黑社会性质组织犯罪案件辩护代理工作的指导监督，办案机关应当依法保障律师各项诉讼权利，为律师履行辩护代理职责提供便利，防止因妨碍辩护律师依法履行职责，对案件办理带来影响。

对黑恶势力犯罪案件开庭审理时，人民法院应当通知对辩护律师所属事务所具有监督管理权限的司法行政机关派员旁听。

对于律师违反会见规定的；以串联组团，联署签名、发表公开信，组织网上聚集、声援等方式或者借个案研讨之名，制造舆论压力，攻击、诋毁司法机关和司法制度，干扰诉讼活动正常进行的；煽动、教唆和组织当事人或者其他人员到司法机关或者其他国家机关静坐、举牌、打横幅、喊口号等，扰乱公共秩序、危害公共安全的；违反规定披露、散布不公开审理案件的信息、材料，或者本人、其他律师在办案过程中获悉的有关案件重要信息、证据材料的，司法行政机关应当依照有关规定予以处罚，构成犯罪的，依法追究刑事责任。对于律师辩护、代理活动中的违法违规行为，相关办案机关要注意收集固定证据，提出司法建议。

33. 监狱应当从严管理组织、领导、参加黑社会性质组织的罪犯，严格罪犯会见、减刑、假释、暂予监外执行等执法活动。对于判处十年以上有期徒刑、无期徒刑，判处死刑缓期二年执行减为有期徒刑、无期徒刑的黑社会性质组织的组织者、领导者，实行跨省、自治区、直辖市异地关押。积极开展黑恶势力犯罪线索排查，教育引导服刑人员检举揭发。社区矫正机构对拟适用社区矫正的黑恶势力犯罪案件的犯罪嫌疑人、被告人，应当认真开展调查评估，为准确适用非监禁刑提供参考，社区矫正机构对组织、领导、参加黑社会性质组织的社区服刑人员要严格监管教育。公安机关、人民检察院、人民法院、司法行政机关要加强协调联动，完善应急处置工作机制，妥善处理社区服刑人员脱管漏管和重新违法犯罪等情形。

34. 办理黑恶势力犯罪案件，要依法建立完善重大疑难案件会商、案件通报等工作机制，进一步加强政法机关之间的配合，形成打击合力；对群众关注度高、社会影响力大的黑恶势力犯罪案件，依法采取挂牌督办、上提一级、异地管辖、指定管辖以及现场联合督导等措施，确保案件质量。根据办理黑恶势力犯罪案件的实际情况，及时汇总问题，归纳经验，适时出台有关证据标准，切实保障有力打击。

35. 公安机关、人民检察院、人民法院办理黑社会性质组织犯罪案件，应当按照《刑事诉讼法》《关于办理黑社会性质组织犯罪案件若干问题的规定》《公安机关办理刑事案件证人保护工作规定》的有关规定，对证人、报案人、控告人、举报人、鉴定人、被害人采取保护措施。

犯罪嫌疑人、被告人，积极配合侦查、起诉、审判工作，在查明黑社会性质组织的组织结构和组织者、领导者的地位作用，组织实施的重大犯罪事实，追缴、没收赃款赃物，打击“保护伞”等方面提供重要线索和证据，经查证属实的，可以根据案件具体情况，依法从轻、减轻或者免除处罚，并对其参照证人保护的有关规定采取保护措施。前述规定，对于确属组织者、领导者的犯罪嫌疑人、被告人应当严格掌握。

对于确有重大立功或者对于认定重大犯罪事实或追缴、没收涉黑财产具有重要作用的组织成员，确有必要通过分案审理予保护的，公安机关可以与人民检察院、人民法院在充分沟通的基础上作出另案处理的决定。

对于办理黑社会性质组织犯罪案件的政法干警及其近亲属，需要采取保护措施的，可以参照《刑事诉讼法》等关于证人保护的有关规定，采取禁止特定的人员接触、对人身和住宅予以专门性保护等必要的措施，以确保办理案件的司法工作人员及其近亲属的人身安全。

36. 本意见颁布实施后，最高人民法院、最高人民检察院、公安部、司法部联合发布或者单独制定的其他相关规范性文件，内容如与本意见中有关规定不一致的，应当按照本意见执行。

最高人民法院关于审理黑社会性质组织犯罪的案件具体应用法律若干问题的解释

（2000年12月4日最高人民法院审判委员会第1148次会议通过 2000年12月5日公布　法释〔2000〕42号　自2000年12月10日起施行）

为依法惩治黑社会性质组织的犯罪活动，根据刑法有关规定，现就审理黑社会性质组织的犯罪案件具体应用法律的若干问题解释如下：

第一条　刑法第二百九十四条规定的“黑社会性质的组织”，一般应具备以下特征：

（一）组织结构比较紧密，人数较多，有比较明确的组织者、领导者，骨干成员基本固定，有较为严格的组织纪律；

（二）通过违法犯罪活动或者其他手段获取经济利益，具有一定的经济实力；

（三）通过贿赂、威胁等手段，引诱、逼迫国家工作人员参加黑社会性质组织活动，或者为其提供非法保护；

（四）在一定区域或者行业范围内，以暴力、威胁、滋扰等手段，大肆进行敲诈勒索、欺行霸市、聚众斗殴、寻衅滋事、故意伤害等违法犯罪活动，严重破坏经济、社会生活秩序。

第二条　刑法第二百九十四条第二款规定的“发展组织成员”，是指将境内、外人员吸收为该黑社会组织成员的行为。对黑社会组织成员进行内部调整等行为，可视为“发展组织成员”。

港、澳、台黑社会组织到内地发展组织成员的，适用刑法第二百九十四条第二款的规定定罪处罚。

第三条　组织、领导、参加黑社会性质的组织又有其他犯罪行为的，根据刑法第二百九十四条第三款的规定，依照数罪并罚的规定处罚；对于黑社会性质组织的组织者、领导者，应当按照其所组织、领导的黑社会性质组织所犯的全部罪行处罚；对于黑社会性质组织的参加者，应当按照其所参与的犯罪处罚。

对于参加黑社会性质的组织，没有实施其他违法犯罪活动的，或者受蒙蔽、胁迫参加黑社会性质的组织，情节轻微的，可以不作为犯罪处理。

第四条　国家机关工作人员组织、领导、参加黑社会性质组织的，从重处罚。

第五条　刑法第二百九十四条第四款规定的“包庇”，是指国家机关工作人员为使黑社会性质组织及其成员逃避查禁，而通风报信，隐匿、毁灭、伪造证据，阻止他人作证、检举揭发，指使他人作伪证，帮助逃匿，或者阻挠其他国家机关工作人员依法查禁等行为。

刑法第二百九十四条第四款规定的“纵容”，是指国家机关工作人员不依法履行职责，放纵黑社会性质组织进行违法犯罪活动的行为。

第六条　国家机关工作人员包庇、纵容黑社会性质的组织，有下列情形之一的，属于刑法第二百九十四条第四款规定的“情节严重”：

（一）包庇、纵容黑社会性质组织跨境实施违法犯罪活动的；

（二）包庇、纵容境外黑社会组织在境内实施违法犯罪活动的；

（三）多次实施包庇、纵容行为的；

（四）致使某一区域或者行业的经济、社会生活秩序遭受黑社会性质组织特别严重破坏的；

（五）致使黑社会性质组织的组织者、领导者逃匿，或者致使对黑社会性质组织的查禁工作严重受阻的；

（六）具有其他严重情节的。

第七条 对黑社会性质组织和组织、领导、参加黑社会性质组织的犯罪分子聚敛的财物及其收益，以及用于犯罪的工具等，应当依法追缴、没收。

最高人民法院、最高人民检察院、公安部办理黑社会性质组织犯罪案件座谈会纪要

（2009年12月9日印发 法〔2009〕382号）

为正确理解和适用刑法、立法解释、司法解释关于黑社会性质组织犯罪的有关规定，依法及时、准确、有力地惩治黑社会性质组织犯罪，最高人民法院、最高人民检察院、公安部于2009年7月15日在北京召开了办理黑社会性质组织犯罪案件座谈会。会议总结了各级人民法院、人民检察院和公安机关办理黑社会性质组织犯罪案件所取得的经验，分析了当前依法严惩黑社会性质组织犯罪面临的严峻形势，研究了办理黑社会性质组织犯罪案件遇到的适用法律问题，就人民法院、人民检察院和公安机关正确适用法律，严厉打击黑社会性质组织犯罪形成了具体意见。会议纪要如下：

一、与会同志一致认为，自2006年初全国开展打黑除恶专项斗争以来，各级人民法院、人民检察院和公安机关依法履行各自职责，密切配合，惩处了一批黑社会性质组织犯罪分子，遏制了黑社会性质组织犯罪高发的势头，为维护社会稳定，构建社会主义和谐社会做出了重要贡献。但是，在我国，黑社会性质组织犯罪仍处于活跃期，犯罪的破坏性不断加大，犯罪分子逃避法律制裁的行为方式不断变换，向政治领域的渗透日益明显，对人民群众的生命、财产安全，对经济、社会生活

秩序和基层政权建设都构成了严重威胁。因此,严厉打击黑社会性质组织犯罪,遏制并最大限度地减少黑社会性质组织犯罪案件的发生,是当前乃至今后相当长一个时期政法机关的重要任务。为此,各级人民法院、人民检察院和公安机关必须坚持做好以下几方面工作:

首先,要切实提高对打击黑社会性质组织犯罪重要性的认识。依法严惩黑社会性质组织犯罪,不仅是保障民生、维护稳定的迫切需要,而且事关政权安危,容不得丝毫懈怠。各级人民法院、人民检察院和公安机关要充分认识这项工作的重要性、紧迫性、复杂性、艰巨性和长期性,在思想上始终与党中央的决策保持高度一致,坚决克服麻痹、松懈情绪,把依法打击黑社会性质组织犯罪,实现社会治安的持续稳定作为一项重要任务常抓不懈。

其次,要严格坚持法定标准,切实贯彻落实宽严相济的刑事政策。各级人民法院、人民检察院和公安机关要严格依照刑法、刑事诉讼法及有关法律解释的规定办理案件,确保认定的事实清楚,据以定案的证据确实、充分,黑社会性质组织的认定准确无误。既要防止将已构成黑社会性质组织犯罪的案件“降格”处理,也不能因为强调严厉打击而将不构成此类犯罪的共同犯罪案件“拔高”认定。要严格贯彻落实宽严相济的刑事政策,对黑社会性质组织的组织者、领导者及其他骨干成员要依法从严惩处;对犯罪情节较轻的其他参加人员以及初犯、偶犯、未成年犯,要依法从轻、减轻处罚,以分化、瓦解犯罪分子,减少社会对抗、促进社会和谐,取得法律效果和社会效果的统一。

第三,要充分发挥各自的职能作用,密切配合,相互支持,有效形成打击合力。各级人民法院、人民检察院和公安机关要积极总结和交流工作经验,不断统一执法思想,共同加强长效机制建设。为了及时、有效地打击黑社会性质组织犯罪,公安机关在办案中要紧紧围绕法律规定的黑社会性质组织的“四个特征”,严格按照刑事诉讼法及有关规定全面收集、固定证据,严禁刑讯逼供、滥用强制措施和超期羁押,对重要犯罪嫌疑人的审讯以及重要取证活动要全程录音、录像。人民检察院不仅要把好批捕、起诉关,还要加强对看守所监管活动的检查监督,防止串供、翻供、订立攻守同盟、搞假立功等情况的发生。人民法院要严格审查事实、证据,不断强化程序意识,全面提高审判工作质量和效率。

第四,要严惩“保护伞”,采取多种措施深入推进打黑除恶工作。黑社会性质组织之所以能在一些地方坐大成势,与个别国家工作人员的包庇、纵容有着直接关系。各级人民法院、人民检察院和公安机关要把查处“保护伞”与办理涉黑案件有机地结合起来，与反腐败工作紧密地结合起来，与纪检、监察部门做好衔接配合，加大打击力度，确保实现“除恶务尽”的目标。打击黑社会性质组织犯罪是一项复杂的系统工程，各级人民法院、人民检察院和公安机关在办理好案件的同时，还要通过积极参与社会治安综合治理、加强法制宣传、广泛发动群众等多种手段，从源头上有效防控此类犯罪。

二、会议认为，自1997年刑法增设黑社会性质组织犯罪的规定以来，全国人大常委会、最高人民法院分别作出了《关于〈中华人民共和国刑法〉第二百九十四条第一款的解释》（以下简称《立法解释》）、《关于审理黑社会性质组织犯罪的案件具体应用法律若干问题的解释》（以下简称《司法解释》），对于指导司法实践发挥了重要作用。但由于黑社会性质组织犯罪的构成要件和所涉及的法律关系较为复杂，在办案过程中对法律规定的理解还不尽相同。为了进一步统一司法标准，会议就实践中争议较大的问题进行了深入研讨，并取得了一致意见：

（一）关于黑社会性质组织的认定

黑社会性质组织必须同时具备《立法解释》中规定的“组织特征”、“经济特征”、“行为特征”和“危害性特征”。由于实践中许多黑社会性质组织并非这“四个特征”都很明显，因此，在具体认定时，应根据立法本意，认真审查、分析黑社会性质组织“四个特征”相互间的内在联系，准确评价涉案犯罪组织所造成的社会危害，确保不枉不纵。

1. 关于组织特征。黑社会性质组织不仅有明确的组织者、领导者，骨干成员基本固定，而且组织结构较为稳定，并有比较明确的层级和职责分工。

当前，一些黑社会性质组织为了增强隐蔽性，往往采取各种手段制造“人员频繁更替、组织结构松散”的假象。因此，在办案时，要特别注意审查组织者、领导者，以及对组织运行、活动起着突出作用的积极参加者等骨干成员是否基本固定、联系是否紧密，不要被其组织形式的表象所左右。

关于组织者、领导者、积极参加者和其他参加者的认定。组织者、领导者，是指黑社会性质组织的发起者、创建者，或者在组织中实际处于领导地位，对整个组织及其运行、活动起着决策、指挥、协调、管理作用的犯罪分子，既包括通过一定形式产生的有明确职务、称谓的组织者、领导者，也包括在黑社会性质组织中被公认的事实上的组织者、领导者；积极参加者，是指接受黑社会性质组织的领导和管理，多次积极参与黑社会性质组织的违法犯罪活动，或者积极参与较严重的黑社会性质组织的犯罪活动且作用突出，以及其他在组织中起重要作用的犯罪分子，如具体主管黑社会性质组织的财务、人员管理等事项的犯罪分子；其他参加者，是指除上述组织成员之外，其他接受黑社会性质组织的领导和管理的犯罪分子。根据《司法解释》第三条第二款的规定，对于参加黑社会性质的组织，没有实施其他违法犯罪活动的，或者受蒙蔽、胁迫参加黑社会性质的组织，情节轻微的，可以不作为犯罪处理。

关于黑社会性质组织成员的主观明知问题。在认定黑社会性质组织的成员时，并不要求其主观上认为自己参加的是黑社会性质组织，只要其知道或者应当知道该组织具有一定规模，且是以实施违法犯罪为主要活动的，即可认定。

对于黑社会性质组织存在时间、成员人数及组织纪律等问题的把握。黑社会性质组织一般在短时间内难以形成，而且成员人数较多，但鉴于普通犯罪集团、“恶势力”团伙向黑社会性质组织发展是一个渐进的过程，没有明显的性质转变的节点，故对黑社会性质组织存在时间、成员人数问题不宜作出“一刀切”的规定。对于那些已存在一定时间，且成员人数较多的犯罪组织，在定性时要根据其是否已具备一定的经济实力，是否已在一定区域或行业内形成非法控制或重大影响等情况综合分析判断。此外，在通常情况下，黑社会性质组织为了维护自身的安全和稳定，一般会有一些约定俗成的纪律、规约，有些甚至还有明确的规定。因此，具有一定的组织纪律、活动规约，也是认定黑社会性质组织特征时的重要参考依据。

2. 关于经济特征。一定的经济实力是黑社会性质组织坐大成势，称霸一方的基础。由于不同地区的经济发展水平、不同行业的利润空间均存在很大差异，加之黑社会性质组织存在、发展的时间也各有不同，因此，在办案时不能一般性地要求黑社会性质组织所具有的经济实力必须达到特定规模或特定数额。此外，黑社会性质组织的敛财方式也具有多样性。实践中，黑社会性质组织不仅会通过实施赌博、敲诈、贩毒等违法犯罪活动攫取经济利益，而且还往往会通过开办公司、企业等方式“以商养黑”、“以黑护商”。因此，无论其财产是通过非法手段聚敛，还是通过合法的方式获取，只要将其中部分或全部用于违法犯罪活动或者维系犯罪组织的生存、发展即可。

“用于违法犯罪活动或者维系犯罪组织的生存、发展”，一般是指购买作案工具、提供作案经费,为受伤、死亡的组织成员提供医疗费、丧葬费,为组织成员及其家属提供工资、奖励、福利、生活费用,为组织寻求非法保护以及其他与实施有组织的违法犯罪活动有关的费用支出等。

3. 关于行为特征。暴力性、胁迫性和有组织性是黑社会性质组织行为方式的主要特征,但有时也会采取一些“其他手段”。

根据司法实践经验,《立法解释》中规定的“其他手段”主要包括:以暴力、威胁为基础,在利用组织势力和影响已对他人形成心理强制或威慑的情况下,进行所谓的“谈判”、“协商”、“调解”;滋扰、哄闹、聚众等其他干扰、破坏正常经济、社会生活秩序的非暴力手段。

“黑社会性质组织实施的违法犯罪活动”主要包括以下情形:由组织者、领导者直接组织、策划、指挥、参与实施的违法犯罪活动;由组织成员以组织名义实施,并得到组织者、领导者认可或者默许的违法犯罪活动;多名组织成员为逞强争霸、插手纠纷、报复他人、替人行凶、非法敛财而共同实施,并得到组织者、领导者认可或者默许的违法犯罪活动;组织成员为组织争夺势力范围、排除竞争对手、确立强势地位、谋取经济利益、维护非法权威或者按照组织的纪律、惯例、共同遵守的约定而实施的违法犯罪活动;由黑社会性质组织实施的其他违法犯罪活动。

会议认为,在办案时还应准确理解《立法解释》中关于“多次进行违法犯罪活动”的规定。黑社会性质组织实施犯罪活动过程中,往往伴随着大量的违法活动,对此均应作为黑社会性质组织的违法犯罪事实予以认定。但如果仅实施了违法活动,而没有实施犯罪活动的,则不能认定为黑社会性质组织。此外,“多次进行违法犯罪活动”只是认定黑社会性质组织的必要条件之一,最终能否认定为黑社会性质组织,还要结合危害性特征来加以判断。即使有些案件中的违法犯罪活动已符合“多次”的标准,但根据其性质和严重程度,尚不足以形成非法控制或者重大影响的,也不能认定为黑社会性质组织。

4. 关于危害性特征。称霸一方,在一定区域或行业内,形成非法控制或重大影响,从而严重破坏经济、社会生活秩序,是黑社会性质组织的本质特征,也是黑社会性质组织区别于一般犯罪集团的关键所在。

对于“一定区域”的理解和把握。区域的大小具有相对性,且黑社会性质组织非法控制和影响的对象并不是区域本身,而是在一定区域中生活的人,以及该区域内的经济、社会生活秩序。因此,不能简单地要求“一定区域”必须达到某一特定的空间范围，而应当根据具体案情，并结合黑社会性质组织对经济、社会生活秩序的危害程度加以综合分析判断。

对于“一定行业”的理解和把握。黑社会性质组织所控制和影响的行业，既包括合法行业，也包括黄、赌、毒等非法行业。这些行业一般涉及生产、流通、交换、消费等一个或多个市场环节。

通过实施违法犯罪活动，或者利用国家工作人员的包庇、纵容，称霸一方，并具有以下情形之一的，可认定为“在一定区域或行业内，形成非法控制或重大影响，严重破坏经济、社会生活秩序”：对在一定区域内生活或者在一定行业内从事生产、经营的群众形成心理强制、威慑，致使合法利益受损的群众不敢举报、控告的；对一定行业的生产、经营形成垄断，或者对涉及一定行业的准入、经营、竞争等经济活动形成重要影响的；插手民间纠纷、经济纠纷，在相关区域或者行业内造成严重影响的；干扰、破坏他人正常生产、经营、生活，并在相关区域或者行业内造成严重影响的；干扰、破坏公司、企业、事业单位及社会团体的正常生产、经营、工作秩序，在相关区域、行业内造成严重影响，或者致使其不能正常生产、经营、工作的；多次干扰、破坏国家机关、行业管理部门以及村委会、居委会等基层群众自治组织的工作秩序，或者致使上述单位、组织的职能不能正常行使的；利用组织的势力、影响，使组织成员获取政治地位，或者在党政机关、基层群众自治组织中担任一定职务的；其他形成非法控制或者重大影响，严重破坏经济、社会生活秩序的情形。

（二）关于办理黑社会性质组织犯罪案件的其他问题

1. 关于包庇、纵容黑社会性质组织罪主观要件的认定。本罪主观方面要求必须是出于故意，过失不能构成本罪。会议认为，只要行为人知道或者应当知道是从事违法犯罪活动的组织，仍对该组织及其成员予以包庇，或者纵容其实施违法犯罪活动，即可认定本罪。至于行为人是否明知该组织系黑社会性质组织，不影响本罪的成立。

2. 关于黑社会性质组织成员的刑事责任。对黑社会性质组织的组织者、领导者，应根据法律规定和本纪要中关于“黑社会性质组织实施的违法犯罪活动”的规定，按照该组织所犯的全部罪行承担刑事责任。组织者、领导者对于具体犯罪所承担的刑事责任，应当根据其在该起犯罪中的具体地位、作用来确定。对黑社会性质组织中的积极参加者和其他参加者，应按照其所参与的犯罪，根据其在具体犯罪中的地位和作用,依照罪责刑相适应的原则,确定应承担的刑事责任。

3. 关于涉黑犯罪财物及其收益的认定和处置。在办案时,要依法运用查封、扣押、冻结、追缴、没收等手段,彻底摧毁黑社会性质组织的经济基础,防止其死灰复燃。对于涉黑犯罪财物及其收益以及犯罪工具,均应按照刑法第六十四条和《司法解释》第七条的规定予以追缴、没收。黑社会性质组织及其成员通过犯罪活动聚敛的财物及其收益,是指在黑社会性质组织的形成、发展过程中,该组织及组织成员通过违法犯罪活动或其他不正当手段聚敛的全部财物、财产性权益及其孳息、收益。在办案工作中,应认真审查涉案财产的来源、性质,对被告人及其他单位、个人的合法财产应依法予以保护。

4. 关于认定黑社会性质组织犯罪的证据要求。办理涉黑案件同样应当坚持案件"事实清楚,证据确实、充分"的法定证明标准。但应当注意的是,"事实清楚"是指能够对定罪量刑产生影响的事实必须清楚,而不是指整个案件的所有事实和情节都要一一查证属实;"证据确实、充分"是指能够据以定罪量刑的证据确实、充分,而不是指案件中所涉全部问题的证据都要达到确实、充分的程度。对此,一定要准确理解和把握,不要纠缠那些不影响定罪量刑的枝节问题。比如,在可以认定某犯罪组织已将所获经济利益部分用于组织活动的情况下,即使此部分款项的具体数额难以全部查实,也不影响定案。

5. 关于黑社会性质组织成员的立功问题。积极参加者、其他参加者配合司法机关查办案件,有提供线索、帮助收集证据或者其他协助行为,并对侦破黑社会性质组织犯罪案件起到一定作用的,即使依法不能认定立功,一般也应酌情对其从轻处罚。组织者、领导者检举揭发与该黑社会性质组织及其违法犯罪活动有关联的其他犯罪线索,即使依法构成立功或者重大立功,在量刑时也应从严掌握。

6. 关于对"恶势力"团伙的认定和处理。"恶势力"是黑社会性质组织的雏形,有的最终发展成为了黑社会性质组织。因此,及时严惩"恶势力"团伙犯罪,是遏制黑社会性质组织滋生,防止违法犯罪活动造成更大社会危害的有效途径。

会议认为,"恶势力"是指经常纠集在一起,以暴力、威胁或其他手段,在一定区域或者行业内多次实施违法犯罪活动,为非作恶,扰乱经济、社会生活秩序,造成较为恶劣的社会影响,但尚未形成黑社会性质组织的犯罪团伙。"恶势力"一般为三人以上,纠集者、骨干成员相对固定,违法犯罪活动一般表现为敲诈勒索、强迫交易、欺行霸市、聚众斗殴、寻衅滋事、非法拘禁、故意伤害、抢劫、抢夺或者黄、赌、毒等。各级人民法院、人民检察院和公安机关在办案时应根据本纪要的精神，结合组织化程度的高低、经济实力的强弱、有无追求和实现对社会的非法控制等特征，对黑社会性质组织与“恶势力”团伙加以正确区分。同时，还要本着实事求是的态度，正确理解和把握“打早打小”方针。在准确查明“恶势力”团伙具体违法犯罪事实的基础上，构成什么罪，就按什么罪处理，并充分运用刑法总则关于共同犯罪的规定，依法惩处。对符合犯罪集团特征的，要按照犯罪集团处理，以切实加大对“恶势力”团伙依法惩处的力度。

7. 关于视听资料的收集、使用。公安机关在侦查时要特别重视对涉黑犯罪视听资料的收集。对于那些能够证明涉案犯罪组织具备黑社会性质组织的“四个特征”及其实施的具体违法犯罪活动的录音、录像资料，要及时提取、固定、移送。通过特殊侦查措施获取的视听资料，在移送审查起诉时，公安机关对证据的来源、提取经过应予说明。

8. 庭审时应注意的有关问题。为确保庭审效果，人民法院在开庭审理涉黑案件之前，应认真做好庭审预案。法庭调查时，除必须传唤共同被告人同时到庭质证外，对各被告人应当分别讯问，以防止被告人当庭串供或者不敢如实供述、作证。对于诉讼参与人、旁听人员破坏法庭秩序、干扰法庭审理的，法庭应按照刑事诉讼法及有关司法解释的规定及时作出处理。构成犯罪的，应当依法追究刑事责任。

全国部分法院审理黑社会性质组织犯罪案件工作座谈会纪要

（2015 年 10 月 13 日印发　法〔2015〕291 号）

……经过与会代表的认真研究，会议就人民法院审理黑社会性质组织犯罪案件时遇到的部分政策把握及具体应用法律问题形成了共识。同时，与会代表也一致认为，本次会议所取得的成果是对 2009 年《座谈会纪要》的继承与发展，原有内容审判时仍应遵照执行；内容有所补充的，审判时应结合执行。纪要如下。

一、准确把握形势、任务，坚定不移地在法治轨道上深入推进打黑除恶专项斗争

（一）毫不动摇地贯彻依法严惩方针

会议认为，受国内国际多种因素影响，我国黑社会性质组织犯罪活跃、多发的基本态势在短期内不会改变。此类犯罪组织化程度较高,又与各种社会治安问题相互交织,破坏力成倍增加,严重威胁人民群众的生命、财产安全。而且,黑社会性质组织还具有极强的向经济领域、政治领域渗透的能力,严重侵蚀维系社会和谐稳定的根基。各级人民法院必须切实增强政治意识、大局意识、忧患意识和责任意识,进一步提高思想认识,充分发挥审判职能作用,继续深入推进打黑除恶专项斗争,在严格把握黑社会性质组织认定标准的基础上始终保持对于此类犯罪的严惩高压态势。对于黑社会性质组织犯罪分子要依法加大资格刑、财产刑的适用力度,有效运用刑法中关于禁止令的规定,严格把握减刑、假释适用条件,全方位、全过程地体现从严惩处的精神。

(二)认真贯彻落实宽严相济刑事政策

审理黑社会性质组织犯罪案件应当认真贯彻落实宽严相济刑事政策。要依照法律规定,根据具体的犯罪事实、情节以及人身危险性、主观恶性、认罪悔罪态度等因素充分体现刑罚的个别化。同时要防止片面强调从宽或者从严,切实做到区别对待,宽严有据,罚当其罪。对于黑社会性质组织的组织者、领导者、骨干成员及其“保护伞”,要依法从严惩处。根据所犯具体罪行的严重程度,依法应当判处重刑的要坚决判处重刑。确属罪行极其严重,依法应当判处死刑的,也必须坚决判处。对于不属于骨干成员的积极参加者以及一般参加者,确有自首、立功等法定情节的,要依法从轻、减轻或免除处罚;具有初犯、偶犯等酌定情节的,要依法酌情从宽处理。对于一般参加者,虽然参与实施了少量的违法犯罪活动,但系未成年人或是只起次要、辅助作用的,应当依法从宽处理。符合缓刑条件的,可以适用缓刑。

(三)正确把握“打早打小”与“打准打实”的关系

“打早打小”,是指各级政法机关必须依照法律规定对有可能发展成为黑社会性质组织的犯罪集团、“恶势力”团伙及早打击,绝不能允许其坐大成势,而不应被理解为对尚处于低级形态的犯罪组织可以不加区分地一律按照黑社会性质组织处理。“打准打实”,就是要求审判时应当本着实事求是的态度,在准确查明事实的基础上,构成什么罪,就按什么罪判处刑罚。对于不符合黑社会性质组织认定标准的,应当根据案件事实依照刑法中的相关条款处理,从而把法律规定落到实处。由于黑社会性质组织的形成、发展一般都会经历一个从小到大、由“恶”到“黑”的渐进过程,因此,“打早打小”不仅是政法机关依法惩治黑恶势力犯罪的一贯方针，而且是将黑社会性质组织及时消灭于雏形或萌芽状态，防止其社会危害进一步扩大的有效手段。而“打准打实”既是刑事审判维护公平正义的必然要求，也是确保打黑除恶工作实现预期目标的基本前提。只有打得准，才能有效摧毁黑社会性质组织；只有打得实，才能最大限度地体现惩治力度。“打早打小”和“打准打实”是分别从惩治策略、审判原则的角度对打黑除恶工作提出的要求，各级人民法院对于二者关系的理解不能简单化、片面化，要严格坚持依法办案原则，准确认定黑社会性质组织，既不能“降格”，也不能“拔高”，切实防止以“打早打小”替代“打准打实”。

（四）依法加大惩处“保护伞”的力度

个别国家机关工作人员的包庇、纵容，不仅会对黑社会性质组织的滋生、蔓延起到推波助澜的作用，而且会使此类犯罪的社会危害进一步加大。各级人民法院应当充分认识“保护伞”的严重危害，将依法惩处“保护伞”作为深化打黑除恶工作的重点环节和深入开展反腐败斗争的重要内容，正确运用刑法的有关规定，有效加大对于“保护伞”的惩处力度。同时，各级人民法院还应当全面发挥职能作用，对于审判工作中发现的涉及“保护伞”的线索，应当及时转往有关部门查处，确保实现“除恶务尽”的目标。

（五）严格依照法律履行审判职能

《中华人民共和国刑法修正案（八）》的颁布实施以及刑事诉讼法的再次修正，不仅进一步完善了惩处黑恶势力犯罪的相关法律规定，同时也对办理黑社会性质组织犯罪案件提出了更为严格的要求。面对新的形势和任务，各级人民法院应当以审判为中心，进一步增强程序意识和权利保障意识，严格按照法定程序独立行使审判职权，并要坚持罪刑法定、疑罪从无、证据裁判原则，依法排除非法证据，通过充分发挥庭审功能和有效运用证据审查判断规则，切实把好事实、证据与法律适用关，以令人信服的裁判说理来实现审判工作法律效果与社会效果的有机统一。同时，还应当继续加强、完善与公安、检察等机关的配合协作，保证各项长效工作机制运行更为顺畅。

二、关于黑社会性质组织的认定

（一）认定组织特征的问题

黑社会性质组织存续时间的起点，可以根据涉案犯罪组织举行成立仪式或者进行类似活动的时间来认定。没有前述活动的，可以根据足以反映其初步形成核心利益或强势地位的重大事件发生时间进行审查判断。没有明显标志性事件的，也可以根据涉案犯罪组织为维护、扩大组织势力、实力、影响、经济基础或按照组织惯例、纪律、活动规约而首次实施有组织的犯罪活动的时间进行审查判断。存在、发展时间明显过短、犯罪活动尚不突出的，一般不应认定为黑社会性质组织。

黑社会性质组织应当具有一定规模，人数较多，组织成员一般在 10 人以上。其中，既包括已有充分证据证明但尚未归案的组织成员，也包括虽有参加黑社会性质组织的行为但因尚未达到刑事责任年龄或因其他法定情形而未被起诉，或者根据具体情节不作为犯罪处理的组织成员。

黑社会性质组织应有明确的组织者、领导者，骨干成员基本固定，并有比较明确的层级和职责分工，一般有三种类型的组织成员，即：组织者、领导者与积极参加者、一般参加者（也即“其他参加者”）。骨干成员，是指直接听命于组织者、领导者，并多次指挥或积极参与实施有组织的违法犯罪活动或者其他长时间在犯罪组织中起重要作用的犯罪分子，属于积极参加者的一部分。

对于黑社会性质组织的组织纪律、活动规约，应当结合制定、形成相关纪律、规约的目的与意图来进行审查判断。凡是为了增强实施违法犯罪活动的组织性、隐蔽性而制定或者自发形成，并用以明确组织内部人员管理、职责分工、行为规范、利益分配、行动准则等事项的成文或不成文的规定、约定，均可认定为黑社会性质组织的组织纪律、活动规约。

对于参加黑社会性质组织，没有实施其他违法犯罪活动，或者受蒙蔽、威胁参加黑社会性质组织，情节轻微的，可以不作为犯罪处理。对于参加黑社会性质组织后仅参与少量情节轻微的违法活动的，也可以不作为犯罪处理。

以下人员不属于黑社会性质组织的成员：1. 主观上没有加入黑社会性质组织的意愿，受雇到黑社会性质组织开办的公司、企业、社团工作，未参与或者仅参与少量黑社会性质组织的违法犯罪活动的人员；2. 因临时被纠集、雇佣或受蒙蔽为黑社会性质组织实施违法犯罪活动或者提供帮助、支持、服务的人员；3. 为维护或扩大自身利益而临时雇佣、收买、利用黑社会性质组织实施违法犯罪活动的人员。上述人员构成其他犯罪的，按照具体犯罪处理。

对于被起诉的组织成员主要为未成年人的案件，定性时应当结合“四个特征”审慎把握。

（二）认定经济特征的问题

“一定的经济实力”，是指黑社会性质组织在形成、发展过程中获取的，足以支持该组织运行、发展以及实施违法犯罪活动的经济利益。包括：1. 有组织地通过违法犯罪活动或其他不正当手段聚敛的资产；2. 有组织地通过合法的生产、经营活动获取的资产；3. 组织成员以及其他单位、个人资助黑社会性质组织的资产。通过上述方式获取的经济利益，即使是由部分组织成员个人掌控，也应计入黑社会性质组织的“经济实力”。

各高级人民法院可以根据本地区的实际情况，对黑社会性质组织所应具有的“经济实力”在20－50万元幅度内，自行划定一般掌握的最低数额标准。

是否将所获经济利益全部或部分用于违法犯罪活动或者维系犯罪组织的生存、发展，是认定经济特征的重要依据。无论获利后的分配与使用形式如何变化，只要在客观上能够起到豢养组织成员、维护组织稳定、壮大组织势力的作用即可认定。

（三）认定行为特征的问题

涉案犯罪组织仅触犯少量具体罪名的，是否应认定为黑社会性质组织要结合组织特征、经济特征和非法控制特征（危害性特征）综合判断，严格把握。

黑社会性质组织实施的违法犯罪活动包括非暴力性的违法犯罪活动，但暴力或以暴力相威胁始终是黑社会性质组织实施违法犯罪活动的基本手段，并随时可能付诸实施。因此，在黑社会性质组织所实施的违法犯罪活动中，一般应有一部分能够较明显地体现出暴力或以暴力相威胁的基本特征。否则，定性时应当特别慎重。

属于2009年《座谈会纪要》规定的五种情形之一的，一般应当认定为黑社会性质组织实施的违法犯罪活动，但确与维护和扩大组织势力、实力、影响、经济基础无任何关联，亦不是按照组织惯例、纪律、活动规约而实施，则应作为组织成员个人的违法犯罪活动处理。组织者、领导者明知组织成员曾多次实施起因、性质类似的违法犯罪活动，但并未明确予以禁止的，如果该类行为对扩大组织影响起到一定作用，可以视为是按照组织惯例实施的违法犯罪活动。

（四）认定非法控制特征（危害性特征）的问题

黑社会性质组织所控制和影响的“一定区域”，应当具备一定空间范围，并承载一定的社会功能。既包括一定数量的自然人共同居住、生活的区域，如乡镇、街道、较大的村庄等,也包括承载一定生产、经营或社会公共服务功能的区域,如矿山、工地、市场、车站、码头等。对此,应当结合一定地域范围内的人口数量、流量、经济规模等因素综合评判。如果涉案犯罪组织的控制和影响仅存在于一座酒店、一处娱乐会所等空间范围有限的场所或者人口数量、流量、经济规模较小的其他区域,则一般不能视为是对"一定区域"的控制和影响。

黑社会性质组织所控制和影响的"一定行业",是指在一定区域内存在的同类生产、经营活动。黑社会性质组织通过多次有组织地实施违法犯罪活动,对黄、赌、毒等非法行业形成非法控制或重大影响的,同样符合非法控制特征(危害性特征)的要求。

2009 年《座谈会纪要》明确了可以认定为"在一定区域或者行业内,形成非法控制或者重大影响,严重破坏经济、社会生活秩序"的八种情形,适用时应当注意以下问题:第 1 种情形中的"致使合法利益受损的群众不敢举报、控告的",是指致使多名合法利益遭受犯罪或者严重违法活动侵害的群众不敢通过正当途径维护权益;第 2 种情形中的"形成垄断",是指可以操控、左右、决定与一定行业相关的准入、退出、经营、竞争等经济活动。"形成重要影响",是指对与一定行业相关的准入、退出、经营、竞争等经济活动具有较大的干预和影响能力,或者具有在该行业内占有较大市场份额、通过违法犯罪活动或以其他不正当手段在该行业内敛财数额巨大(最低数额标准由各高院根据本地情况在 20 - 50 万元的幅度内自行划定)、给该行业内从事生产、经营活动的其他单位、组织、个人造成直接经济损失 100 万元以上等情节之一;第 3、4、5 种情形中的"造成严重影响",是指具有致人重伤或致多人轻伤、通过违法犯罪活动或以其他不正当手段敛财数额巨大(数额标准同上)、造成直接经济损失 100 万元以上、多次引发群体性事件或引发大规模群体性事件等情节之一;第 6 种情形中的"多次干扰、破坏国家机关、行业管理部门以及村委会、居委会等基层群众自治组织的工作秩序",包括以拉拢、收买、威胁等手段多次得到国家机关工作人员包庇或纵容,或者多次对前述单位、组织中正常履行职务的工作人员进行打击、报复的情形;第 7 种情形中的"获取政治地位",是指当选各级人大代表、政协委员。"担任一定职务",是指在各级党政机关及其职能部门、基层群众自治组织中担任具有组织、领导、监督、管理职权的职务。

根据实践经验,在黑社会性质组织犯罪案件中,2009 年《座谈会纪要》规定的八种情形一般不会单独存在，往往是两种以上的情形同时并存、相互交织，从而严重破坏经济、社会生活秩序。审判时，应当充分认识这一特点，准确认定该特征。

“四个特征”中其他构成要素均已具备，仅在成员人数、经济实力规模方面未达到本纪要提出的一般性要求，但已较为接近，且在非法控制特征（危害性特征）方面同时具有2009年《座谈会纪要》相关规定中的多种情形，其中至少有一种情形已明显超出认定标准的，也可以认定为黑社会性质组织。

三、关于刑事责任和刑罚适用

（一）已退出或者新接任的组织者、领导者的刑事责任问题

对于在黑社会性质组织形成、发展过程中已经退出的组织者、领导者，或者在加入黑社会性质组织之后逐步发展成为组织者、领导者的犯罪分子，应对其本人参与及其实际担任组织者、领导者期间该组织所犯的全部罪行承担刑事责任。

（二）量刑情节的运用问题

黑社会性质组织的成员虽不具有自首情节，但到案后能够如实供述自己罪行，并具有以下情形之一的，一般应当适用《刑法》第六十七条第三款的规定予以从轻处罚：1. 如实交代大部分尚未被掌握的同种犯罪事实；2. 如实交代尚未被掌握的较重的同种犯罪事实；3. 如实交代犯罪事实，并对收集定案证据、查明案件事实有重要作用的。

积极参加者、一般参加者配合司法机关查办案件，有提供线索、帮助收集证据或者其他协助行为，并在侦破黑社会性质组织犯罪案件、认定黑社会性质组织及其主要成员、追缴黑社会性质组织违法所得、查处“保护伞”等方面起到较大作用的，即使依法不能认定立功，一般也应酌情对其从轻处罚。组织者、领导者、骨干成员以及“保护伞”协助抓获同案中其他重要的组织成员，或者骨干成员能够检举揭发其他犯罪案件中罪行同样严重的犯罪分子，原则上依法应予从轻或者减轻处罚。组织者、领导者检举揭发与该黑社会性质组织及其违法犯罪活动有关联的其他犯罪线索，如果在是否认定立功的问题上存在事实、证据或法律适用方面的争议，应当严格把握。依法应认定为立功或者重大立功的，在决定是否从宽处罚、如何从宽处罚时，应当根据罪责刑相一致原则从严掌握。可能导致全案量刑明显失衡的，不予从宽处罚。

审理黑社会性质组织犯罪案件，应当通过判处和执行民事赔偿以及积极开展

司法救助来最大限度地弥补被害人及其亲属的损失。被害人及其亲属确有特殊困难,需要接受被认定为黑社会性质组织成员的被告人赔偿并因此表示谅解的,量刑时应当特别慎重。不仅应当查明谅解是否确属真实意思表示以及赔偿款项与黑社会性质组织违法所得有无关联,而且在决定是否从宽处罚、如何从宽处罚时,也应当从严掌握。可能导致全案量刑明显失衡的,不予从宽处罚。

(三)附加剥夺政治权利的适用问题

对于黑社会性质组织的组织者、领导者,可以适用《刑法》第五十六条第一款的规定附加剥夺政治权利。对于因犯参加黑社会性质组织罪被判处5年以上有期徒刑的积极参加者,也可以适用该规定附加剥夺政治权利。

(四)财产刑的适用问题

对于黑社会性质组织的组织者、领导者,依法应当并处没收财产。黑社会性质组织敛财数额特别巨大,但因犯罪分子转移、隐匿、毁灭证据或者拒不交代涉案财产来源、性质,导致违法所得以及其他应当追缴的财产难以准确查清和追缴的,对于组织者、领导者以及为该组织转移、隐匿资产的积极参加者可以并处没收个人全部财产。对于确属骨干成员的积极参加者一般应当并处罚金或者没收财产。对于其他积极参加者和一般参加者,应当根据所参与实施违法犯罪活动的次数、性质、地位、作用、违法所得数额以及造成损失的数额等情节,依法决定财产刑的适用。

四、关于审判程序和证据审查

(一)分案审理问题

为便宜诉讼,提高审判效率,防止因法庭审理过于拖延而损害当事人的合法权益,对于被告人人数众多,合并审理难以保证庭审质量和庭审效率的黑社会性质组织犯罪案件,可分案进行审理。分案应当遵循有利于案件顺利审判、有利于查明案件事实、有利于公正定罪量刑的基本原则,确保有效质证、事实统一、准确定罪、均衡量刑。对于被作为组织者、领导者、积极参加者起诉的被告人,以及黑社会性质组织重大犯罪的共同作案人,分案审理影响庭审调查的,一般不宜分案审理。

(二)证明标准和证据运用问题

办理黑社会性质组织犯罪案件应当坚持“事实清楚,证据确实、充分”的法定证明标准。黑社会性质组织犯罪案件侦查取证难度大,“四个特征”往往难以通过实物证据来加以证明。审判时,应当严格依照刑事诉讼法及有关司法解释的规定对相关证据进行审查与认定。在确保被告人供述、证人证言、被害人陈述等言词证据取证合法、内容真实,且综合全案证据,已排除合理怀疑的情况下,同样可以认定案件事实。

(三)法庭举证、质证问题

审理黑社会性质组织犯罪案件时,合议庭应当按照刑事诉讼法及有关司法解释的规定有效引导控辩双方举证、质证。不得因为案件事实复杂、证据繁多,而不当限制控辩双方就证据问题进行交叉询问、相互辩论的权利。庭审时,应当根据案件事实繁简、被告人认罪态度等采取适当的举证、质证方式,突出重点;对黑社会性质组织的“四个特征”应单独举证、质证。为减少重复举证、质证,提高审判效率,庭审中可以先就认定具体违法犯罪事实的证据进行举证、质证。对认定黑社会性质组织行为特征的证据进行举证、质证时,之前已经宣读、出示过的证据,可以在归纳、概括之后简要征询控辩双方意见。对于认定组织特征、经济特征、非法控制特征(危害性特征)的证据,举证、质证时一般不宜采取前述方式。

(四)对出庭证人、鉴定人、被害人的保护问题

人民法院受理黑社会性质组织犯罪案件后,应当及时了解在侦查、审查起诉阶段有无对证人、鉴定人、被害人采取保护措施的情况,确保相关保护措施在审判阶段能够紧密衔接。开庭审理时,证人、鉴定人、被害人因出庭作证,本人或其近亲属的人身安全面临危险的,应当采取不暴露外貌、真实声音等出庭作证措施。必要时,可以进行物理隔离,以音频、视频传送的方式作证,并对声音、图像进行技术处理。有必要禁止特定人员接触证人、鉴定人、被害人及其近亲属的,以及需要对证人、鉴定人、被害人及其近亲属的人身和住宅采取专门性保护措施的,应当及时与检察机关、公安机关协调,确保保护措施及时执行到位。依法决定不公开证人、鉴定人、被害人真实姓名、住址和工作单位等个人信息的,应当在开庭前核实其身份。证人、鉴定人签署的如实作证保证书应当列入审判副卷,不得对外公开。

五、关于黑社会性质组织犯罪案件审判工作相关问题

(一)涉案财产的处置问题

审理黑社会性质组织犯罪案件时,对于依法查封、冻结、扣押的涉案财产,应当全面审查证明财产来源、性质、用途、权属及价值大小的有关证据,调查财产的权属情况以及是否属于违法所得或者依法应当追缴的其他财物。属于下列情形

的,依法应当予以追缴、没收:1. 黑社会性质组织形成、发展过程中,该组织及其组织成员通过违法犯罪活动或其他不正当手段聚敛的财产及其孳息、收益,以及合法获取的财产中实际用于支持该组织存在、发展和实施违法犯罪活动的部分;2. 其他单位、个人为支持黑社会性质组织存在、发展以及实施违法犯罪活动而资助或提供的财产;3. 组织成员通过个人实施的违法犯罪活动所聚敛的财产及其孳息、收益,以及供个人犯罪所用的本人财物;4. 黑社会性质组织及其组织成员个人非法持有的违禁品;5. 依法应当追缴的其他涉案财物。

(二)发挥庭审功能问题

黑社会性质组织犯罪案件开庭前,应当按照重大案件的审判要求做好从物质保障到人员配备等各方面的庭审准备,并制定详细的庭审预案和庭审提纲。同时,还要充分发挥庭前会议了解情况、听取意见的应有作用,提前了解控辩双方的主要意见,及时解决可能影响庭审顺利进行的程序性问题。对于庭前会议中出示的证据材料,控辩双方无异议的,庭审举证、质证时可以简化。庭审过程中,合议庭应当针对争议焦点和关键的事实、证据问题,有效引导控辩双方进行法庭调查与法庭辩论。庭审时,还应当全程录音录像,相关音视频资料应当存卷备查。

最高人民法院、最高人民检察院、公安部、司法部
关于办理恶势力刑事案件若干问题的意见

(2019 年 2 月 28 日发布 法发〔2019〕10 号)

为认真贯彻落实中央开展扫黑除恶专项斗争的部署要求,正确理解和适用最高人民法院、最高人民检察院、公安部、司法部《关于办理黑恶势力犯罪案件若干问题的指导意见》(法发〔2018〕1 号,以下简称《指导意见》),根据刑法、刑事诉讼法及有关司法解释、规范性文件的规定,现对办理恶势力刑事案件若干问题提出如下意见:

一、办理恶势力刑事案件的总体要求

1. 人民法院、人民检察院、公安机关和司法行政机关要深刻认识恶势力违法犯罪的严重社会危害,毫不动摇地坚持依法严惩方针,在侦查、起诉、审判、执行各阶段,运用多种法律手段全面体现依法从严惩处精神,有力震慑恶势力违法犯罪分子,有效打击和预防恶势力违法犯罪。

2. 人民法院、人民检察院、公安机关和司法行政机关要严格坚持依法办案，确保在案件事实清楚，证据确实、充分的基础上，准确认定恶势力和恶势力犯罪集团，坚决防止人为拔高或者降低认定标准。要坚持贯彻落实宽严相济刑事政策，根据犯罪嫌疑人、被告人的主观恶性、人身危险性、在恶势力、恶势力犯罪集团中的地位、作用以及在具体犯罪中的罪责，切实做到宽严有据，罚当其罪，实现政治效果、法律效果和社会效果的统一。

3. 人民法院、人民检察院、公安机关和司法行政机关要充分发挥各自职能，分工负责，互相配合，互相制约，坚持以审判为中心的刑事诉讼制度改革要求，严格执行“三项规程”，不断强化程序意识和证据意识，有效加强法律监督，确保严格执法、公正司法，充分保障当事人、诉讼参与人的各项诉讼权利。

二、恶势力、恶势力犯罪集团的认定标准

4. 恶势力，是指经常纠集在一起，以暴力、威胁或者其他手段，在一定区域或者行业内多次实施违法犯罪活动，为非作恶，欺压百姓，扰乱经济、社会生活秩序，造成较为恶劣的社会影响，但尚未形成黑社会性质组织的违法犯罪组织。

5. 单纯为牟取不法经济利益而实施的“黄、赌、毒、盗、抢、骗”等违法犯罪活动，不具有为非作恶、欺压百姓特征的，或者因本人及近亲属的婚恋纠纷、家庭纠纷、邻里纠纷、劳动纠纷、合法债务纠纷而引发以及其他确属事出有因的违法犯罪活动，不应作为恶势力案件处理。

6. 恶势力一般为 3 人以上，纠集者相对固定。纠集者，是指在恶势力实施的违法犯罪活动中起组织、策划、指挥作用的违法犯罪分子。成员较为固定且符合恶势力其他认定条件，但多次实施违法犯罪活动是由不同的成员组织、策划、指挥，也可以认定为恶势力，有前述行为的成员均可以认定为纠集者。

恶势力的其他成员，是指知道或应当知道与他人经常纠集在一起是为了共同实施违法犯罪，仍按照纠集者的组织、策划、指挥参与违法犯罪活动的违法犯罪分子，包括已有充分证据证明但尚未归案的人员，以及因法定情形不予追究法律责任，或者因参与实施恶势力违法犯罪活动已受到行政或刑事处罚的人员。仅因临时雇佣或被雇佣、利用或被利用以及受蒙蔽参与少量恶势力违法犯罪活动的，一般不应认定为恶势力成员。

7. “经常纠集在一起，以暴力、威胁或者其他手段，在一定区域或者行业内多次实施违法犯罪活动”，是指犯罪嫌疑人、被告人于 2 年之内，以暴力、威胁或者其他手段,在一定区域或者行业内多次实施违法犯罪活动,且包括纠集者在内,至少应有 2 名相同的成员多次参与实施违法犯罪活动。对于“纠集在一起”时间明显较短,实施违法犯罪活动刚刚达到“多次”标准,且尚不足以造成较为恶劣影响的,一般不应认定为恶势力。

8. 恶势力实施的违法犯罪活动,主要为强迫交易、故意伤害、非法拘禁、敲诈勒索、故意毁坏财物、聚众斗殴、寻衅滋事,但也包括具有为非作恶、欺压百姓特征,主要以暴力、威胁为手段的其他违法犯罪活动。

恶势力还可能伴随实施开设赌场、组织卖淫、强迫卖淫、贩卖毒品、运输毒品、制造毒品、抢劫、抢夺、聚众扰乱社会秩序、聚众扰乱公共场所秩序、交通秩序以及聚众“打砸抢”等违法犯罪活动,但仅有前述伴随实施的违法犯罪活动,且不能认定具有为非作恶、欺压百姓特征的,一般不应认定为恶势力。

9. 办理恶势力刑事案件,“多次实施违法犯罪活动”至少应包括 1 次犯罪活动。对于反复实施强迫交易、非法拘禁、敲诈勒索、寻衅滋事等单一性质的违法行为,单次情节、数额尚不构成犯罪,但按照刑法或者有关司法解释、规范性文件的规定累加后应作为犯罪处理的,在认定是否属于“多次实施违法犯罪活动”时,可将已用于累加的违法行为计为 1 次犯罪活动,其他违法行为单独计算违法活动的次数。

已被处理或者已作为民间纠纷调处,后经查证确属恶势力违法犯罪活动的,均可以作为认定恶势力的事实依据,但不符合法定情形的,不得重新追究法律责任。

10. 认定“扰乱经济、社会生活秩序,造成较为恶劣的社会影响”,应当结合侵害对象及其数量、违法犯罪次数、手段、规模、人身损害后果、经济损失数额、违法所得数额、引起社会秩序混乱的程度以及对人民群众安全感的影响程度等因素综合把握。

11. 恶势力犯罪集团,是指符合恶势力全部认定条件,同时又符合犯罪集团法定条件的犯罪组织。

恶势力犯罪集团的首要分子,是指在恶势力犯罪集团中起组织、策划、指挥作用的犯罪分子。恶势力犯罪集团的其他成员,是指知道或者应当知道是为共同实施犯罪而组成的较为固定的犯罪组织,仍接受首要分子领导、管理、指挥,并参与该组织犯罪活动的犯罪分子。

恶势力犯罪集团应当有组织地实施多次犯罪活动,同时还可能伴随实施违法活动。恶势力犯罪集团所实施的违法犯罪活动,参照《指导意见》第十条第二款的规定认定。

12. 全部成员或者首要分子、纠集者以及其他重要成员均为未成年人、老年人、残疾人的，认定恶势力、恶势力犯罪集团时应当特别慎重。

三、正确运用宽严相济刑事政策的有关要求

13. 对于恶势力的纠集者、恶势力犯罪集团的首要分子、重要成员以及恶势力、恶势力犯罪集团共同犯罪中罪责严重的主犯，要正确运用法律规定加大惩处力度，对依法应当判处重刑或死刑的，坚决判处重刑或死刑。同时要严格掌握取保候审，严格掌握不起诉，严格掌握缓刑、减刑、假释，严格掌握保外就医适用条件，充分利用资格刑、财产刑等法律手段全方位从严惩处。对于符合刑法第三十七条之一规定的，可以依法禁止其从事相关职业。

对于恶势力、恶势力犯罪集团的其他成员，在共同犯罪中罪责相对较小、人身危险性、主观恶性相对不大的，具有自首、立功、坦白、初犯等法定或酌定从宽处罚情节，可以依法从轻、减轻或免除处罚。认罪认罚或者仅参与实施少量的犯罪活动且只起次要、辅助作用，符合缓刑条件的，可以适用缓刑。

14. 恶势力犯罪集团的首要分子检举揭发与该犯罪集团及其违法犯罪活动有关联的其他犯罪线索，如果在认定立功的问题上存在事实、证据或法律适用方面的争议，应当严格把握。依法应认定为立功或者重大立功的，在决定是否从宽处罚、如何从宽处罚时，应当根据罪责刑相一致原则从严掌握。可能导致全案量刑明显失衡的，不予从宽处罚。

恶势力犯罪集团的其他成员如果能够配合司法机关查办案件，有提供线索、帮助收集证据或者其他协助行为，并在侦破恶势力犯罪集团案件、查处“保护伞”等方面起到较大作用的，即使依法不能认定立功，一般也应酌情对其从轻处罚。

15. 犯罪嫌疑人、被告人同时具有法定、酌定从严和法定、酌定从宽处罚情节的，量刑时要根据所犯具体罪行的严重程度，结合被告人在恶势力、恶势力犯罪集团中的地位、作用、主观恶性、人身危险性等因素整体把握。对于恶势力的纠集者、恶势力犯罪集团的首要分子、重要成员，量刑时要体现总体从严。对于在共同犯罪中罪责相对较小、人身危险性、主观恶性相对不大，且能够真诚认罪悔罪的其他成员，量刑时要体现总体从宽。

16. 恶势力刑事案件的犯罪嫌疑人、被告人自愿如实供述自己的罪行，承认指控的犯罪事实，愿意接受处罚的，可以依法从宽处理，并适用认罪认罚从宽制度。

对于犯罪性质恶劣、犯罪手段残忍、社会危害严重的犯罪嫌疑人、被告人，虽然认罪认罚，但不足以从轻处罚的，不适用该制度。

四、办理恶势力刑事案件的其他问题

17. 人民法院、人民检察院、公安机关经审查认为案件符合恶势力认定标准的，应当在起诉意见书、起诉书、判决书、裁定书等法律文书中的案件事实部分明确表述，列明恶势力的纠集者、其他成员、违法犯罪事实以及据以认定的证据；符合恶势力犯罪集团认定标准的，应当在上述法律文书中明确定性，列明首要分子、其他成员、违法犯罪事实以及据以认定的证据，并引用刑法总则关于犯罪集团的相关规定。被告人及其辩护人对恶势力定性提出辩解和辩护意见，人民法院可以在裁判文书中予以评析回应。

恶势力刑事案件的起诉意见书、起诉书、判决书、裁定书等法律文书，可以在案件事实部分先概述恶势力、恶势力犯罪集团的概括事实，再分述具体的恶势力违法犯罪事实。

18. 对于公安机关未在起诉意见书中明确认定，人民检察院在审查起诉期间发现构成恶势力或者恶势力犯罪集团，且相关违法犯罪事实已经查清，证据确实、充分，依法应追究刑事责任的，应当作出起诉决定，根据查明的事实向人民法院提起公诉，并在起诉书中明确认定为恶势力或者恶势力犯罪集团。人民检察院认为恶势力相关违法犯罪事实不清、证据不足，或者存在遗漏恶势力违法犯罪事实、遗漏同案犯罪嫌疑人等情形需要补充侦查的，应当提出具体的书面意见，连同案卷材料一并退回公安机关补充侦查；人民检察院也可以自行侦查，必要时可以要求公安机关提供协助。

对于人民检察院未在起诉书中明确认定，人民法院在审判期间发现构成恶势力或恶势力犯罪集团的，可以建议人民检察院补充或者变更起诉；人民检察院不同意或者在七日内未回复意见的，人民法院不应主动认定，可仅就起诉指控的犯罪事实依照相关规定作出判决、裁定。

审理被告人或者被告人的法定代理人、辩护人、近亲属上诉的案件时，一审判决认定黑社会性质组织有误的，二审法院应当纠正，符合恶势力、恶势力犯罪集团认定标准，应当作出相应认定；一审判决认定恶势力或恶势力犯罪集团有误的，应当纠正，但不得升格认定；一审判决未认定恶势力或恶势力犯罪集团的，不得增加认定。

19. 公安机关、人民检察院、人民法院应当分别以起诉意见书、起诉书、裁判文书所明确的恶势力、恶势力犯罪集团，作为相关数据的统计依据。

20. 本意见自2019年4月9日起施行。

最高人民法院、最高人民检察院、公安部、司法部关于办理实施“软暴力”的刑事案件若干问题的意见

（2019年4月9日发布　公通字〔2019〕15号）

为深入贯彻落实中央关于开展扫黑除恶专项斗争的决策部署，正确理解和适用最高人民法院、最高人民检察院、公安部、司法部《关于办理黑恶势力犯罪案件若干问题的指导意见》（法发〔2018〕1号，以下简称《指导意见》）关于对依法惩处采用“软暴力”实施犯罪的规定，依法办理相关犯罪案件，根据《刑法》《刑事诉讼法》及有关司法解释、规范性文件，提出如下意见：

一、“软暴力”是指行为人为谋取不法利益或形成非法影响，对他人或者在有关场所进行滋扰、纠缠、哄闹、聚众造势等，足以使他人产生恐惧、恐慌进而形成心理强制，或者足以影响、限制人身自由、危及人身财产安全，影响正常生活、工作、生产、经营的违法犯罪手段。

二、“软暴力”违法犯罪手段通常的表现形式有：

（一）侵犯人身权利、民主权利、财产权利的手段，包括但不限于跟踪贴靠、扬言传播疾病、揭发隐私、恶意举报、诬告陷害、破坏、霸占财物等；

（二）扰乱正常生活、工作、生产、经营秩序的手段，包括但不限于非法侵入他人住宅、破坏生活设施、设置生活障碍、贴报喷字、拉挂横幅、燃放鞭炮、播放哀乐、摆放花圈、泼洒污物、断水断电、堵门阻工，以及通过驱赶从业人员、派驻人员据守等方式直接或间接地控制厂房、办公区、经营场所等；

（三）扰乱社会秩序的手段，包括但不限于摆场架势示威、聚众哄闹滋扰、拦路闹事等；

（四）其他符合本意见第一条规定的“软暴力”手段。

通过信息网络或者通讯工具实施，符合本意见第一条规定的违法犯罪手段，应当认定为“软暴力”。

三、行为人实施“软暴力”，具有下列情形之一，可以认定为足以使他人产生恐惧、恐慌进而形成心理强制或者足以影响、限制人身自由、危及人身财产安全或者

影响正常生活、工作、生产、经营：

（一）黑恶势力实施的；

（二）以黑恶势力名义实施的；

（三）曾因组织、领导、参加黑社会性质组织、恶势力犯罪集团、恶势力以及因强迫交易、非法拘禁、敲诈勒索、聚众斗殴、寻衅滋事等犯罪受过刑事处罚后又实施的；

（四）携带凶器实施的；

（五）有组织地实施的或者足以使他人认为暴力、威胁具有现实可能性的；

（六）其他足以使他人产生恐惧、恐慌进而形成心理强制或者足以影响、限制人身自由、危及人身财产安全或者影响正常生活、工作、生产、经营的情形。

由多人实施的，编造或明示暴力违法犯罪经历进行恐吓的，或者以自报组织、头目名号、统一着装、显露纹身、特殊标识以及其他明示、暗示方式，足以使他人感知相关行为的有组织性的，应当认定为“以黑恶势力名义实施”。

由多人实施的，只要有部分行为人符合本条第一款第（一）项至第（四）项所列情形的，该项即成立。

虽然具体实施“软暴力”的行为人不符合本条第一款第（一）项、第（三）项所列情形，但雇佣者、指使者或者纠集者符合的，该项成立。

四、“软暴力”手段属于《刑法》第二百九十四条第五款第（三）项“黑社会性质组织行为特征”以及《指导意见》第 14 条“恶势力”概念中的“其他手段”。

五、采用“软暴力”手段，使他人产生心理恐惧或者形成心理强制，分别属于《刑法》第二百二十六条规定的“威胁”、《刑法》第二百九十三条第一款第（二）项规定的“恐吓”，同时符合其他犯罪构成要件的，应当分别以强迫交易罪、寻衅滋事罪定罪处罚。

《关于办理寻衅滋事刑事案件适用法律若干问题的解释》第二条至第四条中的“多次”一般应当理解为二年内实施寻衅滋事行为三次以上。三次以上寻衅滋事行为既包括同一类别的行为，也包括不同类别的行为；既包括未受行政处罚的行为，也包括已受行政处罚的行为。

六、有组织地多次短时间非法拘禁他人的，应当认定为《刑法》第二百三十八条规定的“以其他方法非法剥夺他人人身自由”。非法拘禁他人三次以上、每次持续时间在四小时以上，或者非法拘禁他人累计时间在十二小时以上的，应当以非法拘禁罪定罪处罚。

七、以“软暴力”手段非法进入或者滞留他人住宅的，应当认定为《刑法》第二百四十五条规定的“非法侵入他人住宅”，同时符合其他犯罪构成要件的，应当以非法侵入住宅罪定罪处罚。

八、以非法占有为目的，采用“软暴力”手段强行索取公私财物，同时符合《刑法》第二百七十四条规定的其他犯罪构成要件的，应当以敲诈勒索罪定罪处罚。

《关于办理敲诈勒索刑事案件适用法律若干问题的解释》第三条中“二年内敲诈勒索三次以上”，包括已受行政处罚的行为。

九、采用“软暴力”手段，同时构成两种以上犯罪的，依法按照处罚较重的犯罪定罪处罚，法律另有规定的除外。

十、根据本意见第五条、第八条规定，对已受行政处罚的行为追究刑事责任的，行为人先前所受的行政拘留处罚应当折抵刑期，罚款应当抵扣罚金。

十一、雇佣、指使他人采用“软暴力”手段强迫交易、敲诈勒索，构成强迫交易罪、敲诈勒索罪的，对雇佣者、指使者，一般应当以共同犯罪中的主犯论处。

为强索不受法律保护的债务或者因其他非法目的，雇佣、指使他人采用“软暴力”手段非法剥夺他人人身自由构成非法拘禁罪，或者非法侵入他人住宅、寻衅滋事，构成非法侵入住宅罪、寻衅滋事罪的，对雇佣者、指使者，一般应当以共同犯罪中的主犯论处；因本人及近亲属合法债务、婚恋、家庭、邻里纠纷等民间矛盾而雇佣、指使，没有造成严重后果的，一般不作为犯罪处理，但经有关部门批评制止或者处理处罚后仍继续实施的除外。

十二、本意见自 2019 年 4 月 9 日起施行。

最高人民法院、最高人民检察院、公安部、司法部
关于办理黑恶势力刑事案件中财产处置若干问题的意见

（2019 年 4 月 9 日发布　高检发〔2019〕6 号）

为认真贯彻中央关于开展扫黑除恶专项斗争的重大决策部署，彻底铲除黑恶势力犯罪的经济基础，根据刑法、刑事诉讼法及最高人民法院、最高人民检察院、公安部、司法部《关于办理黑恶势力犯罪案件若干问题的指导意见》（法发〔2018〕1 号）等规定，现对办理黑恶势力刑事案件中财产处置若干问题提出如下意见：

一、总体工作要求

1. 公安机关、人民检察院、人民法院在办理黑恶势力犯罪案件时，在查明黑恶势力组织违法犯罪事实并对黑恶势力成员依法定罪量刑的同时，要全面调查黑恶势力组织及其成员的财产状况，依法对涉案财产采取查询、查封、扣押、冻结等措施，并根据查明的情况，依法作出处理。

前款所称处理既包括对涉案财产中犯罪分子违法所得、违禁品、供犯罪所用的本人财物以及其他等值财产等依法追缴、没收，也包括对被害人的合法财产等依法返还。

2. 对涉案财产采取措施，应当严格依照法定条件和程序进行。严禁在立案之前查封、扣押、冻结财物。凡查封、扣押、冻结的财物，都应当及时进行审查，防止因程序违法、工作瑕疵等影响案件审理以及涉案财产处置。

3. 对涉案财产采取措施，应当为犯罪嫌疑人、被告人及其所扶养的亲属保留必需的生活费用和物品。

根据案件具体情况，在保证诉讼活动正常进行的同时，可以允许有关人员继续合理使用有关涉案财产，并采取必要的保值保管措施，以减少案件办理对正常办公和合法生产经营的影响。

4. 要彻底摧毁黑社会性质组织的经济基础，防止其死灰复燃。对于组织者、领导者一般应当并处没收个人全部财产。对于确属骨干成员或者为该组织转移、隐匿资产的积极参加者，可以并处没收个人全部财产。对于其他组织成员，应当根据所参与实施违法犯罪活动的次数、性质、地位、作用、违法所得数额以及造成损失的数额等情节，依法决定财产刑的适用。

5. 要深挖细查并依法打击黑恶势力组织进行的洗钱以及掩饰、隐瞒犯罪所得、犯罪所得收益等转变涉案财产性质的关联犯罪。

二、依法采取措施全面收集证据

6. 公安机关侦查期间，要根据《公安机关办理刑事案件适用查封、冻结措施相关规定》（公通字〔2013〕30 号）等有关规定，会同有关部门全面调查黑恶势力及其成员的财产状况，并可以根据诉讼需要，先行依法对下列财产采取查询、查封、扣押、冻结等措施：

（1）黑恶势力组织的财产；

（2）犯罪嫌疑人个人所有的财产；

(3)犯罪嫌疑人实际控制的财产；

(4)犯罪嫌疑人出资购买的财产；

(5)犯罪嫌疑人转移至他人名下的财产；

(6)犯罪嫌疑人涉嫌洗钱以及掩饰、隐瞒犯罪所得、犯罪所得收益等犯罪涉及的财产；

(7)其他与黑恶势力组织及其违法犯罪活动有关的财产。

7. 查封、扣押、冻结已登记的不动产、特定动产及其他财产，应当通知有关登记机关，在查封、扣押、冻结期间禁止被查封、扣押、冻结的财产流转，不得办理被查封、扣押、冻结财产权属变更、抵押等手续。必要时可以提取有关产权证照。

8. 公安机关对于采取措施的涉案财产，应当全面收集证明其来源、性质、用途、权属及价值的有关证据，审查判断是否应当依法追缴、没收。

证明涉案财产来源、性质、用途、权属及价值的有关证据一般包括：

(1)犯罪嫌疑人、被告人关于财产来源、性质、用途、权属、价值的供述；

(2)被害人、证人关于财产来源、性质、用途、权属、价值的陈述、证言；

(3)财产购买凭证、银行往来凭据、资金注入凭据、权属证明等书证；

(4)财产价格鉴定、评估意见；

(5)可以证明财产来源、性质、用途、权属、价值的其他证据。

9. 公安机关对应当依法追缴、没收的财产中黑恶势力组织及其成员聚敛的财产及其孳息、收益的数额，可以委托专门机构评估；确实无法准确计算的，可以根据有关法律规定及查明的事实、证据合理估算。

人民检察院、人民法院对于公安机关委托评估、估算的数额有不同意见的，可以重新委托评估、估算。

10. 人民检察院、人民法院根据案件诉讼的需要，可以依法采取上述相关措施。

三、准确处置涉案财产

11. 公安机关、人民检察院应当加强对在案财产审查甄别。在移送审查起诉、提起公诉时，一般应当对采取措施的涉案财产提出处理意见建议，并将采取措施的涉案财产及其清单随案移送。

人民检察院经审查，除对随案移送的涉案财产提出处理意见外，还需要对继续追缴的尚未被足额查封、扣押的其他违法所得提出处理意见建议。

涉案财产不宜随案移送的，应当按照相关法律、司法解释的规定，提供相应的清单、照片、录像、封存手续、存放地点说明、鉴定、评估意见、变价处理凭证等材料。

12. 对于不宜查封、扣押、冻结的经营性财产，公安机关、人民检察院、人民法院可以申请当地政府指定有关部门或者委托有关机构代管或者托管。

对易损毁、灭失、变质等不宜长期保存的物品，易贬值的汽车、船艇等物品，或者市场价格波动大的债券、股票、基金等财产，有效期即将届满的汇票、本票、支票等，经权利人同意或者申请，并经县级以上公安机关、人民检察院或者人民法院主要负责人批准，可以依法出售、变现或者先行变卖、拍卖，所得价款由扣押、冻结机关保管，并及时告知当事人或者其近亲属。

13. 人民检察院在法庭审理时应当对证明黑恶势力犯罪涉案财产情况进行举证质证，对于既能证明具体个罪又能证明经济特征的涉案财产情况相关证据在具体个罪中出示后，在经济特征中可以简要说明，不再重复出示。

14. 人民法院作出的判决，除应当对随案移送的涉案财产作出处理外，还应当在判决书中写明需要继续追缴尚未被足额查封、扣押的其他违法所得；对随案移送财产进行处理时，应当列明相关财产的具体名称、数量、金额、处置情况等。涉案财产或者有关当事人人数较多，不宜在判决书正文中详细列明的，可以概括叙述并另附清单。

15. 涉案财产符合下列情形之一的，应当依法追缴、没收：

(1)黑恶势力组织及其成员通过违法犯罪活动或者其他不正当手段聚敛的财产及其孳息、收益；

(2)黑恶势力组织成员通过个人实施违法犯罪活动聚敛的财产及其孳息、收益；

(3)其他单位、组织、个人为支持该黑恶势力组织活动资助或者主动提供的财产；

(4)黑恶势力组织及其成员通过合法的生产、经营活动获取的财产或者组织成员个人、家庭合法财产中，实际用于支持该组织活动的部分；

(5)黑恶势力组织成员非法持有的违禁品以及供犯罪所用的本人财物；

(6)其他单位、组织、个人利用黑恶势力组织及其成员违法犯罪活动获取的财产及其孳息、收益；

(7)其他应当追缴、没收的财产。

16. 应当追缴、没收的财产已用于清偿债务或者转让、或者设置其他权利负担,具有下列情形之一的,应当依法追缴:

(1)第三人明知是违法犯罪所得而接受的;

(2)第三人无偿或者以明显低于市场的价格取得涉案财物的;

(3)第三人通过非法债务清偿或者违法犯罪活动取得涉案财物的;

(4)第三人通过其他方式恶意取得涉案财物的。

17. 涉案财产符合下列情形之一的,应当依法返还:

(1)有证据证明确属被害人合法财产;

(2)有证据证明确与黑恶势力及其违法犯罪活动无关。

18. 有关违法犯罪事实查证属实后,对于有证据证明权属明确且无争议的被害人、善意第三人或者其他人员合法财产及其孳息,凡返还不损害其他利害关系人的利益,不影响案件正常办理的,应当在登记、拍照或者录像后,依法及时返还。

四、依法追缴、没收其他等值财产

19. 有证据证明依法应当追缴、没收的涉案财产无法找到、被他人善意取得、价值灭失或者与其他合法财产混合且不可分割的,可以追缴、没收其他等值财产。

对于证明前款各种情形的证据,公安机关或者人民检察院应当及时调取。

20. 本意见第 19 条所称"财产无法找到",是指有证据证明存在依法应当追缴、没收的财产,但无法查证财产去向、下落的。被告人有不同意见的,应当出示相关证据。

21. 追缴、没收的其他等值财产的数额,应当与无法直接追缴、没收的具体财产的数额相对应。

五、其他

22. 本意见所称孳息,包括天然孳息和法定孳息。

本意见所称收益,包括但不限于以下情形:

(1)聚敛、获取的财产直接产生的收益,如使用聚敛、获取的财产购买彩票中奖所得收益等;

(2)聚敛、获取的财产用于违法犯罪活动产生的收益,如使用聚敛、获取的财产赌博赢利所得收益、非法放贷所得收益、购买并贩卖毒品所得收益等;

(3)聚敛、获取的财产投资、置业形成的财产及其收益;

(4)聚敛、获取的财产和其他合法财产共同投资或者置业形成的财产中,与聚敛、获取的财产对应的份额及其收益;

(5)应当认定为收益的其他情形。

23. 本意见未规定的黑恶势力刑事案件财产处置工作其他事宜,根据相关法律法规、司法解释等规定办理。

24. 本意见自2019年4月9日起施行。

最高人民法院、最高人民检察院、公安部、司法部
关于办理“套路贷”刑事案件若干问题的意见

(2019年2月28日发布　法发〔2019〕11号)

为持续深入开展扫黑除恶专项斗争,准确甄别和依法严厉惩处“套路贷”违法犯罪分子,根据刑法、刑事诉讼法、有关司法解释以及最高人民法院、最高人民检察院、公安部、司法部《关于办理黑恶势力犯罪案件若干问题的指导意见》等规范性文件的规定,现对办理“套路贷”刑事案件若干问题提出如下意见:

一、准确把握“套路贷”与民间借贷的区别

1.“套路贷”,是对以非法占有为目的,假借民间借贷之名,诱使或迫使被害人签订“借贷”或变相“借贷”“抵押”“担保”等相关协议,通过虚增借贷金额、恶意制造违约、肆意认定违约、毁匿还款证据等方式形成虚假债权债务,并借助诉讼、仲裁、公证或者采用暴力、威胁以及其他手段非法占有被害人财物的相关违法犯罪活动的概括性称谓。

2.“套路贷”与平等主体之间基于意思自治而形成的民事借贷关系存在本质区别,民间借贷的出借人是为了到期按照协议约定的内容收回本金并获取利息,不具有非法占有他人财物的目的,也不会在签订、履行借贷协议过程中实施虚增借贷金额、制造虚假给付痕迹、恶意制造违约、肆意认定违约、毁匿还款证据等行为。

司法实践中,应当注意非法讨债引发的案件与“套路贷”案件的区别,犯罪嫌疑人、被告人不具有非法占有目的,也未使用“套路”与借款人形成虚假债权债务,不应视为“套路贷”。因使用暴力、威胁以及其他手段强行索债构成犯罪的,应当根据具体案件事实定罪处罚。

3. 实践中,“套路贷”的常见犯罪手法和步骤包括但不限于以下情形:

(1)制造民间借贷假象。犯罪嫌疑人、被告人往往以“小额贷款公司”“投资公司”“咨询公司”“担保公司”“网络借贷平台”等名义对外宣传,以低息、无抵押、无担保、快速放款等为诱饵吸引被害人借款,继而以“保证金”“行规”等虚假理由诱使被害人基于错误认识签订金额虚高的“借贷”协议或相关协议。有的犯罪嫌疑人、被告人还会以被害人先前借贷违约等理由,迫使对方签订金额虚高的“借贷”协议或相关协议。

(2)制造资金走账流水等虚假给付事实。犯罪嫌疑人、被告人按照虚高的“借贷”协议金额将资金转入被害人账户,制造已将全部借款交付被害人的银行流水痕迹,随后便采取各种手段将其中全部或者部分资金收回,被害人实际上并未取得或者完全取得“借贷”协议、银行流水上显示的钱款。

(3)故意制造违约或者肆意认定违约。犯罪嫌疑人、被告人往往会以设置违约陷阱、制造还款障碍等方式,故意造成被害人违约,或者通过肆意认定违约,强行要求被害人偿还虚假债务。

(4)恶意垒高借款金额。当被害人无力偿还时,有的犯罪嫌疑人、被告人会安排其所属公司或者指定的关联公司、关联人员为被害人偿还“借款”,继而与被害人签订金额更大的虚高“借贷”协议或相关协议,通过这种“转单平账”“以贷还贷”的方式不断垒高“债务”。

(5)软硬兼施“索债”。在被害人未偿还虚高“借款”的情况下,犯罪嫌疑人、被告人借助诉讼、仲裁、公证或者采用暴力、威胁以及其他手段向被害人或者被害人的特定关系人索取“债务”。

二、依法严惩“套路贷”犯罪

4. 实施“套路贷”过程中,未采用明显的暴力或者威胁手段,其行为特征从整体上表现为以非法占有为目的,通过虚构事实、隐瞒真相骗取被害人财物的,一般以诈骗罪定罪处罚;对于在实施“套路贷”过程中多种手段并用,构成诈骗、敲诈勒索、非法拘禁、虚假诉讼、寻衅滋事、强迫交易、抢劫、绑架等多种犯罪的,应当根据具体案件事实,区分不同情况,依照刑法及有关司法解释的规定数罪并罚或者择一重处。

5. 多人共同实施“套路贷”犯罪,犯罪嫌疑人、被告人在所参与的犯罪中起主要作用的,应当认定为主犯,对其参与或组织、指挥的全部犯罪承担刑事责任;起次要或辅助作用的,应当认定为从犯。

明知他人实施“套路贷”犯罪，具有以下情形之一的，以相关犯罪的共犯论处，但刑法和司法解释等另有规定的除外：

(1)组织发送“贷款”信息、广告，吸引、介绍被害人“借款”的；

(2)提供资金、场所、银行卡、账号、交通工具等帮助的；

(3)出售、提供、帮助获取公民个人信息的；

(4)协助制造走账记录等虚假给付事实的；

(5)协助办理公证的；

(6)协助以虚假事实提起诉讼或者仲裁的；

(7)协助套现、取现、办理动产或不动产过户等，转移犯罪所得及其产生的收益的；

(8)其他符合共同犯罪规定的情形。

上述规定中的“明知他人实施‘套路贷’犯罪”，应当结合行为人的认知能力、既往经历、行为次数和手段、与同案人、被害人的关系、获利情况、是否曾因“套路贷”受过处罚、是否故意规避查处等主客观因素综合分析认定。

6. 在认定“套路贷”犯罪数额时，应当与民间借贷相区别，从整体上予以否定性评价，“虚高债务”和以“利息”“保证金”“中介费”“服务费”“违约金”等名目被犯罪嫌疑人、被告人非法占有的财物，均应计入犯罪数额。

犯罪嫌疑人、被告人实际给付被害人的本金数额，不计入犯罪数额。

已经着手实施“套路贷”，但因意志以外原因未得逞的，可以根据相关罪名所涉及的刑法、司法解释规定，按照已着手非法占有的财物数额认定犯罪未遂。既有既遂，又有未遂，犯罪既遂部分与未遂部分分别对应不同法定刑幅度的，应当先决定对未遂部分是否减轻处罚，确定未遂部分对应的法定刑幅度，再与既遂部分对应的法定刑幅度进行比较，选择处罚较重的法定刑幅度，并酌情从重处罚；二者在同一量刑幅度的，以犯罪既遂酌情从重处罚。

7. 犯罪嫌疑人、被告人实施“套路贷”违法所得的一切财物，应当予以追缴或者责令退赔；对被害人的合法财产，应当及时返还。有证据证明是犯罪嫌疑人、被告人为实施“套路贷”而交付给被害人的本金，赔偿被害人损失后如有剩余，应依法予以没收。

犯罪嫌疑人、被告人已将违法所得的财物用于清偿债务、转让或者设置其他权利负担，具有下列情形之一的，应当依法追缴：

(1)第三人明知是违法所得财物而接受的;

(2)第三人无偿取得或者以明显低于市场的价格取得违法所得财物的;

(3)第三人通过非法债务清偿或者违法犯罪活动取得违法所得财物的;

(4)其他应当依法追缴的情形。

8. 以老年人、未成年人、在校学生、丧失劳动能力的人为对象实施"套路贷",或者因实施"套路贷"造成被害人或其特定关系人自杀、死亡、精神失常、为偿还"债务"而实施犯罪活动的,除刑法、司法解释另有规定的外,应当酌情从重处罚。

在坚持依法从严惩处的同时,对于认罪认罚、积极退赃、真诚悔罪或者具有其他法定、酌定从轻处罚情节的被告人,可以依法从宽处罚。

9. 对于"套路贷"犯罪分子,应当根据其所触犯的具体罪名,依法加大财产刑适用力度。符合刑法第三十七条之一规定的,可以依法禁止从事相关职业。

10. 三人以上为实施"套路贷"而组成的较为固定的犯罪组织,应当认定为犯罪集团。对首要分子应按照集团所犯全部罪行处罚。

符合黑恶势力认定标准的,应当按照黑社会性质组织、恶势力或者恶势力犯罪集团侦查、起诉、审判。

三、依法确定"套路贷"刑事案件管辖

11. "套路贷"犯罪案件一般由犯罪地公安机关侦查,如果由犯罪嫌疑人居住地公安机关立案侦查更为适宜的,可以由犯罪嫌疑人居住地公安机关立案侦查。犯罪地包括犯罪行为发生地和犯罪结果发生地。

"犯罪行为发生地"包括为实施"套路贷"所设立的公司所在地、"借贷"协议或相关协议签订地、非法讨债行为实施地、为实施"套路贷"而进行诉讼、仲裁、公证的受案法院、仲裁委员会、公证机构所在地,以及"套路贷"行为的预备地、开始地、途经地、结束地等。

"犯罪结果发生地"包括违法所得财物的支付地、实际取得地、藏匿地、转移地、使用地、销售地等。

除犯罪地、犯罪嫌疑人居住地外,其他地方公安机关对于公民扭送、报案、控告、举报或者犯罪嫌疑人自首的"套路贷"犯罪案件,都应当立即受理,经审查认为有犯罪事实的,移送有管辖权的公安机关处理。

黑恶势力实施的"套路贷"犯罪案件,由侦办黑社会性质组织、恶势力或者恶势力犯罪集团案件的公安机关进行侦查。

12. 具有下列情形之一的，有关公安机关可以在其职责范围内并案侦查：

（1）一人犯数罪的；

（2）共同犯罪的；

（3）共同犯罪的犯罪嫌疑人还实施其他犯罪的；

（4）多个犯罪嫌疑人实施的犯罪存在直接关联，并案处理有利于查明案件事实的。

13. 本意见自2019年4月9日起施行。

最高人民法院、最高人民检察院、公安部、司法部
关于办理非法放贷刑事案件若干问题的意见

（2019年7月23日印发　法发〔2019〕24号

自2019年10月21日起施行）

为依法惩治非法放贷犯罪活动，切实维护国家金融市场秩序与社会和谐稳定，有效防范因非法放贷诱发涉黑涉恶以及其他违法犯罪活动，保护公民、法人和其他组织合法权益，根据刑法、刑事诉讼法及有关司法解释、规范性文件的规定，现对办理非法放贷刑事案件若干问题提出如下意见：

一、违反国家规定，未经监管部门批准，或者超越经营范围，以营利为目的，经常性地向社会不特定对象发放贷款，扰乱金融市场秩序，情节严重的，依照刑法第二百二十五条第（四）项的规定，以非法经营罪定罪处罚。

前款规定中的“经常性地向社会不特定对象发放贷款”，是指2年内向不特定多人（包括单位和个人）以借款或其他名义出借资金10次以上。

贷款到期后延长还款期限的，发放贷款次数按照1次计算。

二、以超过36%的实际年利率实施符合本意见第一条规定的非法放贷行为，具有下列情形之一的，属于刑法第二百二十五条规定的“情节严重”，但单次非法放贷行为实际年利率未超过36%的，定罪量刑时不得计入：

（一）个人非法放贷数额累计在200万元以上的，单位非法放贷数额累计在1000万元以上的；

（二）个人违法所得数额累计在80万元以上的，单位违法所得数额累计在400万元以上的；

（三）个人非法放贷对象累计在 50 人以上的，单位非法放贷对象累计在 150 人以上的；

（四）造成借款人或者其近亲属自杀、死亡或者精神失常等严重后果的。

具有下列情形之一的，属于刑法第二百二十五条规定的“情节特别严重”：

（一）个人非法放贷数额累计在 1000 万元以上的，单位非法放贷数额累计在 5000 万元以上的；

（二）个人违法所得数额累计在 400 万元以上的，单位违法所得数额累计在 2000 万元以上的；

（三）个人非法放贷对象累计在 250 人以上的，单位非法放贷对象累计在 750 人以上的；

（四）造成多名借款人或者其近亲属自杀、死亡或者精神失常等特别严重后果的。

三、非法放贷数额、违法所得数额、非法放贷对象数量接近本意见第二条规定的“情节严重”“情节特别严重”的数额、数量起点标准，并具有下列情形之一的，可以分别认定为“情节严重”“情节特别严重”：

（一）2 年内因实施非法放贷行为受过行政处罚 2 次以上的；

（二）以超过 72% 的实际年利率实施非法放贷行为 10 次以上的。

前款规定中的“接近”，一般应当掌握在相应数额、数量标准的 80% 以上。

四、仅向亲友、单位内部人员等特定对象出借资金，不得适用本意见第一条的规定定罪处罚。但具有下列情形之一的，定罪量刑时应当与向不特定对象非法放贷的行为一并处理：

（一）通过亲友、单位内部人员等特定对象向不特定对象发放贷款的；

（二）以发放贷款为目的，将社会人员吸收为单位内部人员，并向其发放贷款的；

（三）向社会公开宣传，同时向不特定多人和亲友、单位内部人员等特定对象发放贷款的。

五、非法放贷数额应当以实际出借给借款人的本金金额认定。非法放贷行为人以介绍费、咨询费、管理费、逾期利息、违约金等名义和以从本金中预先扣除等方式收取利息的，相关数额在计算实际年利率时均应计入。

非法放贷行为人实际收取的除本金之外的全部财物，均应计入违法所得。

非法放贷行为未经处理的，非法放贷次数和数额、违法所得数额、非法放贷对象数量等应当累计计算。

六、为从事非法放贷活动，实施擅自设立金融机构、套取金融机构资金高利转贷、骗取贷款、非法吸收公众存款等行为，构成犯罪的，应当择一重罪处罚。

为强行索要因非法放贷而产生的债务，实施故意杀人、故意伤害、非法拘禁、故意毁坏财物、寻衅滋事等行为，构成犯罪的，应当数罪并罚。

纠集、指使、雇佣他人采用滋扰、纠缠、哄闹、聚众造势等手段强行索要债务，尚不单独构成犯罪，但实施非法放贷行为已构成非法经营罪的，应当按照非法经营罪的规定酌情从重处罚。

以上规定的情形，刑法、司法解释另有规定的除外。

七、有组织地非法放贷，同时又有其他违法犯罪活动，符合黑社会性质组织或者恶势力、恶势力犯罪集团认定标准的，应当分别按照黑社会性质组织或者恶势力、恶势力犯罪集团侦查、起诉、审判。

黑恶势力非法放贷的，据以认定“情节严重”“情节特别严重”的非法放贷数额、违法所得数额、非法放贷对象数量起点标准，可以分别按照本意见第二条规定中相应数额、数量标准的50%确定；同时具有本意见第三条第一款规定情形的，可以分别按照相应数额、数量标准的40%确定。

八、本意见自2019年10月21日起施行。对于本意见施行前发生的非法放贷行为，依照最高人民法院《关于准确理解和适用刑法中“国家规定”的有关问题的通知》（法发〔2011〕155号）的规定办理。

最高人民法院、最高人民检察院、公安部、司法部关于办理利用信息网络实施黑恶势力犯罪刑事案件若干问题的意见

（2019年7月23日印发　公通字〔2019〕28号
自2019年10月21日起施行）

为认真贯彻中央关于开展扫黑除恶专项斗争的部署要求，正确理解和适用最高人民法院、最高人民检察院、公安部、司法部《关于办理黑恶势力犯罪案件若干问题的指导意见》（法发〔2018〕1号，以下简称《指导意见》），根据刑法、刑事诉讼

法、网络安全法及有关司法解释、规范性文件的规定，现对办理利用信息网络实施黑恶势力犯罪案件若干问题提出以下意见：

一、总体要求

1. 各级人民法院、人民检察院、公安机关及司法行政机关应当统一执法思想、提高执法效能，坚持“打早打小”，坚决依法严厉惩处利用信息网络实施的黑恶势力犯罪，有效维护网络安全和经济、社会生活秩序。

2. 各级人民法院、人民检察院、公安机关及司法行政机关应当正确运用法律，严格依法办案，坚持“打准打实”，认真贯彻落实宽严相济刑事政策，切实做到宽严有据、罚当其罪，实现政治效果、法律效果和社会效果的统一。

3. 各级人民法院、人民检察院、公安机关及司法行政机关应当分工负责，互相配合、互相制约，切实加强与相关行政管理部门的协作，健全完善风险防控机制，积极营造线上线下社会综合治理新格局。

二、依法严惩利用信息网络实施的黑恶势力犯罪

4. 对通过发布、删除负面或虚假信息，发送侮辱性信息、图片，以及利用信息、电话骚扰等方式，威胁、要挟、恐吓、滋扰他人，实施黑恶势力违法犯罪的，应当准确认定，依法严惩。

5. 利用信息网络威胁他人，强迫交易，情节严重的，依照刑法第二百二十六条的规定，以强迫交易罪定罪处罚。

6. 利用信息网络威胁、要挟他人，索取公私财物，数额较大，或者多次实施上述行为的，依照刑法第二百七十四条的规定，以敲诈勒索罪定罪处罚。

7. 利用信息网络辱骂、恐吓他人，情节恶劣，破坏社会秩序的，依照刑法第二百九十三条第一款第二项的规定，以寻衅滋事罪定罪处罚。

编造虚假信息，或者明知是编造的虚假信息，在信息网络上散布，或者组织、指使人员在信息网络上散布，起哄闹事，造成公共秩序严重混乱的，依照刑法第二百九十三条第一款第四项的规定，以寻衅滋事罪定罪处罚。

8. 侦办利用信息网络实施的强迫交易、敲诈勒索等非法敛财类案件，确因被害人人数众多等客观条件的限制，无法逐一收集被害人陈述的，可以结合已收集的被害人陈述，以及经查证属实的银行账户交易记录、第三方支付结算账户交易记录、通话记录、电子数据等证据，综合认定被害人人数以及涉案资金数额等。

三、准确认定利用信息网络实施犯罪的黑恶势力

9. 利用信息网络实施违法犯罪活动，符合刑法、《指导意见》以及最高人民法院、最高人民检察院、公安部、司法部《关于办理恶势力刑事案件若干问题的意见》等规定的恶势力、恶势力犯罪集团、黑社会性质组织特征和认定标准的，应当依法认定为恶势力、恶势力犯罪集团、黑社会性质组织。

认定利用信息网络实施违法犯罪活动的黑社会性质组织时，应当依照刑法第二百九十四条第五款规定的“四个特征”进行综合审查判断，分析“四个特征”相互间的内在联系，根据在网络空间和现实社会中实施违法犯罪活动对公民人身、财产、民主权利和经济、社会生活秩序所造成的危害，准确评价，依法予以认定。

10. 认定利用信息网络实施违法犯罪的黑恶势力组织特征，要从违法犯罪的起因、目的，以及组织、策划、指挥、参与人员是否相对固定，组织形成后是否持续进行犯罪活动、是否有明确的职责分工、行为规范、利益分配机制等方面综合判断。利用信息网络实施违法犯罪的黑恶势力组织成员之间一般通过即时通讯工具、通讯群组、电子邮件、网盘等信息网络方式联络，对部分组织成员通过信息网络方式联络实施黑恶势力违法犯罪活动，即使相互未见面、彼此不熟识，不影响对组织特征的认定。

11. 利用信息网络有组织地通过实施违法犯罪活动或者其他手段获取一定数量的经济利益，用于违法犯罪活动或者支持该组织生存、发展的，应当认定为符合刑法第二百九十四条第五款第二项规定的黑社会性质组织经济特征。

12. 通过线上线下相结合的方式，有组织地多次利用信息网络实施违法犯罪活动，侵犯不特定多人的人身权利、民主权利、财产权利，破坏经济秩序、社会秩序的，应当认定为符合刑法第二百九十四条第五款第三项规定的黑社会性质组织行为特征。单纯通过线上方式实施的违法犯罪活动，且不具有为非作恶、欺压残害群众特征的，一般不应作为黑社会性质组织行为特征的认定依据。

13. 对利用信息网络实施黑恶势力犯罪非法控制和影响的“一定区域或者行业”，应当结合危害行为发生地或者危害行业的相对集中程度，以及犯罪嫌疑人、被告人在网络空间和现实社会中的控制和影响程度综合判断。虽然危害行为发生地、危害的行业比较分散，但涉案犯罪组织利用信息网络多次实施强迫交易、寻衅滋事、敲诈勒索等违法犯罪活动，在网络空间和现实社会造成重大影响，严重破坏经济、社会生活秩序的，应当认定为“在一定区域或者行业内，形成非法控制或者重大影响”。

四、利用信息网络实施黑恶势力犯罪案件管辖

14. 利用信息网络实施的黑恶势力犯罪案件管辖依照《关于办理黑社会性质组织犯罪案件若干问题的规定》和《关于办理网络犯罪案件适用刑事诉讼程序若干问题的意见》的有关规定确定，坚持以犯罪地管辖为主、被告人居住地管辖为辅的原则。

15. 公安机关可以依法对利用信息网络实施的黑恶势力犯罪相关案件并案侦查或者指定下级公安机关管辖，并案侦查或者由上级公安机关指定管辖的公安机关应当全面调查收集能够证明黑恶势力犯罪事实的证据，各涉案地公安机关应当积极配合。并案侦查或者由上级公安机关指定管辖的案件，需要提请批准逮捕、移送审查起诉、提起公诉的，由立案侦查的公安机关所在地的人民检察院、人民法院受理。

16. 人民检察院对于公安机关提请批准逮捕、移送审查起诉的利用信息网络实施的黑恶势力犯罪案件，人民法院对于已进入审判程序的利用信息网络实施的黑恶势力犯罪案件，被告人及其辩护人提出的管辖异议成立，或者办案单位发现没有管辖权的，受案人民检察院、人民法院经审查，可以依法报请与有管辖权的人民检察院、人民法院共同的上级人民检察院、人民法院指定管辖，不再自行移交。对于在审查批准逮捕阶段，上级检察机关已经指定管辖的案件，审查起诉工作由同一人民检察院受理。人民检察院、人民法院认为应当分案起诉、审理的，可以依法分案处理。

17. 公安机关指定下级公安机关办理利用信息网络实施的黑恶势力犯罪案件的，应当同时抄送同级人民检察院、人民法院。人民检察院认为需要依法指定审判管辖的，应当协商同级人民法院办理指定管辖有关事宜。

18. 本意见自 2019 年 10 月 21 日起施行。

国家监察委员会、最高人民法院、最高人民检察院、公安部、司法部关于在扫黑除恶专项斗争中分工负责、互相配合、互相制约严惩公职人员涉黑涉恶违法犯罪问题的通知

（2019 年 10 月 20 日发布　国监发〔2019〕3 号）

为认真贯彻党中央关于开展扫黑除恶专项斗争的重大决策部署，全面落实

习近平总书记关于扫黑除恶与反腐败结合起来，与基层"拍蝇"结合起来的重要批示指示精神，进一步规范和加强各级监察机关、人民法院、人民检察院、公安机关、司法行政机关在惩治公职人员涉黑涉恶违法犯罪中的协作配合，推动扫黑除恶专项斗争取得更大成效，根据刑法、刑事诉讼法、监察法及最高人民法院、最高人民检察院、公安部、司法部《关于办理黑恶势力犯罪若干问题的指导意见》的规定，现就有关问题通知如下：

一、总体要求

1. 进一步提升政治站位。坚持以习近平新时代中国特色社会主义思想为指导，从增强"四个意识"、坚定"四个自信"、做到"两个维护"的政治高度，立足党和国家工作大局，深刻认识和把握开展扫黑除恶专项斗争的重大意义。深挖黑恶势力滋生根源，铲除黑恶势力生存根基，严惩公职人员涉黑涉恶违法犯罪，除恶务尽，切实维护群众利益，进一步净化基层政治生态，推动扫黑除恶专项斗争不断向纵深发展，推进全面从严治党不断向基层延伸。

2. 坚持实事求是。坚持以事实为依据，以法律为准绳，综合考虑行为人的主观故意、客观行为、具体情节和危害后果，以及相关黑恶势力的犯罪事实、犯罪性质、犯罪情节和对社会的危害程度，准确认定问题性质，做到不偏不倚、不枉不纵。坚持惩前毖后、治病救人方针，严格区分罪与非罪的界限，区别对待、宽严相济。

3. 坚持问题导向。找准扫黑除恶与反腐"拍蝇"工作的结合点，聚焦涉黑涉恶问题突出、群众反映强烈的重点地区、行业和领域，紧盯农村和城乡结合部，紧盯建筑工程、交通运输、矿产资源、商贸集市、渔业捕捞、集资放贷等涉黑涉恶问题易发多发的行业和领域，紧盯村"两委"、乡镇基层站所及其工作人员，严肃查处公职人员涉黑涉恶违法犯罪行为。

二、严格查办公职人员涉黑涉恶违法犯罪案件

4. 各级监察机关、人民法院、人民检察院、公安机关应聚焦黑恶势力违法犯罪案件及坐大成势的过程，严格查办公职人员涉黑涉恶违法犯罪案件。重点查办以下案件：公职人员直接组织、领导、参与黑恶势力违法犯罪活动的案件；公职人员包庇、纵容、支持黑恶势力犯罪及其他严重刑事犯罪的案件；公职人员收受贿赂、滥用职权，帮助黑恶势力人员获取公职或政治荣誉，侵占国家和集体资金、资源、资产，破坏公平竞争秩序，或为黑恶势力提供政策、项目、资金、金融信贷等支持帮助的案件；负有查禁监管职责的国家机关工作人员滥用职权、玩忽职守帮助犯罪分子逃避处罚的案件；司法工作人员徇私枉法、民事枉法裁判、执行判决裁定失职或滥用职权、私放在押人员以及徇私舞弊减刑、假释、暂予监外执行的案件；在扫黑除恶专项斗争中发生的公职人员滥用职权，徇私舞弊，包庇、阻碍查处黑恶势力犯罪的案件，以及泄露国家秘密、商业秘密、工作秘密，为犯罪分子通风报信的案件；公职人员利用职权打击报复办案人员的案件。

公职人员的范围，根据《中华人民共和国监察法》第十五条的规定认定。

5. 以上情形，由有关机关依规依纪依法调查处置，涉嫌犯罪的，依法追究刑事责任。

三、准确适用法律

6. 国家机关工作人员包庇黑社会性质的组织，或者纵容黑社会性质的组织进行违法犯罪活动的，以包庇、纵容黑社会性质组织罪定罪处罚。

国家机关工作人员既组织、领导、参加黑社会性质组织，又对该组织进行包庇、纵容的，应当以组织、领导、参加黑社会性质组织罪从重处罚。

国家机关工作人员包庇、纵容黑社会性质组织，该包庇、纵容行为同时还构成包庇罪、伪证罪、妨害作证罪、徇私枉法罪、滥用职权罪、帮助犯罪分子逃避处罚罪、徇私舞弊不移交刑事案件罪，以及徇私舞弊减刑、假释、暂予监外执行罪等其他犯罪的，应当择一重罪处罚。

7. 非国家机关工作人员与国家机关工作人员共同包庇、纵容黑社会性质组织，且不属于该组织成员的，以包庇、纵容黑社会性质组织罪的共犯论处。非国家机关工作人员的行为同时还构成其他犯罪，应当择一重罪处罚。

8. 公职人员利用职权或职务便利实施包庇、纵容黑恶势力、伪证、妨害作证，帮助毁灭、伪造证据，以及窝藏、包庇等犯罪行为的，应酌情从重处罚。事先有通谋而实施支持帮助、包庇纵容等保护行为的，以具体犯罪的共犯论处。

四、形成打击公职人员涉黑涉恶违法犯罪的监督制约、配合衔接机制

9. 监察机关、公安机关、人民检察院、人民法院在查处、办理公职人员涉黑涉恶违法犯罪案件过程中，应当分工负责，互相配合，互相制约，通过对办理的黑恶势力犯罪案件逐案筛查、循线深挖等方法，保证准确有效地执行法律，彻查公职人员涉黑涉恶违法犯罪。

10. 监察机关、公安机关、人民检察院、人民法院要建立完善查处公职人员涉黑涉恶违法犯罪重大疑难案件研判分析、案件通报等工作机制，进一步加强监察机关、政法机关之间的配合，共同研究和解决案件查处、办理过程中遇到的疑难问题，相互及时通报案件进展情况，进一步增强工作整体性、协同性。

11. 监察机关、公安机关、人民检察院、人民法院、司法行政机关要建立公职人员涉黑涉恶违法犯罪线索移送制度，对工作中收到、发现的不属于本单位管辖的公职人员涉黑涉恶违法犯罪线索，应当及时移送有管辖权的单位处置。

移送公职人员涉黑涉恶违法犯罪线索，按照以下规定执行：

(1)公安机关、人民检察院、人民法院、司法行政机关在工作中发现公职人员涉黑涉恶违法犯罪中的涉嫌贪污贿赂、失职渎职等职务违法和职务犯罪等应由监察机关管辖的问题线索，应当移送监察机关。

(2)监察机关在信访举报、监督检查、审查调查等工作中发现公职人员涉黑涉恶违法犯罪线索的，应当将其中涉嫌包庇、纵容黑社会性质组织犯罪等由公安机关管辖的案件线索移送公安机关处理。

(3)监察机关、公安机关、人民检察院、人民法院、司法行政机关在工作中发现司法工作人员涉嫌利用职权实施的侵犯公民权利、损害司法公正案件线索的，根据有关规定，经沟通后协商确定管辖机关。

12. 监察机关、公安机关、人民检察院接到移送的公职人员涉黑涉恶违法犯罪线索，应当按各自职责及时处置、核查，依法依规作出处理，并做好沟通反馈工作；必要时，可以与相关线索或案件并案处理。

对于重大疑难复杂的公职人员涉黑涉恶违法犯罪案件，监察机关、公安机关、人民检察院可以同步立案、同步查处，根据案件办理需要，相互移送相关证据，加强沟通配合，做到协同推进。

13. 公职人员涉黑涉恶违法犯罪案件中，既涉嫌贪污贿赂、失职渎职等严重职务违法或职务犯罪，又涉嫌公安机关、人民检察院管辖的违法犯罪的，一般应当以监察机关为主调查，公安机关、人民检察院予以协助。监察机关和公安机关、人民检察院分别立案调查(侦查)的，由监察机关协调调查和侦查工作。犯罪行为仅涉及公安机关、人民检察院管辖的，由有关机关依法按照管辖职能进行侦查。

14. 公安机关、人民检察院、人民法院对公职人员涉黑涉恶违法犯罪移送审查起诉、提起公诉、作出裁判，必要时听取监察机关的意见。

15. 公职人员涉黑涉恶违法犯罪案件开庭审理时，人民法院应当通知监察机关派员旁听，也可以通知涉罪公职人员所在单位、部门、行业以及案件涉及的单位、部门、行业等派员旁听。

最高人民法院、最高人民检察院、公安部、司法部关于依法严惩利用未成年人实施黑恶势力犯罪的意见

（2020年4月23日发布　高检发〔2020〕4号）

扫黑除恶专项斗争开展以来，各级人民法院、人民检察院、公安机关和司法行政机关坚决贯彻落实中央部署，严格依法办理涉黑涉恶案件，取得了显著成效。近期，不少地方在办理黑恶势力犯罪案件时，发现一些未成年人被胁迫、利诱参与、实施黑恶势力犯罪，严重损害了未成年人健康成长，严重危害社会和谐稳定。为保护未成年人合法权益，依法从严惩治胁迫、教唆、引诱、欺骗等利用未成年人实施黑恶势力犯罪的行为，根据有关法律规定，制定本意见。

一、突出打击重点，依法严惩利用未成年人实施黑恶势力犯罪的行为

（一）黑社会性质组织、恶势力犯罪集团、恶势力，实施下列行为之一的，应当认定为“利用未成年人实施黑恶势力犯罪”：

1. 胁迫、教唆未成年人参加黑社会性质组织、恶势力犯罪集团、恶势力，或者实施黑恶势力违法犯罪活动的；

2. 拉拢、引诱、欺骗未成年人参加黑社会性质组织、恶势力犯罪集团、恶势力，或者实施黑恶势力违法犯罪活动的；

3. 招募、吸收、介绍未成年人参加黑社会性质组织、恶势力犯罪集团、恶势力，或者实施黑恶势力违法犯罪活动的；

4. 雇佣未成年人实施黑恶势力违法犯罪活动的；

5. 其他利用未成年人实施黑恶势力犯罪的情形。

黑社会性质组织、恶势力犯罪集团、恶势力，根据刑法和《最高人民法院、最高人民检察院、公安部、司法部关于办理黑恶势力犯罪案件若干问题的指导意见》《最高人民法院、最高人民检察院、公安部、司法部关于办理恶势力刑事案件若干问题的意见》等法律、司法解释性质文件的规定认定。

（二）利用未成年人实施黑恶势力犯罪，具有下列情形之一的，应当从重处罚：

1. 组织、指挥未成年人实施故意杀人、故意伤害致人重伤或者死亡、强奸、绑

架、抢劫等严重暴力犯罪的；

2. 向未成年人传授实施黑恶势力犯罪的方法、技能、经验的；

3. 利用未达到刑事责任年龄的未成年人实施黑恶势力犯罪的；

4. 为逃避法律追究，让未成年人自首、做虚假供述顶罪的；

5. 利用留守儿童、在校学生实施犯罪的；

6. 利用多人或者多次利用未成年人实施犯罪的；

7. 针对未成年人实施违法犯罪的；

8. 对未成年人负有监护、教育、照料等特殊职责的人员利用未成年人实施黑恶势力违法犯罪活动的；

9. 其他利用未成年人违法犯罪应当从重处罚的情形。

（三）黑社会性质组织、恶势力犯罪集团利用未成年人实施犯罪的，对犯罪集团首要分子，按照集团所犯的全部罪行，从重处罚。对犯罪集团的骨干成员，按照其组织、指挥的犯罪，从重处罚。

恶势力利用未成年人实施犯罪的，对起组织、策划、指挥作用的纠集者，恶势力共同犯罪中罪责严重的主犯，从重处罚。

黑社会性质组织、恶势力犯罪集团、恶势力成员直接利用未成年人实施黑恶势力犯罪的，从重处罚。

（四）有胁迫、教唆、引诱等利用未成年人参加黑社会性质组织、恶势力犯罪集团、恶势力，或者实施黑恶势力犯罪的行为，虽然未成年人并没有加入黑社会性质组织、恶势力犯罪集团、恶势力，或者没有实际参与实施黑恶势力违法犯罪活动，对黑社会性质组织、恶势力犯罪集团、恶势力的首要分子、骨干成员、纠集者、主犯和直接利用的成员，即便有自首、立功、坦白等从轻减轻情节的，一般也不予从轻或者减轻处罚。

（五）被黑社会性质组织、恶势力犯罪集团、恶势力利用，偶尔参与黑恶势力犯罪活动的未成年人，按其所实施的具体犯罪行为定性，一般不认定为黑恶势力犯罪组织成员。

二、严格依法办案，形成打击合力

（一）人民法院、人民检察院、公安机关和司法行政机关要加强协作配合，对利用未成年人实施黑恶势力犯罪的，在侦查、起诉、审判、执行各阶段，要全面体现依法从严惩处精神，及时查明利用未成年人的犯罪事实，避免纠缠细枝末节。要加强对下指导，对利用未成年人实施黑恶势力犯罪的重特大案件，可以单独或者联合挂牌督办。对于重大疑难复杂和社会影响较大的案件，办案部门应当及时层报上级人民法院、人民检察院、公安机关和司法行政机关。

（二）公安机关要注意发现涉黑涉恶案件中利用未成年人犯罪的线索，落实以审判为中心的刑事诉讼制度改革要求，强化程序意识和证据意识，依法收集、固定和运用证据，并可以就案件性质、收集证据和适用法律等听取人民检察院意见建议。从严掌握取保候审、监视居住的适用，对利用未成年人实施黑恶势力犯罪的首要分子、骨干成员、纠集者、主犯和直接利用的成员，应当依法提请人民检察院批准逮捕。

（三）人民检察院要加强对利用未成年人实施黑恶势力犯罪案件的立案监督，发现应当立案而不立案的，应当要求公安机关说明理由，认为理由不能成立的，应当依法通知公安机关立案。对于利用未成年人实施黑恶势力犯罪的案件，人民检察院可以对案件性质、收集证据和适用法律等提出意见建议。对于符合逮捕条件的依法坚决批准逮捕，符合起诉条件的依法坚决起诉。不批准逮捕要求公安机关补充侦查、审查起诉阶段退回补充侦查的，应当分别制作详细的补充侦查提纲，写明需要补充侦查的事项、理由、侦查方向、需要补充收集的证据及其证明作用等，送交公安机关开展相关侦查补证活动。

（四）办理利用未成年人实施黑恶势力犯罪案件要将依法严惩与认罪认罚从宽有机结合起来。对利用未成年人实施黑恶势力犯罪的，人民检察院要考虑其利用未成年人的情节，向人民法院提出从严处罚的量刑建议。对于虽然认罪，但利用未成年人实施黑恶势力犯罪，犯罪性质恶劣、犯罪手段残忍、严重损害未成年人身心健康，不足以从宽处罚的，在提出量刑建议时要依法从严从重。对被黑恶势力利用实施犯罪的未成年人，自愿如实认罪、真诚悔罪，愿意接受处罚的，应当依法提出从宽处理的量刑建议。

（五）人民法院要对利用未成年人实施黑恶势力犯罪案件及时审判，从严处罚。严格掌握缓刑、减刑、假释的适用，严格掌握暂予监外执行的适用条件。依法运用财产刑、资格刑，最大限度铲除黑恶势力“经济基础”。对于符合刑法第三十七条之一规定的，应当依法禁止其从事相关职业。

三、积极参与社会治理，实现标本兼治

（一）认真落实边打边治边建要求，积极参与社会治理。深挖黑恶势力犯罪分子利用未成年人实施犯罪的根源，剖析重点行业领域监管漏洞，及时预警预判，及时通报相关部门、提出加强监管和行政执法的建议，从源头遏制黑恶势力向未成年人群体侵蚀蔓延。对被黑恶势力利用尚未实施犯罪的未成年人，要配合有关部门及早发现、及时挽救。对实施黑恶势力犯罪但未达到刑事责任年龄的未成年人，要通过落实家庭监护、强化学校教育管理、送入专门学校矫治、开展社会化帮教等措施做好教育挽救和犯罪预防工作。

（二）加强各职能部门协调联动，有效预防未成年人被黑恶势力利用。建立与共青团、妇联、教育等部门的协作配合工作机制，开展针对未成年人监护人的家庭教育指导、针对教职工的法治教育培训，教育引导未成年人远离违法犯罪。推动建立未成年人涉黑涉恶预警机制，及时阻断未成年人与黑恶势力的联系，防止未成年人被黑恶势力诱导利用。推动网信部门开展专项治理，加强未成年人网络保护。加强与街道、社区等基层组织的联系，重视和发挥基层组织在预防未成年人涉黑涉恶犯罪中的重要作用，进一步推进社区矫正机构对未成年社区矫正对象采取有针对性的矫正措施。

（三）开展法治宣传教育，为严惩利用未成年人实施黑恶势力犯罪营造良好社会环境。充分发挥典型案例的宣示、警醒、引领、示范作用，通过以案释法，选择典型案件召开新闻发布会，向社会公布严惩利用未成年人实施黑恶势力犯罪的经验和做法，揭露利用未成年人实施黑恶势力犯罪的严重危害性。加强重点青少年群体的法治教育，在黑恶势力犯罪案件多发的地区、街道、社区等，强化未成年人对黑恶势力违法犯罪行为的认识，提高未成年人防范意识和法治观念，远离黑恶势力及其违法犯罪。

最高人民法院、最高人民检察院、公安部、司法部
关于跨省异地执行刑罚的黑恶势力罪犯坦白检举
构成自首立功若干问题的意见

（2019年10月21日印发　司发〔2019〕5号）

各省、自治区、直辖市高级人民法院、人民检察院、公安厅（局）、司法厅（局），新疆维吾尔自治区高级人民法院生产建设兵团分院、新疆生产建设兵团人民检察院、

公安局、司法局、监狱管理局：

为认真贯彻落实中央开展扫黑除恶专项斗争的部署要求，根据刑法、刑事诉讼法和有关司法解释、规范性文件的规定，现对办理跨省异地执行刑罚的黑恶势力罪犯坦白交代本人犯罪和检举揭发他人犯罪案件提出如下意见：

一、总体工作要求

1. 人民法院、人民检察院、公安机关、监狱要充分认识黑恶势力犯罪的严重社会危害，在办理案件中加强沟通协调，促使黑恶势力罪犯坦白交代本人犯罪和检举揭发他人犯罪，进一步巩固和扩大扫黑除恶专项斗争成果。

2. 人民法院、人民检察院、公安机关、监狱在办理跨省异地执行刑罚的黑恶势力罪犯坦白、检举构成自首、立功案件中，应当贯彻宽严相济刑事政策，充分发挥职能作用，坚持依法办案，快办快结，保持密切配合，形成合力，实现政治效果、法律效果和社会效果的统一。

二、排查和移送案件线索

3. 监狱应当依法从严管理跨省异地执行刑罚的黑恶势力罪犯，积极开展黑恶势力犯罪线索排查，加大政策宣讲力度，教育引导罪犯坦白交代司法机关还未掌握的本人其他犯罪行为，鼓励罪犯检举揭发他人犯罪行为。

4. 跨省异地执行刑罚的黑恶势力罪犯检举揭发他人犯罪行为、提供重要线索，或者协助司法机关抓捕其他犯罪嫌疑人的，各部门在办案中应当采取必要措施，保护罪犯及其近亲属人身和财产安全。

5. 跨省异地执行刑罚的黑恶势力罪犯坦白、检举的，监狱应当就基本犯罪事实、涉案人员和作案时间、地点等情况对罪犯进行询问，形成书面材料后报省级监狱管理机关。省级监狱管理机关根据案件性质移送原办案侦查机关所在地省级公安机关、人民检察院或者其他省级主管部门。

6. 原办案侦查机关所在地省级公安机关、人民检察院收到监狱管理机关移送的案件线索材料后，应当进行初步审查。经审查认为属于公安机关或者人民检察院管辖的，应当按照有关管辖的规定处理。经审查认为不属于公安机关或者人民检察院管辖的，应当及时退回移送的省级监狱管理机关，并书面说明理由。

三、办理案件程序

7. 办案侦查机关收到罪犯坦白、检举案件线索或者材料后，应当及时进行核实。依法不予立案的，应当说明理由，并将不予立案通知书送达罪犯服刑监狱。

依法决定立案的，应当在立案后十日内，将立案情况书面告知罪犯服刑监狱。依法决定撤销案件的，应当将案件撤销情况书面告知罪犯服刑监狱。

8. 人民检察院审查起诉跨省异地执行刑罚的黑恶势力罪犯坦白、检举案件，依法决定不起诉的，应当在作出不起诉决定后十日内将有关情况书面告知罪犯服刑监狱。

9. 人民法院审理跨省异地执行刑罚的黑恶势力罪犯坦白案件，可以依法适用简易程序、速裁程序。有条件的地区，可以通过远程视频方式开庭审理。判决生效后十日内，人民法院应当向办案侦查机关和罪犯服刑监狱发出裁判文书。

10. 跨省异地执行刑罚的黑恶势力罪犯在服刑期间，检举揭发他人犯罪、提供重要线索，或者协助司法机关抓捕其他犯罪嫌疑人的，办案侦查机关应当在人民法院判决生效后十日内根据人民法院判决对罪犯是否构成立功或重大立功提出书面意见，与案件相关材料一并送交监狱。

11. 跨省异地执行刑罚的黑恶势力罪犯在原审判决生效前，检举揭发他人犯罪活动、提供重要线索，或者协助司法机关抓捕其他犯罪嫌疑人的，在原审判决生效后才被查证属实的，参照本意见第10条情形办理。

12. 跨省异地执行刑罚的黑恶势力罪犯检举揭发他人犯罪，构成立功或者重大立功的，监狱依法向人民法院提请减刑。对于检举他人犯罪行为基本属实，但未构成立功或者重大立功的，监狱可以根据有关规定给予日常考核奖励或者物质奖励。

13. 公安机关、人民检察院、人民法院认为需要提审跨省异地执行刑罚的黑恶势力罪犯的，提审人员应当持工作证等有效证件和县级以上公安机关、人民检察院、人民法院出具的介绍信等证明材料到罪犯服刑监狱进行提审。

14. 公安机关、人民检察院、人民法院认为需要将异地执行刑罚的黑恶势力罪犯跨省解回侦查、起诉、审判的，办案地省级公安机关、人民检察院、人民法院应当先将解回公函及相关材料送监狱所在地省级公安机关、人民检察院、人民法院审核。经审核确认无误的，监狱所在地省级公安机关、人民检察院、人民法院应当出具确认公函，与解回公函及材料一并转送监狱所在地省级监狱管理机关审批。监狱所在地省级监狱管理机关应当在收到上述材料后三日内作出是否批准的书面决定。批准将罪犯解回侦查、起诉、审判的，办案地公安机关、人民检察院、人民法院应当派员到监狱办理罪犯离监手续。案件办理结束后，除将罪犯依法执行死刑外，应当将罪犯押解回原服刑监狱继续服刑。

15. 本意见所称“办案侦查机关”，是指依法对案件行使侦查权的公安机关、人民检察院。

最高人民法院、最高人民检察院、公安部、司法部关于办理黑社会性质组织犯罪案件若干问题的规定

（2012 年 9 月 11 日印发　公通字〔2012〕45 号）

为依法严厉打击黑社会性质组织犯罪，按照宽严相济的刑事政策和“打早打小、除恶务尽”的工作方针，根据《中华人民共和国刑法》、《中华人民共和国刑事诉讼法》和其他有关规定，现就办理黑社会性质组织犯罪案件有关问题，制定本规定。

一、管辖

第一条　公安机关侦查黑社会性质组织犯罪案件时，对黑社会性质组织及其成员在多个地方实施的犯罪，以及其他与黑社会性质组织犯罪有关的犯罪，可以依照法律和有关规定一并立案侦查。对案件管辖有争议的，由共同的上级公安机关指定管辖。

并案侦查的黑社会性质组织犯罪案件，由侦查该案的公安机关所在地同级人民检察院一并审查批准逮捕、受理移送审查起诉，由符合审判级别管辖要求的人民法院审判。

第二条　公安机关、人民检察院、人民法院根据案件情况和需要，可以依法对黑社会性质组织犯罪案件提级管辖或者指定管辖。

提级管辖或者指定管辖的黑社会性质组织犯罪案件，由侦查该案的公安机关所在地同级人民检察院审查批准逮捕、受理移送审查起诉，由同级或者符合审判级别管辖要求的人民法院审判。

第三条　人民检察院对于公安机关提请批准逮捕、移送审查起诉的黑社会性质组织犯罪案件，人民法院对于已进入审判程序的黑社会性质组织犯罪案件，被告人及其辩护人提出管辖异议，或者办案单位发现没有管辖权的，受案人民检察院、人民法院经审查，可以依法报请与有管辖权的人民检察院、人民法院共同的上级人民检察院、人民法院指定管辖，不再自行移交。对于在审查批准逮捕阶段，上级检察机关已经指定管辖的案件，审查起诉工作由同一人民检察院受理。

第四条 公安机关侦查黑社会性质组织犯罪案件过程中，发现人民检察院管辖的贪污贿赂、渎职侵权犯罪案件线索的，应当及时移送人民检察院。人民检察院对于公安机关移送的案件线索应当及时依法进行调查或者立案侦查。人民检察院与公安机关应当相互及时通报案件进展情况。

二、立案

第五条 公安机关对涉嫌黑社会性质组织犯罪的线索，应当及时进行审查。审查过程中，可以采取询问、查询、勘验、检查、鉴定、辨认、调取证据材料等必要的调查活动，但不得采取强制措施，不得查封、扣押、冻结财产。

立案前的审查阶段获取的证据材料经查证属实的，可以作为证据使用。

公安机关因侦查黑社会性质组织犯罪的需要，根据国家有关规定，经过严格的批准手续，对一些重大犯罪线索立案后可以采取技术侦查等秘密侦查措施。

第六条 公安机关经过审查，认为有黑社会性质组织犯罪事实需要追究刑事责任，且属于自己管辖的，经县级以上公安机关负责人批准，予以立案，同时报上级公安机关备案。

三、强制措施和羁押

第七条 对于组织、领导、积极参加黑社会性质组织的犯罪嫌疑人、被告人，不得取保候审；但是患有严重疾病、生活不能自理，怀孕或者是正在哺乳自己婴儿的妇女，采取取保候审不致发生社会危险性的除外。

第八条 对于黑社会性质组织犯罪案件的犯罪嫌疑人、被告人，看守所应当严格管理，防止发生串供、通风报信等行为。

对于黑社会性质组织犯罪案件的犯罪嫌疑人、被告人，可以异地羁押。

对于同一黑社会性质组织犯罪案件的犯罪嫌疑人、被告人，应当分别羁押，在看守所的室外活动应当分开进行。

对于组织、领导黑社会性质组织的犯罪嫌疑人、被告人，有条件的地方应当单独羁押。

四、证人保护

第九条 公安机关、人民检察院和人民法院应当采取必要措施，保障证人及其近亲属的安全。证人的人身和财产受到侵害时，可以视情给予一定的经济补偿。

第十条 在侦查、起诉、审判过程中，对于因作证行为可能导致本人或者近亲属的人身、财产安全受到严重危害的证人，分别经地市级以上公安机关主要负责人、人民检察院检察长、人民法院院长批准，应当对其身份采取保密措施。

第十一条　对于秘密证人，侦查人员、检察人员和审判人员在制作笔录或者文书时，应当以代号代替其真实姓名，不得记录证人住址、单位、身份证号及其他足以识别其身份的信息。证人签名以按指纹代替。

侦查人员、检察人员和审判人员记载秘密证人真实姓名和身份信息的笔录或者文书，以及证人代号与真实姓名对照表，应当单独立卷，交办案单位档案部门封存。

第十二条　法庭审理时不得公开秘密证人的真实姓名和身份信息。用于公开质证的秘密证人的声音、影像，应当进行变声、变像等技术处理。

秘密证人出庭作证，人民法院可以采取限制询问、遮蔽容貌、改变声音或者使用音频、视频传送装置等保护性措施。

经辩护律师申请，法庭可以要求公安机关、人民检察院对使用秘密证人的理由、审批程序出具说明。

第十三条　对报案人、控告人、举报人、鉴定人、被害人的保护，参照本规定第九条至第十二条的规定执行。

五、特殊情况的处理

第十四条　参加黑社会性质组织的犯罪嫌疑人、被告人，自动投案，如实供述自己的罪行，或者在被采取强制措施期间如实供述司法机关还未掌握的本人其他罪行的，应当认定为自首。

参加黑社会性质组织的犯罪嫌疑人、被告人，积极配合侦查、起诉、审判工作，检举、揭发黑社会性质组织其他成员与自己共同犯罪以外的其他罪行，经查证属实的，应当认定为有立功表现。在查明黑社会性质组织的组织结构和组织者、领导者的地位作用，追缴、没收赃款赃物，打击“保护伞”方面提供重要线索，经查证属实的，可以酌情从宽处理。

第十五条　对于有本规定第十四条所列情形之一的，公安机关应当根据犯罪嫌疑人的认罪态度以及在侦查工作中的表现，经县级以上公安机关主要负责人批准，提出从宽处理的建议并说明理由。

人民检察院应当根据已经查明的事实、证据和有关法律规定，在充分考虑全案情况和公安机关建议的基础上依法作出起诉或者不起诉决定，或者起诉后向人民法院提出依法从轻、减轻或者免除刑事处罚的建议。

人民法院应当根据已经查明的事实、证据和有关法律规定，在充分考虑全案情况、公安机关和人民检察院建议和被告人、辩护人辩护意见的基础上，依法作出判决。

对参加黑社会性质组织的犯罪嫌疑人、被告人不起诉或者免予刑事处罚的，应当予以训诫或者责令具结悔过并保证不再从事违法犯罪活动。

第十六条 对于有本规定第十四条第二款情形的犯罪嫌疑人、被告人，可以参照第九条至第十二条的规定，采取必要的保密和保护措施。

六、涉案财产的控制和处理

第十七条 根据黑社会性质组织犯罪案件的诉讼需要，公安机关、人民检察院、人民法院可以依法查询、查封、扣押、冻结与案件有关的下列财产：

（一）黑社会性质组织的财产；

（二）犯罪嫌疑人、被告人个人所有的财产；

（三）犯罪嫌疑人、被告人实际控制的财产；

（四）犯罪嫌疑人、被告人出资购买的财产；

（五）犯罪嫌疑人、被告人转移至他人的财产；

（六）其他与黑社会性质组织及其违法犯罪活动有关的财产。

对于本条第一款的财产，有证据证明与黑社会性质组织及其违法犯罪活动无关的，应当依法立即解除查封、扣押、冻结措施。

第十八条 查封、扣押、冻结财产的，应当一并扣押证明财产所有权或者相关权益的法律文件和文书。

在侦查、起诉、审判过程中，查询、查封、扣押、冻结财产需要其他部门配合或者执行的，应当分别经县级以上公安机关负责人、人民检察院检察长、人民法院院长批准，通知有关部门配合或者执行。

查封、扣押、冻结已登记的不动产、特定动产及其他财产，应当通知有关登记机关，在查封、扣押、冻结期间禁止被查封、扣押、冻结的财产流转，不得办理被查封、扣押、冻结财产权属变更、抵押等手续；必要时可以提取有关产权证照。

第十九条 对于不宜查封、扣押、冻结的经营性财产，公安机关、人民检察院、人民法院可以申请当地政府指定有关部门或者委托有关机构代管。

第二十条 对于黑社会性质组织形成、发展过程中，组织及其成员通过违法犯罪活动或者其他不正当手段聚敛的财产及其孳息、收益,以及用于违法犯罪的工具和其他财物,应当依法追缴、没收。

对于其他个人或者单位利用黑社会性质组织及其成员的违法犯罪活动获得的财产及其孳息、收益,应当依法追缴、没收。

对于明知是黑社会性质组织而予以资助、支持的,依法没收资助、支持的财产。

对于被害人的合法财产及其孳息,应当依法及时返还或者责令退赔。

第二十一条 依法应当追缴、没收的财产无法找到、被他人善意取得、价值灭失或者与其他合法财产混合且不可分割的,可以追缴、没收其他等值财产。

对黑社会性质组织及其成员聚敛的财产及其孳息、收益的数额,办案单位可以委托专门机构评估;确实无法准确计算的,可以根据有关法律规定及查明的事实、证据合理估算。

七、律师辩护代理

第二十二条 公安机关、人民检察院、人民法院应当依法保障律师在办理黑社会性质组织犯罪案件辩护代理工作中的执业权利,保证律师依法履行职责。

公安机关、人民检察院、人民法院应当加强与司法行政机关的沟通和协作,及时协调解决律师辩护代理工作中的问题;发现律师有违法违规行为的,应当及时通报司法行政机关,由司法行政机关依法处理。

第二十三条 律师接受委托参加黑社会性质组织犯罪案件辩护代理工作的,应当严格依法履行职责,依法行使执业权利,恪守律师职业道德和执业纪律。

第二十四条 司法行政机关应当建立对律师办理黑社会性质组织犯罪案件辩护代理工作的指导、监督机制,加强对敏感、重大的黑社会性质组织犯罪案件律师辩护代理工作的业务指导;指导律师事务所建立健全律师办理黑社会性质组织犯罪案件辩护代理工作的登记、报告、保密、集体讨论、档案管理等制度;及时查处律师从事黑社会性质组织犯罪案件辩护代理活动中的违法违规行为。

八、刑罚执行

第二十五条 对于组织、领导、参加黑社会性质组织的罪犯,执行机关应当采取严格的监管措施。

第二十六条 对于判处十年以上有期徒刑、无期徒刑,以及判处死刑缓期二年执行减为有期徒刑、无期徒刑的黑社会性质组织的组织者、领导者,应当跨省、自治区、直辖市异地执行刑罚。

对于被判处十年以下有期徒刑的黑社会性质组织的组织者、领导者，以及黑社会性质组织的积极参加者，可以跨省、自治区、直辖市或者在本省、自治区、直辖市内异地执行刑罚。

第二十七条 对组织、领导和积极参加黑社会性质组织的罪犯减刑的，执行机关应当依法提出减刑建议，报经省、自治区、直辖市监狱管理机关审核后，提请人民法院裁定。监狱管理机关审核时应当向同级人民检察院、公安机关通报情况。

对被判处不满十年有期徒刑的组织、领导和积极参加黑社会性质组织的罪犯假释的，依照前款规定处理。

对因犯组织、领导黑社会性质组织罪被判处十年以上有期徒刑、无期徒刑的罪犯，不得假释。

第二十八条 对于组织、领导和积极参加黑社会性质组织的罪犯，有下列情形之一，确实需要暂予监外执行的，应当依照法律规定的条件和程序严格审批：

（一）确有严重疾病而监狱不具备医治条件，必须保外就医，且适用保外就医不致危害社会的；

（二）怀孕或者正在哺乳自己婴儿的妇女；

（三）因年老、残疾完全丧失生活自理能力，适用暂予监外执行不致危害社会的。

暂予监外执行的审批机关在作出审批决定前，应当向同级人民检察院、公安机关通报情况。

第二十九条 办理境外黑社会组织成员入境发展组织成员犯罪案件，参照本规定执行。

第三十条 本规定自印发之日起施行。

中华全国律师协会关于律师办理黑恶势力犯罪案件辩护代理工作若干意见

（2018 年 3 月 6 日发布　律发通〔2018〕9 号）

各省、自治区、直辖市律师协会，新疆生产建设兵团律师协会：

为贯彻落实中央关于开展扫黑除恶专项斗争的通知要求，指导律师严格依法办理黑恶势力犯罪案件，充分发挥律师在扫黑除恶专项斗争中的重要作用，提出如下意见。

一、充分认识扫黑除恶专项斗争的重大意义

在全国开展扫黑除恶专项斗争，是以习近平同志为核心的党中央作出的重大决策，事关社会稳定和国家长治久安，事关人心向背和基层政权巩固，事关进行伟大斗争、建设伟大工程、推进伟大事业、实现伟大梦想。律师是社会主义法治工作者，依法开展黑恶势力犯罪案件辩护代理，使扫黑除恶案件经得起历史的检验、人民的检验、社会的检验，是实现扫黑除恶专项斗争政治效果、法律效果、社会效果相统一的必然要求。各地律师协会和刑事辩护代理律师要进一步提高政治站位，充分认识开展扫黑除恶专项斗争的重大意义，增强"四个意识"，把思想和行动统一到党中央决策部署上来。各地律师协会要积极组织开展专项培训，指导帮助刑事辩护代理律师深入学习、准确把握中央关于开展扫黑除恶专项斗争部署要求，准确把握《刑法》、《刑事诉讼法》和相关司法解释关于共同犯罪、犯罪集团以及相关涉黑涉恶犯罪构成等规定，掌握中共中央、国务院关于开展扫黑除恶专项斗争的通知精神和两院两部关于办理黑恶势力犯罪案件若干问题的指导意见等相关刑事司法政策。组织律师协会会长、刑辩委员会委员和刑事辩护代理律师骨干积极参加相关司法机关的培训和研讨活动，共同研究制定律师办理黑恶势力犯罪案件辩护代理工作手册，形成法律政策理解把握的共识，加强一体执行，务求取得最佳政治效果、法律效果和社会效果。

二、依法履行辩护代理职责

（一）依法接受委托。律师担任黑恶势力犯罪案件的辩护人或诉讼代理人，必须遵守律师事务所统一接受委托、签订书面委托合同、收取费用各项制度。同一名律师不得为两名或两名以上的同案犯罪嫌疑人、被告人辩护；不得为两名或两名以上的未同案处理但涉嫌的犯罪存在关联的犯罪嫌疑人、被告人辩护；同一律师事务所在接受两名或两名以上的同案犯罪嫌疑人、被告人的委托，分别指派不同的律师担任辩护人的，须告知委托人并经其同意。未经当事人委托或者法律援助机构指派，不得以律师名义为当事人提供法律服务、介入案件，干扰依法办理案件。

（二）依法尽职做好辩护代理。律师办理黑恶势力犯罪案件辩护代理工作，应当高度重视庭前准备工作，依法依规进行会见、阅卷、调查取证，提出高质量的辩护代理意见。确有证据证明侦查机关违法收集证据的,要依法申请排除非法证据;对于可能影响案件事实认定的证人证言,应当依法申请证人出庭作证;对于重要证据,应当依法调取。在庭审程序中准确把握庭审发问质证规律,掌握充分的法庭辩论技巧,切实提高庭审辩论能力。律师庭上辩护工作要做到观点鲜明、条理清楚、逻辑严密、论证有力。要善于与当事人、法官和公诉人就案情进行必要的沟通,以理性平和的心态做好辩护工作,保证律师作用充分发挥和庭审顺利进行。

（三）依法维护执业权利。律师的维权行为要注意方式方法,坚持依法、理性、平和、文明、规范,防止过激言行。当律师执业权利受到侵犯时,应当通过法定救济渠道寻求保障,也可以通过司法行政机关、律师协会申请组织维权。律师认为办案机关及其工作人员明显违反法律规定,阻碍律师依法履行辩护、代理职责,侵犯律师执业权利的,可以向办案机关或者其上一级机关投诉,向同级或者上一级人民检察院申诉、控告,向注册地的市级司法行政机关、所属设区的市律师协会申请维护执业权利。

（四）依法规范执业行为。律师办理黑恶势力犯罪案件辩护代理工作,必须严格在法律规定的律师职责和委托合同约定的权利范围内,严格遵守程序规范和实体规范,严格遵守律师执业行为规范,依法依规履行辩护代理职责。不得对本人或者其他律师正在办理的案件进行歪曲、有误导性的宣传和评论,恶意炒作案件;不得以串联组团、联署签名、发表公开信、组织网上聚集、声援等方式或者借个案研讨之名,制造舆论压力,攻击、诋毁司法机关和司法制度;不得煽动、教唆和组织当事人或者其他人员到司法机关或者其他国家机关静坐、举牌、打横幅、喊口号、声援、围观等,扰乱公共秩序、危害公共安全。严格遵守保密义务,不得泄露在执业中知悉的国家秘密、委托人和其他当事人的商业秘密和个人隐私以及委托人不愿泄露的其他情况和信息。不得违反规定披露、散布不公开审理案件的信息、材料,或者本人、其他律师在办案过程中获悉的有关案件重要信息、证据材料。要遵守监管场所规定,不得违规会见在押犯罪嫌疑人、被告人。要遵守法庭秩序,尊重法官、检察官和其他办案人员等,遇有与控方或主审法官发生重大意见分歧情形,应当按庭审规则与司法机关和司法人员进行沟通协调,或者通过正常途径反映问题、提出意见。

三、切实发挥律师事务所监督管理作用

律师事务所对本所律师办理黑恶势力犯罪案件辩护代理工作负有直接监督

指导职责，对本所及其律师办理黑恶势力犯罪案件辩护代理工作要严格管理，建立健全专项工作制度，把握好黑恶势力犯罪案件律师辩护代理工作第一道关。

（一）建立报告备案制度。律师事务所受理黑恶势力犯罪案件后，应当于五日内同时报律师事务所所属律师协会和案件管辖地律师协会备案。在案件办理过程中，遇有重要问题和需协调解决的紧急事项要及时向所属律师协会报告，案件办结后要提交书面总结。不同地区律师事务所受理同一案件的，应当将办案情况分别报告各自所属律师协会。

（二）建立集体研究制度。办案过程中，做无罪辩护或改变案件定性时，律师事务所要组织集体研究，依法提出案件处理方案和辩护代理意见，确保扫黑除恶专项斗争工作精神和要求以及有关制度规定得到正确贯彻和执行。

（三）建立检查督导制度。律师事务所要建立律师办理黑恶势力犯罪案件辩护代理检查督导制度，指定专门业务机构或专人负责对律师办理黑恶势力犯罪案件辩护代理工作的情况进行全程跟踪检查，加强办案质量监督和风险管理，指导解决办案过程中遇到的法律问题，发现律师办案有违法违规行为要及时予以制止和纠正。严格管理本所公章、委托代理协议等法律文书，防止私自收案收费情况发生。要加强黑恶势力犯罪案件的档案管理，防止出现失密泄密和不当传播的情况。

四、加强对律师办理黑恶势力犯罪案件的监督指导

各地律师协会要加强对律师办理黑恶势力犯罪案件辩护代理工作的指导监督，支持和保障律师事务所和律师依法依规开展黑恶势力犯罪案件辩护代理工作，确保黑恶势力犯罪案件依法稳妥办理。

（一）切实维护律师执业权利。认真整理律师办理黑恶势力犯罪案件辩护代理工作中每个环节可能遇到的问题，充分利用联席会议机制，反映情况，做好预案，确保扫黑除恶工作顺利进行。加强与办案机关的沟通协调，建立健全尊重和保障律师辩护代理意见的工作机制和救济机制，切实维护律师会见、阅卷、调查取证和庭上发问、质证、辩论权利，保障律师依法行使辩护代理权利。发现律师执业权利受到妨碍、侵犯情形时，律师协会应当及时进行调查，情况属实的，要及时与办案机关进行沟通协调，促其作出妥善处置，维护律师执业合法权利。针对律师跨区域执业申请维权的，所属律师协会和行为发生地律师协会要加强相互配合，相互支持，协作互助，形成合力，共同推进维权工作及时有效进行。对律师因依法执业受到威胁、侮辱、报复、人身伤害的，要协调有关部门依法及时制止和处理，并对律师采取必要保护措施。

（二）依法查处律师违法违规行为。对律师和律师事务所违反执业行为规范和执业纪律的行为，要依照协会章程和会员违规行为处分规则，给予相应行业处分。要发挥投诉受理查处中心作用，适时启动调查程序，抓早抓小，及时处置。在查处违法违规行为过程中，要切实履职，敢于担当，坚决克服不敢处理、不愿处理的问题。

（三）积极履行监督指导职责。要将监督指导律师和律师事务所办理黑恶势力犯罪案件辩护代理工作作为当前的一项重大政治任务。及时了解掌握本地区律师接受案件代理有关信息，发现未按规定统一受理、按时报备的，及时提醒、纠正，重大问题要及时主动向司法行政机关请示报告。案件管辖地的省（区、市）律师协会统一负责指导、监督和协调工作，承办案件的律师事务所及其律师所属的省（区、市）律师协会要积极予以配合，形成有效的指导监督机制。各地律师协会成立扫黑除恶专项工作律师辩护代理业务指导委员会，加强办案指导，协调困难和问题，及时应对舆情。加强业务培训和指导，切实增强刑事辩护代理律师执业技能和水平。

（四）鼓励优秀刑辩律师参与黑恶势力犯罪案件辩护代理工作。要督促律师事务所指派政治过硬、业务能力强、能够严格遵守执业纪律和要求、具有一定办案经验的律师具体承办黑恶势力犯罪案件。充分利用报刊、网站等各种媒体，宣传律师办理黑恶势力犯罪案件辩护代理工作的正确做法、经验和成效，对为黑恶势力犯罪案件依法处理作出突出贡献的律师予以表彰奖励，有效激励广大优秀刑辩律师积极开展黑恶势力犯罪案件辩护代理。

人民检察院检察建议工作规定

（2019年2月26日发布）

第一章　总　　则

第一条　为了进一步加强和规范检察建议工作，确保检察建议的质量和效果，充分发挥检察建议的作用，根据《中华人民共和国人民检察院组织法》等法律规定，结合检察工作实际，制定本规定。

第二条　检察建议是人民检察院依法履行法律监督职责，参与社会治理，维护司法公正，促进依法行政，预防和减少违法犯罪，保护国家利益和社会公共利益，维护个人和组织合法权益，保障法律统一正确实施的重要方式。

第三条　人民检察院可以直接向本院所办理案件的涉案单位、本级有关主管机关以及其他有关单位提出检察建议。

需要向涉案单位以外的上级有关主管机关提出检察建议的，应当层报被建议单位的同级人民检察院决定并提出检察建议，或者由办理案件的人民检察院制作检察建议书后，报被建议单位的同级人民检察院审核并转送被建议单位。

需要向下级有关单位提出检察建议的，应当指令对应的下级人民检察院提出检察建议。

需要向异地有关单位提出检察建议的，应当征求被建议单位所在地同级人民检察院意见。被建议单位所在地同级人民检察院提出不同意见，办理案件的人民检察院坚持认为应当提出检察建议的，层报共同的上级人民检察院决定。

第四条　提出检察建议，应当立足检察职能，结合司法办案工作，坚持严格依法、准确及时、必要审慎、注重实效的原则。

第五条　检察建议主要包括以下类型：

（一）再审检察建议；

（二）纠正违法检察建议；

（三）公益诉讼检察建议；

（四）社会治理检察建议；

（五）其他检察建议。

第六条　检察建议应当由检察官办案组或者检察官办理。

第七条　制发检察建议应当在统一业务应用系统中进行，实行以院名义统一编号、统一签发、全程留痕、全程监督。

第二章　适 用 范 围

第八条　人民检察院发现同级人民法院已经发生法律效力的判决、裁定具有法律规定的应当再审情形的，或者发现调解书损害国家利益、社会公共利益的，可以向同级人民法院提出再审检察建议。

第九条　人民检察院在履行对诉讼活动的法律监督职责中发现有关执法、司法机关具有下列情形之一的，可以向有关执法、司法机关提出纠正违法检察建议：

（一）人民法院审判人员在民事、行政审判活动中存在违法行为的；

（二）人民法院在执行生效民事、行政判决、裁定、决定或者调解书、支付令、仲裁裁决书、公证债权文书等法律文书过程中存在违法执行、不执行、怠于执行等行为，或者有其他重大隐患的；

（三）人民检察院办理行政诉讼监督案件或者执行监督案件，发现行政机关有违反法律规定、可能影响人民法院公正审理和执行的行为的；

（四）公安机关、人民法院、监狱、社区矫正机构、强制医疗执行机构等在刑事诉讼活动中或者执行人民法院生效刑事判决、裁定、决定等法律文书过程中存在普遍性、倾向性违法问题，或者有其他重大隐患，需要引起重视予以解决的；

（五）诉讼活动中其他需要以检察建议形式纠正违法的情形。

第十条 人民检察院在履行职责中发现生态环境和资源保护、食品药品安全、国有财产保护、国有土地使用权出让等领域负有监督管理职责的行政机关违法行使职权或者不作为，致使国家利益或者社会公共利益受到侵害，符合法律规定的公益诉讼条件的，应当按照公益诉讼案件办理程序向行政机关提出督促依法履职的检察建议。

第十一条 人民检察院在办理案件中发现社会治理工作存在下列情形之一的，可以向有关单位和部门提出改进工作、完善治理的检察建议：

（一）涉案单位在预防违法犯罪方面制度不健全、不落实，管理不完善，存在违法犯罪隐患，需要及时消除的；

（二）一定时期某类违法犯罪案件多发、频发，或者已发生的案件暴露出明显的管理监督漏洞，需要督促行业主管部门加强和改进管理监督工作的；

（三）涉及一定群体的民间纠纷问题突出，可能导致发生群体性事件或者恶性案件，需要督促相关部门完善风险预警防范措施，加强调解疏导工作的；

（四）相关单位或者部门不依法及时履行职责，致使个人或者组织合法权益受到损害或者存在损害危险，需要及时整改消除的；

（五）需要给予有关涉案人员、责任人员或者组织行政处罚、政务处分、行业惩戒，或者需要追究有关责任人员的司法责任的；

（六）其他需要提出检察建议的情形。

第十二条 对执法、司法机关在诉讼活动中的违法情形，以及需要对被不起诉人给予行政处罚、处分或者需要没收其违法所得，法律、司法解释和其他有关规范性文件明确规定应当发出纠正违法通知书、检察意见书的，依照相关规定执行。

第三章　调查办理和督促落实

第十三条　检察官在履行职责中发现有应当依照本规定提出检察建议情形的，应当报经检察长决定，对相关事项进行调查核实，做到事实清楚、准确。

第十四条　检察官可以采取以下措施进行调查核实：

（一）查询、调取、复制相关证据材料；

（二）向当事人、有关知情人员或者其他相关人员了解情况；

（三）听取被建议单位意见；

（四）咨询专业人员、相关部门或者行业协会等对专门问题的意见；

（五）委托鉴定、评估、审计；

（六）现场走访、查验；

（七）查明事实所需要采取的其他措施。

进行调查核实，不得采取限制人身自由和查封、扣押、冻结财产等强制性措施。

第十五条　检察官一般应当在检察长作出决定后两个月以内完成检察建议事项的调查核实。情况紧急的，应当及时办结。

检察官调查核实完毕，应当制作调查终结报告，写明调查过程和认定的事实与证据，提出处理意见。认为需要提出检察建议的，应当起草检察建议书，一并报送检察长，由检察长或者检察委员会讨论决定是否提出检察建议。

经调查核实，查明相关单位不存在需要纠正或者整改的违法事实或者重大隐患，决定不提出检察建议的，检察官应当将调查终结报告连同相关材料订卷存档。

第十六条　检察建议书要阐明相关的事实和依据，提出的建议应当符合法律、法规及其他有关规定，明确具体、说理充分、论证严谨、语言简洁、有操作性。

检察建议书一般包括以下内容：

（一）案件或者问题的来源；

（二）依法认定的案件事实或者经调查核实的事实及其证据；

（三）存在的违法情形或者应当消除的隐患；

（四）建议的具体内容及所依据的法律、法规和有关文件等的规定；

（五）被建议单位提出异议的期限；

（六）被建议单位书面回复落实情况的期限；

（七）其他需要说明的事项。

第十七条 检察官依据本规定第十一条的规定起草的检察建议书，报送检察长前，应当送本院负责法律政策研究的部门对检察建议的必要性、合法性、说理性等进行审核。

检察建议书正式发出前，可以征求被建议单位的意见。

第十八条 检察建议书应当以人民检察院的名义送达有关单位。送达检察建议书，可以书面送达，也可以现场宣告送达。

宣告送达检察建议书应当商被建议单位同意，可以在人民检察院、被建议单位或者其他适宜场所进行，由检察官向被建议单位负责人当面宣读检察建议书并进行示证、说理，听取被建议单位负责人意见。必要时，可以邀请人大代表、政协委员或者特约检察员、人民监督员等第三方人员参加。

第十九条 人民检察院提出检察建议，除另有规定外，应当要求被建议单位自收到检察建议书之日起两个月以内作出相应处理，并书面回复人民检察院。因情况紧急需要被建议单位尽快处理的，可以根据实际情况确定相应的回复期限。

第二十条 涉及事项社会影响大、群众关注度高、违法情形具有典型性、所涉问题应当引起有关部门重视的检察建议书，可以抄送同级党委、人大、政府、纪检监察机关或者被建议单位的上级机关、行政主管部门以及行业自律组织等。

第二十一条 发出的检察建议书，应当于五日内报上一级人民检察院对口业务部门和负责法律政策研究的部门备案。

第二十二条 检察长认为本院发出的检察建议书确有不当的，应当决定变更或者撤回，并及时通知有关单位，说明理由。

上级人民检察院认为下级人民检察院发出的检察建议书确有不当的，应当指令下级人民检察院变更或者撤回，并及时通知有关单位，说明理由。

第二十三条 被建议单位对检察建议提出异议的，检察官应当立即进行复核。经复核，异议成立的，应当报经检察长或者检察委员会讨论决定后，及时对检察建议书作出修改或者撤回检察建议书；异议不成立的，应当报经检察长同意后，向被建议单位说明理由。

第二十四条 人民检察院应当积极督促和支持配合被建议单位落实检察建

议。督促落实工作由原承办检察官办理，可以采取询问、走访、不定期会商、召开联席会议等方式，并制作笔录或者工作记录。

第二十五条　被建议单位在规定期限内经督促无正当理由不予整改或者整改不到位的，经检察长决定，可以将相关情况报告上级人民检察院，通报被建议单位的上级机关、行政主管部门或者行业自律组织等，必要时可以报告同级党委、人大，通报同级政府、纪检监察机关。符合提起公益诉讼条件的，依法提起公益诉讼。

第四章　监督管理

第二十六条　各级人民检察院检察委员会应当定期对本院制发的检察建议的落实效果进行评估。

第二十七条　人民检察院案件管理部门负责检察建议的流程监控和分类统计，定期组织对检察建议进行质量评查，对检察建议工作情况进行综合分析。

第二十八条　人民检察院应当将制发检察建议的质量和效果纳入检察官履职绩效考核。

第二十九条　上级人民检察院应当加强对下级人民检察院开展检察建议工作的指导，及时通报情况，帮助解决检察建议工作中的问题。

第五章　附　　则

第三十条　法律、司法解释和其他有关规范性文件对再审检察建议、纠正违法检察建议和公益诉讼检察建议的办理有规定的，依照其规定办理；没有规定的，参照本规定办理。

第三十一条　本规定由最高人民检察院负责解释。

第三十二条　本规定自公布之日起施行，2009 年印发的《人民检察院检察建议工作规定（试行）》同时废止。

最高人民法院关于加强司法建议工作的意见

（2012 年 3 月 15 日发布　法〔2012〕74 号）

为充分发挥人民法院审判职能作用，坚持能动司法，深入推进三项重点工作，为经济社会全面协调可持续发展与社会和谐稳定提供更加有力的司法保障，根据有关法律规定，结合人民法院工作实际，现就加强和规范司法建议工作，提出以下意见：

一、认清形势，提高认识，进一步增强司法建议工作的自觉性

1. 司法建议是法律赋予人民法院的重要职责，是人民法院工作的重要组成部分，是充分发挥审判职能作用的重要方式。各级人民法院要准确把握国内外形势的新变化、新特点，牢牢抓住科学发展这个主题，紧紧围绕加快转变经济发展方式这条主线，在狠抓执法办案第一要务的同时，依法履行好司法建议职责，积极促进有关单位科学决策、完善管理、消除隐患、改进工作、规范行为，不断提高科学管理水平，预防和减少社会矛盾纠纷。

2. 司法建议是人民法院坚持能动司法，依法延伸审判职能的重要途径。我国正处于经济社会发展的重要战略机遇期和社会矛盾凸显期，站在新起点，面对新形势，人民法院在充分发挥审判职能作用的同时，应当更加重视运用司法建议，通过延伸审判职能，积极践行“为大局服务，为人民司法”工作主题，促进经济社会发展，切实维护社会和谐稳定。

3. 司法建议是人民法院深入推进三项重点工作，提升司法能力和司法公信力的重要手段。要高度重视和充分运用司法建议来扩展审判效果，以司法建议作为化解社会矛盾、创新社会管理的重要切入点和有效方法，充分发挥司法建议在维护社会和谐稳定、推动社会建设中的重要作用，不断提升人民法院化解社会矛盾和参与社会管理创新的能力和水平，努力维护司法权威，提高司法公信力。

二、创新机制，加强规范，切实提升司法建议工作水平

4. 司法建议工作应当纳入人民法院的整体工作部署，要创新建议形式，规范建议程序，确保建议质量，增强建议效果，推动司法建议工作依法有序开展，努力实现司法建议工作的法律效果和社会效果的有机统一。

5. 正确处理司法建议工作与审判执行工作的关系，坚持以做好审判执行工作为出发点，同时充分发挥司法建议延伸审判职能的作用。审判执行工作中发现有关单位普遍存在的工作疏漏、制度缺失和隐患风险等问题，人民法院应当及时提出司法建议。

6. 提出司法建议要坚持必要性、针对性、规范性和实效性原则，做到把握问题准确，分析问题透彻，依据充足，说理充分，建议客观合理，方案切实可行，行文严谨规范，确保建议质量，符合保密规定。

7. 对审判执行工作中发现的下列问题，人民法院可以向相关党政机关、企事业单位、社会团体及其他社会组织提出司法建议，必要时可以抄送该单位的上级机关或者主管部门：

（1）涉及经济社会发展重大问题需要相关方面积极加以应对的；

（2）相关行业或者部门工作中存在的普遍性问题，需要有关单位采取措施的；

（3）相关单位的规章制度、工作管理中存在严重漏洞或者重大风险的；

（4）国家利益、社会公共利益受到损害或者威胁，需要有关单位采取措施的；

（5）涉及劳动者权益、消费者权益保护等民生问题，需要有关单位采取措施的；

（6）法律规定的有义务协助调查、执行的单位拒绝或者妨碍人民法院调查、执行，需要有关单位对其依法进行处理的；

（7）拒不履行人民法院生效的判决、裁定，需要有关单位对其依法进行处理的；

（8）发现违法犯罪行为，需要有关单位对其依法进行处理的；

（9）诉讼程序结束后，当事人之间的纠纷尚未彻底解决，或者有其他问题需要有关部门继续关注的；

（10）其他确有必要提出司法建议的情形。

8. 人民法院提出司法建议，应当制作司法建议书。

司法建议书包括以下类型：

（1）针对个案中反映的具体问题制作的个案司法建议书；

（2）针对某一类案件中反映的普遍性问题制作的类案司法建议书；

（3）针对一定时期经济社会发展中存在的普遍性、系统性问题制作的综合司法建议书。根据实际需要，综合司法建议书可以附相关调研报告、审判工作报告（白皮书）等材料。

9. 司法建议书应当按照统一的格式制作，一般包括首部、主文和尾部三部分。

首部包括：法院名称、司法建议书、司法建议书编号、主送单位（被建议单位）名称。

主文包括：在审理和执行案件中或者相关调研中发现的需要重视和解决的问题，对问题产生原因的分析，依据法律法规及政策提出的具体建议，以及其他需要说明的事项。

尾部包括:院印和日期。如需抄送被建议单位的上级机关、主管部门或其他有关部门的,应当列明抄送单位全称。

10. 个案、类案司法建议书由所涉案件审判业务部门负责起草,综合司法建议书可以由有关综合性部门或者审判业务部门负责起草。司法建议书起草完成后,交司法建议工作日常管理机构审核,报分管院领导签发。向党政机关发送的重要司法建议书或者审判委员会决定发送的司法建议书,由院长签发。

11. 院长、庭长在履行审判监督指导职责、审判监督部门和审判管理部门在开展案件质量评查等活动、上级人民法院对下级人民法院的案件进行监督评查时,发现需要向有关部门提出司法建议的,应当建议提出司法建议。

12. 个案司法建议书一般应当在所涉案件裁判文书生效后或者执行、涉诉信访案件办结后,及时发送。

13. 司法建议书应当以人民法院的名义发送,不得以法院内设机构或者个人名义发送。拟向上级党委、人大、政府及其部门提出的司法建议书,必要时可以提请上级人民法院发送。

14. 司法建议书应当及时送达被建议单位。必要时,人民法院可以将相关材料一并送达被建议单位。

15. 司法建议起草部门应当及时将司法建议书、被建议单位反馈意见及相关材料整理立卷,移送档案管理部门集中归档。

16. 司法建议应当纳入司法统计范围,为分析和指导司法建议工作提供数据支持。利用信息技术,建立司法建议信息库,充分整合、利用司法建议信息资源,打造司法建议信息平台。

三、加强领导,科学管理,为司法建议工作提供切实保障

17. 各级人民法院应当高度重视司法建议工作,切实加强对司法建议工作的组织领导和统筹协调。上级人民法院应当加强对本辖区内人民法院司法建议工作的指导,使司法建议工作更加规范,注重实效。

18. 确定司法建议工作日常管理机构,建立司法建议工作归口管理制度。司法建议工作日常管理机构应当严格把关,确保司法建议质量,认真履行以下工作职责:

(1)负责本院司法建议书的审核工作;

(2)负责司法建议工作情况通报、总结工作;

(3)负责司法建议培训、经验交流等工作。

19. 加强司法建议情况通报和总结工作,司法建议工作日常管理机构应当定期制作司法建议情况通报和年度司法建议总结报告。

20. 加强司法建议工作培训、经验交流等工作。各高级人民法院要开展司法建议专项培训,增强法官司法建议工作能力,提升司法建议书制作水平。组织司法建议经验交流活动,推荐优秀司法建议书,推广工作经验和方法,努力提高司法建议工作水平。

21. 积极争取党委、人大和政府对司法建议工作的支持,推动将司法建议工作纳入当地社会治安综合治理工作体系。

22. 加强与新闻媒体等社会各个方面的合作,通过多种渠道和形式加大司法建议宣传力度,不断扩大社会影响,努力赢得社会各界对司法建议工作的理解、尊重和支持,为司法建议工作营造良好的工作环境。

附件:司法建议文书样式

×××人民法院
司法建议书

××法建〔20××〕××号

××××(主送单位名称):

我院在审判(执行)工作(或写明××个案,或写明××案件类型,或写明调研工作)中,发现…………(写明有关单位存在的重要问题和提出建议的理由)。为此,特建议:…………(写明建议的具体事项,内容多的可分项书写)。

以上建议请予以考虑,如有反馈意见,望及时函告我院。

附:相关××判决书或裁定书×份及其他相关材料

(院印)

年　月　日

抄送:××××(抄送单位名称)

最高人民法院关于综合治理类司法建议工作若干问题的规定

（2023 年 10 月 19 日最高人民法院审判委员会第 1902 次会议通过
2023 年 11 月 15 日公布　法释〔2023〕11 号　自 2023 年 11 月 16 日起施行）

为进一步加强和规范综合治理类司法建议工作，更好发挥审判机关在国家和社会治理中的重要作用，根据《中华人民共和国人民法院组织法》等法律规定，结合人民法院工作实际，制定本规定。

第一条　人民法院在履行审判执行职责时发现社会治理领域中存在引起矛盾纠纷多发高发，影响经济社会发展和人民群众权益保护的突出问题，需要向有关主管机关或者其他有关单位提出改进工作、完善治理的司法建议的，适用本规定。

第二条　人民法院提出司法建议，应当遵循确有必要的原则，确保司法建议的针对性、规范性和实效性。

第三条　人民法院提出司法建议时，应当根据综合治理问题涉及的行业、领域等向相应的主管机关或者其他有关单位提出；向主管机关提出的，一般应当向本院辖区范围内的同级主管机关提出。发现的综合治理问题需要异地主管机关采取措施的，可以提出工作建议，层报相应的上级人民法院决定。

第四条　司法建议应当以人民法院名义提出。

第五条　人民法院提出司法建议前，应当结合审判执行工作中发现的问题充分调查研究，并积极与被建议单位沟通，听取其意见。

第六条　人民法院提出司法建议，应当制作司法建议书。

司法建议书实行统一编号。

第七条　司法建议书起草完成后，应当依照《中华人民共和国人民法院组织法》第三十七条第一款第四项的规定提请审判委员会审议。

司法建议书审议通过后，由院长签发。

第八条　人民法院提出司法建议时，应当告知被建议单位就建议采纳落实情况等予以书面答复。答复期限根据具体情况确定，一般不超过两个月；法律、司法解释另有规定的，依照其规定。

人民法院应当结合审判执行工作支持、配合、督促被建议单位采取相应措施，协同抓好司法建议相关工作的落实。

第九条　司法建议涉及的问题重大，需要引起高度重视的，人民法院可以将司法建议书抄送被建议单位的上级主管机关或者其他有关单位。

第十条　各级人民法院应当确定司法建议工作日常管理机构，完善审核、指导、考核、激励等机制，并将司法建议工作质效纳入绩效考核。

第十一条　各级人民法院应当依照《中华人民共和国人民法院组织法》第九条的规定，将司法建议工作情况列入向同级人民代表大会及其常务委员会报告的事项。

第十二条　人民法院提出综合治理类司法建议以外的其他司法建议的，依照有关法律、司法解释、其他规范性文件的规定办理。有关法律、司法解释、其他规范性文件没有规定的事项，可以根据本辖区的具体情况和实际需要，参照本规定办理。

第十三条　本规定自2023年11月16日起施行。最高人民法院此前发布的司法解释和其他规范性文件与本规定不一致的，以本规定为准。

附件：1. 人民法院司法建议书制作规范（略）

2. 文书样式（略）

3. 封面样式（略）

最高人民检察院原公诉厅组织领导参加黑社会性质组织案件公诉证据参考标准①

根据《刑法》第294条第1款的规定，组织、领导、参加黑社会性质组织罪是指组织、领导、参加以暴力、威胁或者其他手段，有组织地进行犯罪活动，称霸一方，为非作恶，欺压、残害群众，严重破坏经济、社会生活秩序的黑社会性质组织的行为。依照刑法、刑诉法及相关立法、司法解释，这类案件公诉证据参考标准是：

一、犯罪主体的证据

关于犯罪主体的证据，主要是组织、领导、参加黑社会性质组织的犯罪嫌疑人

① 原文载于《刑事司法指南》2002年第4辑（总第12辑），本书根据实务变化作部分修改。

自然情况的证据,一般由犯罪嫌疑人的户籍证明、居民身份证、出生证明等书证予以证明。

通过上述证据的收集和固定,要证明的是犯罪嫌疑人系年满16周岁、具有刑事责任能力的自然人,且具备起诉所要求的各身份要素,即犯罪嫌疑人姓名(曾用名、别名、绰号)、性别、出生年月日、居民身份证号码、民族、籍贯、出生地、职业、住所地等。

在收集、审查和判断运用上述证据过程中要注意:

1. 对于犯罪嫌疑人是否未成年人有争议时,可以辅以知情人证言。如犯罪嫌疑人父母的证言、同龄人证言、同龄人父母的证言及其他了解犯罪嫌疑人真实年龄的证人证言。

2. 对于犯罪嫌疑人拒不交待真实姓名的,可按其自报的姓名起诉。

二、关于犯罪主观方面的证据

犯罪主观方面的证据是指证明犯罪嫌疑人组织、领导、参加黑社会性质组织主观心态。实践中,一般运用犯罪嫌疑人本人关于组织、领导、参加犯罪组织的供述和辩解、其他黑社会性质组织成员的供述和辩解及证人证言等言词证据来证明。其组织、领导、参加黑社会性质组织的内心起因一般是为了称王称霸,攀比心理,寻求靠山或报复社会以及被引诱、被胁迫等,犯罪目的一般是攫取金钱、获取权力或称霸一方。

1. 在收集和提取上述言词证据时,要讯(询)问以下内容:

(1)犯罪嫌疑人关于组织、领导、参加黑社会性质组织的动机、目的;

(2)犯罪嫌疑人关于预谋组织、领导、参加黑社会性质组织的时间、地点、参与人及分工、方式、原因、经过、结果;

(3)犯罪嫌疑人按照组织分工,采用暴力、威胁或者其他手段,聚敛钱财、扩充实力、争夺执力范围时间、地点、参与人及分工、原因、经过、结果。

2. 在犯罪嫌疑人拒不供认组织、领导、参加黑社会性质组织的真实目的时,可以通过收集和固定其他证据来证明犯罪嫌疑人的犯罪动机与目的。这些证据主要有:

(1)证明犯罪组织成立的时间、地点、人数,组织者、领导者、积极参加者的姓名(绰号、代号)及个体特征,主要分工、活动(责任)区域、行为习惯,组织帮规及对违规人实施惩戒的时间、地点、参与人及分工、原因、经过、结果等的证据;

(2)证明黑社会性质组织网罗、训练成员的时间、地点、行为人及个体特征的证据;

(3)证明黑社会性质组织实施具体违法犯罪活动的种类、手段,及实施具体违法犯罪活动的时间、地点、参与人及分工、原因、经过、结果的证据;

(4)证明黑社会性质组织通过实施具体违法犯罪活动,或依靠国家工作人员的包庇、纵容获取经济利益、扩充经济实力的证据;

(5)证明黑社会性质组织通过欺压、残害群众、为非作恶,形成势力范围的证据。

通过上述证据的收集和固定,证明犯罪嫌疑人以黑社会性质组织为依托,以组织者、领导者、参加者的身份,采用暴力、威胁或其他手段,组织、策划、指挥、协调、参加多种违法犯罪活动,或者利用国家工作人员的包庇、纵容,大肆攫取金钱,获取权力,为害一方,从而证明组织、领导、参加黑社会性质组织行为系直接故意。

三、关于犯罪客观方面的证据

(一)犯罪客观方面的证据种类繁多,且具有双重证明功能,既可以证明黑社会性质组织的成立,有的又独立成罪。犯罪客观方面证据主要有黑社会性质组织结构证据和黑社会性质组织实施的具体违法犯罪活动证据两部分。通过对上述证据的收集和固定,证明犯罪嫌疑人以组织、领导或者参加的行为方式,形成较稳定的犯罪组织,并以暴力、威胁或者其他手段,有组织地多次、连续实施违法犯罪活动,形成行业或区域垄断。具体证据有:

1. 物证、书证

(1)黑社会性质组织成立的时间证明,主要是该组织由犯罪团伙→恶势力组织(犯罪集团)→黑社会性质组织的演化情况,或者犯罪嫌疑人非法发起设立黑社会性质组织情况的书面材料;

(2)地点证明,主要是黑社会性质组织非法集会的窝点,主要管理活动场所,或者是藏匿犯罪工具、赃款赃物或其他财产的场所;

(3)人员构成及职务分工情况证明,主要是黑社会性质组织的名称、机构设置、组织成员名册、骨干成员分工名册、招募协议、工资表、组织成员登记表、各种会议记录等;颁发的证明组织者、领导者、参加者身份的任命书、委托书、聘用书、决心书、保证书等;

（4）帮规证明，黑社会性质组织的“帮规”“戒约”或“规矩”等书面材料，惩戒人惩戒违规者所使用的枪、刀、棍棒、绳索等，被惩戒人因受惩戒所形成的人体伤残情况及医疗证明；

（5）通过违法犯罪活动所获得的财产，产权证，生产经营场所，营业执照、生产经营状况，金钱、钱款往来票证，赃款、赃物数量、价值、去向等；

（6）进行违法犯罪活动所使用的作案工具，枪支、弹药、刀、交通工具、车船牌照及照片等。

2. 证人证言

（1）关于黑社会性质组织知情人、关系人、目睹人、围观人、发现人、扭送人、举报人的证言，如关于黑社会性质组织网罗、训练成员的证言，对其成员进行惩戒的证言，组织者、领导者和参加者个人自然情况的证言，有组织地进行违法犯罪活动的证言，在当地或在一定行业范围内形成势力范围的证言，拉拢、收买国家工作人员的证言，对社会公众心理造成重大影响的证言；

（2）侦查活动见证人证言。如侦查机关采取搜查、扣押、冻结、查封等侦查措施时见证人的证言；

（3）有关部门关于黑社会性质组织生产经营情况的证言，如市场监督管理、税务、海关、基层政府组织或其他企事业单位关于黑社会性质组织生产经营情况及其违法犯罪情况所出具的证言；

（4）群众对黑社会性质组织要求惩处的意见。

3. 被害人陈述

（1）受到惩戒的黑社会性质组织成员就自己所受到惩戒的时间、地点、手段、原因、经过、结果、惩戒人、伤情等作出的陈述；

（2）受到黑社会性质组织欺压、残害、威胁、滋扰的被害人关于受害的时间、地点、手段、原因、经过、结果、侵害人及个体特征等所作出的陈述，及要求对黑社会性质组织成员予以惩处的意见，如被欺压者、被残害者、被绑架者、被敲诈者、被非法拘禁者、被迫参加赌博、被迫卖淫者等所作出的陈述；

（3）受到不法侵害的单位，就本单位所受黑社会性质组织欺压、掠夺、敲诈及所受财产损失情况的陈述，及对黑社会性质组织成员予以惩处的意见；

（4）被害人辨认现场、物品、犯罪嫌疑人笔录。

4. 犯罪嫌疑人供述和辩解

(1)犯罪嫌疑人关于组织、领导、参加黑社会性质组织,有组织地从事违法犯罪活动所要达到的动机、目的所作的供述和辩解;

(2)犯罪嫌疑人关于实现犯罪目的、宗旨所采取的暴力、威胁或其他手段、方法、途径、渠道等所作的供述和辩解;

(3)犯罪嫌疑人关于是否组织、领导、参加黑社会性质组织,黑社会性质组织发起、发展过程、组织活动宗旨、成立时间、地点、原因、经过、组织角色分工、成员间的隶属关系、相互关系等所作的供述和辩解;

(4)犯罪嫌疑人关于是否参与从事具体违法犯罪活动,及在具体违法犯罪活动中的地位、作用、时间、地点、原因、经过、被害人等所作的供述和辩解;

(5)犯罪嫌疑人指认现场、赃物、被害人笔录。

5. 鉴定结论

(1)法医鉴定结论:受到黑社会性质组织残害、欺压人员所受伤害程度、财产蒙受损失情况的检查笔录、鉴定结论。如死亡,伤害,活(尸)体创口,致伤、致死原因,血型(血衣、血迹、发毛等)及其他伤检鉴定;

(2)物品估价鉴定,由有关部门对赃款、赃物的价格鉴定;

(3)需要明确产权关系文书的文检鉴定;

(4)其他可能涉及的鉴定:精神病鉴定、毒品鉴定、枪支鉴定、痕迹鉴定、技术鉴定等。

6. 勘验、检查笔录

勘验、检查笔录主要分现场、人体(活体或尸体)及物品勘验检查笔录三种。

(1)现场勘验

现场勘验、检查证据一般由现场勘查图、现场照片或同步录像资料、现场勘验检查笔录三部分组成。

犯罪现场主要包括:

①黑社会性质组织成员的主要聚集点;

②黑社会性质组织藏匿犯罪工具、赃款、赃物现场;

③黑社会性质组织从事生产经营管理活动现场;

④黑社会性质组织从事具体违法犯罪活动现场,如绑架、非法拘禁、杀人、故意伤害现场,欺压、残害群众现场,走私、贩毒被抓获的现场,从事赌博、组织卖淫

等违法犯罪活动的现场等。

(2)人体检查笔录

被害人人体伤亡情况、致死(伤)原因、致死(伤)工具、因果关系、伤残的检验报告。

(3)物品勘验、检查笔录

犯罪中涉及的物品、犯罪工具、痕迹的勘验、检查报告,可以结合现场勘验、检查同时进行。

7. 视听资料、电子数据

(1)记录黑社会性质组织成立、重大经营举措、招募广告视频、电子数据等;

(2)重大犯罪案件的现场视频资料、电子数据;

(3)重大犯罪案件新闻音频、视频资料、电子数据;

(4)黑社会性质组织生产经营、管理活动中所形成的云盘等资料。

(二)在收集、审查和判断运用上述证据过程中,要注意黑社会性质组织中组织者、领导者、参加者地位和作用的划分。证明黑社会性质组织成员的地位和作用,要重点收集和固定以下证据:

1. 对于黑社会性质组织的组织者,重点查明:

(1)组织者为成立黑社会性质组织而注入资金、实物、财产性利益的时间、地点、交接人、经过、财产数额、财产去向及相应票证;

(2)组织者为黑社会性质组织制定活动宗旨、帮规戒律等的时间、地点、手段、参与人、原因、经过、结果;

(3)组织者依照黑社会性质组织章程,行使人事安排权、经营决策权、利益分配权、惩戒权的时间、地点、手段、参与人、原因、经过、结果;

(4)组织者对国家工作人员进行拉拢、收买、威胁的时间、地点、手段、参与人、原因、经过、结果;

(5)组织者组织、策划、指挥黑社会性质组织活动实施具体违法犯罪活动的时间、地点、手段、参与人、被害人、原因、经过、结果。

实践中,要注意区分名义上的组织者与事实上的核心人物,不能单纯以组织者的称谓来认定其在黑社会性质组织中的地位与作用,而应当根据上述证据,综合考察犯罪嫌疑人在黑社会性质组织及其实施具体违法犯罪活动中的地位和作用,认定其是否为黑社会性质组织的主要出资人或公认的核心人物。

2. 对于黑社会性质组织的领导者，重点查明：

（1）犯罪嫌疑人成为黑社会性质组织领导者的时间、地点、参与人、手段、原因、经过、结果；

（2）领导者参与制定黑社会性质组织活动宗旨、帮规戒律的时间、地点、手段、原因、经过、结果；

（3）领导者依照黑社会性质组织章程，具体行使人事安排权、经营决策权、利益分配权、惩戒权的时间、地点、参与人、手段、原因、经过、结果；

（4）领导者对国家工作人员进行拉拢、收买、威胁的时间、地点、参与人、手段、原因、经过、结果；

（5）领导者具体组织、策划、指挥黑社会性质组织活动实施具体违法犯罪活动的时间、地点、参与人、被害人、手段、原因、经过、结果。

实践中，要注意区分名义上的领导者与事实上的领导者，不能单纯以称谓来认定其在黑社会性质组织中的地位与作用，而应当根据上述证据，综合考察犯罪嫌疑人在黑社会性质组织及其实施具体违法犯罪活动中的地位和作用，认定其是不是黑社会性质组织的具体领导、指挥、协调的重要人物。

3. 对于黑社会性质组织的参加者，重点查明：

（1）犯罪嫌疑人于何时、何地、通过何人、以何种方式参加黑社会性质组织，是否参与具体违法犯罪活动，以及参加具体违法犯罪活动的时间、地点、参与人及分工、被害人、手段、原因、经过、结果；

（2）犯罪嫌疑人是否明知加入的是犯罪组织及加入的时间、地点、参与人、手段、原因、经过、结果，加入黑社会性质组织后身份变化情况；

（3）犯罪嫌疑人是否因被欺骗、被蒙蔽而参加黑社会性质组织，且是否未参与具体违法犯罪活动。

四、关于犯罪客体的证据

犯罪客体的证据是指证明组织、领导、参加黑社会性质组织犯罪对社会主义市场经济秩序、社会管理秩序造成的危害及其严重程度的证据，主要通过组织、领导、参加黑社会性质组织行为所造成的客观危害结果予以综合证明，具体包括以下几个方面的证据：

1. 黑社会性质组织活动持续的时间、地点、危害的对象、领域；

2. 黑社会性质组织活动的内容、手段、强度、次数；

3. 黑社会性质组织活动造成的人身伤亡、财产损失的情况;

4. 黑社会性质组织活动对社会公众心理造成的影响。

办理此类案件时,常出现参加黑社会组织的犯罪嫌疑人作如下辩解:“我不知加入的组织是黑社会性质的组织”,对此,可以收集以下证据:

1. 证人证言;

2. 同案犯供述;

3. 犯罪嫌疑人供述;

4. 物证、书证。

通过上述证据,证明参加者明知是加入犯罪组织即可。

主要参考文献

1. 张明楷:《刑法学》(第六版),法律出版社 2021 年版。

2. 最高人民法院刑事审判庭编,熊选国主编:《扫黑除恶办案手册》,法律出版社 2011 年版。

3. 黄永主编:《中华人民共和国反有组织犯罪法解读》,中国法制出版社 2022 年版。

4. 杨东主编:《刘某黑社会性质组织犯罪案控辩审对侦查工作的启示》,中国人民公安大学出版社 2016 年版。

5. 最高人民检察院扫黑除恶专项斗争领导小组办公室编:《扫黑除恶典型案例与实务指引》,中国检察出版社 2019 年版。

6. 朱明勇主编:《2017 年度十大无罪辩护经典案例》,中国政法大学出版社 2021 年版。

7. 曾杰:《黑社会性质犯罪研究与辩护——参加黑社会性质组织罪成功无罪判例精选(2017 年版)》,载金牙大状律师网。

后　记

“未觉池塘春草梦，阶前梧叶已秋声。”不知不觉，人到中年。犹记当年分配，初到县级公安机关的农村派出所，后到刑警、经侦、法制，大案一个接一个的办，觉得浑身有使不完的劲儿。生活就像陀螺一样，忙忙碌碌。2012 年，市级组织部门组织竞争性选拔科级干部考试。市局是一个高度，不仅是层次，更是业务、理念、思维的全面升级。在基层工作了 17 年的我，如愿来到市局工作，我也深知需要再历练、再学习。2018 年年底，公安部、最高人民法院、最高人民检察院起草多个黑恶案件的司法政策性文件，并组织座谈、研讨，我有幸参与其中。因工作原因也曾被借（抽）调到省厅、省和市纪委监委、市扫黑办工作、办案，还多次参与省扫黑办组织的扫黑除恶特派督导，多次赴外市指导有组织犯罪案件办理。

欧阳修在《春秋论下》曾说，“法施于人，虽小必慎”。前几年，网络中流传的“你办的不是案子，而是别人的人生”，深以为然。一叠叠案件卷宗，其实就是一个个悲欢离合的剧本，每一个剧本都承载着真实的生活故事，剧本中每一个角色都是鲜活的人生。如果我把别人的人生说给你听，你是不是可以不用撞南墙、不再走弯路，避免教训；如果我把别人的人生说给你听，你是不是可以头上悬把剑、心中装杆秤，常怀敬畏之心；如果我把别人的人生说给你听，你是不是可以止于行而缄于口，常思言行之过。但这些还不足以表达我们的内心，我们办的案件又何尝不是我们自己的人生呢？在问题前攻坚克难，在挫折中奋勇向前，在取得成绩后又平静淡然，这个过程不就是我们人生的写照吗？

“人闲桂花落，夜静春山空。”我常在深夜里反思，作为公职律师，如何才能做到不枉不纵，做到疑罪从无，做到文明司法？王阳明曾说：“人须在事上磨，方能立得住，方能静亦定，动亦定。”事上练是王阳明心学的方法论，心学并非悬空，只有与实践相结合，才是其最好的归宿。我想，也只有在办案中总结，在实践中提升，在学思践悟中成长，才能获得一点收获。

“追风赶月莫停留，平芜尽处是春山。”随着常态化开展扫黑除恶斗争，实现“努力让人民群众在每一个司法案件中感受到公平正义”的目标，我们必须熟练掌握法律规定、司法政策，彰显司法正义，必须在案件中体现我们内心深处的良知，兼顾国法天理人情。这本拙著，是我本人近 30 年来对办理有组织犯罪案件的一点心得和思索。本命年之际，得以与各位读者学习交流，心甚喜之。成书过程中，得到了很多朋友的关怀、指导，在此一并谢过。付梓之际，感谢中央民族大学法学院院长韩铁教授作序，感谢法律出版社慕雪丹老师、章雯老师的耐心、细致指导。囿于水平、能力、学识等原因，书中观点难免一家之言，望各位读者、朋友、同行多提宝贵意见，便于再版时修正。【电话、微信号：18155591259；电邮：1967974939@qq. com】

过永进

2023 年 9 月 8 日于马鞍山